华中师范大学中国农村问题研究中心

中国农村研究
CHINA RURAL STUDIES

2009年卷·上

中国社会科学出版社

图书在版编目（CIP）数据

中国农村研究.2009年卷.上/徐勇主编.-北京:中国社会科学出版社,2009.10
ISBN 978-7-5004-7497-5

Ⅰ.中… Ⅱ.徐… Ⅲ.①农村社会学-研究-中国-文集②农村社会学-中国-文集③农民-问题-中国-文集 Ⅳ.C912.82-53 D422.64-53

中国版本图书馆 CIP 数据核字（2009）第 218744 号

责任编辑　李尔柔等
责任校对　宗　和
封面设计　毛国宣
版式设计　王炳图

出版发行	中国社会科学出版社		
社　　址	北京鼓楼西大街甲 158 号	邮　编	100720
电　　话	010-84029450（邮购）		
网　　址	http://www.csspw.cn		
经　　销	新华书店		
印　　刷	北京君升印刷有限公司	装　订	广增装订厂
版　　次	2009 年 10 月第 1 版	印　次	2009 年 10 月第 1 次印刷
开　　本	710×980　1/16		
印　　张	23.5	插　页	2
字　　数	386 千字		
定　　价	47.00 元		

目　　录

实证研究

研究综述

农村社区建设专题

社区建设　政府何为——湖北省农村社区建设试点观察

构建适应时代发展要求的新型农村治理体制，建设新型农村社区是消解农村社会日益凸显的各种社会矛盾，统筹城乡社会发展的重要基础。农村社会发展直接关系到国家在基层农村的社会基础，在新时期实现国家对农村社会的新型治理体制建构成为当前社会发展的必然要求。农村社区建设作为国家自上而下实行的规划性制度变迁，其重要目的在于通过在农村实施新的制度变迁消解城乡社会发展之间的差距，统筹城乡发展，实现城乡社会的有机融合与整合。同时，通过构建农村社区这个操作平台，实现政府服务下乡，以不断提升农村公共服务水平，实现共公共服务均等化，实际上这也是不断提升广大农村居民公民待遇的过程。

◆社区发展中的文化认同：价值、嬗变与重塑

改革开放是一场巨大的社会变迁。它打破了城乡二元社会结构，突破了对农村的封闭。家庭联产承包责任制、创办乡镇企业和"民工潮"，使农村社区文化发生了真正的变化。家庭联产承包责任制带来了生产的社会性、科学的生产工艺、新的产品经济结构、市场的交换关系和社会分配；乡镇企业的发展和"民工潮"改变了农民与土地的关系，农民开始摆脱土地的束缚，发生了真正意义上的文化变革。

◆农村社区文化与社区认同：互动的逻辑

从传统到现在，我们会发现一个明显的变化就是：现在的农村公共文化严重缺失，社区认同低迷。农村社区为什么会出现这种后果呢？它又是如何发展、演变到这一地步的呢？目前研究农村社区文化的一些学者发现了这个问题，并从农村社区文化建设的角度，对这个问题的原因进行了初步探索。比如，"轻文化、重经济"，是农民公共文化生活式微的体制性原因；"缺人才、难合作"，是农民公共文化生活衰落的社会性原因；"只输入，不培育"，是农村文化工作思路的一个关键性失误。这些分析虽然有其较强的解释力，但是仍然没有指出产生这个问题的历史根源，没有从社区认同与公共文化互动的角度进行分析。

社区建设　政府何为

——湖北省农村社区建设试点观察*

柳红霞（中南财经政法大学马克思主义学院　武汉 430073）

李增元（华中师范大学政治学研究院　武汉 430079）

内容提要： 积极推进农村社区建设，构建新型农村社会管理体制已经成为当前推动农村社会发展的重要举措，对统筹城乡发展、实现社会有机整合与融合也具有重要的现实意义。农村社区建设是国家实行的规划性社会变迁，政府在农村社区建设中具有不可推卸的责任。另外，农村社区建设必须尊重广大农村社区居民的意愿，使广大农村居民真正成为农村社区建设的最终受益者。从当前实践情况来看，虽然各级政府部门都积极投入到农村社区建设大潮中，但总体上农村社区建设还处于试验、探索阶段。农村社区建设中如何处理政府主体与社会、社区居民之间的关系，政府在农村社区建设中究竟处于何种角色定位，目前各地做法不一。基于此，本文对中部地区农村社区试验区的实证考察，对此问题展开深入探讨。

关键词： 农村社区建设　政府行为　中部地区

十六届六中全会《决定》指出"积极推进农村社区建设，健全新型社区管理和服务体制，把社区建设成为管理有序、服务完善、文明祥和的社会生活共同体。"党的十七届三中全会进一步将推动城乡统筹发展，推进农村改革发展纳入国家长远发展规划。积极推进农村社区建设，构建新型农村社会生活共同体是解决我国城乡二元体制、统筹城乡发展的重要途径，是实现乡村社会有机整合与融合的关键所在，推进农村社区建设已经

---

　* 本文是 2007 年度教育部重大攻关项目"新农村建设中的社区建设研究"（项目编号：07JZD0024）和教育部人文社会科学重点研究基地 2008 年度重大项目"现阶段农村文化变迁与和谐文化建设"（课题编号：08JJD810159）的研究成果。

成为当前农村社会发展的客观要求。

一　问题的提出

　　构建适应时代发展要求的新型农村治理体制，建设新型农村社区是消解农村社会日益凸显的各种社会矛盾，统筹城乡社会发展的重要基础。从当前农村社区试验来看，在全国开展的农村社区试验大潮中，各地积极展开探索，在实践中逐步形成了"一会五站"的江西模式、"以城带乡"的胶南模式、"撤组建社"的秭归模式、江苏太仓的"12345"工程以及"城乡一体"的义乌模式、"2＋3＋N"的永川模式等各具特色的农村社区试验模式，这对全国范围的农村社区建设起到了很好的经验借鉴作用，在实践中也进一步改变着农村社会的发展面貌。在学理层面上，在各地展开农村社区试验的同时，农村社区建设也成为当前学术界所研究的焦点、热点问题。在对农村社区建设研究中，有的学者认为要创新农村基层管理体制。由自然村落制度到社队村组制度，再向社区制度转变，可以整合资源，完善服务，实现上下互动、城乡一体，并建构起政府公共管理与社区自我管理良性互动，公共服务与社区自我服务相互补充的新型制度平台（徐勇，2007）；有的学者认为我国新农村社区大致分为城市化扩张下的农村社区模式、"就地城镇化"下的农村社区模式和"村民自治"体制下的农村社区模式三种类型，其中第二种是适宜在我国推广的模式（甘心奎，2007）；有的学者认为，随着农村市场经济体制的发展及城乡一体化进程的推进，我国的农村基层组织与管理体制再次走到历史性变革的重要关口，农村社区建设是新时期、新阶段我国农村的一项重大的社会建设工程和制度创新，不仅旨在实现农村社区的整合和重建，也是旨在实现整个社会的融合和一体化；不仅是我国农村基层社会组织与管理方式的重大变革，也是我国社区和社会整合机制及治理方式的重大转变。（项继权，2008、2009）。从总体上来看，在实践层面上，虽然各地都因地制宜探索出适合自身特色的农村社区建设模式，然而，在全国推广农村社区建设中究竟应该如何处理政府与广大农民主体之间的关系，政府在农村社区中处于何种角色各地做法不一。在理论层面上，虽然诸多学者都对农村社区展开了深入研究，但是从政府角色入手进行分析的还不是很多，政府在农村社区建设中究竟应该有何作为并没有清楚的表达。基于此，本文将对中部地区某省份农村社区建设的实证考察，对此问题展开相关研究。

二　社区试点：地方政府的积极探索

"农村社区"是指农村一定地域范围内具有相同价值取向和文化传统的人们所组成的社会生活共同体。然而现代新型农村社区不同于传统农村社区，现代农村社区建设从总体上来看是国家实行的一种规划性社会变迁，其目的在于通过国家规划性建设，从而达到统筹城乡发展、实现城乡社会有机整合与融合的根本目的。国家自上而下推动的农村社区建设其重要意义还在于将农村社区建设成政府公共服务下乡的重要平台，从而进一步实现公共服务均等化的目标。农村社区建设实际上包含了国家多层次的宏观政策目标，因此，作为国家自上而下的规划性制度变迁，政府应在农村社区建设中起主导地位。新农村社区建设进程中，既要充分发挥农民的主体作用，又要强化政府的主导作用。作为组织者和领导者，政府能够利用专门的领导工具和行政手段进行宣传发动，制定相关推进政策，组织和领导新农村建设工作。作为支持者和参与者，政府可以运用手中占有的大量资源，提供公共产品，改善环境条件，扎实稳步推进新农村社区建设。作为领导者和监督者，政府可以通过税收、利率、投资、价格等经济杠杆进行调节，以弥补市场缺陷，保证新农村社区建设的顺利推进。① 自 2008 年以来，在农村社区试验区建设中，各级政府积极探索，发挥农村社区建设中的主导作用。

1. 深入调查研究，制定农村社区建设的工作思路

农村社区作为一个新生事物，在深入探究农村社区运行规律的基础上形成农村社区建设的基本工作思路，是推动农村社区建设的重要基础。在农村社区试验中，各地区政府部门提前做好谋划，认真开展调查研究，研究农村社区建设的工作思路。武汉市江夏区在开展农村社区试验中组织了专门人员，分成若干小组，对全区所有的建制村和集镇社区进行了全面深入的调查摸底，主要摸清建制村和社区的基本情况、区位优势、经济规模、特点和现状以及驻社区站所、分支机构和企事业单位等方面的情况，

---

① 高峰、赵华朋、卢国伟：《社会主义和谐社会视阈下新农村社区的构建》，《山东省农业管理干部学院学报》2007 年第 6 期，第 86 页。

并进行分类汇总,掌握了大量的第一手资料。为农村社区定位,确定试点、组织设置、规范建设内容、健全服务体系等工作提供了决策依据。最终确定了工作思路:在农村社区定位上,坚持"一村一社区";在总体安排上,坚持统筹规划,分步实施,先行试点,全面推进;在具体步骤上,2007年在14个村(社区)先行试点,总结经验,示范引路;2008年完成100个村的推进工作;2009年全面完成所有建制村的社区建设工作,力争三年内全面提升农村社区的整体建设水平。为了确定农村社区发展方向,理清工作思路,宜都市组织专班,深入农村,通过召开村组干部会、党员会、村民会和问卷调查等形式,广泛征求意见,统一对该市农村现状特征、发展趋势和开展农村社区建设方法的认识。该市开展农村社区建设立足于现有基础、着眼于长远发展的原则,统筹规划,建设现代农村社区。通过对农村的认真分析,将农村社区建设的主导模式确定为"一村一社区、社区设小区"。社区在村党组织和村委会的领导下,以村级组织阵地为基础,建立集服务、管理和活动一体的社区中心,为村民群众提供公共服务;完善市场服务体系,组建农民专业经济合作组织,为村民群众提供生产和生活服务;成立社区志愿者协会,组织和引导村民群众开展自我服务和互助服务。同时,按照"地域相近、人缘相亲、利益紧密、联系方便、村民自愿"的原则,在社区下设小区,村民在小区内实行自治,开展自我服务和互帮互助活动。在各级政府部门的努力探索下,各地明确了农村社区建设的思路,为农村社区建设工作的开展奠定了坚实的基础。

2. 勇于创新、开拓,因地制宜探索各具特色的社区发展模式

由于农村各地区经济、社会发展的不平衡性,同时地域因素差异比较大,这客观上要求在开展农村社区建设中必须抛弃传统思维,创新工作理念,因地制宜建立适宜各地发展要求的农村社区模式。武汉市新洲区政府根据党的十六届六中全会精神和全国农村社区建设工作座谈会精神,科学规划、合理定位,探索性地开展农村社区建设活动;区成立党政领导同志牵头、各有关部门负责同志参加的领导小组,加强组织协调,密切协作,形成合力;街镇层面建立健全协商共建机制,负责农村社区建设的规划、组织、协调与监督,推动各项工作的落实。民政部门充分发挥主管部门的职能作用,搞好综合协调和服务。建立联席会议制度,定期召开会议,讨论交流农村社区建设工作的经验,并在开展实践探索中成立农村社区建设实验区专家顾问组。江夏区在区政府的指导下,按照地域相近、规模适

度、群众自愿的原则，积极探索形成了如表 1 所示的特色鲜明的农村社区建设模式：

表1   武汉市江夏区农村社区试点建设模式

社区模式	特 点	所占全部社区比例%
集镇型社区	抓好社区的组织建设、制度建设和规范化建设，大力发展社区经济，各社区依托撤并乡镇（街）后留下的土地、房产、办公设施，采取租赁、入股等市场运作方式，发展第三产业。盘活现有资产，确保国家和集体财产保值增值；领办和创办农业企业和中介组织服务，鼓励各种投资公司和个体投资者参与集镇基础设施和公共事业建设；广泛开展社区服务，拓展社区服务内容，提高居民群众的生活质量。	10
新村型社区	积极研究和探索村改居的方法和途径，重点是建设好为社区居民服务的各项设施和社区的组织制度建设，健全社会服务体系，规范物业管理，使社区自治组织和各种服务组织各归其位、各尽其责、协调配合、服务居民，高起点高标准抓好社区建设工作。	20
村湾型社区	以自然村为基础平台，在党和政府的领导下，依托农村社区力量，整合农村社区资源，强化农村社区功能，解决农村社区问题，深化村民自治，维护农村稳定，促进农村社区各项事业协调、健康发展，不断提高农村社区成员物质文化生活和精神生活水平。	70

宜城市正是通过积极探索比较，找准本地社区建设的可观规律，最后确立了"自然村"、"村委会"和"企业农村兼有"的三种农村社区试验模式，分类进行农村社区实验，很好地起到了农村社区建设的当头炮作用。大冶市为巩固发展农村社区建设，走出了一条城乡社区建设协调发展的新路子，实行村委会和社区"两块牌子、一套人马"的"两位一体"运行体制的基础上，结合村情，因地制宜地进行了社区运行模式的探索，成立了在村"两委"的领导和指导下从事社区服务工作的社区服务中心。

该市还颇为特色地组织了4个农村试点社区与城区4个精品社区开展了联谊结对活动，积极探索城乡社区对接，半年来，城乡联谊结对社区广泛开展交流与合作，达到互惠双赢的效果。

3. 健全组织领导体制，建立完善、高效的工作运行机制

建立健全组织领导体制，形成完善的工作运行机制是确保农村社区建设高效运行的重要基础，才能为农村社区建设提供有力的组织与体制保障。在开展新农村社区建设工作中，武汉市蔡甸区以家园建设行动计划领导小组为依托，成立了区农村社区建设领导小组，合署办公，各街（场）乡镇相应成立了以街办事处主任为组长，分管民政、"家园建设行动计划"的领导为副组长，相关部门负责人为成员的工作专班；各试点村成立了由村党组织书记任组长，村委会主任为副组长，驻社区的经济组织、民间组织等相关人员为成员的农村社区建设工作专班，并制订了实施方案，保证农村社区创建工作有序开展。在推进农村社区建设中，重点培育和发展各类村民自我服务组织，完善村民自治组织体系，以"五老"（老干部、老党员、老教师、老农民、老复员军人）为主体，建立了农村社区志愿者协会和"六站"，各试点村还进一步建立健全了农村社区的学习、会议、村务公开、财务管理、民主评议等工作制度。村里重大村务决策村民参与率达90%以上，民主管理制度满意率达100%，村民对村务公开民主管理满意率达90%以上。武汉市江夏区坚持农村社区建设在区委、区政府统一领导下进行，各乡镇街、办事处主要领导亲自挂帅，分管领导具体抓，社会事务办牵头，负责辖区的农村社区建设计划、组织、协调、指导和项目落实工作，区、乡镇街有关部门和群团组织按照职责分工和工作任务，搞好协调配合，形成合力，共同推进农村社区建设工作。各地在开展农村社区试验建设中，都注重完善工作运行机制。大冶市在学习各地经验的基础上结合市情，探索出了农村社区"一套人马、两块牌子"的运行体制。市委、市政府致力于建立"党委政府领导，民政部门指导，相关部门协作，村级组织主办，社会力量支持，群众广泛参与"的农村社区建设领导机制和运行机制，形成齐抓共管的整体合力。一是成立了由市长任组长，36个部门负责人为成员的大冶市社区建设工作领导小组。二是出台了《大冶市农村社区建设试点工作实施方案》（冶办发［2007］40号）、《大冶市农村社区建设试点工作评估验收标准》、《大冶市农村社区建设工作领导小组名单》、《大冶市农村社区建设工作领导小组成员单

位职责》等一系列配套文件,提高了全市各级、各部门对在新形势下开展农村社区建设的重要性和必要性的认识,明确了各自的工作职责。三是将农村社区建设的主要内容和工作任务细化为9大项57小项,用100分制评估为办法,采取查档案、看记录、座谈了解和实地察看等方法,由市农村社区建设工作领导小组办公室牵头组织市级相关部门逐村进行检查验收,并要求各相关镇村要明确职责、大力宣传、强力推进、务求实效,起到了良好的效果。

4. 强化职责分工,明确不同参与主体之间的事权范围

确保农村社区有序、稳步试验的重要条件在于必须确立各级政府之间的职责分工,明确各不同参与主体之间的事权范围,形成有序的工作机制。为确保农村社区建设有序进行,各地都强化工作措施,分步实施推进。武汉市江夏区从实际出发,统筹规划,分步实施,先行试点,全面推进,扎实稳妥地推进农村社区建设工作。首先,强化指导督办。在农村社区建设模式上和标准上,不搞“一刀切”;在工作要求上坚持因地制宜;在指导方法上,形式多样;在农村社区建设的每个阶段都召开一次工作例会;坚持每季召开一次碰头会,每月安排一次工作,每半年通报一次工作进展情况。其次,多方筹措资金。坚持政府投入、社会扶助、农民参与的多元化投入方式,广开筹资渠道。发挥基层作用。最后,全面协调推进:把农村社区建设与农村产业规划、小城镇建设规划和新区(城)建设规划结合起来;把农村社区建设与创建市级文明城区活动结合起来;把农村社区建设与农村家园建设行动计划结合起来,做到两者一同规划、一同部署、一同创建、一同推进。农村社区建设是一项新生事物,领导重视、部门协作是搞好工作的前提和关键。

宜城市为了抓好农村社区建设实验工作,宜城市委、市政府主要领导和分管领导在深入学习中央和省、市有关农村社区建设实验的有关文件、把握精神实质的基础上,由民政部门牵头,职能部门配合,办事处(园区)主办,社区群众参与的工作机制,扎实开展农村社区建设探索实验工作,逐步形成了各部门分工明确的职责体系(表2),以量化农村社区建设中各部门的目标责任。如武汉市新洲区新农村社区建设中,首先,区直部门明确职责。区家园办建立了区直相关部门、街镇、村两委、村民理事会、自然湾协调小组、村民群众“六位一体”的管理系统,区家园办负责培育典型,引导推广,并经常会同农业局、林业局、建设局、劳动

局、文明办等 11 家单位，到村指导督导。其次，街镇和村组明确职责。街镇对试点村组以目标管理的方式进行管理，定期检查，总结评比，按期考核，帮助村组完善各项制度。

表 2   宜城市农村社区试点中的部门职责分工

机构	职　　能
民政部门	一是制定一个好的实施方案，2007 年 4 月出台了《宜城市农村社区建设实验方案》，明确任务、确定目标；二是具体确定各种类型农村社区的实验模式；三是深入调查研究，针对不同类型提出指导性意见和建议；四是把村务公开和民主管理的成功经验引入农村社区建设之中；五是协调各部门履行支持农村社区建设实验的职责；六是直接参与硬件投资，对确有经济困难的农村社区给予一定的经费支持。
职能部门	市委组织部在各农村社区建立了党组织；宣传部门对开展农村社区建设进行了广泛的宣传和报道，起到了造势作用；交通局为开展农村社区实验村进行了路面硬化；卫生局设立农村社区卫生室并开展义诊活动；劳动和社会保障局搞好劳动就业培训、劳务中介服务；计生局开展计生服务项目，增添农村社区服务设施；农业局在实验社区推广农业科学技术和农产品的产前、产中、产后服务；档案局规范了实验社区档案建设；公安局增加农村社区警力，抓了社区治安和平安创建工作。
办事处（园区）	农村社区建设实验的主体是三个办事处（园区），各自选择的方式由村委会或村民因地制宜提出，主办的原则是依靠社区村民和村民自治，解决的问题是群众的所需所求。为此，相关部门对 3 个实验地的村（居）委会书记、主任和其他成员进行了专门培训，并组织三个办事处（园区）和村（居）委会干部到外地参观学习，取人之长，补己之短，使他们胸有成竹，思路明晰。

汪集街茶亭村各小组鱼塘等每年承包收入有 2.1 万元，在街家园办引导下村委会决定从村办企业汽车配件厂上缴利润里拿出 7000 元，共筹集 2.8 万元用于农村社区建设。全村通村公路共有 4.2 公里，经自主报名和村民代表大会审议后，共承包给 3 个人，共需补贴金 1.05 万元；8 个机

站交给在附近养鱼的农户管理，每人每年补贴 1000 元；剩下 9500 元钱，全部用于抗旱排涝渠道的定期维修和疏通。最后，理事会、协调小组和村民群众明确职责。旧街高山村农村社区建设实施细则共 6 章 25 条，就是理事会与群众反复讨论形成的。通过强化职责分工，明确事权范围，各职责主体分工明确，相互配合，有力地推动了农村社区试验的进度。

表3   旧街高山村农村社区事务划分

社区建设事务	管理主体	具体管理方式
村辖区环境卫生	小组中心户长	实行分块目标责任管理
水利设施	村　民	高山村建有大机站 1 座，有 2 人承包管理，规定承包人收取辖区受益农户的抗旱费；村集体负责承担变压器的月座机、变损费用。
通村公路	村　民	通村、通湾公路 3.4 公里，由村民负责养护
综合治理	治安领导小组	以村委会成员为核心，成立治安领导小组，治安小组每季度组织聘请司法人员给村民上一次法制宣传教育课，严禁抹牌赌博。开展双文明户、五好家庭的好婆媳、好妯娌评选活动，营造了一个和谐的高山村。

5. 科学规划、定位，合理确定农村社区建设项目

农村社区建设作为新生事物，更需要政府的积极引导和服务，村委会作为联系政府和村民的中介，更应该发挥桥梁作用，逐步完善其管理和服务的职能，更好地发挥在政治、便民利民服务、文化服务、卫生、社区保障等方面的服务功能。[①] 农村社区建设的目标之一就在于提升农村居民的公共服务水平，使现代社会文明成果能真正惠及广大农民。农村社区的基础设施建设和生活环境治理是当前农村社区建设的重点，也是首要切入点。[②] 在开展农村社区建设中，各地整合社会资源，将基础设施建设作为农村社区建设的重要内容来抓，不断改善广大农村居民的生产生活和服务条件。赤壁市按照"规划建制村、建设中心村、培植特色村"的原则，

①   汪丽君：《浅议新农村背景下的农村社区建设》，《今日南国》2009 年第 1 期，第 16 页。
②   胡宗山：《农村社区建设：内涵、任务与方法》，《中国民政》2008 年第 3 期，第 17 页。

各农村社区充分利用新农村建设契机，争取部门支持，整合各方面力量，抓好农村社区硬件建设，改善服务和工作条件。严格按照"七个一"的规范要求加强村委会办公、服务场所建设。同时，还做好了道路、电话、宽带、有线电视村村通的建设，实现城乡一体化。村委会阵地建设是农村社区建设中的重要部分，确定的19个试点建制村中，均建有300平方米以上的村委会办公及服务用房，做到有场所办事，有设施服务。部分试点村还建有村民文体广场，配备了户外健身器材或篮球架、乒乓球台等活动设施。电信和广电网络部门支持帮助试点村电话、宽带网和闭路电视工程建设。农业部门大力支持农户改水、改厕、改圈和建设沼气。水利部门支持帮助试点村水利设施建设、维护和农户改水工程，改善了人居环境。宜都市按照建设"宜居社区"的目标，大力开展以"五通五改"即通路、通水、通电、通沼气、通信息和改路、改水、改厨、改厕、改圈为重点内容的"生态家园建设"工程，实行项目专项补贴政策，改善农村社区人居环境，如：村级道路硬化每公里补助资金11万元，"一池三改"每户补助资金800元，庭院净化每户补助水泥10包等补助政策。到目前为止，共投入项目建设资金近2亿元，实施农业发展和基础设施项目172个，硬化村级道路1400多公里，实现了100%的村、60%的村民小组通硬化路，陆城街道龙窝等社区基本实现了户户通硬化路；新建5个乡镇客运站、57个候车亭、80个招呼站；广播电视村村通，综合覆盖率达96%；解决了4万余饮水困难农村人口的安全饮水问题；完成"一池三改"8000多户；完成庭院净化2万余户；集镇安装路灯301盏。努力实现社区道路硬化、庭院净化、环境绿化和村庄美化。武汉市新洲区农村社区建设依托180个家园建设创建村，按照原村的建制，在政府主导下充分发挥村理事会和自然湾协调小组的作用来稳步推进。在广泛征求村民群众意见的基础上，本着"先急后缓"的原则提出。在对村下达项目计划的过程中，严格坚持公开透明和群众路线。武汉黄陂区结合区情，编制完成《黄陂区"十一五"都市农业产业发展规划》，着力打造"四个10万亩"大板块、大基地2007年计划建成万亩芦笋基地、5万亩蔬菜基地、2万亩茶叶基地、2万亩小龙虾养殖基地、万亩花卉苗圃基地、万亩优质稻制种基地。围绕兴大产业、办大企业、建大基地、扩大板块，设计、筛选一批支撑项目，同时围绕这批项目制订一套发展规划，实行一套扶持政策，落实一个专班，强力推进项目建设，进而实现项目兴农、项目强区、项目富民。

6. 积极引导、鼓励，推动社区建设多元参与机制

农村社区建设是一个大的工程，它不仅是政府单方面的责任，实现政府、广大农村居民、社会多元主体参与的社区建设机制符合当前社区发展规律。第一，政府积极引导，建立多元参与的财政投入机制。宜城市积极动员，建立以市、办（园区）两级财政和农村集体积累资金投入为主体，以各涉农部门相关资金、各帮扶部门投入为辅助，以农民（职工）自愿捐助和社会各界捐献为基础的社会化资金投入机制。武汉市黄陂区坚持政府引导、市场运作、业主开发、社会参与的创建方式，积极组织民营企业、社会资本、各类能人、龙头企业参与新农村建设。区委、区政府多方筹措资金 6.8 亿元，投入新农村建设。第二，鼓励社会力量投入社区建设。如武汉市新洲区在农村社区建设中积极发动社区群众参与社区建设。首先，将家园建设过程中成立的村家园建设理事会和自然湾家园建设协调小组顺利延伸过渡到农村社区建设的理事会和协调小组。其次，与区妇联组织的"巾帼保洁"活动对接，根据主要劳力外出打工的实际，积极组织农村妇女参与农村社区建设。继而，首创"平衡账"制度，确保农户均等地参与农村社区建设。最后，继续动员群众投工投劳参与家园建设农村社区建设。在实施农村"家园建设行动计划"中，该区注重在"农民主体"上做文章，采取多种形式广泛动员群众投工投劳，建设自己的美好家园，取得显著成效。远安县在农村社区建设中发动社会各界参与农村社区建设：部门对口帮扶，城镇社区与农村社区对口帮扶；组织引导企业、事业单位、社会团体和社会各界参与支持。第三，建立多元社区组织体系。在社区试验探索中，积极构筑社区组织体系，发挥其在农村社区建设中的积极作用。各类社区组织体系的作用在社区建设中得到积极发挥。武汉市东西湖区发掘社区组织资源搞好农村社区建设。首先，加强农村社区基层党组织建设。以党员服务中心（站）为平台，按照"全面推进、建章规范、注重实效"的工作要求，深入开展以社区党员"吴天祥小组"社区服务、党员再就业"双带"、在职职工党员进社区为主要内容的"三大行动"。其次，以提高居民民主意识为重点，按照"民主选举、民主决策、民主管理、民主监督"原则，构架农村社区自治组织体系。继而，发展壮大农村社区民间组织，拓宽农民致富渠道，提高社区自治功能。建立以"两委会"为核心的"两委会"＋协会＋农户（基地）的农村经济发展新路子。最后，为提高社区自治功能，重点是加强对四类民间组织建

设和管理：发展文体类社区民间组织，发展社区服务类组织，发展权益维护类组织，发展志愿类组织。总之，通过初步探索建立多元参与的社区建设机制，使社区建设绩效成效显著。

三　政府主导和推动下的绩效转换

农村社区建设是一个系统的工程。社区建设是一个长期培育公民自我管理、自我发展的过程，包括服务建设、环境建设、文化建设、管理建设、组织建设等内容。[①] 在各级政府的有力指导下，社会各界积极参与农村社区建设，逐步形成了农村社区建设的多元参与机制，实现了社区建设资源的优化配置。在各级政府的有力推动下，各地农村社区建设形成了明确分工、职责清晰的工作思路，建立了完善的领导组织体制与运行机制。在各级政府的有力推动下，农村社区建设取得了显著绩效。

1. 社区基础设施建设得到明显改善

农村社区基础设施建设对农村社会发展具有重要的作用。在农村社区建设中，在政府的有力领导下，农村各地基础设施建设得到了明显的改善。表现在以下几个方面。

第一，公共基础设施建设的覆盖面得到有力扩展。在新农村社区试点建设中，各地大力注重公共基础设施建设的覆盖面，武汉市黄陂区，按产业和区域规划，引导188个创建村围绕"四大板块"落实致富门道到家园。武汉市东西湖区不断加强农村社区基础设施建设。农村社区"四通四改一化一场一室"建设，即：路通、水通、电通、信息网络通；改水、改厕、改圈、改垃圾堆放形式；绿化；建设多用途活动场；建设集大队"两委会"工作室、大队卫生室、居民活动室等于一体的大队多用途活动室，实现村湾布局优化，水电道路通达，庭院道旁绿化，信息传递通畅，村容村貌整洁的农村社区新格局。通过不懈的努力使农村环境大为改善；村级办公用房建设扎实有效；农村公共服务设施建设进展较快。武汉市黄陂区积极开展社区基础设施建设，进一步拓展社区建设覆盖面。

---

① 甘信奎：《新农村社区建设模式及政策推进》，《江汉论坛》2009年第2期，第134页。

表 4　　　　　　　　武汉市黄陂区农村社区基础设施建设

创建村 （个数）	总投资 （万元）	基础设施建设
104	9434.22	完成通湾公路 70 公里，湾内出行路 350 公里
		建机站 78 座，扩改塘堰 574 口，建主干渠 143 公里
		建排水管网 108 公里
		实施一池三改 243 户，建卫生厕所 525 户，建公厕 558 个
		建猪圈 1600 个，建牛圈 163 栋
		设垃圾桶 2300 个，建公共垃圾堆放场 271 个
		植行道树 32 万株，房前屋后植树 53 万株
		建多用途场 219988 平方米，建村民活动室 12950 平方米
		实施立面整治 35 万平方米

近几年，宜都市不断加大农村基础设施建设力度，扎实开展"村级组织阵地建设工程"，先后投入 1000 多万元，新建村级组织阵地 21 个，改扩建 63 个，为开展农村社区建设奠定了良好的基础。在农村社区建设中，以村级组织阵地为基础，着力建好社区中心。中心设置"一厅六室两阵地"。"一厅"，即综合服务大厅，大厅配备为村民提供公共服务必需的办公桌椅、电脑、电话等设施。"六室"包括：多功能室：配备开展培训、议事活动和召开会议必需的桌椅、电脑、远程教育等设备；卫生室（计生服务室）：具备医疗、防疫、保健、康复等功能，全市 135 家农村卫生室完成了规范化建设；广播室：全市所有农村社区和 80 多个村建立了标准化的广播室；图书阅览室：每个农村社区藏书达到 5000 册以上，全市建立图书阅览室 98 个，藏书达到了 50 多万册；警务室（矛盾纠纷调解室）：公安民警定岗定责服务到社区；文体活动室，配备室内健身器材及文化娱乐设施。"两阵地"：即学习宣传及村务公开栏，内设"政策法规、发展规划、村务党务公开、经济科技信息"等内容，定期更新；室外文体活动场所，至少建设一个篮球场、两个乒乓球桌，配备一套健身器材。全市农村已配备体育设施 90 余套。

第二，人居环境和加强组织阵地建设得到明显改善。社区规划不同于一般的区域规划与城镇规划，社区规划必须以人的发展为中心，以居民生活质量的提高为根本目的。① 建立适宜居民生存的农村社区生态环境是当前农村社区建设的根本要求，随大冶市从基础设施、民主政治、文化卫生、社区服务等方面入手，发挥农村社区在多方面的作用，采取政府引、社会投、群众集、外面招的形式，多渠道募集资金近 1000 万元，有效改善了各试点社区条件。一是大力推进生产生活设施"四通四改四化"，即：路通、水通、电通、信息通，改水、改厕、改圈、改垃圾堆放形式和绿化、硬化、净化、亮化。二是完善组织阵地建设，实施"1234"工程，即：一个中心（社区综合服务中心），两个阵地（公开阵地、文体活动阵地），三个室（多功能教室、图书阅览室、警务室），四个站［农技服务站、卫生服务站、文化服务站、便民商业服务站（店）］。三是完善社区内硬件建设，使之达到"八个一"标准，即：一台微机、一台彩电、一台空调、一部电话、一套办公桌椅、一组宣传橱窗、一组上墙制度、一套健身器械。潜江市把农村社区作为工作重点，市政府每年投入社区建设专项资金 50 万元，部分用于农村社区建设，按照市里统一规划和新农村建设的要求，建社区警务室 4 个；支持村民建设标准式的楼房 450 栋；建社区服务中心 4 个；村前屋后，实现水泥路和柏油路全覆盖达 42 公里；电、自来水、光缆全部接通到户，铺设达 62 公里，饮水 1220 户；建垃圾处理池 32 个；兴建村民活动场地 4 个，购置文体娱乐设施 12 台（套），以抓好基础设施建设。加强小区环境保洁、水电管理、社会治安等，建立健全社区管理和服务机制。按照"市场运作、有偿服务"的原则，对 23 个小区通过市场化选聘和设立公益性岗位、配备相关人员，实现住宅区保洁和水电入户管理，并逐步向物业管理过渡。组织开展卫生楼院创建活动，治理小街小巷和居民庭院的脏、乱、差现象，改善人居环境，净化、绿化、美化社区。按照"一区一警"的要求，加强社区警务室建设，构筑社区安保队、小区保安、门栋负责人的社区治安服务体系，努力建设"平安社区"。

2. 社区经济得到进一步壮大与发展

农村社区不仅是人们生活共同体，而且是生产共同体。实践证明，农

---

① 丁志铭：《农村社区空间变迁研究》，《南京师范大学学报》（社会科学版）1996 年第 4 期，第 28 页。

村社区建设必须建立和壮大村级集体经济。集体经济实力强，村"两委"才更有凝聚力，为村民办实事、办好事、办大事才更有能力，引导村民自愿出资出劳建设好自己的家园才更有号召力。① 村级集体经济壮大了，才能更加有效地开展农村社区经济发展，关系到广大社区群众的生活水平的提高，关系到整个社区共同体的经济实力。农村社区经济实力成为社区公共事业发展的财力基础。在湖北省各地开展新农村社区试点建设中，都注意大力发展社区经济，如宜都市在社区建设中通过各个方面注重发展农村社区经济。

表5　　　　　　　　　　　宜都市农村社区发展经济举措

开展工作	成　　　效
大力发展现代农业	从本地实际出发，按照"畜牧业建小区、果茶业建板块、水产业建片带"的思路，加快柑橘、茶叶、畜牧、水产四大优势产业基地建设，引进发展农产品加工企业。近几年全市新发展柑橘6.8万亩、茶叶1万亩、养殖小区42个，建立柑、茶、桑精品园和示范园1万亩，30家规模农业龙头企业年加工产值达25亿元。
大力发展农民专业合作组织	全市成立农民专业经济合作社38个，农村专业经济协会95个，科技服务队191个，为农民群众生产提供全程服务。
大力实施"阳光培训工程"	全市共培训新型农民5.4万人、农业科技技术培训25万多人次，培育科技示范户6000多个，为农民增收创造了条件。

赤壁市着重培育发展农村社区专业经济协会。动员科技能人、养殖大户、种植大户、机耕专业户牵头，引导各村组建了具有各自特色的农村专业经济组织。开展农业"产、供、销"一条龙服务，提高农业产业化经营水平，增强抵御各种风险的能力。在农村社区试点村中，分别成立了水产养殖、棉农合作、优质稻推广等9个专业经济组织。另外，利用现有土地房屋等资源，发展特色经济。如潜江市充分利用社区房屋和土地资产开展好经营活动。4个村共有经营门店32个，集体企业6个，集体创收32

---

① 肖茂盛：《推进农村社区建设的思路与对策》，《中国行政管理》2007年第6期，第59页。

万元。成立农村专业经济合作组织，为社区居民提供产前、产中、产后服务。4 个村共组建农村专业经济协会 4 个，创产值 800 多万元。宜城市发挥地域集中优势，引导村民发展特色经济，建设生态文明家园。万杨村桃花渡社区的村民多数擅长烹饪技术，社区服务中心利用这些优势，引导村民以农家乐餐饮、休闲为主题，以发展餐饮业和蔬菜产业为主导，建设了万杨桃花渡生态休闲园，现在桃花渡社区已有 20 家餐饮、休闲店，这里已被打造成宜城市民的后花园。

　　3. 社区服务功能得到进一步强化

　　国家推进农村社区建设的重要目标之一在于统筹城乡发展，实现基本公共服务均等化，进一步提升公民待遇。"社区服务"在我国是指在社区政府的统一规划和指导下，以社区为单位，以社区组织为依托，以群众的自我互助服务为基础，面向全体社区居民的、以提高居民生活质量为目的的社会服务活动。① 在农村社区试验中，各地政府部门都将社区服务作为农村社区建设的重要任务来抓，最终取得了显著成效。农村社区建设目的就是要让村民能享受到与城市居民同等的社会公共服务，使社区村民的生活质量有明显的改善。大冶市一是开展扶助贫困村民的民政服务。首先，将符合农村"五保"条件的村民全部纳入农村五保供养范围。提供良好的入住条件，分散供养人员每月发给不低于 100 元的生活补助金。其次，提高了农村社区最低生活保障标准。在全市农村低保标准基础上进行提标，使社区村民的低保标准达到每人每年 420 元。最后，延伸了民政办证服务。由社区统一接件，帮助村民办理老年优待证和残疾人证。二是开展满足村民生活需求的便民服务。首先，建立社区便民服务中心，落实专门人员，具体负责各项便民服务措施的落实。其次，根据村民需求，印制了内容丰富、项目齐全、通俗易懂的便民服务手册和务工、农技、计生等单项服务手册。最后，确定了电器维修、文艺体育、农业技术、家政、餐饮娱乐、信息、医疗卫生等服务点，向村民发布了各服务点的服务热线电话，实现方便快捷的各项生活服务。三是开展了缓解村民看病困难的医疗服务。首先，扩大村级医疗站服务范围，在原有医疗服务基础上，社区卫生服务站增加了定期为社区老年人、残疾人、低保对象、优抚对象等提供

_____

　　① 田华：《试论农村社区服务体系的创建》，《云南行政学院学报》2004 年第 6 期，第 109 页。

免费体检、上门就诊等服务项目，方便群众就医看病。其次，改善社区卫生服务站医疗条件，增加适合农村医疗的设备，提高了医疗水平。最后，结合民政医疗救助，对贫困家庭的村民实行医疗费用优惠和免费诊断病情、测量血压、输液和打针。四是开展了解决农业技术问题的农业服务。首先，通过社区综合服务站随时为村民提供农业技术咨询服务，解答村民的疑难问题。其次，定期开展农业技术培训，聘请省、市专家到场传授先进农业技术，增加村民的农业科学技术知识。继而，积极引进先进种植技术和优良品种，提高农业生产效益。最后，大力发展养殖业，培育养殖专业户，推广规模化养殖，对养殖大户达到要求的，社区给予适当的奖励，支持养殖业的发展。另外，对农业生产中出现的大面积病虫害，社区及时组织人力物力进行统防统治，把损失降到最低。五是开展了"老有所乐、老有所养"的养老服务。首先，成立社区老龄协会和老年体育协会，明确人员具体负责全村的老龄工作。其次，设置室内室外活动室，配备相关文体设施和用具，满足老年人开展活动的需要。继而，安排专门资金开展各项老年活动，组织老年人到外地参观学习，丰富老年人的业余生活。最后，对老年人给予经济扶持。灵乡镇坳头社区对辖区所有60周岁以上的老人每年给予365元的生活补贴，从而使广大农村居民从中受益匪浅。

4. 社区民主建设得到进一步巩固

农村社区民主建设是确保广大社区居民行使民主权利的重要保障，也是推动我国政治民主建设的重要动力。社区民主建设的效果直接影响着社区建设成效。农村社区建设是"新形势下深化村民自治的一个重大措施，其目的是通过农村社区这个载体和平台，把公共基础设施延伸到农村，把政府的公共服务覆盖到农村，同时把农民群众组织起来，通过自治、自助、互助，满足农民群众各方面需求，增强村级组织的吸引力和凝聚力，增强社区的发展活力。"① 各级政府在实践中积极探索民主制度形式，取得了显著成效。

第一，社区民主选举程序逐步走向规范化。新农村社区试点建设工作中，基层民主选举和民主决策不断走向规范化。如武汉市东湖区在社区建设中，首先，保证社区居委会换届选举的公正性。在第三届社区居委会换届选举中，把好居民代表产生关，选举办法制定关，选举大会组织关，保

---

① 民政部副部长姜力：《农村社区建设要处理好五个关系》，《乡镇论坛》2007年第4期，第6页。

证选举的公正性。选举完成率、选举成功率达到100%。其次，规范民主决策程序。在民主决策方面，在健全两委联席会议、村民会议、村民代表会议等制度的基础上，重点抓好民主听证这一环节。群众提出的合理建议也得以实现，农民群众的利益也得到了保障。规定涉及村民利益的重大事项都要通过民主听证进行决策。对民主听证的议题、会议的组织、会后的反馈、存档都作了明确的规定，基本保障了农民群众的决策权。

第二，社区村务公开形式逐步走向制度化。实行村务公开、民主管理能保证党的群众路线顺利贯彻落实，是疏通和拓宽联系群众的渠道，创造和丰富联系群众的形式。如赤壁市把村务公开和村级民主管理贯穿农村社区建设始终。一是统一机构设置，明确监管职责。各村统一设立村务公开监督小组和民主理财小组或社区民主协商和理财委员会，依法履行职责，及时向群众报告工作情况。二是统一公开内容，延伸公开范围。从群众最关心反映最强烈的问题入手，主要包括：财务、事务、政务、政策法规等四大类，其中财务公开是核心。三是统一公开形式，拓宽公开渠道。按照突出主阵地、开辟新天地的思路，不断丰富村务公开的形式。四是统一公开程序，规范公开环节。村委会提出公开方案；村"两委"联席会议讨论确定方案，向村民公布，对提出的意见和建议在5日内做出答复和说明。五是统一公开时间，注重公开效果。本着公开时间与公开内容相适应的原则，对村级财务、群众点题内容定时公开。六是统一村规民约，健全管理制度。各村根据实际情况，制订本村村民自治章程、村规民约、村务公开实施细则等民主管理制度。七是统一议事程序，民主管理规范。实行"一事一议"的民主决策制度，涉及村民切身利益的事项，由村民民主讨论决定。八是统一文书档案，资料管理有序。确保村务公开民主管理档案资料的系统性、完整性、公正性和严肃性。如武汉市东湖区注重村（队）务公开的实效性。在村（队）务公开内容上，明确与群众利益相关、村民关心的8个方面作为必须公开内容；在村务公开形式上，全面推行村务、财务、党务"三入户"制度；在村（队）务公开程序上，严格按照"预先审核，定点公布，征询意见"这一基本程序进行操作；在村务公开机制上，建立监督反馈机制和长效管理机制，全区村（队）务公开逐步走上程序统一规范、内容全面真实、形式便捷多样的良性运行轨道。

第三，社区自治制度法制化。社区自治是农村社区建设的重要内容，是促进农村社会和谐的根本方法。为进一步深化社区自治，潜江市制定了

《宜都市村级组织工作规程》、《宜都市村务公开工作规范》等一系列规范性文件。采取村级党组织"两推一选"和村委会直接选举的办法，选举群众公认、贴心为群众服务的村干部；规范村务公开内容、时间、形式和程序，建立重大事项由村民大会或村民代表会议决策制度；公益事业项目和集体资产处理、租赁经营实行公开招投标和竞拍制度；充分发挥村务监督委员会作用，村级财务实行"双代管"、"三签字一审核"报账制。建立民主评议村干部和责任追究制。今年，开展了以"贯彻落实党的方针政策实现'零障碍'，农民群众正当合法利益实现'零侵害'，村级公务接待费用实现'零招待'，农村基层党员干部廉洁自律实现'零腐败'，深入推进党务公开、村务公开"为内容的"四归零、两公开"活动，有效促进了村务公开和民主管理工作进一步深化，全市村务公开民主管理示范村达90%以上，有力地推动了农村基层民主建设。

5. 社区社会保障体系逐步完善

农村社区保障是保障社区居民群众基本生活水平的重要支撑，也是提升农村居民公民待遇的重要基础，农村社区社会保障水平对统筹城乡发展也具有重要的战略意义。从当前来看，农村社区社会保障水平已经有了明显提高。

第一，社区保障覆盖面不断扩大。农村社区保障制度直接关系到广大农民的基本生活水平，关系到新农村建设的进展。社区保障建设成为新农村社区试点建设的重要内容。如黄陂区前两年84个试点村全部建立了新型农村合作医疗制度和大病医疗救助制度，参保率均达90%以上；重点优抚对象742人按照有关政策等级标准享受了定补和抚恤；对78例重大病患者分别发放1000—3000元救助金共16.3万元，并落实了残疾人特殊困难临时性补助和重障残疾人定额补贴等配套制度；对305名五保户实行了集中供养；将1619户、2773名困难群众纳入农村低保，实现了应保尽保；涉及14个村、1217户、1598名失地农民的基本生活保障金已发放到位。今年以来，进一步提高创建村农民新型农村合作医疗的参合率，参合人数达11.4万人；积极探索建立被征地农民就业培训和基本生活保障制度，劳动保障局已成立了工作专班，在横店（武汉北编组站征地）选两村进行试点，然后在全区铺开；认真落实农村低保、五保供养政策和救灾救助制度，共有18404户35879人纳入低保范围，发放低保金272万元。创建村共有五保对象508人，其中集中供养340人，对558户、1766人实施救灾救助 151 万元；大力实施农村特困人群、优抚对象的扶助，农民保障水平进一步提高。对 288 例重大疾病的贫困农民群众实施了医疗救助共 64 万元，享受抚恤补助的优抚对象 614 人，已发放优抚金 576 万元。

第二，社区保障体系日趋完善。农村社区保障水平的提高离不开社区保障体系的不断完善，健全的社区保障体系能使广大社区群众消除后顾之忧，既能维持基本生活水平，也能积极调动他们投入到建设社会主义新农村的大潮中去。从湖北省农村社区试点建设开展的状况来看，各试点地区都在不断努力完善社区保障体系。如东西湖区构建社会保障体系中做到扎实推进，成效显著。

表6　　　　　　　　武汉市东西湖区开展社区保障体系建设

社会保障开展特点	社会保障建设成效
城乡低保基本实现了应保尽保，动态管理	目前该区有低保对象 7803 人，约占全区总人口数的 3.12%。低保标准逐步提高，城镇居民从 1998 年每人每月的 158 元调整到现在的 186 元，农村居民从 1998 年的每人每月 60 元调整到现在的 100 元。
养老救助工作不断完善	新建、扩建农村社会福利院 5 所，全区农村福利院达 7 所，其中，走马岭福利院获省"百佳福利院"荣誉称号。全区 238 名农村五保对象已集中供养，自愿集中供养率 100%，集中供养标准达到人均 4520 元。
教育救助深入开展	四年累计为 31946 名农村学生和城镇困难家庭学生减免学杂费、课本费 986 万元，补助 1660 名农村住宿生生活费 59 万元。
医疗救助工作扎实推进	出台了《东西湖区关于实施城乡医疗救助制度的意见》，对因患大病医疗费用难以承担而致贫的城乡困难群众，由政府进行救助。
住房救助工作正式启动	出台了《东西湖区 2006 年城镇最低收入家庭住房租金补贴试点实施方案》，对城镇低保对象实施住房救助，2006 年至今，分别对符合条件的 15 户进行救助，救助金额 3 万元。
政府办实事成效显著	区政府每年都推出一批关系老百姓切身利益的实事项目，受到广大群众的普遍赞誉。2007 年，区政府将特殊困难群体实施水电气补贴每户 35 元纳入政府 9 件实事。

6. 社区文化生活日益丰富多彩

农村社区作为一种社会生活共同体体现的是较高的认同感和较强的聚合力。文化具有其他社会要素无法取代的作用，它具有凝聚、整合、同化、规范社会群体行为和心理的功能。[①] 因此，社区文化建设显得尤为重要。大冶市在社区建设中注重文化建设，以社区文化建设带动社区发展。一是利用村文明学校、青年之家、民兵之家、计生学校培训村民，通过制订村规民约、文明公约、文明村民标准等制度规范村民的举止言行。二是定期开展"美德在农家"活动，评选"十星级"文明户、"五好"家庭、好婆婆、好妯娌，进行卫生清洁评比，轮流值日制和门前"三包"制，引导社区破除陈规陋习，养成文明健康的生活习惯。三是建立了社区文化中心户，每个中心户配备电脑、电视、影碟机一台以上，书籍1000册以上，报刊杂志10种以上，使村民远离赌桌、酒桌、神桌，亲近书桌，极大地便利了村民的学习和娱乐需要。四是重视群众体育，投入资金200多万元，进行体育场馆及配套设施建设，目前全市4个试点社区已建成村民游乐场1座、篮球场10个，购置乒乓球台5副、台球桌9套。定期举办农民运动会，开展跳绳、拔河、篮球、乒乓球、武术、象棋等多种形式的群众性体育运动。同时，通过社区文化建设提高了农民组织化程度，丰富了农民业余生活。在开展社区文化建设过程中，不少地区通过社区文化建设提高了广大群众对社区的认同感与归属感，不断丰富群众业余生活。如宜都市以建立组织、培养骨干、健全制度为重点，大力加强社区文化建设，组织开展文化体育活动，满足农民群众精神文化需求。一是发展社区文化体育艺术团队。发挥有文化体育艺术专长和爱好人员的骨干作用，组建社区文化体育艺术团队，全市已成立各种文化体育艺术团队57个。五眼泉乡鸡头山社区"红高粱"文艺队等一批团队经常活跃在社区。二是培育社区文化科技中心户。全市共培育文化科技中心户3500多个，推行社区图书阅览室在每个小区网络1至3个文化科技中心户的办法，实行图书资源共享。三是积极开展城乡社区文化互动活动。城市社区与农村社区开展文化交流，相互取长补短，促进城乡社区文化建设健康发展。四是积极开展"三下乡"活动。市政府给予经费补贴，推进送书、送戏、送电

---

①　司芳琴：《新农村文化建设的若干思考》，《郑州大学学报》（哲学社会科学版）2007年第4期，第59页。

影、送科技、送信息进社区活动，促进农村社区文化的繁荣，丰富农村文化生活。

7. 社区管理水平明显提高

社区管理和服务，既是农村社区建设的重要内容，也是农村社区建设的重要基础。[①] 党的十六届六中全会明确提出建立政府管理和社区自我管理有效衔接、政府和村民关系良性互动的工作机制是适应当前社会发展的必然要求，这客观上要求必须加强社区管理水平，这也是当前农村社区建设的客观要求。在农村社区试验中，宜都市在开展社会管理工作方面做到扎实有效，一是积极开展文明社区创建活动，强化思想道德建设，提高村民文明素质，形成与社会主义和谐社会相适应的人际关系和邻里关系。五眼泉乡鸡头山社区，扎实开展敬老、养老、助老活动，促进社区乡风文明、社会和谐，被评为"全国孝亲敬老模范村"。二是积极开展平安社区创建活动，以社区警务室为依托，完善社区群防网络，调解民间纠纷，维护社区良好的治安秩序。聂家河镇邓家桥社区，组建社区综合管理办公室，聘请20多名义务综合管理员，负责外出务工人员管理、关爱留守子女、落实重点帮教、排查化解不稳定因素、开展季节性治安巡逻、协助计划生育管理等八项工作，有效促进了社区安定和谐。三是积极开展卫生社区创建活动，建立农村社区环境养护机制，改变农村脏、乱、差和不文明的生活习惯，引导农民共同爱护、建设美好家园。四是构建农村"一会两站"维权网络，乡镇建立"消费者委员会分会"、建制村（社区）设立"12315申诉举报站"、"消费者维权站"，义务为村民服务，维护村民的合法权益。陆城街道亮家垴社区多年来商贩收购柑橘，每百公斤强行扣除4—6公斤"水分"，维权网络通过依法维权，据实交易，每年为村民群众挽回经济损失30余万元。五是强化了社区综合治理初试，为农村居民营造了安全、舒适的居住环境。如武汉市东西湖区充分发挥"学校、社区、家庭"三位一体的未成年人教育体系作用，营造健康成长的良好环境，促进了青少年全面健康发展。每个学校都建立了青少年法制教育基地，定期开展消防知识、自我防范、治安知识和"交通角色体验"等教育活动。开展了以社区治保会为基础，离退休党员、村长、栋长、居民小组长广泛参与

---

① 李学举：《当前农村社区建设实验工作的四个重点》，《乡镇论坛》2008 年第 1 期，第 6 页。

的"四位一体"的治安防范网络体系。大冶市以"平安创建"为载体,设立社区警务室,建立长效警民联系制度,积极开展经常性、群众性的法制教育活动和"五有、五无"创建工作,即:有村规民约,无吵架打架现象;有巡查队伍,无赌毒黄现象;有治安报警点,无刑事治安案件;有处置预案,无安全隐患;有救助措施,无留守儿童维权失控现象。总之,在政府的有力指导下,社区各项管理水平都有了显著提高,农村社会稳定有序。

四　政府何为:制度创新与限度突破

农村社区建设作为新时期农村治理体制变迁是一个不断实践探索的过程,是国家政府领导广大农民在既有农村社会环境下进行制度创新的尝试。现有的农村社会环境是制度运行的场景,农村现有治理体制所形成的基本社会秩序是政府推动农村社区建设的宏观环境,因此,农村社区建设在实践中必然会受到各种因素的制约。

1. 社区试点的实践限度

社区在为农民参与提供组织平台的同时,也建立起相应的行为规则,从而形成社区自我整合的机制。[1] 从实践来看,由于受到各种因素的制约,农村社区建设之路并不是一帆风顺的,各地在推动农村社区建设中都遇到了诸多困境,它成为农村社区建设的重要阻滞,需要各级政府部门进行重新审视与思考,主要表现在以下几个方面。

第一,城乡有别的二元体制阻碍统筹城乡社区的发展。从当前农村社区试点建设的进展情况来看,城乡二元结构体制的客观存在是农村社区建设中面临的一大问题。近几年来,市场经济体制改革虽然进一步搞活了农村经济发展,但是农村地区并没有因此而实现跨越式发展,新的制度环境导致城乡差距日益扩大。城乡社会的不同发展模式及国家资源配置的非均衡性使城市和农村地区差距日益明显,城乡二元体制使城乡流动受限制,农村在教育、医疗、社会保障、公共服务等方面都与城市地区相差甚远。国家历史政策的消极影响及现代化进程的加快致使社会分层、断裂严重,缺乏有机的整合,这不利于统筹城乡社区发展。

---

① 徐勇:《农村微观组织再造与社区自我整合——湖北省杨林桥镇农村社区建设的经验与启示》,《河南社会科学》2006年第5期,第10页。

第二，农村社区组织体制建构在实践中具有机械性。新型农村基层管理体制的建构本身要求打破原来的农村治理体制，建立与农村社会发展相适应的组织体制。在探索农村社区组织体制过程中，在组织体制设置上具有机械性，特别是对社区理事会的建构模式上僵化。虽然有地域相近的农民自愿组织起来的社区理事会，使自治单元更加明确、具体，自治的内容也更加直接和具体，通过自治、自助、互助，满足了农民群众各方面的要求，但《村委会组织法》明确规定，"村民委员会可以按照村民居住状况分设若干村民小组，小组长由村民小组会议推选"，能否撤销村民小组构建社区理事会成为某些地区争论的焦点。有些地方认为农村社区建设可能与法律条文有冲突，对农村社区的合理性和可操作性等方面存有疑虑，有的地方持观望态度，等待上级理顺农村社区体制，出台正式文件后全面推开。

第三，社区建设资金需求仍得不到有效满足。在推进农村社区建设中，财政资源投入上虽然确立了政府公共财政、农村集体资产、涉农部门资金、社会捐助的多元财政投入机制，但是自税费改革以来有些地区农村集体经济不景气，甚至出现了财政欠账现象。有些地区看似集体资源充足，但实际上可经营资产很少，而且不同地区由于地域、制度等因素导致经济发展呈现非均衡性特征，经济状况可以用三个三分之一来形容：超过三分之一的社区刚刚"温饱"，三分之一的社区正奔"小康"，不足三分之一的社区才称得上"富裕"。多数地方普遍存在经费不足、社区干部待遇偏低、基础设施较差的现象。

第四，公共服务供需错位阻碍了公共服务均等化进程。现实中，农村公共服务的供给大多实行自上而下供给的结果，整齐划一的指令性供给模式致使社区居民缺乏有效的需求表达机制，社区居民被动接受上级提供的公共服务，导致供需错位。总体上来看，大部分地区村里休闲娱乐设施仍然短缺，大型水利设施常年失修，村干部办公条件很简陋，教育办学力量不够。有的地区地方领导只把注意力放在改善大的基础设施工作上，而忽略了面向社区群众开展的诸如道路、桥梁、水利等关系村民日常生产生活的公共基础设施的提供。实现一刀切模式，导致广大农民急需的各种公共服务不能得到有效供给，公共服务均等化难以实现。

2. 农村社区建设中的政府作为

将农村社区建设成新型农村社会生活共同体是当前农村社区建设的核心目标。通过构建新型农村社会生活共同体可以不断增强社区居民对共同体的归属感与凝聚力，提升社区居民的公民待遇，使各项公共服务惠及生活在社区内的所有居民。同时，构建新型社会生活共同体能够同时也有利于新时期农村治理体制的创建。因此，在进一步推动农村社区中，应着重做好以下几个方面的工作。

第一，建立有利于统筹城乡社区发展的城乡一体化发展模式。城乡分治的历史格局给社会发展带来极大的矛盾和冲突。这种城乡分割和二元化体制不仅成为阻碍我国经济发展的重大障碍，也成为引发社会矛盾、影响社会稳定、阻碍社会融合的重大障碍。① 从宏观背景来看，农村社区建设主要是通过构建新型农村治理机制，构建"管理有序、服务完善、文明祥和的社会生活共同体"，统筹城乡一体化发展，实现城乡社会的整合与融合。由分治走向统筹，实现城乡社会的融合与整合机制可以实现城乡资源的合理流动，消除城乡在医疗、社会保障、教育、户籍、就业、居住等方面存在的差别，使政府公共服务进一步延伸到农村地区，使农村居民真正享受到公民待遇。同时，还有利于组织和依靠村民自身力量，深化村民自治，维护农村稳定，实现"四个民主"，促进农村经济发展和各项事业的全面进步，这也正契合了新时期国家政治民主发展的要求。在社区建设实践中，要强调"社区的建设要与城乡建设和发展紧密结合，将社区公共服务设施建设、公益事业发展和商业服务网点布局纳入城乡建设总体发展规划"，深化基层社会管理体制改革，建立健全基层社会管理和服务的管理体制和运行机制，形成城乡一体化的经济发展。实现城乡之间的资源、要素的双向流动，构建城乡一体化的公共服务体系，实现城乡公共服务均等化，实现城乡社会的有机融合与整合。

第二，积极引导构建具有活力的新型农村社区组织体制。现有农村社会环境已经发生了显著变化，原有乡村组织管理体制已经不再适应新型乡村治理模式的需求。而在宏观环境发生变化的同时，农村微观管理和组织体制还很不相适应。② 农村社区建设的一个重要方面就是在支持各种类型社区组织发展的基础上，重构运行效率更高、管理成本更低的新的社区管

---

① 项继权：《农村社区建设：社会融合与治理转型》，《社会主义研究》2008 年第 2 期，第 65 期。

② 徐勇：《在社会主义新农村建设中推进农村社区建设》，《江汉论坛》2007 年第 4 期，第 15 页。

理体制和运行机制，使社区真正成为承接政府公共服务的重要平台，承担起促进农村政治民主、经济、社会全面发展的载体。在实践中要不断探索，打破原有治理体制，突破法律法规的滞后性，在基层党组织的领导下勇于创新农村社区组织体制与机制。首先，要确立农村社区建设主体。在村级党组织的领导、村委会的具体组织指导下，组建农村社区理事会，作为农村社区的建设主体，具体推进社区建设。其次，设立具体的办事机构。根据农村生产生活的需要，在社区理事会中设立一些具体的服务组织，如互助救助组、环境卫生服务组、民间纠纷调解组、文体活动组、公益事业服务组等承担具体各项公共服务功能。再次，组织一批愿办事、会办事的服务人员。要精心选择一批老党员、老干部、老模范、老教师、老复员军人，充分利用他们德高望重、阅历丰富、社会关系多、主意办法多、村民易接受的优势，让他们作为理事会的主要成员，带领和服务群众，开展农村社区建设。要积极引导居住在村内的退休干部、无职党员、致富能手、外出务工人员等加入理事会，担任互助组组长，不拿或少拿报酬，自愿为社区村民服务。最后，加强农村社区建设的领导机制。农村社区建设与城市社区建设一样，涉及多个部门和不同领域，应将农村社区建设纳入各地社区建设领导协调机构统一管理，建立联席会议制度，确保在人力、财力、物力上有充分保证，并形成规范有效的领导机制和工作运行机制。

第三，建立有利于扩展资源的多渠道筹资机制。农村社区建设是一个系统、复杂的工程，而政府、社区主体资源投入是有限的。资金不足是新农村社区建设的重要制约因素[①]，在建设中必须扩展资源渠道，保证农村社区建设财政保障的基础。在实践中，政府部门应积极建立多渠道筹资机制，充分利用社会的力量，实现农村社区资源的最大化配置。一是各级政府要将推进农村社区建设列入本地区经济社会发展规划，各级财政部门要设立农村社区建设专项经费，对农村的公共服务和公益事业逐年加大投入。各种支农经费要与农村社区建设对接，形成部门齐抓共建的合力。对相关涉农资金集中起来，实行捆绑使用。二是各村集体应从集体经济中拿出适当比例用于农村社区建设，同时发动广大群众通过"一事一议"等方式积极筹措建设资金。同时要积极培育发展农村社区

---

①　李三：《对新农村社区建设若干问题的思考》，《安徽农业科学》2006 年第 17 期。

志愿者组织、民间组织和兴办社区公益性事业。三是动员社会力量、包括各类企业、驻区院校、部队、个体老板回报社会、投资家乡基础建设，村社区服务和公益事业。四是采取以奖代补方式，鼓励农民投资投劳，充分发挥农民建设主体作用。五是组织开展以城带乡、城乡共建示范村活动，鼓励区直部门与试点村结对共建，帮扶村湾搞好农村社区建设。

第四，建立畅通表达的公共服务多元供给机制。农村社区公共服务的最终受益者是广大农民群众，在公共服务提供上必须遵循广大农民群众的利益需求。公共产品作为公共服务的重要内容在提供方式上一般实行自上而下的行政指令性提供模式。这种"自上而下"的农村公共产品决策程序，必然会引起农村公共产品供给与需求脱节，造成公共资源的使用效益低下，加大公共资源筹集的压力。① 公共服务均等化不仅要求实现资源的公平享受，同时还必须实现资源的有效供给，实现供求一致的原则。这就客观上要求必须建立行之有效的公共服务的需求表达机制，做到"引导"而不"硬套"，"帮助"而不"包办"。同时，从公共产品的性质来看，农村社区的基础公共产品中有一大部分属于准公共产品。如果单纯由政府部门来提供，往往由于信息不对称、资源无法实现优化配置而导致公共物品提供低效率。同时，自税费改革之后，农村集体经济实力总体上出现弱化现象，因此在基础公共产品提供上显然存在财力不足现象。而通过"一事一议"制度筹集资金又必须征得农村居民的同意才具有合法性。因此，探索公共服务政府、社区、社会合作供给模式，能够有效弥补政府和社区单方提供的不足，还能充分利用社会力量，从而实现资源的优化配置，提高供给效率。同时，还能实现公共服务供求中的信息共享机制，有利于有效公共服务均等化。

第五，深化推动多层次的社区建设参与机制。农村社区建设是全方位的、系统的社会工程，社会参与是农村社区建设的有效形式② 。政府在推动农村社区建设中要积极引导建立多层次的社区建设参与机制，要倡导和

---

① 吴友群：《实行农村公共产品多元化供给的对策建议》，《经济研究参考》2008 年第 18 期，第 25—26 页。

② 贺爱琳、贺晓斌：《农村社区建设的障碍分析与路径选择》，《井冈山学院学报》（哲学社会科学）2008 年第 1 期，第 82 页。

动员社会力量，挖掘和综合利用社会各界，调动一切积极因素参与农村社区建设，发动农村群众和企事业单位以投资服务设施、自愿捐款、义务劳动等形式参与农村社区建设。农村社区建设的落脚点在农村，依靠的对象是社区群众。在农村社区建设中要充分发挥老党员、老干部、老教师、老农民的作用，依托共青团、妇女组织等成立社区志愿者组织，不断壮大志愿服务队伍。实行志愿者注册制度，制定完善志愿者服务扶持政策和志愿者参与慈善公益事业的各种激励保障制度。要贯彻党中央、国务院关于"工业反哺农业、城市支持农村"的指示精神，要建立党政机构、企事业组织、社会团体甚至包括国际慈善、基金组织广泛地参与农村社区建设的社会参与机制。进一步调动广大民间组织的积极性，开发民间组织的社会资源，促进民间组织在新农村中发挥应有的作用，给予新农村强有力的、组织化的社会支持。鼓励发展农村社区志愿者组织、专业经济技术协会、老年人协会、残疾人协会、秧歌队、腰鼓队、舞龙舞狮队、篮球队、乐队等各类群众组织，为推进农村社区建设提供组织保障。大力发展农村专业经济协会，发挥它们在促进、完善农业服务体系、增加农民收入、推进农业产业化、提高农民组织化程度和参与市场竞争能力等方面的积极作用。积极稳妥地对转制后的原乡镇事业单位进行民办非企业单位登记，创新农村公益服务的有效形式。凸显民间组织"非营利性"、"公益性"和"服务性"特点，使农民得到更多的公益服务，为农村公益服务网络的建立奠定基础，为培育发展新农村建设的新型社会化服务组织进行了成功实践。

　　简言之，农村社会发展直接关系到国家在基层农村的社会基础，在新时期实现国家对农村社会的新型治理体制建构成为当前社会发展的必然要求。农村社区建设作为国家自上而下实行的规划性制度变迁，其重要目的在于通过在农村实施新的制度变迁消解城乡社会发展之间的差距，统筹城乡发展，实现城乡社会的有机融合与整合。同时，通过构造农村社区这个操作平台，实现政府服务下乡，以不断提升农村公共服务水平，实现共公共服务均等化，实际上这也是不断提升广大农村居民公民待遇的过程。从对中部地区农村社区试验建设的实证考察发现，国家政府在农村社区建设中具有重要的规划、指导、组织与协调作用，特别是农村社区建设既涉及农村治理体制的变迁，又涉及人力、财力、物力的投入，它离不开政府部门的强有力的领导，建立政府部门领导的政府、社会、农村居民多元参与的农村社区建设参与机制是当前农村社区建设的客观要求。当然，在建立强有力的政府领导机制中，还必须明确各级政府部门在农村社区建设中的权力、职务与责任，需要严格的职责分工与高效的运行机制。另外，广大农民是农村社区的生活主体，必须确保广大农民在农村社区建设中的主体地位，尊重广大农民的意愿选择。在农村社区建设中搞什么，不搞什么，先搞什么，后搞什么，应该由群众说了算。政府做到"引导"而不"硬套"，"帮助"而不"包办"，组织成员群众选，自治事物群众办，互助服务"一对一"，真正把群众发动起来，参与进来。总之，建立以政府部们为主导，以广大农民为主体的多元参与机制，将农村社区建设成现代农村社会生活共同体是当前农村社区发展的根本要求与必然选择。

参考文献：

[1] 徐勇：《农村微观组织再造与社区自我整合——湖北省杨林桥镇农村社区建设的经验与启示》[J]，《河南社会科学》2006 年第 5 期。

[2] 张要杰：《农村社区治理方式变迁刍议》[J]，《兰州学刊》2007 年第 1 期。

[3] 徐勇：《在社会主义新农村建设中推进农村社区建设》[J]，《江汉论坛》2007 年第 4 期。

[4] 沈毅：《社会整合与社区整合》[J]，《天府新论》2007 年第 4 期。

[5] 肖茂盛：《推进农村社区建设的思路与对策》[J]，《中国行政管理》2007 年第 6 期。

[6] 周良才、胡柏翠：《农村社区建设与建设社会主义新农村之间的关系》[J]，《广西社会科学》2007 年第 2 期。

[7] 项继权：《从"社队"到"社区"：我国农村基层组织与管理体制的三次变革》[J]，《理论学刊》2007 年第 11 期。

[8] 项继权：《农村社区建设：社会融合与治理转型》[J]，《社会主义研究》2008 年第 2 期。

[9] 谢遐龄：《社会体制视野下的中国社区建设》[J]，《探索与争鸣》2009 年第 3 期。

[10] [德] 斐迪南·滕尼斯：《共同体与社会》[M]，林荣远，北京：商务印书馆 1999 年版。

社区发展中的文化认同:价值、嬗变与重塑[*]

李　睿[**]（华中师范大学政治学研究院　武汉 430079）

内容提要：农村社区文化与农村社区共同体的存在和发展密不可分，文化认同是社区认同的重要表征。随着现代化的推进，农村社区各自原有的文化特质逐渐退色，文化认同的缺失致使维系农村社区共同体的力量弱化，这是现代农村社区发展必须正视和面对的现实。重塑社区文化认同是建构现代农村社区认同的有效路径，需要从物质、行为、制度和观念四个方面入手。

关键词：社区发展　文化认同　价值

自 Tonnis 提出"社区"概念以来，关于社区的命运便开始受到人们的关注。社区作为相对独立完整的地域性社会生活共同体，通过自身就可以实现自我管理、自我教育、自我服务、自我约束，进而实现社区公共生活的有序化。但对于正处于转型期的中国农村社区而言，"文化认同"是一个无法回避的现实问题。随着现代化的推进，农村社区各自原有的文化特质逐渐退色，文化认同的缺失致使维系农村社区共同体的力量弱化，这是现代农村社区发展必须正视和面对的现实。

一　内涵与效度：文化认同的社区价值

在农村社区的发展过程中，文化认同始终是一个十分重要的变量。它不仅是农村社区发展过去和现在的反映，又深刻地影响和制约着农村社区

　＊　本文是教育部人文社会科学重点研究基地 2008 年度重大项目"现阶段农村文化变迁与和谐文化建设"（课题编号：08JJD810159）和 2007 教育部重大攻关项目"新农村建设中的社区建设研究"（项目编号：07JZD0024）的研究成果之一。

　＊＊　李睿，女，华中师范大学政治学研究院博士研究生，西华师范大学政法学院助教。

自身的诸多发展，所以，探寻文化认同在农村社区中的价值体现，进而从文化认同的角度寻求农村社区发展的动力机制就显得尤为必要。正如 Inkeles 所说，"如果一个国家的人民缺乏一种能赋予这些制度以真实生命力的广泛的现代心理基础，如果执行和运用这些现代制度的人自身还没有从心理、思想、态度和行为方式上都经历一个向现代化的转变，失败和畸形发展的悲剧结局是不可避免的。"①

何谓"文化"（culture）？有关"文化"的定义已不下二百五十种。最初是由英国人类学家 Tylor 于 1871 年在其著名的《原始文化》中将"文化"定义为"一个复合体，包括知识、信仰、艺术、道德、法律、风俗以及作为社会成员的人所获得的其它任何能力和习惯"②。之后，诸多学者均从不同的角度对文化进行了定义。如 Boas 将文化定义为"包括社区中所有社会习惯、个人对其生活的社会习惯、个人对其生活的社会习惯的反应，及由此而决定的人类活动。"③ Geertz 将文化定义为："从历史沿袭下来的，体现于象征符号中的意义模式，是由象征符号表达的传承概念体系，人们以此达到沟通、延存和发展他对生活的知识和态度"④ 等等。我国社会学和人类学界一般认为，"文化是人们在体力劳动和脑力劳动过程中所创造出来的一切财富，包括物质文化和精神文化，以及人们所具有的各种生产技能，社会经验、知识、风俗习惯等。"⑤ 尽管对文化的界定由于角度、层次等的不同而有所差别，但一般都承认文化有如下特点：（1）文化是共享的；（2）文化是习得的；（3）文化是整合的；（4）文化是以象征符号为基础的；（5）文化是适应性的；（6）文化是变迁的。⑥文化不是静态的而是动态的，正如 Malinowski 在其未完成的《文化动态论》中所称："社会变动是社会存在的状况，包括社会精神和物质的文化，从一种形式向另一种形式转变的过程。这种过程是不论什么地方什么

---

① ［美］英格尔斯：《人的现代化》，四川人民出版社 1985 年版，第 4 页。

② Edward B. Tylor：Pritive Culture，Harper & Row，1958（1871），p. 1.

③ Franz Boas：Anthropology，in E. R. A. Scligman，ed，Encyclopedia of the Social Sciences. New York，The Macmill，Vol，21930，p. 79.

④ Clifford Geertz：The Interpretation of Cultures，Selected Essays，New York，Basic Backs，1973，p. 89.

⑤ 白振声：《文化》，林耀华主编：《民族学通论》，中央民族大学出版社 1997 年版，第 384 页。

⑥ W. Haviland：Cultural Anthropology，Orlando Florida，Harcourt，1993，pp. 30 – 39.

时间在人类文化中经常发生"。① 需要指出的是，与主文化相对应，文化的形成和发展过程中常常与"亚文化"相伴。美国跨文化心理学家 Triandis 把时间、区域和语言作为三个变量确定亚文化的分类。美国的社会学家 Popenoe 将"亚文化"定义为：当一个社会的某一群体形成一种既包括主文化的某些特征，又包括一些其他群体所不具备的文化要素的生活方式时，这种群体文化被称为亚文化。② 如果说"社会性因素"与"自然性因素"共同作用于社区的话，那么"亚文化"便可以被视为这种作用的直接现实，它与文化的适应与变迁有很大关系。

何谓"认同"（identity）？"认同"一词源于注重个体研究传统的心理学，后来由于被人类学，社会学，哲学等学科采纳后逐渐扩展到社会科学领域，其使用范围也日益扩大，包括社会认同，文化认同和民族认同等。这个概念最早是由 Freud 使用的，最初是指病理性的认同，主要是癔症性认同和梦认同，把认同看做是一种心理上把自己放到其他人位置上的思维，是潜意识中对其他人的模仿，认同是由潜意识中的欲望或者内疚激发的。③ 美国《心理学百科全书》对认同则做了如下解释：认同是精神分析理论中的一个核心概念，指的是主体同化、吸收其他人或事项，以构建自身人格的过程。由于在认同过程中个体满意地确定了自己与所认同的个人或团体的关系，因而采取了一种与他人相同的行动。认同区别于依从之处在于个体能够逐渐相信自己所采取的观点和准则，但对这些观点和准则的信仰还不够坚定。如果一个人发现某个团体或个人在某一方面对自己很有吸引力和感染力，他就会由于喜欢该团体或该人而倾向于接受其影响，采取与其类似的准则或态度，从而成为与施加影响者一样的人。认同的目的不是为了获得奖赏或免受惩罚（如依从那样），而只是为了和那个人一样。④ 英国学者 Morley 在《认同的空间》里，分析了认同的概念，认为认同涉及排斥和差异，是"差异构成了认同"。⑤ Tylor 在对现代认同进行分

---

① 费孝通：《读马老师遗著〈文化动态论〉》，北京大学"文化自觉与跨文化对话"会议发言稿 1998 年 6 月。

② ［美］戴维·波普诺：《社会学》，中国人民大学出版社 1999 年版，第 78 页。

③ 车文博：《弗洛伊德主义原理选辑》，辽宁人民出版社 1988 年版，第 375 页。

④ 周晓虹：《中国中产阶层调查》，社会科学文献出版社 2004 年版，第 25 页。

⑤ ［英］戴维·莫利：《认同的空间——全球媒介、电子世界景观和文化边界》，司艳译，南京大学出版社 2001 年版，第 61 页。

析之后，认为许多认同的形成是由于"自我的根源"。自我对善恶认识不同，会造成不同的认同派别。要阐明认同的形成，必须涉及自我的根源、人性的善恶、社会与日常生活的影响等。①《辞海》对认同的解释是："认同一译'认定'，在心理学上指认识与感情的一致性。认为经过认同，形成人的自我概念。在社会学上泛指个人与他人有共同的想法。在人们交往活动过程中，为他人的感情和经验所同化，或者自己的感情和经验足以同化他人，彼此产生内心的默契。"②

　　"认同"为什么与"文化"有着如此密切的关系？Malinowski 认为，文化对人产生了直接的作用，"文化真正的要素有它相当的永久性、普遍性及独立性的，是人类活动有组织的体系"。③ 文化认同是一种"内在于个人的东西"，人们最早体验到的是携带在血液中的文化认同。"它不是被实践的，而是内在固有的，不是获得的，而是天赋的"，因此，"在最强的意义上，它是用种族或生物遗传的概念表达的。在较弱的意义上，它被表述成传统，或者是每个个体都可学习的文化遗产"。④ Smith 则认为文化提供了一个场所，使得"自我"概念的诸多内容能够在有意义的对话中与其他认同成分相容，而且使相互的发现成为可能。⑤ 此外，文化的形成与发展过程实际上是一个认同不断产生与发展的过程，在这一过程中，文化的具体承载者——民族或族群决定了他们接受什么，排斥什么，没有认同无以产生文化，这是一个不断筛选的过程。由于文化是动态的，故文化是有边界的。相应的，认同也是有边界的，认同也是变动的、多重的、可以有时空的界限。可以说，边界的变化构成了一个社区文化的特征变化。当然，社区认同是在社区互动的基础上才有可能产生，孤立的、与异质文化从未有过接触人类群体很难产生认同，只有差异、比较才会将自己归类、划界，从而产生认同。一种向心力在群体中诞生、蔓延，从而产生

　　① ［加］查尔斯·泰勒：《自我的根源：许多认同的形成》，韩震译，译林出版社 2001 年版，第 58 页。

　　② 夏征农：《辞海（缩印本）》，上海辞书出版社 1989 年版，第 433 页。

　　③ ［英］马林诺斯基：《文化论》，费孝通译，中国民间文化出版社 1987 年版，第 18 页。

　　④ ［美］乔纳森·弗里德曼：《文化认同与全球性过程》，郭建如译，商务印书馆 2003 年版，第 48 页。

　　⑤ ［英］马克·J. 史密斯《文化——再造社会科学》，张美川译，吉林人民出版社 2005 年版，第 50 页。

认同；另一方面，由于认同是在比较中产生我群（Self-group）和他群
（Others-group）的概念与界限，而这种概念与界限往往还会伴随着另一种
副产品出现，即对他群（Others-group）的歧视与偏见。有时这种歧视与
偏见会强化我群（Self-group）的认同。值得一提的是，共同的历史记忆
和遭遇也可以成为族群认同的重要因素。每一个社区对于自己的来源或者
某些遭遇有共同的记忆。人在社会化的过程中，逐渐地便获得了他所出生
社区的历史和渊源，这个社区的历史和文化将会模塑他的社区认同意识。

　　西方学者探索了不同文化的起源、形成、兴起、相互作用、成就、衰
落和消亡，他们撰写了大量的著作，致力于文化的比较分析，"在关于文
化的性质、认同和变化的中心命题上仍存在着广泛的一致意见"①。社会
学、文化学、历史学等等的学科都是研究"认同"的维度。如同 Giddens
认为的那样，认同是社会连续发展的历史性产物，它不仅指涉一个社会在
时间上的某种连续性，同时也是该社会在反思活动中惯例性地创造和维系
的某种东西，即持续地吸纳发生在外部世界中的事件，把它们纳入关涉自
我的、正在进行着的"叙事"之中②。法国学者 Martin 提出的"叙事认
同"（identity as a narrative）理论，强调认同是一种特殊的叙事形式，其
情节可以被重组，进行新的诠释③。因此，他们都认为"文化认同"是可
以依靠外在环境去塑造的。Connolly 认为："差异需要认同，认同需要差
异……解决对自我认同怀疑的办法，在于通过构建与自我对立的他者，由
此来建构自我认同。"④ Hall 也认为："认同是通过差异构建的……，只有
借助与他者的关系，表明某个术语不是什么，明确缺少什么，是什么组成
了它的外部这样一些'积极'的层面——只有这样，认同才——能被建
立起来。"⑤ 认同本身是一个认知过程，在这一过程中自我和他者的界限

　　① ［美］塞缪尔·P. 亨廷顿：《文明的冲突与世界秩序的重建》，周琪等译，新华出版社
1999 年版，第 23 页。

　　② ［英］安东尼·吉登斯：《现代性与自我认同》，赵旭东、方文译，三联书店 1998 年版，
第 57—60 页。

　　③ Denis-Constant Martin, "The Choice of Identity", Social Identity, Vol. No. 1（1995），pp.
6 - 13.

　　④ William E. Connolly, Identity/Difference: Demoeratic Negotiations of Political Paradox, Itha-
ca, N. Y. : Cornell University Press, 1991, p. x.

　　⑤ Stuart Hall, "Who Needs Identity?", in Stuart Hall ed. Questions of Cultural Identity, Lon-
don: Sage, 1996, p. 4.

会逐渐变得模糊起来，并在交界处产生完全的超越。同时，它也是一个需要不断重复建构的过程，这一点在不同的学者那里也各有表述。"建构主义"的代表人物 Wendt 就认为，"认同"一词含有身份、特性和认同（同一性）三方面的含义。认同的形成是社区建构的结果，是"基于他人的社会承认之上的一种自我表象，这种自我表象的内容要和其他行为体对该行为体的再表象取得一致性"，换言之，个体从他者的眼中获知自我的身份，身份"存在于和他者的关系之中"。① 认同的构成在 Castells 那里被区分为合法性的认同，拒斥性的认同以及计划性的认同。

　　传统的社区研究十分强调社区的"地域性"特征。二战以后，随着社区研究理论的多元化发展，有一些学者提出了"文化社区"、"精神社区"等概念，指出即使人们没有共同的居住地域，也可能有共同的文化维系力、归属感、共同的亚文化。他们认为，现代社区形成的最主要的基础是共同利益和精神文化因素。② 这就是所谓的"精神社区"。这种社区理论认为，社区代表了一个社会集体。这个集体可以是在同一地域内的居民，也可以是有着共同生活方式、信仰、背景、利益及功能的一群人。这些人走到一起，是因为有一些共同点把他们联系起来，把他们与非成员分开。在一致的文化认同基础上，认同的对象不断发生着变化，"文化认同"几近成为"社区认同"的一个同义词。"对社会发展起决定作用的是文化，政治只是使文化免于沉沦。"③ Huntington 深刻地指出了文化及其"认同"的作用在社区发展中的重要性。二十一世纪是经济文化发展一体化的时代，这种趋势凸显了文化生产力对社区发展的积极作用。④ 本文的文化研究将立足国内本学科界对文化的界定（如前所述），将其视为"人们在生活中实践和传承的思维，行为和组织的方式及其产品"⑤，以文化变迁和文化整合理论作为指导，从文化结构的"精神、行为、制度、物

---

①　［美］亚历山大·温特：《国际政治的社会理论》，秦亚青译，上海人民出版社 2000 年版，第 285 页。

②　吴亦明：《现代社区工作——一个专业社会工作的领域》，上海人民出版社 2003 年版，第 1—32 页。

③　［美］塞缪尔·P. 亨廷顿：《文化的重要作用——价值观如何影响人类进步》，程克雄等译，新华出版社 2002 年版，第 3 页。

④　［美］曼纽尔·卡斯特：《认同的力量》，曹荣湘译，社会科学文献出版社 2006 年版，第 5—10 页。

⑤　庄孔韶：《人类学通论》，山西教育出版社 2000 年版，第 34 页。

质"等四个方面来进行。因为这四方面依次构成文化的从内到外的不同层次。

文化认同首先是增强社区成员归属感的基本途径，是社区发展的前提。Tounies 于《共同体与社会》中指出，社区是基于亲族血缘关系而结成的社会联合。在这种社会联合中，情感的、自然的意志占优势，个体的或个人的意志被情感的、共同的意志所抑制。社区归属感与认同感的形成是社区存在、发展与建设的关键。而对社区文化的认同则是增强社区成员归属感的基本途径。因为那些具有共同文化背景和价值取向的同质人口之间关系密切，出入相友，疾病相扶，组成富有人情味的社会关系和社会利益共同体，对本社区地域和人群集合的认同、喜爱和依恋等心理感觉更为强烈。这种强烈的喜爱和依恋的心理感觉就是我们所说的归属感。[①] 正因为如此，20 世纪 70 年代以来，美国、德国、新加坡等国家都十分重视文化认同对于社区的发展，出发点就在于通过文化认同来增强社区成员的社区归属感，从而达到社区整合和发展的目的。

文化认同能使社区成员形成共同的价值判断，是社区发展的精神基础。文化对社区成员产生同化作用，使他们在作出某种评判时具有共同的道德标准，为他们的价值观、审美观、是非观和善恶观涂上基本相同的底色，也为他们认识、分析和处理问题提供大致相同的标尺，使社区成员对社区事务以及对社区的发展、前途、命运形成共同的认知和判断。这种共同的认知和判断是社区增强凝聚力、形成社区文化、提高认同感的精神基础。一定意义上可以说，社区文化建设的最高境界就是共同价值的形成。这个共同价值对社区内部成员有凝聚力，对外部有形象力。而共同价值，是在文化认同的基础上建立起来的。外部的成员可以根据社区成员的心理特征、行为习惯、趣味追求来判断这个社区是不是一个和谐的社区，是不是一个团结向上的社区。因此，文化认同度的高低决定着集体行动凝聚力的强弱，文化认同度高，群体内有着共同的信仰、价值观，集体行动的凝聚力就强；反之，群体如果缺乏共同的观念、缺乏可以共同遵守的规则，那么就无法采取高效率的集体行动。从这一意义上说，文化认同是社区发展的精神基础。

---

① 郑航生主编：《社会学概论新修》（第三版），中国人民大学出版社 2003 年版，第 281 页。

文化认同还能调控和整合社区成员行为，是社区发展的重要保障。虽然以文化认同为基础的共同体并不一定是体制化的网络，它可能更多地以"想象的共同体"存在，但它同样有着共同体的边界，对共同体成员的身份也有着它自己的界定规则，是大家共同熟悉的、得到公认的，即使时间和空间的转移也很难使其发生根本的变迁。此外，文化是化解各种人类社会矛盾不可或缺的手段。建立在继承和发扬传统文化基础上的文化认同，包括了理想、道德、礼俗、情操、学识等文化因素，而通过对社区成员进行上述文化因素的培养，使社区主体对于自身行动产生"自主"意识，依靠文化的熏陶、教化、激励作用，化解与人有关的各种矛盾，使得问题朝着有利的方向发展。从这一点出发，本文认为，文化认同也是实际的或潜在的资源的集合体，它能够把具有相同信仰、价值观的人聚集到一起，并促成他们的合作与协同。通过发挥文化的凝聚、润滑、整合的作用，使社区成员在社区内部实现自我的利益协调，社区也因此得到有效的善治并实现健康、有序、和谐、可持续的发展，是社区发展的重要保障。

二　一统与分裂：社区认同的形态嬗变

许多历史学家都把变迁作为历史的常态。中国历史上有过许多变化属过眼烟云的，因为它们并无成型，成为历史上曾有过的一个记号。可一旦一种变化成为一种社会、文化或价值上的形态，我们即使在它失去之后仍然受到它的影响，形成一种文化认同，这就是所谓的传统。而人类学家认为人类的行为即使表面颇为复杂，但并非杂乱无章。所有人类的行为实际均或多或少符合于社会所认可的模式，这些模式对于同一社会的成员产生同一的情感，因为这些为社会所认可的行为模式之所以为个人所遵从，是经过很长时间的学习，从孩提到成人，内化成每个个人思想的一部分①。在文化变迁之时，就个人而言是改变其行为模式，此一改变包括消除过去所学习的，以及重新学习两个步骤②。此外，人类学家把每一民族或社会的文化看做是一个由系统而整合的实体，就其本身而言是有机的结构，对外而言则保持其独特的形式，亦即就文化结构而言，每一文化的因素各有

---

① 李亦园：《文化与行为》，台北：台湾商务印书馆 1995 年版，第 45 页。
② Spicer. E. H. （ed）Human Problems in Technological Change. New York, 1952.

其特殊的意义，对这些因素的评价只能站在该文化的立场作判断，而不能以他本身代表的文化观点判断好坏，也就是说，文化之间的价值判断是相对的而非绝对的。对文化的相对关联有深入了解的人类学家，在面对因变迁引起的种种问题时，提出了所谓选择的变迁的观念，就是选择一些与原有文化没有太大冲突的因素加以介绍，或是寻找原有社会组织原则为依据而利用之以介绍新的文化。① 在西方人眼中，中国自古以来就是个农业的国度，其农耕文明有着其特定的生长根基和土壤，中国文化带有浓厚的乡土气息。例如戏剧大师 Bernard Shaw 则这样说中国文化："中国没有什么文化可说，因为文化的意义，照科学的解释，是人的一切可以增进人类幸福的行为，尤其是对于自然界的控制。在中国，除了乡村的天地里还可以找到少许文化以外，再也没有什么文化可言了。"对于中国的乡村和农民，他们认为，中国人口的绝大多数是经济上自给自足的农民家庭，每个家庭就成为单独的、互相孤立的细胞。中国乡村是落后的，生活简陋，节奏缓慢。就连 Marxism 也认为中国农民"是庄稼汉又兼工业生产者"，过着"闭关自守与文明世界隔绝的状态"的生活，他们"和平怕事"、"勤劳而节俭"。② 中国有着长期的自然经济历史，在自然经济条件下，社会是以农业为主导的传统社会，农业是主导产业，农村是主要的活动区域，农民则是主体成员，这样农业文明生长起来的乡村文化就构成了中国文化的主体。因此，在考察农村社区文化认同的变迁，不能脱离器物形态的文化变迁。所以费孝通在其所著的《社会调查自白》中写道："要认识中国社会，要认识中国人，不认识农民生活，不认识农村经济是不行的。"③

　　农村社区的文化——村落文化是人类文化的一种形态，它是人类由游牧狩猎生活走向定居生活所产生的一种文化形态，一直延续至今。经过了几万年的变迁，村落文化本身发生了很大变化，但以村落和族聚为主的农村文化格局在我国仍然占据主要地位。④ 中国传统农村社区文化认同的变迁，是个"自然的"也是个"强制的"过程。这种表面看起来是矛盾和"悖论"的情形，是由于人类文化特定的自然的社会遗传方式和外在的社

① 李亦园：《文化与行为》，台北：台湾商务印书馆1995年版，第46—47页。
② 《马克思恩格斯论中国》，人民出版社1997年版，第107页。
③ 费孝通：《社会调查自白》，知识出版社1985年版，第27页。
④ 余显洋：《社区概论》，中国人民大学出版社2006年版，第239页。

会经济环境的影响造成的。"自然的"是说人类和动物界相比，不但有着共同的生理的遗传方式，而且人类还有着特定的区别于动物界的"社会文化遗传"方式。正是这种社会遗传方式，才使得人类能够承接前人创造的物质和精神文明成果，并在此基础上实现一代一代的"自然"超越；这种"强制的"是指乡村社会文化的变迁受着"物质"的强制的影响，社会生产力的演进和经济的发展必然导致观念形态文化的变革。① 从另一个角度来看，中国传统农村社区文化认同的变迁，也来源于其变迁的内在动力。这种内在动力可以从两个方面来理解。一方面，文化认同的变迁是整个社会变迁的一部分，社会变迁过程也包含了文化认同的变迁过程，尽管变迁的速度和规模在不同的历史发展时期会呈现出不同的"文化变迁图景"。另一方面，这种变迁的动力来源于物质和精神的"互动式平衡"，或者说二者发展的"和谐"，也就是说物质文化要求精神文化必须与之相适应。这就必然会造成当外面的"强势文化"能够取得更多的"物质"利益和社会地位的时候，"弱势文化"就开始审视、怀疑自身的力量，从而在内忧外患的双重挤压下变革。值得注意的是，当今农村社区文化认同的变迁，也许更多的是受"物质力"驱动。市场经济和现代化过程使得城乡之间在"物质"的发展上出现了"严重失衡"，使得"城市场域"的文化日益表现出强势，而"村庄场域"的文化则日渐衰落。② 由于强弱文化地位的形成和影响是多方面的，这就使得当今传统乡村社会文化的变迁，表现出多元化的特点。在内容上，有个"整合"问题，它既要突破传统，又要融合外来的新东西；在目标上，可能会表现出"浮躁"和价值追求上的急功近利；在过程上，可能是"有序"和"无序"的统一。

自从中华人民共和国成立以来，农村社区文化获得了重要的物质和精神基础，有了很大的变化。改革开放，尤其是 20 世纪 80 年代以后，农村社区文化认同进一步发生了裂变。因此，认识农村社区文化认同的时代变迁对预测我国农村社区的发展具有十分重要的意义。

中华人民共和国的成立，农民当家做了主人。全国范围的土改，使接近全国耕地面积43%的土地被再分配，消灭了地主和富农阶级。社会主

---

① 王国胜：《现代化过程中的乡村文化变迁探微》，《理论探索》2006 年第 5 期，第 18 页。
② 王国胜：《论传统乡村社会文化变迁与社会主义新农村建设》，《农业考古》2006 年第 3 期，第 23 页。

义改造运动集体化了几乎全部的农村私有财产，社会主义集体经济在农村占了主导地位。社会主义制度的确立，是中国历史上最伟大最深刻的变化，构成了社会主义新文化产生的基础。以社会主义制度为中心的政治文化深入人心，以爱国主义、集体主义为中心的道德文化在农民思想深处占据了主导地位，社会主义建设中农民们将爱国家、爱集体、爱社会主义化为实际行动，为社会主义中国工业化做出了巨大的贡献。在这样一个背景下，我国传统农村社区的文化认同具有其独有的特征。费孝通先生在《乡土中国》一书中论述了传统中国乡村社区的文化特征。他认为，从基层上，中国社会是乡土性的。乡土社区的单位是村落，其特征是：不必求助于文字，以伦理、亲属关系、家为中心联系的差序格局维系着私人的道德；乡土社区的基本社群是家族；男女有别；礼治秩序；人伦；长老统治以及作为身份社会基础的血缘关系。具体表现在：（1）文化的封闭性。由于农村人口密度和人口规模一般比较小，社会关系大部分局限于地域内部，农业直接取自于土地，居民大部分从事农业生产劳动，决定了农村社区文化的封闭性。费孝通认为，农村聚落方式下人和空间的关系不流动，导致了一个直接后果是人与人在空间的排列是孤立和隔膜的。"孤立和隔膜并不是以个人为单位的，而是以居住在一处的集团为单位的。本来，从农业本身来看，许多人群居住在一处是不需要的。耕种活动里分工的程度很浅，至多在男女间有一些分工，好像女的插秧，男的锄地等。这种合作与其说是为了增加效率，不如说是因为在某一时间男的忙不过来，家里人出来帮帮忙罢了。耕种活动既不向专业分工方面充分发展，农业本身也就没有聚集许多人住在一起的需要了。我们看见乡下有大小不同的聚居社区，也可以想到那是出于农业本身以外的原因了。"① 由此可见，农村社区由于生活的相互隔离，致使文化上的互相封闭，主要表现在文化观念上：一方面，甘于贫困，追求平均主义；另一方面，文化极少变迁，同质性强，单一性强，崇尚经验和传统。（2）文化的宗法性和保守性。以血缘关系为纽带的人际关系网络，成为决定任命社会地位的依据。人们在社会中的地位由出身决定，与后天的努力和功绩无关。这种网络建构在一定的地域范围内，血缘与地缘为一体，成为传统农村社会文化的基础；人际关系依据约定俗成的礼俗进行调节，没有正式的现代法律规范，情感因素

---

① 费孝通：《乡土中国》，三联书店 1985 年版，第 3—4 页。

起着决定作用；依赖土地为主，生产自给自足。加之社会的、地理的、文化的屏障，乡村共同体具有较大的封闭性。长期相同模式的生活节奏和生活方式，造成人们思想、心态、活动和体制的稳定性。尤其是新中国成立后长期的城乡二元社会结构，使农村社区文化保持了超稳定性。而几千年来形成的农民深层文化结构，如农民的价值观念、思维方式和行为取向等基本上没有发生实质性变化，社区文化认同感较高。

"人民公社"的建立引起了社区的解组与重组。"人民公社"的前身是 1950 年代初先后建立的"初级农业生产合作社"（简称"初级社"和"高级社"），它们都是国家推行的新兴农业生产方式。这种集体化的生产方式对中国农村的影响是史无前例的，反映在对乡民关系的影响方面，也是历史性的。"公社制度试图对传统的社区、家族认同加以取消，大队和生产小队的制度是为了使原来的家族和聚落改造为国家统一管理的生产和工作单位。""小队的划分，打破了聚落内部一体化与互助原则。对冲突社会关系网络和社区互助的排挤，造成了新的社会关系。例如，许多农民被调到政府主持的工地和工厂，转变为工人，在非农业的生产单位中，他们结识了朋友，形成一定的朋友互助网络。村落以内的社会关系也发生了一定改变，本来以年龄级序、家族内聚为原则的社交行为，在一定程度上转变为平等的生产者和公民关系。"① 在生产队这个时代，农民的活动（有限的私人领域除外）被高度地组织起来，生产活动具有"军事化"色彩。个人利益统属于集体利益，社区认同达到了很高的水平，其直接反映就是农民对"队"的概念极其清晰，并且有很强的依赖感。个体与个体的关系也是在这种社区认同感的基础上展开的。

改革开放是一场巨大的社会变迁。它打破了城乡二元社会结构，突破了对农村的封闭。家庭联产承包责任制、创办乡镇企业和"民工潮"，使农村社区文化发生了真正的变化。家庭联产承包责任制带来了生产的社会性、科学的生产工艺、新的产品经济结构、市场的交换关系和社会分配；乡镇企业的发展和"民工潮"改变了农民与土地的关系，农民开始摆脱土地的束缚，发生了真正意义上的文化变革。在 1978 年以前，国家严格限制农民进城，城乡二元社会结构泾渭分明，城市是工商、文化中心，农

---

① 王铭铭：《溪村家族——社区史、仪式与地方政治》，贵州人民出版社 2004 年版，第108—109 页。

村则在结构、人口、文化上有很强的同质性。而改革开放以后,农村率先引入了市场经济机制,工业化、城市化进程在农村迅猛发展,纯农业的社区结构开始分化,农民依靠自己的力量在农村建成了独特的工业、农业、商业、建筑、运输、服务业等产业结构。农业产业结构和社区结构的分化,对中国农村和农民具有决定的意义。在谈到农民的思想时,费孝通指出:"对他们来说,优先的不是要民主,而是要保障"。他们的思想和生活条件"要等到农民改变了他们的职业才会起变化。那意味着我们必须改变产业的结构"。① 社区分化的实质是农村产业结构的分化。此外,农民通过向城市的流动与交往全方位地接受现代文明,Rogers 在《乡村社会变迁》一书中指出:"交往时引起现代化的关键因素,正是交往的压力,带来了传统社会的土崩瓦解,新的思想从外界进入乡村并在农民中蔓延。""交往就像社会中射出的一道霞光,照进他们与世隔绝的社会,使传统农民逐渐开始进入现代世界。"② 总之,改革开放引起的农村社区的认同的变迁主要是制度性的后果。"在某种程度上,农民家庭现在离群孤立,一个个单独地站在国家权力面前"。③

由此可见,生产力的发展、生产方式的改变、职业构成和收入的多元、社会体制的渗透、改革开放的推进等众多因素使农村经济社会发生了巨大的变化,也使农村社区居民在生活方式、思维方式和价值观念等方面有所更新。一方面促使我国农村社区由传统向现代过渡,农村社区村民由农民向市民转变;另一方面,使农民结束了已经十分习惯的生产行为和农民之间的密切联系,生产方式从集体性转变为个体性,观念由传统走向世俗。这种变化必然影响农民之间的密切联系,极大地减弱社区居民对社区的认同感。

三　流失与离散：社区变迁中的传统要素

著名社会学家吴文藻认为,构成社区的要素有三:人口、地域、生活方式或文化。人口是社区的第一要素,地域性是社区最显著的特征,三者

---

① 费孝通:《城乡和边区发展的思考》,天津人民出版社 1990 年版,第 40 页。
② [美] 埃弗里特·M. 罗吉斯:《乡村社会变迁》,浙江人民出版社 1988 年版,第 309 页。
③ 黄宗智:《长江三角洲小家庭与乡村发展》,中华书局 1992 年版,第 322 页。

中，以文化最为重要，因为文化乃是社区的核心。他指出："文化最简单的定义，可以说是某一社区内的居民所形成的生活方式，也可以说是一个民族应付环境——物质的、象征的、社会的和精神的环境——的总成绩。这样的文化可以分为四个方面：（1）物质文化，是顺应物质环境的结果；（2）象征文化，或称'语言文字'，是表示动作或传递思想的媒介；（3）社会文化，亦简称为'社会组织'，其作用在于调适人与人之间的关系，乃应付社会环境的结果；（4）精神文化，有时仅称为'宗教'，其实还有美术、科学与哲学也必须包括在内，因为他们同是应付精神环境的产品。精神的文化是文化的结晶，是与各个特殊的文化系统相别的枢纽…精神文化固为文化的重心，但不是独立的，而是与文化其他方面如物质文化、象征文化、社会文化交互作用，相互维系的。"① 由此可见，社区认同过程中，核心的价值是文化认同。

正如 Miller 所说："现代国家的文化出现了支离破碎。这些国家的成员由于种族关系、宗教信仰、个人道德观、生活价值观念、艺术品位、音乐口味等差异，其个人认同正在变得千差万别。在这些领域里，人们已经不像以前那样，存在着一致性了。"② 随着社会存在和发展进程的推进，农村社区居民的生活也因社会经济、政治和文化等领域中诸多要素的变化而呈现出更加复杂的趋势，文化认同的状态也随着社区生活的变迁而变化。改革开放前，建立在业缘关系之上的地缘关系使农村社区居民具有极高的社区认同感。但随着市场经济的发展，工业化、城市化、现代化对农村社区文化的挤压和冲击，催生了众多的业缘性组织，亲缘、血缘关系的纽带作用变得松弛。在一个村庄，越来越多的人做起了早出晚归的"上班族"，甚至有些条件较好的还搬进了集镇或市区。原来的村民结构和交往方式均发生了巨大的变化，社区认同感降到了历史的最低点，村民之间也出现了"鸡犬不相往来"的景象。过去，村民之间互助频繁，大事小事除亲友外，村民是互助的主体，但是现在邻里守望相助的传统正被演化成"一墙之隔不相识"和"只扫自己门前雪"的尴尬，这种互助的情形已在很大程度上让位给"市场法则"，专业化的服务使村民互助变得可有可无。

---

①　吴文藻：《人类学社会学研究文集》，民族出版社 1990 年版，第 145—146 页。
② 　David Miller. Citizenship and Pluralism, Political Studies, 1995: 432 - 450.

任何一个由传统农业社向现代工业社会转变的国家都会出现这种挤压和冲击。这是因为在传统农业社会，农业是产业基础，农村是区域基础，农民是社会主体基础，而现代化是以工业化为产业基础，以城市为区域基础，以城市市民为社会主体的，这就造成了农村传统地位的陷落和"三农"问题的凸现，也造成了农村社区文化认同的危机。具体说来，主要表现在以下四个方面。

1. 物质文化认同的缺失

社区物质文化是社区文化的外在表现，主要包括社区的自然景观、人文环境、生产与生活服务中的文化因素。社区物质文化是由社区成员共同创造、维护的自然环境与人文环境的结合，包括社区容貌、休闲娱乐环境、生活环境、一定的文化设施以及文化活动的场所、完善的文化产业和文化网络等。通过社区环境，可以感知社区成员理想、价值观、精神面貌等外在形象。

中国的农村自古以来都是以农业为主要生计，农业依赖于自然。农民的劳动、生活、价值观念、行为方式无不受到自然的影响，使农村社区的文化带有浓厚的乡土色彩，形成了传统的农业文化。改革开放以来，我国经济和社会得到了长足发展，但相比城市而言，农村经济发展缓慢，经济基础非常薄弱。民工潮的出现，农村的传统物质文化越来越失去它的控制能力，农村社区的文化体系也不再以农业为唯一核心，而是呈现出多元化的倾向，这是由于农村的职业分化所导致的。农村社区的文化环境在市场经济大潮的冲击下还出现了某种程度的衰退。加之我国文化事业费基数较小，增长较慢，文化事业投入总量偏少，投入农村文化事业所占的比例较低。虽然近几年农村公共文化设施在中央和各地财政的支持下有较快发展，但是经费的缺失致使农村基层文化基础设施的建设依然比较落后，公益性文化设施建设无论从数量和规模上都同基层群众的文化需求有一定的差距。根据资料统计：目前全国农村3.8万个乡镇中有2.7万个文化站需要新建、改建。① 部分农村社区的教育基础设施落后，师资力量匮乏，农村教师的整体素质很难适应现代教育的发展。农村家庭因为贫穷，有的子女无学可上，有的有学难上，还有的无法安心读书，很难保证子女接受高质量的教育，这种状况在中西部地区较为突出。

---

① 刘玉琴：《文化投入增加 城乡差距仍大》，《人民日报》2005年8月9日第5版。

物质文化的缺失带来的是农村教育的进一步落后和文化环境的恶化，农民的整体文化素质难以从整体上得到较快提高。加之大众传播的"城市中心主义"①，其传播主要面向城镇居民，传播的内容更多地服务于城镇居民。在这种传播情境中，农村文化日益边缘化，农村文化中现代与传统杂陈、落后与先进并存、开放与狭隘共生，造成农村文化认同的内部断裂。这种认同的内部断裂使相当数量的农民对现代社区文化的认同感减低，有的可能出现漠视、敌视现代文明，不利于社区的长远发展。

2. 行为文化认同的缺失

行为模式或生活方式是社区文化的重要层面，它体现在社区居民的交往、生活、娱乐、学习等行为过程中。地缘纽带即农村居民的活动范围有很强的地域限制，有学者称这种社会为民俗社会或礼俗社会。Redfield 认为："民俗社会的典型形态是和现代社会相对立的，小型、封闭性、不开化和同质性是这种民俗社会的基本特征；而且这种社会还具有很强的群体团聚感，民俗社会的行为是传统的，自发的和个人的；没有立法和经验管理，也没有对理智、目的的思考"。②

长期以来，以小农生产方式为基础的意识形态、道德意识、风俗习惯、行为方式等深深浸染着中国农民的心灵世界。自 19 世纪开始延绵至今的现代化历程，使得效率意识、公平意识、平等意识、成就意识为精神内核，中国农村文化的外部形态出现了裂变和分化。传统农村社区文化使农村人口缺乏流动性，人与人之间的交往没有摆脱血缘性的束缚，这种地缘性和血缘性所带来的必然结果是它的分散性和封闭性。农民的思想观念、社会心理、生活态度等由于惰性较大、变化缓慢，其狭隘的小农意识根深蒂固。并且农民自身求安稳、短视野和封建愚昧的心理使其享有的文化难免带有严重的落后。在以工业化、城市化、流动化为推动力的现代化和全球化浪潮下，以地缘性和血缘性所主导的传统农村社区人与人之间的交往和互动出现了变化。一方面，在工业革命的推动、现代大众传媒、尤其是在返乡务工人员的影响下，以创新、进取、理性、开放等为主要表征的城市强势文化使社区居民向往；另一方面，传统的封闭性和守旧性使其难以接受、容纳、融合其他现今文化。在现实性文化与理想性文化两个层

① 李长健、陈占江：《农村文化转型及其化阻机制》[J]，《河北学刊》2005 年第 6 期。
② ［美］赖特·米尔斯：《社会学与社会组织》，浙江人民出版社 1986 年版，第 196 页。

面分离的条件下，传统农村文化的整体特质、模式和风格，发生了大规模的变迁，农村社区居民的交往、生活、娱乐、学习等行为过程发生了根本的变化。这种矛盾从外部来讲，是农村文化缺少与其他文化的接触、交流和融合而造成的；从内部而言，是同社区的居民在社区参与的过程中互动较少所造成的行为认同上的缺失。

3. 制度文化认同的缺失

组织制度是社区中的人们在交往、生活、娱乐、学习等活动过程中形成的组织机构、规章制度等。在中国农村社区，人与人之间最基本的联系靠两条纽带，经济联系上表现为农民对土地的依赖；社会联系上则表现为各种不同层次的血缘关系。社区的行政体系以家庭为基础，家庭具有经济、政治、宗教、教育等功能，以此形成管理社区公务的不同类型的社区行政组织。血缘和地缘是农村社会两个最主要的联系纽带。

几千年来，在广大农村，农耕文明所昭示的是这样一种事实和理念——土地是最重要的生产要素。所以对农民而言，土地不仅是谋生的手段，而且也是他们全部人生的希望所在。土地的重要性使得农民形成了根深蒂固的小农本位的"土地情结"和重本轻末的"贱商"意识。这不仅使农民在狭隘的农业简单再生产里转圈子，而且还使他们的观念僵化，安于贫困的生活，缺乏进取、开拓、冒险和竞争的精神，在价值取向上不能适应市场经济和现代化发展的需要。

费孝通在《乡土中国·生育制度》中形象地指出了我国农村文化血缘性的家族观念强的特点，他说："血缘是稳定的力量。在稳定的社会中，地缘不过是血缘的投影，不分离的。'生于斯、死于斯'把人和地的因缘固定了。"以自己为中心，依据血缘关系的不同，与他人结成了亲疏有别的社会关系，即"差序格局"，以"己"为中心，像石子一般投入水中，和别人所联系成的社会关系，不像团体中的分子一般大家立在一个平面上的，而是像水的波纹一般，一圈圈推出去，愈推愈远，也愈推愈薄。① 但是，这里的"己"并不是真正意义上的独立的个体、个人或自己，而是被"家族和血缘"包裹着的，是从属于家庭、家族的社会个体。一般来说，关系越靠近家族血缘关系——"己"的中心，就越容易结成紧密、合作的社会关系，越是远离"己"的中心，就越容易被人们所排

---

① 费孝通：《乡土中国·生育制度》，北京大学出版社 2004 年版，第 27 页。

斥，形成相对疏远的社会关系。①

　　从某种意义上来说，在传统乡村社会，"乡村"不过是"家族"的一种放大而已。血缘性和家族观念限制了人们用更开阔的眼光看世界，人们的努力奋斗也仅仅局限于"光耀门庭"。这种家族式的关系还严重束缚了人们之间的平等交往、经商和生产上的分工和协作。家族组织成了一种排他性的文化、生产甚至参与政治的组织。家族观念成了一种普遍的、强化的、不可变更的观念，这种观念和民主法治社会的要求，和市场经济平等互利、诚实守信的要求格格不入，特别是当社会发展与这种观念发生直接冲突时，这种家族观念就成了一种极强的负作用力。

　　市场大潮给农村社会带来了极大的冲击。价值规律和市场竞争，对重农抑商的价值观和以血缘为纽带的社会关系和社会组织模式形成了很大的冲击。农民们大批离开土地，务工经商，基于乡土的传统文化的纽带松弛。尽管农村社区共同体的人际关系依然是血缘型的，但血缘关系的社会意义已经基本丧失，不再构成决定人们社会地位的根本依据。纯农耕方式的突破，使内外交易越来越多，农村由封闭走向开放，农民乐意接受新经验、新观点，开始变得思想开放、头脑灵活，他们开始走出世世代代居住的土地，走向全国、走向世界。但是，城乡分割的户籍制度严重阻碍了农民走出去的道路。新中国成立后，实行了严格的户籍制度，城乡对立非常明显，呈现出二元社会分割状态。农民被人为地拒斥在城市之外，除了极少数人通过招工、升学、入伍等途径获得非农户口而进入城市外，农民几乎终身固守在狭隘的一方天地，城市文化与农村文化的碰撞、交流、融合几乎难以实现。20世纪90年代以来，我国蓬勃兴起了一股股"民工潮"，大量农民涌入城市寻找生活机会，这在很大程度上使更多的农民有机会接触到城市文化，并受到一定程度的熏陶和浸染，农民离城返乡之后可以把在城市见识和感受到的东西带给滞留在农村的家人、亲戚和朋友，或者以自己的行为方式影响他人。这在某种程度上促进了城乡文化的交流，实现了一定的"文化反哺"。但户籍制度以及由户籍制度衍生的一系列歧视性待遇使得广大农民不能或很难离开农村而在城市长久地居住、生存和发展，他们很难获得更多的机会和更多的时间学习城市先进的文化，甚至可

① 卜长莉：《"差序格局"的理论诠释及现代内涵》，《社会学研究》2003年第1期，第15页。

能加速农民的文化自卑感进而产生敌视城市文化的心理。

（四）观念文化认同的缺失

农村社区观念层面的文化是一种以农村居民为主体的区域亚文化，是农民在长期的历史进程中创造和形成的精神文明的总和，包括共同的理想、信念、价值观、道德、情感、行为规范和生活方式等。

改革开放 30 年来，中国农村大地上的变化可谓天翻地覆。农村社区物质文明建设取得了举世瞩目的成就，但精神文明建设则相对滞后。目前，我国处在社会转型期，社区观念呈现出复杂的态势。尽管多年来在农村社区思想文化建设中投入了很大的力气，尽管社会主义价值观依然占据着主导地位，爱国主义、集体主义、社会主义仍然是大部分社区成员在转型期的价值追求，但也有不少社区成员出现了"合理利己主义"、"不妨碍他人利益而追求个人利益"、"奉献求报答"甚至"金钱至上、唯钱是求"的价值观。这表明社区成员的价值观念多元化，出现碰撞乃至冲突的局面。在伦理道德方面，也出现了亲情淡漠、缺乏同情心、损害他人名誉、破坏人际关系等现象。尤其是 20 世纪 90 年代后，伴随着民工潮的形成，农村社区出现了越来越多的"独居老人"、"留守老人"和"空巢老人"，大部分老人晚景孤独凄凉，有的甚至贫病交加。代际冲突越来越频繁地反映出孝道在农村社区已呈现衰落倾向。其原因是："在传统中国，法律、公众舆论、宗族社会组织、宗教信仰、家庭私有财产这一系列因素支持着孝道的推行。但这些机制都受到了根本性的冲击……市场经济改革过程中引进的一系列价值观最终埋葬了孝道。根据市场经济中流行的新道德观，两代人之间的关系不过是一种理性的、平衡的交换关系，双方必须相互有对等的给予。"[①] 此外，伴随着经济水平的提高，农民日益渴望着丰富多彩的精神文化生活，农村原有条件已无法满足其需求，结果造成农民精神生活的"饥饿"。由于积极健康的文化产品没有及时占领广大农村阵地，与之相反，修庙建寺之风、封建迷信之风、信奉邪教之风却在农村盛行，各种恐怖、凶杀、色情、淫秽书刊和音像制品等"亚文化"则不断流向农村，把人们的思想搞乱了，并成为产生农村消极越轨行为的直接诱因。农村社区失去了具有威严、规范的、统一的价值观，缺乏一种为国

---

① 阎云翔：《私人生活的变革：一个中国村庄里的爱情、家庭与亲密关系（1949—1999）》，上海书店出版社 2006 年版，第 180 页。

家现代化建设所认同、所需要的信仰和价值观，造成信仰体系的紊乱和价值观的失落以及伦理精神的蜕变和道德的滑坡，危及社区居民对社区的认同。

四　继替与重塑：现代社区的文化认同

如前所述，社会的转型促使中国农村社区由整体蜕变为一种个体相互分裂的原子式堆集的状态，乡民从传统社会纽带的束缚中挣脱出来，在获得自由与自主权利的同时，也陷入了感情淡漠的困境。从根本上来说，是文化认同的缺失造成的。在统筹城乡发展、城乡一体化背景下的新农村建设中，若不及时使农村社区回归并重塑新的"精神共同体"，未来农村社区的发展必然受到相当程度的影响。可从以下角度着手：

1. 生产变革与社区认同

经济基础决定上层建筑，在开放性、多元化和流动量大的现代农村，社区认同归根结底在于农村经济的发展。生产方式的变革及其转型是乡村文化变迁的一个基本动力。① 新中国成立后，农村传统的自给自足小农经济模式逐渐被打破，随着商品经济的进一步发展，"家庭承包责任制"极大地促进了农民的生产积极性，有效转变了其生产方式——科学种田、多种经营、适度规模生产、运输、加工等应运而生，与此相适应的是，乡村文化也发生了很大变化——婚育观念、消费观念、休闲方式的改变，文化素质的提高等等。

生产方式的变化，不仅可以提升乡民自身的素质，使他们正确认识个人权利与公共权力、个人利益与公共利益的关系，促使其牢固树立民主法治观念、权利本位意识和自由平等精神，刺激乡民参与的主动性和积极性，提高其民主参与意识和能力，还可以将来自民间的单个的资源与能量汇聚起来，依靠乡民联合起来的力量去"争权夺利"，使农民掌握话语权，更重要的是通过合作社这个平台激发农民的合作热情，培养合作意识，提高合作技能，最终提高农民的合作化程度，在经济上获取利益。只有通过自身经济发展，由"输血式"转变为"造血式"，才能凝聚民心，为社区成员提供坚实的物质保障，才能不断给村民以希望，才能从根本上

---

① 刘豪兴：《农村社会学》，中国人民大学出版社 2004 年版，第 282 页。

提高村民的生活水平和生活质量，在不断惠及村民生活中增强村民对社区的认同与信赖，才能进一步推动社区的发展。

2. 民主参与与社区认同

社区的发展有两种动力模式。一种是外推型，另一种是内源型。自20世纪80年代以来，以民主选举、民主决策、民主管理和民主监督为主要内容的村民自治已经成为农村社会建设和管理的主要形式，村民通过自治组织依法办理与村民利益相关的村内事务，实现村民的自我管理、自我教育和自我服务，变革了国家对农村的利益分配机制，充分地调动了村民对社区的参与积极性，村民对社区的认同感较高。但是目前，我国农村社区外出务工人员增多，人口的流动性大，常年居住在村庄的主要是老人、妇女和儿童，他们对社区事务关心度和参与度不高，有的地方连一年一度的村民代表大会都无法召开，农村社区的发展主要是依靠外部力量在推动，即政府推动，社区村民所起的作用距离社区自治的目标相去甚远。这一方面是自身能力的问题；另一方面是国家减免农业赋税之后，与村民切身利益相关的村级事务少之又少，以至于社区村民对社区事务毫不关心。导致这个问题其中一个重要的原因就是社区互动太少，使得村民对自己的社区身份认同仅仅是地域上的，而不是文化上的，这必然造成社区居民对社区的认同度降低。因此，扩大社区参与，促进社区互动是提升社区认同的一条必由之路。

在扩大社区参与、促进社区互动的过程中，尤其要关注两个特殊群体：一是弱势群体；二是强势群体。所谓"弱势群体"①，就是指在社区中处境艰难、对社区依赖程度较高的群体。从理论上讲，依赖感可以转化为认同感，也可能反向转化成疏离感。做好农村社区"弱势群体"的工作，对社区认同感的提升意义重大。所谓"强势群体"，一般是指社区中那些对公共资源占有能力较强、社会声望较高或个人所拥有的财富、知识等较多的人群，在农村社区主要是返乡创业的农村精英和能人。他们在社区中属于"主流文化群体"的高端部分，他们对社区的依赖程度最低。在一个社区，居民分层是正常的，尤其是面向现代的农村社区，文化程度、价值观念、职业构成、贫富差距等呈扩大的趋势。尽管如此，不同阶层的人群必须有效互动，这个社区的凝聚力和归属感才会形成。因此，居

① 宋林飞、朱力：《社会工作概论》，南京大学出版社2002年版，第335页。

民的自然分层不能成为互动的障碍。相反，要善于利用"草根领袖"在居民中的声望来强化社区认同。只有提高互动能力，整合各方力量，社区居民才能积极投身于社区的建设中，使社区居民"我们感"增强。

此外，随着生活水平的提高和居住的集中，村民对文化生活、娱乐活动、医疗保障等提出了更高的要求与期望，生活服务的社会化已经成为一种必然的合理要求。农村社区可以通过社区服务的形式着重加强社区村民的人际互动，密切邻里关系，从而实现情感认同与关系维持，最终实现村庄社区整合的优化。社区服务福利性、专业化更能保障村民的权益，并能增强村民对乡村社区的依赖感，有助于村庄社区认同感的形成。

3. 城乡交融与社区认同

社区认同是建立在交往之上的。Smith 在探讨国家认同的时候指出，构成国家认同的一个重要因素是历史的经验及其所经常活动的地域范围。[①] 他所谓的历史经验就是人们共同的活动经历，包括相互交往的经历。对社区的认同情况还能从是否参与当地社区的集体活动这个问题上得以体现。社区认同本身就是一种很重要的集体认同，没有集体的合作和活动，没有集体内部的密切互动和交流，就不可能形成这样的认同。中国的农村人素来"安土重迁"，"在中国人的语汇里，'背井离乡'、'流离失所'、'抛家舍业'等都是极端负面的词汇。"[②] 这种观念已经被当今中国农村人口大量外出务工经商的大潮冲得支离破碎，现在的许多农民不再看重务农，务农和土地似乎成了一些农民的负担和累赘。现有的城乡二元分割的户籍制度，阻碍了农民在制度上获得自由流动的资格和机会。

废除城乡二元分割的户籍制度，一方面可以促进社会流动，使得更多的农民进入城市寻找生存和发展空间，享受城市所具有的一系列文化设施，受到更多的城市文化的熏陶；另一方面，大量的农民进入城市可以通过参与现代化大生产获取现代文化气息和科学技术，从而促进城乡文化交流和融合，加快农村文化现代性的增长。只有打破城乡壁垒，加强城乡关联，积极促进以现代工业文明为特征的城市文化与传统乡土文明为特征的农村文化在冲突和竞争中进行的交流、互补与融合，并最终实现文化整

---

① Smith, Anthony J. 1998, Natinal Identity, Free Press.

② 杨宜音：《转移与外出：非农化的两种形态》，载黄平编《寻求生存》，云南人民出版社1997年版，第118页。

合。这就要求调整城乡文化发展政策，制定城乡统一的文化发展规划，促进城乡文化体制和市场的接轨，并积极培育农村特色文化产业。另外，通过大力发展中小城镇，积极发挥城镇的辐射效应，使更多的农民由农村走向城市，挣脱土地的羁绊，促使农民实现由农村人向城市人的转变，对城镇周边的农民通过示范和辐射来影响他们的文化心理。社区认同很大程度上有赖于此。

4. 共同体精神与观念认同

如前所述，在社区的构成要素中，文化要素与社区认同的关系最为重要，如果不能达到文化的层面，社区认同只能停留在简单的地理聚合的层面上。社区文化是一种可感的环境，是社区最重要的软环境，其理想的状态是"社区居民可以以此作为社区的识别符码，并最终形成"社区记忆"，形成社区认同。

如何巩固社区观念文化？本文认为，一是提高居民文化素质；二是包容各种文化。提高居民文化素质就是用现代科学文化知识来武装农村社区居民，包容各种文化主要有两方面的含义：一方面是坚持主文化与亚文化的协调发展。由于农村社区观念文化的缺失，农村社区缺乏一种为国家现代化建设所认同、所需要的信仰和价值观。伴随着农村市场经济的发展和家庭联产承包责任制的实行，农村社区之中也逐渐出现了阶层分化，亚文化也在逐渐地发育。主文化与亚文化之间的协调发展也成为现代农村社区文化认同的关键。农村社区亚文化一般都具有自己浓郁的地方特色。农村社区文化建设，就是要培育具有地方特色的文化价值观念、行为准则及行为方式，使之成为社区文化认同的符号，亚文化在农村社区认同中发挥着无可替代的作用。"因此，构建农村社区文化认同中应该因地制宜，利用乡土资源、乡土教材，开展具有地域特色的社区文化活动，发展具有独特内核的农村文化精神，将本土文化同先进的主流文化有机地融合在一起。具体做法上，可通过多种形式如群众喜闻乐见的戏曲、故事、民谣等民间娱乐方式来调动人们的积极性，形成良好的社区文化环境和氛围。"① 以此增强社区文化的认同感。另一方面是充分利用宗教文化在农村社区中的凝聚和整合作用。宗教文化是农村现实文化的一个重要方面，且占有很大

---

① 张良：《城市社区文化认同与农村社区文化认同》，《中国乡村发现》http：//www. zgx-cfx. com/Article_ Show. asp? ArticleID = 13388，2009 - 5 - 9.

的比重。宗教对社会的作用具有两面性，既有积极的一面，也有消极的一面。因此，我们应当正确认识和处理宗教文化在农村社区的影响力，充分利用宗教文化整合社区资源，凝聚社区力量，使宗教文化为农村社区的发展起到积极作用。

参考文献：

［1］［美］英格尔斯：《人的现代化》［M］，成都：四川人民出版社，1985.4。

［2］Edward B. Tylor：Pritive Culture，Harper & Row，1958（1871），p. 1.

［3］Franz Boas. Anthropology，in E. R. A. Scligman，ed，Encyclopedia of the Social Sciences. New York，The Macmill，Vol，21930，p. 79.

［4］Clifford Geertz. The Interpretation of Cultures，Selected Essays，New York，Basic Backs，1973，P89.

［5］白振声：《文化》，林耀华主编：《民族学通论》［M］，北京：中央民族大学出版社，1997.384。

［6］W. Haviland：Cultural Anthropology，Orlando Florida，Harcourt，1993，pp. 30 – 39.

［7］费孝通：《读马老师遗著〈文化动态论〉》［Z］，北京大学"文化自觉与跨文化对话"会议，北京，1998。

［8］［美］戴维·波普诺：《社会学》［M］，北京：中国人民大学出版社，1999. 78。

［9］车文博：《弗洛伊德主义原理选辑》［M］，沈阳：辽宁人民出版社，1988. 375。

［10］周晓虹：《中国中产阶层调查》［M］，北京：社会科学文献出版社，2004. 25。

［11］［英］戴维·莫利：《认同的空间——全球媒介、电子世界景观和文化边界》［M］，司艳译，南京：南京大学出版社，2001. 61。

［12］［加］查尔斯·泰勒：《自我的根源：许多认同的形成》［M］，韩震译，南京：译林出版社，2001. 58。

［13］夏征农：《辞海（缩印本）》［M］，上海：上海辞书出版社，1989. 433。

［14］［英］马林诺斯基：《文化论》［M］，费孝通译，北京：中国民间文化出版社，1987. 18。

［15］［美］乔纳森·弗里德曼：《文化认同与全球性过程》［M］，郭建如译，北京：商务印书馆，2003.48。

［16］［英］马克·J. 史密斯：《文化——再造社会科学》［M］，张美川译，长春：吉林人民出版社，2005.50。

［17］［美］塞缪尔·P. 亨廷顿：《文明的冲突与世界秩序的重建》［M］，周琪等译，北京：新华出版社，1999.23。

［18］［英］安东尼·吉登斯：《现代性与自我认同》［M］，赵旭东、方文译，上海：三联书店，1998.57－60。

［19］Denis-Constant Martin, "The Choice of Identity", Social Identity, Vol. No. 1 (1995), pp. 6－13.

［20］William E. Connolly, ldentity/Difference: Demoeratic Negotiations of Political Paradox, Ithaca, N. Y.: Cornell University Press, 1991, p. x.

［21］Stuart Hall, "Who Needs ldentity?", in Stuart Hall ed. Questions of Cultural Identity, London: Sage, 1996, p. 4.

［22］［美］亚历山大·温特：《国际政治的社会理论》［M］，秦亚青译，上海：上海人民出版社，2000.285。

［23］吴亦明：《现代社区工作——一个专业社会工作的领域》［M］，上海：上海人民出版社，2003.1－32。

［24］［美］塞缪尔·P. 亨廷顿：《文化的重要作用——价值观如何影响人类进步》［M］，程克雄等译，北京：新华出版社，2002，3。

［25］［美］曼纽尔·卡斯特：《认同的力量》［M］，曹荣湘译，北京：社会科学出版社，2006.5－10。

［26］庄孔韶：《人类学通论》［M］，山西教育出版社，2000.34。

［27］郑航生：《社会学概论新修》 ［M］，第三版，北京：中国人民大学出版社，2003.281。

［28］李亦园：《文化与行为》［M］，台北：台湾商务印书馆，1995.45－47。

［29］Spicer. E. H. (ed) Human Problems in Technological Change. New York, 1952.

［30］《马克思恩格斯论中国》［M］，北京：人民出版社，1997.107。

［31］费孝通：《社会调查自白》［M］，北京：知识出版社，1985. 27。

［32］余显洋：《社区概论》［M］，北京：中国人民大学出版社，2006.239。

［33］王国胜：《现代化过程中的乡村文化变迁探微》［J］，《理论探索》2006年经5期。

［34］王国胜：《论传统乡村社会文化变迁与社会主义新农村建设》［J］，《农业考古》2006年第3期。

［35］费孝通：《乡土中国》［M］，北京：三联书店，1985.3－4，27。

［36］王铭铭：《溪村家族——社区史、仪式与地方政治》［M］，贵阳：贵州人

民出版社，2004.108－109。

　　［37］费孝通：《城乡和边区发展的思考》　［M］，天津：天津人民出版社，1990.40。

　　［38］［美］埃弗里特·M.罗吉斯：《乡村社会变迁》［M］，杭州：浙江人民出版社，1988.309。

　　［39］黄宗智：《长江三角洲小家庭与乡村发展》　［M］，北京：中华书局，1992.322。

　　［40］吴文藻：《人类学社会学研究文集》［M］，北京：民族出版社，1990.145－146。

　　［41］David Miller. Citizenship and Pluralism, Political Studies, 1995：432－450.

　　［42］刘玉琴：《文化投入增加　城乡差距仍大》［N］，《人民日报》，2005－8－9。

　　［43］李长健、陈占江：《农村文化转型及其化阻机制》［J］，《河北学刊》2005年第6期。

　　［44］［美］赖特·米尔斯：《社会学与社会组织》　［J］，杭州：浙江人民出版社，1986.196。

　　［45］卜长莉：《"差序格局"的理论诠释及现代内涵》［J］，《社会学研究》2003年第1期。

　　［46］阎云翔：《私人生活的变革：一个中国村庄里的爱情、家庭与亲密关系（1994—1999)》［M］，上海：上海书店出版社，2006.180。

　　［47］刘豪兴：《农村社会学》［M］，北京：中国人民大学出版社，2004.282。

　　［48］宋林飞、朱力：《社会工作概论》［M］，南京：南京大学出版社，2002.335。

　　［49］Smith, Anthony J. 1998, Natinal Identity, Free Press.

　　［50］杨宜音：《转移与外出：非农化的两种形态》，黄平主编：《寻求生存》［M］，云南人民出版社，1997.118。

　　［51］张良：《城市社区文化认同与农村社区文化认同》　［EB/OL］，http：//www. zgxcfx. com/Article_ Show. asp? ArticleID＝13388, 2008－11－14/2009－5－9。

农村社区文化与社区认同:互动的逻辑[*]

李世敏（华中师范大学政治学研究院 武汉 430079）

内容提要：本文通过对农村社区文化和社区认同现状的分析，总结出二者互动的逻辑关系，即农村社区中的公共文化与社区认同存在着正相关关系。不仅现实状况是符合以上关系的，而且传统的农村社区也与这个逻辑吻合。但是现在农村社区的公共文化普遍衰落了，社区认同也极度低迷。本文从历史梳理的视角，从政治、经济、文化等各个方面对这种变迁进行了深入的原因探析。最后指出了农村社区文化繁荣，和社区认同重构的方向和路径。

关键词：社区 社区文化 社区认同

"社区"一词最初见于滕尼斯的《共同体与社会——纯粹社会学的基本概念》（又译为《社区与社会》）。在滕尼斯的论述中，"社区"指的是，由共同价值取向和同质人口组成的，亲密、友好、富有人情味的社会有机共同体。这个共同体是由于人们生于斯，长于斯，而自然形成的天然状态，是与现代"社会"相对应的概念[1]52。滕尼斯是站在传统与现代意义上进行的解释，并没有强调地域性。但是随着后来社区研究的发展，现在的社区概念往往都加入了地域性和区域性的成分和色彩[2]3。本文所使用的社区也是在后来普遍意义上的，有一定地域色彩的概念，同时又包含着滕尼斯所定义的"社区"中的人际的亲密性。简单概括就是，在特定

* 本文是教育部人文社会科学重点研究基地 2008 年度重大项目"现阶段农村文化变迁与和谐文化建设"（课题编号：08JJD810159）、国家社会科学基金 2008 年度重点项目"社会主义新农村建设中的文化建设研究"（项目批准号：08ASH010）的一项成果，得到教育部人文社会科学重点研究基地项目基金资助；同时也是教育部哲学社会科学重大攻关项目"新农村建设中的社区建设研究"（批准号：07JZD0024）及国家社科基金项目"乡村文化建设与社区认同研究"（08BSH018）的一项成果。

地域上，具有文化上和心理上一定认同和归属感的，人们生活的社会实体。

由社区衍生出来的"农村社区文化"，也必然与"农村文化"有一定的出入和差异。"农村文化"更多的是与"农村"、"农业"、"土地"、"农民"等字眼相联系的，基于抽象的、宏观的农村全貌所体现的文化。而"农村社区文化"则着眼于农村这一"社区"立场所展现出来的文化，它内在地渗透着一种"社区"的归属感、亲密感。因此，农村社区文化不可避免地就与农村社区认同存在千丝万缕的联系，本文接下来就详细论述二者之间的逻辑关系。

一 农村社区文化与社区认同

（一）农村社区文化与社区认同的现状

为了深入探讨农村社区文化与社区认同的关系，首先必须对二者的基本概况有一个大体的认识和印象。2006 年 3 月，华中师范大学受财政部科教文司委托，就农村文化问题在全国范围内进行一次大规模的问卷调查。于是，我校在全国 16 个省（区）同步进行了迄今为止最大规模的专题问卷调查。其中吴理财教授负责安徽省的调研任务，调研主要是运用问卷调查和实地访谈相结合的方法，在调查过程中，共发放农民问卷 1200份，干部问卷 300 份。最终调查结果显示，安徽省农村文化调查的基本情况与其他省份大同小异。它们共同呈现出来的一个鲜明的基本特征就是：改革开放以来，农民拥有的私性文化资源日益丰富，农民的私性文化活动逐渐增多。与之相对的是，农民的公共文化生活却严重式微，特别是一些健康、文明的公共文化更是走向衰微。[3]同时，湖北省社科联、湖北省经团联、华中师范大学中国农村问题研究中心联合课题组，通过调查也再次证明湖北省也存在同样的现象。而且，"需要补充说明的是，根据笔者在全国其他地区的调查，上述问题不仅仅存在于湖北省农村，而是我国农村普遍性问题。"[4]

可见当下的农村社区公共文化存在的一个典型问题就是：农村社区私性文化勃兴，而相对的则是公共文化的衰落。那么，在农村社区文化一兴一衰的不对称格局下，社区认同又是怎样一番情景呢？

阎云翔通过对黑龙江下岬村的深入调查得出，走出"祖荫"的农民出现了一种极端实用的个人主义。这种个人主义"在摆脱了传统伦理束缚之后往往表现出一种极端功利化的自我中心取向，在一味伸张个人权利的同时拒绝履行自己的义务，在依靠他人支持的情况下满足自己的物质欲望。"[5]5农民的公共生活领域与私人领域之间存在着相当程度的断裂。由此可见，现在的农民相对于以前的传统束缚是大大解放了，但遗憾的是却走向了另一个极端，过于自由化、个人化，而缺乏了"组织性"、"纪律性"。获得了西方的自由精神，但缺乏与之相联系的基于权利义务一致性之上的"团体意识"。再联系到现在大量农村田野调查研究中所反映出来的"农民原子化"、"村庄社会关联度低"等关键字，可以清晰地看出当前村民的社区认同意识严重下降、社区认同度急剧降低。

（二）农村社区文化与社区认同的关系

以上分析的背后似乎隐隐约约地透露着农村社区文化与农村社区认同存在某种微妙的关系。那么这种关系是什么呢？笔者认为，农村社区文化中的公共文化与农村社区认同存在着一定的正相关关系：农村公共文化繁荣则社区认同度高；反之，则认同度低。公共文化体现在组织、观念等诸多方面，而其中一个看得见的、明显的指标就是公共活动。经验和哲学理论共同认为，公共活动和社区认同二者之间的逻辑关系是，社区内公共活动越丰富，开展的频率越高，参与的人数越多，积极性越高，则表明社区居民社区认同度越高；社区内公共活动冷清，开展周期越长，参与人数越少，积极性越低，则表明社区认同度越低。反过来，村庄共同体认同的淡化导致公共活动难以举行，一个成员对社区共同体的微弱认同，必然导致其缺乏参与公共活动的动力，消极参与公共活动；同时农村社区公共活动的减少，又会强化农村社区的不认同感，没有公共活动的共同体是虚拟的共同体，很难形成强烈的真实公共体认同意识。

（三）一次来自传统农村社区的验证

农村社区文化中公共文化与社区认同在逻辑上的正相关关系，与当下的现实是相符的，它与近代以前的传统农村社区事实上是否也同样一致呢？接下来笔者通过对近代以前传统农村的社区文化和社区认同进行分析，并对以上的逻辑关系进行一次小小的检验。

中国传统的农村社区，在家庭之上最初的，也是最稳定的单位就是自然村。自然村，顾名思义，是指在历史的发展过程中，自然地、天然地形成的村落。与现在的由外来行政权力划分的行政村，无论在地域规模上还是社区人际关系等各个方面，都存在一定差异。自然村中的村民一个最大的特色就是同姓，一个自然村就如同一棵树一样，往往是在同姓、同宗这一"根"上衍生出来的无数支脉，然后经过历史的演绎，成长为一棵枝繁叶茂的"大树"，是一个天然的"血缘共同体"；自然村在一段时期的"生长"之后，轮廓逐渐呈现，并开始具备了一个相对明晰的地域界限。在这个界限内，人们以"同村人"相称相待，共同劳作，一起生活，紧密来往，形成了一个稳定的"地缘共同体"；在自然村落内，这一圈子内人们的生活交往相对于圈外来说明显地频繁亲热，由此慢慢地凝结出一定的地方特色，特定风格的习俗、风俗、观念、价值等，从而形成一个"精神共同体"[1]65。在这一"血缘共同体"、"地缘共同体"、"精神共同体"三位一体的传统农村社区中，村民的社区认同又如何呢？从人们一声声"大爷"、"大婶"的日常称呼中分明透露着亲切的人际关系；从村民义务的帮工形式和看青会组织中，也呈现了村民之间的凝聚力；从明确的社区舆论导向中可以看出村民精神趋向上的一致性。这些都共同地将社区认同度指向"高"的一边。那么在如此高的社区认同之下，农村社区的公共文化又是怎样的一番风景呢？节假日的花灯会、舞狮、赛龙舟、扭秧歌、庙会等传统民间大众文化活动多姿多彩。由此可见，传统的农村社区认同度较高，公共文化也更加丰富，与前面所表述的二者的逻辑关系是一致的。

二 农村社区文化和社区认同变迁的历史轨迹

从传统到现在，我们会发现一个明显的变化就是：现在的农村公共文化严重缺失，社区认同低迷。农村社区为什么会出现这种后果呢？它又是如何发展、演变到这一地步的呢？目前研究农村社区文化的一些学者发现了这个问题并从农村社区文化建设的角度，对这个问题的原因进行了初步探索。比如，"轻文化、重经济"是农民公共文化生活式微的体制性原因；"缺人才、难合作"是农民公共文化生活衰落的社会性原因；"只输入，不培育"是农村文化工作思路的一个关键性失误[2]。这些分析虽然有其较强的解释力，但是仍然没有指出产生这个问题的历史根源，没有从社区认同与公共文化互动的角度进行分析。接下来，笔者就从历史变迁的视角，对农村社区文化和社区认同进行一定的梳理，并在此基础上，用二者互动的关系来再解释这一问题。

（一） 强势的政治分割

1. 革命的撕裂

中国共产党在 20 世纪探索中国革命发展的道路上之所以能够成功，很重要的一个原因就是他清醒地认清了当时中国的国情，从而走出了一条"农村包围城市"的独具特色的革命道路。党在农村一个成功的政策就是土改，打土豪分田地，给了农民最起码的吃饭权利。而要保障土改实施成功，就需要成功地划分阶级成分，但是在农民原生态的意识中，并没有"阶级"这个概念，有的只是"贫"、"富"之分；"好"、"坏"之别。党为了成功地贯彻土改路线，利用各种手段来向农民"灌输"阶级意识，成功地将农民切割成两个阶级和几个等级。从此，阶级和阶级斗争嵌入到了农村底层的社会生活中，"亲不亲，阶级分"。即使是往日友好的亲戚，甚至是亲生父子都可能在"以阶级斗争为纲"的政治高压之下，彼此不认。后来由于主观随意性，阶级和阶级斗争开始成为一些人争权夺利的工具，获得优势地位的手段，打击别人的利器，甚至泄私愤的借口。革命的氛围充斥着农民的日常生活，它撕裂着村落，冲击着农民的心灵，涤荡着传统[6]10。

2. 区划的波折

由于工业化的需要，农村很快走上了集体化的道路。由于受"一大二公"的影响，很快从最初的"互助组"、"初级社"发展到后来的"高级社"、"人民公社"，农村社区规模迅速扩张，大大超出了小农意识的承受范围，同一公社内部矛盾重重。于是中央下令调整为"三级所有，队为基础"。但是，决策是在公社，管理在大队，队只是负责具体政策执行。这样，就为农民的社区认同出了一个难题：如果认同队，会担心被打上"私"的烙印；而认同大队和公社，又与利和以往的习俗不符。在这种两难的境地，农民逐步拿起了"隐藏的文本"和"弱者的武器"，在明里暗里开始以两种不同的姿态出现。

可见，在革命氛围中的农村，原始的社区共同体遭到了破坏，人际关系遭到了打击，农村的社区认同也在持续的变动中迷失了方向。

人民公社在完成了一段特定时期的历史任务之后，逐渐退出了历史舞台，取而代之的是"乡镇村治"这种治理模式。农村社区在范围上被定格在行政村这一级，而行政村基本上是在人民公社时期的大队基础上划定的，依然破坏了村庄的原生面貌。同时"村民自治"虽然被冠以农民在实践中自发探索出来的治理模式，但是这种土生土长的村民自治，只是局限在广西宜州的合寨村等几个最初发源地的村庄。后来村民自治的推广更多的是自上而下的外部输入的产物[7]47。村委会虽然被定性"民主选举、民主决策、民主管理、民主监督"的农村基层群众性自治组织，但它不同于公民社会中自发形成的自治社团。因为不论村民愿不愿意都会被"强制"进这个社团，而且只能更换领导者，而不能变动社团形式，所以村民很难自发形成对村庄的社区认同。

3. 权威的丧失

从清末民初开始，中国都面临着一个"国家政权下沉"的过程，在杜赞奇论述 1900—1942 年国家政权建设"内卷化"遭遇中，乡村中的道德型"乡绅"逐渐隐退，而依据行政强权的"劣绅"开始登上历史舞台[8]50。村庄领导人品性的转变，使得村民对村庄权威的自发认同转变为对权力的被迫服从，村庄核心的丧失使得村庄向离散化方向发展。集体化时期的农村在一定程度上扭转了这种局面，但是随着行政权力撤出后的村民自治时期，再次面临村庄权威人物缺失这一格局，很多乡村精英流出村庄，不少村庄被"黑恶势力"霸占。村庄领导人对村民之间纠纷的屡次调节无效或缺位，折射出其权威的降低。农业税的取消对村干部的权威来说无疑是雪上加霜。在新一轮经济开发和土地纠纷中，乡村干部做工作往往诉诸"一把钥匙开一把锁"，即针对某个农户的具体情况，制订特殊对策，背着其他农户，有针对性地做这一家人的工作[9]69。

从以上分析可以看出，20 世纪以来的村庄政治，不论在体制、政策还是治理手段上都不断地对原始农村社区进行着外部干扰、破坏和重塑。虽然一定程度上达到了行政目的，但是却造成了对村庄持续的分化和瓦解，使得农村社区认同越来越难。

（二）开放的经济破坏

1."集体化"到"家庭化"

农村人民公社的集体化生产经营模式取消以后，转入了家庭联产承包的统分结合经营体制。这一生产经营模式在现实生活中所体现出来的更多的是"家庭"因素，而缺失了集体的形象。由此导致的后果是，再也难以看到村民集体劳作过程中的有说有笑的热闹场景，也不见了田间地头休息时的"公众场合",这些公共空间的丧失无疑是农村公共文化的一大损失和遗憾,同时也减少了农村社区认同自身修复的一个黏合剂。

2. 市场经济带来的公私理念转变

改革开放以来渐推渐进的市场经济,带来了一个较为宽松的外部环境。"以经济建设为中心"的工作重心的转向,为人们先前的"以阶级斗争为纲"的紧张神经进行了松绑,从此,"阶级"这个词开始逐渐淡出中国的政治舞台。邓小平在"南巡"讲话中的著名论断"计划经济不等于社会主义,资本主义也有计划;市场经济不等于资本主义,社会主义也有市场。计划和市场都是经济手段"以后,人们逐渐不去计较市场经济的公与私,利润也不再与"剥削"相提并论。在这样一个经济调整的逐步渗透过程中,人们的公私理念开始模糊,公私界限也不再明确。在这种潮流的冲击下,农村的"集体"意识无疑也在日益淡薄。

3. 从农村到城市的农民工流动

市场经济内在的开放性,需要各种生产资料和资源的优化配置和自由流动,再加上户籍制度的松动,城乡劳动力之间供需结构失衡立即显现出来。于是在1980年代迅速出现了一股"民工潮",这个流动大军的规模现在至少达到2亿人以上。农村劳动力尤其是青壮年劳动力的大量流出,对农村社区的冲击无疑是巨大和影响深远的。首先,村庄的虚空和结构不平衡。大量的农民外出导致了很多"空壳村"的出现,留守的群体基本上都是由"38、61、99"组成,在这种不完整的村庄家园格局下,再加上村庄精英等一大批组织核心的流失,又没有新的凝聚力生成和注入,村庄的涣散是必然的后果。其次,流动造成的人际关系趋冷。传统的村庄是个完全的熟人社会,农民工的大量外出和长时间在外停留,导致了村民的陌生化。现在的熟人往往还是原来的那一批熟人,对村庄新人的熟悉被持续流动带来的陌生所侵蚀和消解,熟人社会随着代际的持续更新面临越来越大的生存挑战。最后,"村外人"不关心村内事。随着部分农民工长年在外生活,他们的"根"虽然还在农村,但是生活的重心已经迁移他地,已经逐渐被农村社区"边缘化"。准"村外人"的生活,自然导致对村庄事务的冷漠和不关心,这也是近年来村庄公共事务和公益事业越来越无人问津的一个重要原因。可见,农村劳动力的流出为村民带来了财富的同时,也对村庄的内聚力造成了持续的硬伤,农村社区认同度进一步下降。

（三）复杂的社会渗透

1. "私"字开始凸显

市场经济的最初推行，使人们头脑中的公私观念开始模糊化。而随着市场经济在中国的逐步确立和完善，人们徘徊和犹豫的立场逐渐消失了。人们在市场经济浪潮的冲击下越来越世俗化、功利化，农村也不可避免地处在市场经济浪潮波及的范围之内，于是农民的行为也越来越理性和精于算计，"公"字开始没落，"私"字开始凸显。

2. 传统开始没落

在公私的浮沉之间还反映了一个社会舆论和村庄风俗、观念的转变。以前的农民公是公，私是私，公私分明；为公则受人敬佩，为私则为人不齿。这不仅是社会主义政治高压的结果，也是农村的惯习、传统的观念和公德心的体现。但是，随着市场经济的开放性所导致的价值观的多元化，传统的价值观面临冲击，良心的重要性开始下降。"良心最简单和最深刻地表现为羞耻心：厌恶做某些事或说出某些事情，在令人讨厌的事情发生之后，人们会对他人或自己的这种行为感到恶心。"[1]228传统的农民生活在村庄这个狭窄和封闭的圈子之内，人们行事为私会自感良心的谴责。但是随着市场经济的发展，人们在义和利面前越来越倾向于利。他自己所感到的厌恶和反感程度开始下降，他不再感觉自己是一个"受侮辱的人、受伤害的人、被玷污的人"。[1]229当一部分人，在利的行为导向上先行迈出一步之后，其他人虽然可能会担心，自己这么做所面临的舆论压力，但同时也开始衡量这个弊端对他究竟有多大，由此产生的好处是否多于损失。当考虑的结果是好处多于损失时，他就会觉得怀有羞耻心是件蠢事，因为除了抽象的名词"痛苦"外，没有绝对的弊端。[1]231于是道德的底线被突破了，"有钱有权就是本事"的错误价值观导向开始出现，人们行为的脚步普遍开始向世俗化迈进，利益开始成为当代行为选择和判断过程中不容忽视和至关重要的一个因素。与此同时，公德开始缺失，传统风俗开始易容。显而易见，当村民的关注点更多地放在自家的事情，尤其是在村集体不能够给他们带来利益或产出成本过高的情况下，他们就越来越不关心村庄事务，开始将集体冷落一旁。而这个时候，以往批评的舆论选择了沉默。于是，农村社区认同更进一步下降了。

通过以上分析，我们发现，在 20 世纪社会持续转型的过程中，农村在政治、经济、社会等各个方面都面临着地震般的冲击，结果造成农村的整个结构和内核都开始在剧烈的摇晃中发生裂变。政治和行政对村庄的外部强势干预，往往重视村庄的分，而不重视合；或者是为了组织化管理和科层制操作的方便，而只注重村庄形式上的合，这种合是一种机械的合而非有机的合；经济体制演变和由此导致的人们思想观念的转变，尤其是市场经济的发展和意识形态的松动所造成的世俗化理念，使得村民的行为在社会人和经济人的标准中，越来越倾向于经济人思维。这些共同导致的后果就是村庄共同体的崩溃。现在的农村社区因为缺乏社区认同这个有机内容的填充，往往只是外表的、僵化的、机械的共同体。

三　繁荣农村社区文化与重构社区认同

（一）可行性和必要性

通过以上分析，农村社区给人的印象，似乎是一个衰落的村庄，一个无望的社区，一个四分五裂七零八落的农民聚集地，一个缺乏繁荣公共文化活力的孤单而又冷清的角落，而谈不上是一个团结紧密的有机共同体。现在的农村社区跟传统相比，的确会给人一种鲜明的涣散和衰败的印象。但是另一方面，农村的社区认同跟城市相比，又显得更加切合实际和相对容易一些，农村社区文化建设的繁荣也更加可行一些。因为相对于城市的变迁来说，农村受到的影响和发生的变化，毕竟要小一些。梁漱溟对此有鲜明的认识，"乡村人对于他的街坊邻里很亲切，彼此亲切才容易成功情谊化的组织。都市人各不相关，易引起狭小自私的观念；乡村则比较能引起地方公共观念。所以我常说：让我在乡村作地方自治，我能作得到；若让我在都市办地方自治，不要说我办不了，就是圣人也办不了！"[10]152虽然梁老讲的农村到现在早已是今非昔比了，但是这种城乡的差别对比还是基本如一的。农村的变化再大，还是残存着许多传统的影子。对农村社区文化来讲，许多传统优秀的民间艺术、民间文化都是大家津津乐道、乐于参与的，都是现在的社区文化建设应当借鉴、保护和扶持发扬的；对农村社区认同来说，社区共同体的记忆多少还有一定的保留。这些都为农村社区文化建设和社区认同重构提供了一个很好的历史根基。

同时，农村社区文化如果过多地凸显"私"而隐去了"公"；如果过于偏向私性文化，而缺乏公共文化，就不利于农村社区文化的整体繁荣和健康发展。这种畸形的农村社区，不会是一个真正有活力、有生命力的社区，它更多的只能是一种机械的联合，难以形成万民齐乐的有机共同体。农村社区文化的缺失，使得农村社区共同体意识虚化，难以形成强固的社区认同，不利于农村社区大家庭式的有机共同体的重构，也不符合新农村建设的理想目标。因此必须进一步繁荣农村社区文化，尤其是公共文化，重构和加强农村社区认同，营造一个文明祥和的，富于归属感和亲切感的农村社区。

（二）未来方向——以自然村为平台

农村社区文化的繁荣和社区认同的重构，应该以自然村为单位和平台。自然村是自发、天然地形成的，村民相互之间来往密切，彼此熟悉，有着天然的亲切感，而且不会因为社区范围太大而导致集体性、大众性的文化活动难以开展。这些都为农村社区认同减少了更多的阻力，而平添了几分成功的前提和保障。以前就有学者提议农村社区建设应该以自然村为基础，但是外部条件还不太成熟，国家的发展仍需要农村、农业的贡献，农村如果以自然村为单位，就会因数量过多而大大提高行政成本。现在一个很好的契机就是农业税取消了，国家开始转入以工业反哺农业的阶段，不再需要继续向农村汲取资源了，则相应的汲取渠道也显得没有十分必要。而行政村建制的根本因素，其实还是为了将分散的农民组织起来以更方便、有保障地汲取资源、减少行政成本。所以现在外部行政性压力减小，为农村自发发展提供了可靠的空间和机遇，而自然村无疑就是农村社区自由发展，焕发内在活力的最好平台。

（三）以公共文化的繁荣带动社区认同，促进良性互动

在近代，农村社区共同体逐步瓦解，社区认同逐渐丧失，导致了农村社区文化参与主体缺失，参与积极性下降，使得村庄公共文化持续没落。问题的症结和最终的指向，其实还是村民对农村社区缺乏认同。所以，必须有效重构农村社区认同。但社区认同是一个观念层面的东西，是潜藏在内心思想深处的理念。这个观念的培养，除了依靠长期的学校教育从小引导之外，更应该依靠日常生活环境的培养、熏陶、训练。其中最重要的就是繁荣公共文化，塑造一个良好的社区文化氛围。社区共同体意识的培养是靠平时的生活、交往、活动日渐积累起来的，这就有必要为共同体意识的培养提供足够的载体和平台。具体来讲，就是要兴建一批公共文化设施，如公共图书室、体育馆、茶馆等公共空间和设施；组织一系列公共文化活动，比如扭秧歌、花灯会、文艺演出等民众都可以参与的、大众文化

活动。以通过村民平日生活对公共文化活动的积极参与，加强人际交流沟通，培养公共理念，并以此培养和加强农村社区认同。农村社区认同一旦被再次重构起来，必然会重新焕发生机和活力，从而引导村民积极兴办、参与社区公共文化活动，以此形成良性互动。

（四）与时俱进，构建"现代共同体"

农村社区共同体的塌陷最终可以归结为：传统共同体意识的丧失，而同时现代新共同体意识又没有生成。农村社区的认同降低就是因为在传统与现代的激烈碰撞之下，农村传统的亲情、友情逐渐被世俗和功利所取代。传统意识和感情发生了转折，但同时并没有形成现代团体意识，没有一个成熟的公民社会生成。农村社区共同体意识面临传统与现代双重因素缺失的困境。农村社区认同的提高，需要传统与现代共同体意识的增强，但二者又互相矛盾，有冲突和抵触之处。因此，农村社区认同的重构，必须处理好传统与现代这对关系和矛盾，实现二者的有效对接和融合。在利用传统农村共同体意识的亲情、和睦关系的基础上，植入现代权利、义务观念和团体意识。传统的农村社区共同体意识无疑是美好的，但只能借鉴其积极的方面，完全重返传统是不切实际的空想。西方的"团体格局"不一定是普世的和最好的，但是它蕴含的权利、义务对等的观念、公共精神，则是现代开放社会发展的一个潮流。农村社区认同必须以现代共同体理念为主导，辅之以传统共同体因素，共同构建农村社区共同体。由此形成深厚的农村社区认同感，并在此基础上进一步繁荣农村社区文化。

参考文献：

［1］滕尼斯：《共同体与社会》［M］，北京：商务印书馆 1999 年版。

［2］顾建键：《现代社区管理概论》［M］，上海：上海人民出版社 2007 年版。

［3］吴理财、夏国锋：《农民的文化生活：兴衰与重建——以安徽省为例》［J］，《中国农村观察》2007 年 2 月。

［4］湖北省社科联、湖北省经团联、华中师范大学中国农村问题研究中心联合课题组：《发展新文化　培育新农民　建设新农村》［J］《理论月刊》2007 年第 2 期。

［5］阎云翔：《私人生活的变革》［M］，上海，上海书店出版社 2006 年版。

［6］张乐天：《人民公社制度研究》［M］，上海：上海人民出版社 2005 年版。

［7］徐勇：《乡村治理与中国政治》［M］，北京：中国社会科学出版社 2003 年版。

［8］杜赞奇：《文化、权力与国家——1900—1942 年的华北农村》［M］，南京：江苏人民出版社 2003 年版。

［9］吴毅：《小镇喧嚣：一个乡镇政治运行的演绎和阐释》［M］，北京：三联书店 2007 年版。

［10］梁漱溟：《乡村建设理论》［M］，上海：上海人民出版社 2006 年版。

农村法律与农民权益

◆集体土地流转的立法研究

在农村改革中，土地问题牵一发而动全身，土地是中国最为稀缺的资源之一，是农民财富的集中表现，也是农民赖以生存和发展的物质基础，更是三农问题的核心。而当下农村土地问题的焦点是如何规制集体土地的流转。关于集体土地流转问题，《物权法》、《土地管理法》、《房地产管理法》、《农村土地承包法》以及《农村土地承包经营权流转管理办法》等等都有相关的规定，而且也涉及流转原则，流转程序以及救济途径等问题。但这些法律和规章的规定相当零散，不系统不成体系，其中的漏洞与不合理之处甚多；而且土地流转法律关系中当事人的知情权、参与权、话语权和监督权等现行法律涉及甚少。

◆分层级立法体制下农民权益的法制保障和增进

我国是一个多民族国家，实行民族区域自治制度；特别是我国地域辽阔，人口众多，各地经济、政治、文化的发展极不平衡，在城市与农村、沿海与内地、发达地区与老少边穷地区之间，近些年来发展程度的差距不仅没有缩小，还有拉大的趋势。这种国家结构形式和种种的国情，决定了我们必须在纵向立法权限的划分上，采取中央集权为主，地方适度享有立法权的原则和制度，这样才既有可能最大限度地保证法制的统一，又充分发挥中央和地方两方面的积极性，避免法律上的"一刀切"和立法体制上的僵化。

◆农村法律服务改革思路：评析与启示

假定中国的农村社会人口将以难以想象的规模高度流动起来，最终将走向陌生化，届时农村的法律服务将会同城市的法律服务趋于一致，乡镇法律服务所以及法律服务工作者也确无再存续的必要，但是，这恐怕至少也还是需要几十年乃至更久远的时间。那么，在这一期间，中国广大的农村社会生活的法律服务需求该依据何种模式来满足并予以制度化呢？而就算这是一个过渡时期，依然不可忽视的是，这还是有一个如何过渡的问题。因此，如何协调现代化城市和传统农村社区相对不同的法律服务需求，是当前在乡镇法律服务所改革问题上必须认真面对的一个问题。

集体土地流转的立法研究

汪进元* 符健敏**（武汉大学法学院 武汉 430072）

内容提要：本文归纳提炼出我国现行集体土地流转的两种模式，即所有权层面的流转和类物权层面的流转，并指出两种流转模式在运行中存在的问题；整理并总结了广东深圳等地突破国家法律的规定采取"集体建设用地直接上市交易"、"转地"以及"股田制公司"等做法的积极因素及不良影响；文章提出了制定专门的《集体土地流转法》的必要性及应该设立的原则、程序和权利救济等问题；文章着重指出经营性建设用地不宜启用征收程序，而应建立符合市场运行规律和私法自治原则的政府代购制度。

关键词：集体土地 流转 立法研究

中共中央十七届三中全会通过的《关于推进农村改革发展若干重大问题的决定》（下称《决定》）揭开了中国农村深度改革的序幕，宣告了中国改革事业在三十年后螺旋式上升的起点。这次中国农村改革所依赖的路径仍然是农村包围城市，所关注的核心问题仍然是中国农村的土地制度和农民权益问题，所不同的是我们已经从改革的浅水区蹚入了改革的深水湾；改革目标已经从消除贫困、满足群众的基本物质需求转变为破局城乡二元，推进社会的全面发展。

在农村改革中，土地问题牵一发而动全身，土地是中国最为稀缺的资源之一，是农民财富的集中表现，也是农民赖以生存和发展的物质基础，

---

* 汪进元，男，1958 年生，武汉大学法学院教授，武汉大学法学博士，博士生导师。2007—2008 年美国哥伦比亚大学法学院富布赖特访问学者，上海财经大学法学院宪法学学科带头人，中国法学会宪法学研究会常务理事。

** 符健敏，男，1978 年生，武汉大学法学院博士研究生，长期关注中国农村土地与农民土地权利问题。

更是三农问题的核心。而当下农村土地问题的焦点是如何规制集体土地的流转。因此，本文以集体土地流转问题为论题，具体讨论现行集体土地流转的制度模型及其存在的问题，广东深圳等地改革集体土地流转制度的积极因素和不良影响，以及制定专门的《集体土地流转法》的必要性、流转原则、流转程序和救济途径等等。

一　集体土地流转的立法缺失

（一）现行的集体土地流转模式

现行的集体土地流转模式可分为两个层级：

第一层级，所有权层面的流转。根据我国《宪法》和《物权法》等法律的规定，我国土地分为国有土地和集体所有土地，两者的所有权界分主要有两条原则，一是城市市区土地原则上属于国有，城郊和农村土地原则上属于集体所有；二是法律规定属于国家所有的农村和城郊的土地，属于国家所有。关于土地所有权的流转，《宪法》规定，"国家为了公共利益的需要，可以依照法律规定对土地实行征收或者征用并给予补偿。"除此之外，"任何组织或者个人不得侵占、买卖或者以其他形式非法转让土地。"这一规定保有三方面含义：其一，土地所有权的流转具有单向性的特征，其流转客体仅限于农村集体土地，即只能是农村集体土地流转为国有土地，而不能是国有土地流转为集体土地。如此规定的原因和背景，目前无论是立宪者，还是宪法理论工作者都没有对此给予充分的解释和说明。我们不能简单就宪法条文的规定讲求形式上的公平或不公平，而应该从宪法条文规定的表面，推断出立宪的真正含义：即在于将农村集体土地所有权视为一种过渡时期的土地财产形态存在，其最终将为国有土地所取代；或者立宪的目的在于稳定现有的土地产权格局，保证耕者有其田。其二，流转的形式仅限于征收，即将土地所有权的流转完全纳入了公法的范畴，不允许当事人的意思自治予以决定。其三，土地所有权的流转，并不以"等价有偿"为前提，而是以象征性的补偿为条件，至于补偿的标准和程序，现行立法缺乏统一的规定。

第二层级，类物权层面的流转。这一层面的流转主要是通过农村土地承包经营合同进行的，所针对的是农村土地。农村土地承包方式有两种：一是以家庭为主体的承包方式；二是"不宜采取家庭承包方式的荒山、荒地、荒丘、荒滩等农村土地，通过招标、拍卖、公开协商等方式承包"。农村土地承包经营权经《农村土地承包法》、《物权法》等先后确定，土地承包经营期限分别为耕地——30 年，草地——30 到 50 年，林地——30 到 70 年；承包期届满，由土地承包经营权人按照国家有关规定继续承包；县级以上地方人民政府向承包方颁发土地承包经营权证、林地证等，登记造册，可继承等。现行法律的规定，使得本来具备债权形式的农村土地承包经营权突破了"私法自治"的限制，赋予了土地承包经营权以物权的效力（《物权法》将土地承包经营权作为用益物权规定在第三编第十一章之中就是个例证）；但同时，法律又规定，发包人和承包人双方的权利和义务由合同约定，此不同于物权法定的原则；而且承包人转让承包经营权须经发包方同意的规定，也不同于物权独立的原则。故有既非物权又非债权的类物权的性质。① 具有类物权性质的土地承包经营权还有再次流转的问题。《农村土地承包法》第 32 条规定，以家庭承包方式取得的土地承包经营权可以采取转包、出租、互换、转让等形式流转，但不得改变土地的性质和用途，且采用"转让"方式流转土地承包经营权的，须经发包方同意；第 49 条还规定，通过招标、拍卖、公开协商等方式取得的土地承包经营权，可以依法采取转让、出租、入股、抵押等方式流转。

（二）集体土地流转存在的问题

现行土地流转模式在运行中出现的问题有：

1. **集体土地与国有土地的所有权界分不明影响土地流转**

一是，以城市市区、郊区和农村作为界分所有权的标准，在实践中就必然存在由于城市化而导致城市市区的不断扩大而带来的产权纠纷。二是，根据法律规定，城市郊区和农村土地中部分属于国有。问题是，法律规定具有不特定性，难以在广袤的国土中规定出哪块土地属于国有，哪些块土地属于集体所有。所有权界分不明确直接影响到土地的管理和流转。

2. **按所有权分类管理的土地管理模式影响土地流转**

我国法律对土地的管理采用的是按照土地所有权形式不同而进行的分类管理模式，这一模式也影响了不同所有权形式的土地流转。国有土地使

----

① 参见黄松有主编《中华人民共和国物权法条文理解与适用》，人民法院出版社 2007 年版，第 377 页。

用权能保持较大的独立性，在法定土地使用期间，国家仅保留了对土地的征用权、回收权、规划管理权和收取税费的权力，并不会对土地的利用和经营进行过多干预。但集体土地则不然，除了区位不同带来的土地价值的巨大差异外，集体土地无法享有完全的处分权、收益权、流转权、经营权，难以分享到城市化的成果。这种依据所有权不同的分类管理模式，与国际通行的按土地用途的分类管理模式迥然不同。无论是从学理上，还是在现实中，都是难以找出这种所有权歧视的依据的。这种歧视使得集体土地流转无法建立在一种公平竞争的基础之上。集体土地使用权受到限制，影响了乡镇企业及在乡镇投资的投资者的融资经营；土地要素流通管道堵塞导致劳动力、资金、技术、能源、基建等生产要素市场固化，影响了农村经济的整体效益；土地效用无法充分发挥，导致了平等主体之间不公平的土地诉求，"从而削弱了市场配置资源的能力，增加了就业人员和资源配置损耗，加剧了生态环境的恶化，从而构成了包括绿色成本在内的许多不必要的社会成本，由此大大减少了中国土地一级市场的政府垄断利润，造成了比商品市场的企业垄断更为严重的经济后果。"①

3. 集体土地所有权权属模糊影响土地流转

一是土地所有权人——"集体"的概念模糊，既可以指代其全体成员，也可以指代成员所在的组织，如村民委员会、村民小组。在涉及利益分配时，成员和集体组织之间的矛盾尖锐：土地收益、征地补偿款等究竟应归集体组织，还是归集体内的全体农民所有或在二者间按比例分配？由于法律并未对集体收益的分配形式做出明确的回答，在征地等涉及全体村民切身利益的重大事项上，往往由村民组织尤其是主要村组干部一手包揽，村民没有决策权，有时甚至连知情权也保证不了，农民的土地权益保障也就无从谈起。二是土地使用权人的法律地位模糊，尽管《物权法》赋予承包人以用益物权人的地位，但法律又规定发包人对承包人也有支配权，也因如此，承包人常常会受到集体组织无端的干预，居于强势地位的集体组织往往拥有自行修改土地承包合同、变更甚至收回承包土地的权力，集体土地使用权得不到有效保证。即便是《农村土地承包法》等明令禁止非法回收承包地，发包方也不得单方面变更或解除合同，但实践中有禁无止，屡屡发生。

---

① 曾永昌：《论土地市场的政府垄断》，载《社会科学研究》2002 年第 4 期。

4. 征地制度影响土地流转

土地流转本应建立在自愿、公开、平等、协商的基础之上。但目前集体土地的流转，尤其是建设用地的流转只能以国家征收形式进行。为满足经济建设和城市化的需要，国家对于集体土地的征收行为大量出现，形成了政府垄断土地市场和剥夺集体土地产权剩余价值，获取高额垄断利润的土地利用局面。一方面，征地制度"仍沿用计划经济条件下的配给制征用和补偿思路，不符合市场经济要求；对征地的公共利益界定不明；以农地产值而非土地价值作为补偿标准，与实际需求差异过大。"① 另一方面，政府垄断导致土地利用效率的低下，无法应对基础建设和集约农业的要求，市场无法正常发挥配置资源的功能，而政府对土地市场的调控成本高昂、效果欠佳，并由此形成了巨大的土地非法交易和隐形市场。

5. 农村土地流转的执法不严影响土地流转

这主要表现在农村土地承包经营权的流转方面，《物权法》已将土地承包经营权确认为用益物权，并在第 120 条、第 130 条和第 131 条明确规定，土地所有权人（或发包人）不得干涉用益物权人行使权利，不得在承包期内调整和收回承包地，《农村土地承包法》也有类似的规定，但在实践中，尤其是在城镇周边地区，集体组织负责人或村组干部违法调整土地用途，收回农户的承包地等现象屡见不鲜。同时，《物权法》和《农村土地承包法》均规定，县级以上地方人民政府应向承包人签发土地承包经营权证和林地证等，但在实践中，很多承包人未申领相关权证。全国人大常委会 2003 年的一项执法检查显示，"有 30% 的农户没有领到土地承包经营权证书"，"个别地方的乡村组织或村组干部，直接与工商企业签订土地承包经营权流转合同"，"违法批地、乱占滥用耕地的现象比较突出"。② 在土地流转过程中政府执法不严，为私下转用、占用农用地进行出让、转让、出租等用于非农建设的不法行为留下莫大的空间；隐性土地市场为权力寻租、社会不公提供了庇护所。

---

① 张红、于楠、谭峻：《对完善中国现行征地制度的思考》，载《中国土地科学》2005 年第 1 期。其他学者也有相类似的观点，如"土地征收规范缺失，土地征收补偿对被征收者保护不力，程序不严格，土地补偿费不到位，腐败严重"，参见白非、刘振环《我国土地征收制度中存在的问题及对策》，载《中国国土资源经济》2005 年第 2 期。

② 参见《地权回归》，载《财经》杂志 2008 年第 21 期，第 106 页。

6. 集体建设用地的控制不严影响土地流转

《土地管理法》第59至61条明确规定，乡镇企业、乡（镇）村公共设施、公益事业等集体公益性建设用地须在总体规划和年度计划基础上报经县级以上地方人民政府批准，涉及占用农用地的，还须经过农用地转用审批手段；该法第73至78条还规定，非法占用耕地、擅自将农用地转为建设用地的，应承担行政责任和刑事责任。可是，在实践中各地方对此纷纷出台土政策，做法迥异，操作中出现了出租、入股、抵押、转让及合作建房等多种经营性建设用地的形式，具有代表性的一种现象是：各地出现的"小产权"房上市交易问题，即在不改变集体土地性质的情况下，开发商在集体土地上开发商品房并上市交易。

二　地方集体土地流转的制度破局

对于上述的问题，国家并没有统一的立法规范，各地或根据《立法法》规定，或根据国务院授权，或根据国土部授意，或充分发挥自主创新精神，针对集体土地流转问题出台了一系列措施进行制度破局。

（一）整体征收的深圳模式

2004年，深圳将集体所有土地集中的宝安、龙岗两区共956平方公里的农村集体所有土地全部转为国有，以消除障碍，促进土地的流转。深圳对其中265平方公里集体土地进行补偿。未予补偿的近700平方公里，其中一类是300多平方公里的山林地，另一类为200多平方公里的已建成区，深圳原农民已经在此开发住宅，并自发用于工商开发。深圳农民改为居民，并享受养老保险和适当补偿。政府鼓励农民流转土地经营权。[1]

深圳模式能够做到统一规划、统一建设，一举解决发展中的建设用地限制问题。但此模式有许多的不可复制性。尽管深圳市国土房管局强调："征地是根据经济和社会发展的需要，将一个特定区域的土地通过相关程序征为国有，而此次城市化则是将农村集体经济组织全部成员转为城镇居民，因而是'转地'而非'征地'。"但实际上我国的宪法法律根本没有"转地"的依据。从深圳的做法看，应认定为征地。如此大面积的一次性征地即使是在我国目前宽松的征地制度之下也属罕见；创造一个"转地"

---

[1]　参见《深圳农地转国有之惑》，载《财经》杂志2004年第18期，第86页。

概念，逃避征地指标限制还能够通过国家土地管理部门的审查只属特例；只征地不补偿违反宪法与法律规定，如果全部补偿，即使地方政府的财力可以承受，由于土地规划需要分步实施，政府收回土地收益周期很长，也会带来巨大的资金使用成本；征地方与被征地方之间无协商对话可言，补偿金额也远低于土地价值，其不公平性不言而喻。深圳模式与其说是制度创新，不如说是行政权力主导下目前征地制度一次夸张性的放大、一场戏剧化的表演。

（二）集体建设土地入市的广东模式

2005 年 10 月 1 日实施的《广东省集体建设用地使用权流转管理办法》引发了人们对于"符合我国国情的最严格的土地管理制度"的关注。这部广东省政府规章允许集体建设用地直接进入市场交易，和国有土地一样自由转让、出让、出租、转租和抵押，开创了征地制与集体土地直接入市制并存的新格局，第一次在法制层面上赋予了集体土地与国有土地相类似的法律地位。① 集体建设土地入市后，广东集体建设用地使用权流转工作顺利推进，2006 年广东省农村建设用地使用权转让 23200 多亩，2100 多宗，平均约每宗 10 多亩，总价款 20 多亿元人民币，每亩地价约 86 万元人民币，土地流转的需求和市场价值可见一斑。②

广东之后，上海、安徽、河南、北京、河北等地也先后制定了集体建设用地流转的地方性规章或规范性文件，对"城市和镇规划区外集体建设用地使用权的流转"作出与广东省大致相同的规定。

广东等省市的制度破局，弥补了当前法律关于集体建设用地流转的空白，其意义在于：其一，通过集体建设用地使用权流转解决了由于城市化、工业化快速发展所带来的建设用地短缺的问题，为经济、社会的进一步发展提供了土地资源保障，解决了建设中备受困扰的"缺地"问题；通过就集体建设用地使用权的流转范围、用途限制、流转程序和流转后的收益及法律责任等问题作出具有可操作性的规定，盘活现有的非农用集体土地，减少城市化阻力。其二，统一目前将国有土地和集体土地分而治之

① 根据《广东省集体建设用地使用权流转管理办法》第五条规定，"通过出让、转让和出租方式取得的集体建设用地不得用于商品房开发建设和住宅建设。"因此，并不能认为集体土地已取得与国有土地完全平等的法律地位。

② 参见《广东省 2006 年流转集体建设用地 1550 公顷》，载 2007 年 1 月 21 日《人民日报》第四版。

的土地使用权制度，在明晰产权关系的前提下，按国有土地使用模式，实行集体土地所有权、使用权两权分离，构建集体土地使用权有偿、有限期、可流动的使用制度，规范集体土地产权交易行为，发挥土地应有的经济和社会效益，为农村社会经济的繁荣发挥作用。同时通过集体土地使用权入市，彰显集体土地价值，化解当前征地困局。

　　广东模式的不足之处在于：第一，允许集体建设用地流转，参与城市化，违反《宪法》关于"城市的土地属于国家所有"的规定以及法律关于改变土地用途的禁止性规定，属于违法操作，不仅缺乏法律依据，而且制度设计中缺乏通盘考虑，对于权利登记、土地市场、社会保障、权利救济等系列配套规定，均未涉及。第二，制度设计的出发点与立足点在于增加城市可支配的建设用地指标，满足城市化、工业化发展需要，而并非从科学发展观出发，考虑城乡和谐发展，未将最大限度地保护农民的利益列为构建集体建设用地使用权流转制度的目标之一；缺乏集体土地流转前的民主协商程序，也未能充分保证集体成员同等条件下的优先权和土地收益的分配等。

（三）百花齐放的农用地流转模式

　　相对于集体建设用地的流转而言，目前集体农业用地的流转已有了较为明确的规定，各地重点是结合本地特点，着力解决流转中的配套管理和程序性问题等，如土地流转的信息公开以及"股田制"和农业合作社等新的流转形式。重庆市为满足农业产业化经营的需要，自2007年起允许农民以土地承包经营权入股设立企业，这种以工商登记将土地权益正式转化为资本的试验被形象地称为"股田制公司"。① 上海市根据本地集体农业用地流转活跃②，但土地流转的信息和渠道相对缺乏的特点，于2008年起试点建立农村土地流转平台，如果农户要流转土地，可把承包的土地委托给村委会，由村委会到农村土地流转平台去挂牌流转。郑州则允许市民去农村租种土地，鼓励农民土地换社保、土地换稳定收益。③ 沁阳市集

---

　　① 参见《打擦边球　重庆首创"股田制公司"》，载2007年8月11日《新华每日电讯》第7版。

　　② 据2008年9月22日《解放日报》报道，截至2007年底，上海市农户承包地流转面积134万亩，占到农户承包总面积的54%。其中，转包的面积为51.8万亩，占全市耕地面积的38.6%；出租面积41.1万亩，占30.6%；入股面积为2.9万亩，占2.1%。

　　③ 参见《郑州出台新政策鼓励农民拿土地换社保市民可租地种》，载大河网 www.dahe.cn，2008年10月28日。

约经营土地，农户自愿将土地承包经营权整体或部分流转给农业公司或村集体经济组织，统一规划，连片开发，规模经营，由村集体统一保障村民利益。①

目前农地流转的社会风险要大于政策的担忧。从宏观决策层面看，中央政府更多考虑从避免农民失地、影响农村稳定着手制定政策。如2008年中央农村工作领导小组办公室经调研叫停了重庆的"股田制公司"。中央政策担忧：首先，股权转让后，非农村集体成员可能获得土地承包经营权，这与土地承包制度冲突；其次，土地在企业破产时会用于偿还债务，农民面临失地风险；再次，农地入股的公司股东人数众多，往往超出《公司法》有限公司的股东人数不超过50人的规定。从微观落实层面看，在集体组织的强势和主导下的承包经营权流转，农民容易丧失知情权、参与权、话语权、监督权，地方乡镇政府和村级组织插手甚至强迫承包农户集中流转，随意变更、撤销农户的承包合同，截留、挪用农村土地流转收益，集中土地对外招商，大量占用耕地，改变农村土地的农业用途，包括未批先用、少批多占、以租代征、强行征地、补偿偏低、拖欠补偿等问题普遍存在。

三　集体土地流转的立法构想

关于集体土地流转问题，《物权法》、《土地管理法》、《房地产管理法》、《农村土地承包法》以及《农村土地承包经营权流转管理办法》等等都有相关的规定，而且也涉及流转原则，流转程序以及救济途径等问题。但这些法律和规章的规定相当零散，不系统不成体系，其中的漏洞与不合理之处甚多；而且土地流转法律关系中当事人的知情权、参与权、话语权和监督权等现行法律涉及甚少；更为突出的问题是，中央《决定》已明确指出区别公益性征收和经营性建设用地，由此推论，我们应该通过立法创制出适合于经营性建设用地的取得方式，如果经营性建设用地仍然采用征收取得，既不符合法理逻辑，也违背市场竞争规律；同时，各地政府在集体土地流转方面的一些突破性做法，也应有国家法律的统一规制。对此，笔者建议制定一部专门的《集体土地流转法》，对集体土地流转的原则、程序和权利救济等问题进行全面系统的规定。

① 参见崔伍《沁阳市五种模式推进土地流转》，载资源网 www.lrn.cn, 2008 年 10 月 28 日。

（一）集体土地流转的基本原则

1. 集体土地所有权不受侵犯原则

第一，明晰土地的权属界限。从物权理论上看，土地物权以登记为产权要件，即土地的所有权、使用权和用途以地籍部门的登记为准，非经登记，任何不动产变动都不发生法律效力。明晰土地的权属界限主要在于严格实施土地登记制度，包括集体土地所有权登记、农民土地承包经营权登记等方面。尽管现行法律已有明确规定，但执法不到位的现象大量存在。因此，应尽早完成集体土地登记覆盖率达到100%。以已登记的产权确定土地权属，是保护集体土地所有权的关键。

第二，严格限制土地征收。根据目前土地流转的现状看，严格限制土地征收是集体土地所有权不受侵犯的重要保证。虽然许多国家的宪法都规定了征收制度，但在实际中使用的却是极少的，除非战争、重大灾难、特殊建设需要等情形，国家不会动辄启用征收使公民丧失财产权，尤其是不动产的产权。征收是国家权力对他人财产性权利的一种剥夺①，这种"剥夺"行为当为谨慎发生。目前在城市化过程中，大量的经营性建设用地是被冒"征收"之名而转为国有的，而且主要由开发商用于房地产的开发经营。在这一过程中，国家虽然通过收取出让金的方式获取了部分利益，但更多的是扮演了劫贫济富的角色。国家的这一举措造就了大量一夜暴富的开发商，也为权力寻租大开方便之门。人的错误只是对个别人或部分人的不幸，而制度的错误则殃及全社会。正因如此，中央《决定》明确指出：区别公益性征收和经营性建设用地，逐步缩小征地范围，完善征地补偿机制。

2. 正当程序原则

对于程序的信赖和程序正当化的期盼，我国素无传统。在《宪法》共138个条文中，"程序"一词出现的次数是零。因此，要想在现行《宪法》找到"正当程序"的依据实在是勉为其难。但是，程序对于法治的存在和运行，以及对法律价值的保障和实现等方面的意义是如此重要，以至于难以偏废。

实现社会的公平正义是法律追求的重要目标，"公平正义"虽不是一

---

① 参见［德］汉斯·J. 沃尔夫等《行政法》第二卷，高家伟译，商务印书馆2002年版，第403—404页。

个适合于用文字在法律条款中表现出来的概念，但却是一个可以通过法律程序演绎出来的正当结果。正当化程序提供的平等参与、表达自由、排除外部干扰等增强了疏通渠道，也为参与者提供了各方意志契合的机会，保证决定的成立具有合理性。罗尔斯的纯粹程序正义理论、哈贝马斯的程序主义民主理论都主张民众通过对于程序的参与，进行商谈，达成社会共识，都认为程序之外不再存在独立的判断正义的标准，对于程序的认可即为对程序结果的认可。

根据正当程序原则[①]，集体土地流转的程序设计必须依法而定，除外，还应保证主体地位的平等、参与过程的公开、决策形成的自治等等[②]，而且这些程序和步骤应能够保证农民的知情权、参与权、自由表达权以及农民的意见受到必要的尊重和农民请求救济的权利等等。违反程序法与违反实体法一样必须承担相应的法律责任。通过正当程序的实施，制约地方乡镇政府和社会强势团体对于集体土地流转制度的滥用，为社会各方尤其是农民的平等参与和自由协商创造前提条件，保证集体土地流转程序的公开性、可控性和合理性等等。

3. 民主协商原则

建立土地流转的民主协商制度是体现农民利益、强化农民话语权的重要保障。从目前的情况看，集体土地实际上由地方乡镇政府和集体经济组织操控、代办；作为集体成员的广大农民对于土地的流转、收益不但没有表决权，甚至有时连知情权都难以保证。这严重侵犯了农民的土地权益，当然也不符合法律的有关规定。

农村土地流转的民主协商，具体表现为：凡是涉及农村集体土地的流转以及政府征收、征用的补偿等事宜，应当经农村集体组织全体成员充分参与商谈并表决通过；同时鼓励和保障农民在集体内自发建立合作组织进行农业合作开发，在大集体内包容小集体，允许利益多元化。通过协商程序，让所有土地权益的相关人参与对于土地的决策，由制度供给全部必需

---

① 美国宪法的正当程序理论将正当程序原则分为程序性正当程序和实体性正当程序两个部分。程序性正当程序是指，政府制定政策时（包括立法）必须包括执行这些政策的程序和步骤，而且这些程序和步骤能够满足当事人相关的知情、申辩和救济的要求，并被严格的执行。实质性正当程序所限制的则是政策（包括立法）的实体内容，即政策（包括立法）所涉及的国家权力界限和公民权利范围是否符合国家一般民众所认可和接受的公平正义标准。

② 参见汪进元《论宪法的正当程序原则》，《法学研究》2001 年第 2 期，第 54—56 页。

的对称信息；以制度重复博弈方式充分反映各方的利益诉求，从而产生多元利益的均衡机制，以防止制度利益向单方面倾斜，为少数人利用；使集体土地的流转和收益受到集体成员意志的制约。同时将司法救济引入其中，允许未参与或质疑其结果的人选择中立的机构提出异议；更有利于通过事后监督形成对运行绩效的问责制度，也为集体土地流转制度向更成熟的方向发展提供变迁的动力。

4. 平等保护原则

以平等保护原则缩小和平衡不同土地所有权的价值差异，是目前我国宪法格局下最为可行的做法。《宪法》第33条规定"公民在法律面前一律平等"，平等的第一要义就是立法上的平等，即主体不论其出身差异，都平等地享有宪法、法律规定的权利，禁止歧视和不合理的分类。在法理上，自然人与法人具备相同法律地位，可以推演出"法人在法律面前一律平等"，国家和集体在法律上皆属法人，故应平等。我国宪法与法律将土地划分为国有土地和集体土地，是在尊重历史和土地实际使用状况以及维护农民以土地为依托的生存基本权利的基础上，对土地进行的所有权上的划分，《宪法》并未对两种土地所有权的价值作出不同的规定，可见两种土地的区别仅在于所有权人的不同而不在于土地价值和权利上的差异。由此推断，国有土地与集体土地在宪法上应该受到平等保护。土地的流转是实现土地价值的核心环节，对于土地流转的平等保护，是体现权利平等的必要保障。

按当今世界各国通例，各国政府对于土地的管理，主要是按土地的用途进行分类管理，严格界分土地的用途，不同用途的土地享有不同的权利，严格限制土地用途的改变；尚未发现有国家按土地所有权对土地进行管理，因所有权主体的不同而享有不同的权利。但《土地管理法》对国有土地和集体土地权利作出了严格的区分：使用集体土地兴办企业、入股和联营等，须由县级以上地方政府批准；农民集体所有的土地使用权不得出让、转让或者出租用于非农业建设；《担保法》亦规定集体土地的使用权不得抵押等；国有土地则不受上述限制。立法上的身份歧视与《宪法》的平等保护权格格不入，不仅影响了土地作为生产要素的效用的发挥，也影响了与土地密切相关的第一、二、三产业的发展，因此必须对这种土地所有权的差异加以限制，而限制土地所有权的差异，首先必须摒弃两种土地所有权的歧视，严格按土地用途进行管制，实现中央《决定》明确指出的同地同价的原则。

5. 公共利益原则

"公共利益"是《宪法》规定的土地征收制度的价值诉求，公共利益原则是土地征收制度得以启动的宪法依据，也同时是国家征收征用他人其他财产的宪法依据。公共利益原则在我国部门立法中也是最为常见的立法原则，据笔者的不完全统计，自 1995 至 2008 年十三年间，全国新颁布或修订后重新颁布的 152 部法律中，以"公共利益"为立法原则的有 43部，比例达 28%。

迄今为止，公共利益原则，无论是理论层面的解读，还是实践层面的运用，都是五花八门，混乱不堪的，所以践行公共利益原则的关键在于合理把握公共利益的界限，合理限制公共利益原则的滥用。鉴于篇幅的限制，本文无法具体介绍、评价中外学者关于公共利益的观点，而仅就笔者的理解，简要阐释。笔者认为：公共利益是指不特定的多数人的利益，具体包括受益对象的不特定原则和受益对象的多数原则。所谓受益对象的不特定原则，具体是指受益对象既不是特定的多数人，也不是特定的少数人，更不是特定的个人或组织，因为公共利益一旦特定化之后，就固化了受益对象，就意味特定对象以外的人不能享有或受益。例如，一条横跨大江南北的高速公路，途经多个省市辖区，而通行的车辆可能是沿途省市的，也有可能是其他省市的，总之是不特定的。所谓受益对象的多数原则，具体是指一个公益性建筑或者一个公益性场所应有尽可能多的人和组织直接受益，即受益对象的最大化，如果一个公益性场所只有少数甚至个别的人或组织受益，犹如设立在孤岛之上，这就没有保证受益对象的最大化，而只能是公共资源的浪费。当然，所谓受益对象为不特定的多数人和组织，也有一个时间和空间上的参照问题，这就涉及"大公"和"小公"的问题。从立法技术上看，法律只需把握住受益对象的不特定性和相对多数即可，关于"大公"和"小公"的问题，留待执法和司法机关根据公共利益涉及的地域范围去处理。

除外，还应区别此处的公共利益与财政利益和商业性利益。财政利益，严格意义上说，也属于公共利益，但是，财政利益源于国家经常性反复的税费征收，用于国家公权力的运行开支等等，税费征收的直接受益者是国家及其机关等，公民和社会组织等也从中受益，但只是间接性的；而作为土地等不动产征收之依据的公共利益是征收行为发生之后，不特定的多数人直接能够享用的利益。至于商业性利益是指特定的商人或营利性组织享有和期待获得的利益，二者的区别十分明显，此不赘述。

（二）集体土地流转的程序制度

关于集体土地流转的程序设计问题，是一个复杂的问题。尽管笔者在前面只归纳出集体土地流转的两种模式，但这两种模式中存在着四种流转程序，即除了农民土地承包经营权流转程序之外，还存在着改变土地性质的公益性建设用地的流转程序和经营性建设用地的流转程序，也存在着不改变土地性质但改变土地用途的集体建设用地的流转程序等。这四类集体土地流转程序的共性特征是不言而喻的，但是由于涉及土地性质的改变或者土地用途的变更，因此而决定了不同流转关系中的当事人及其法律地位不同，流转原则、流转程序和救济途径也不完全一样，所以立法上应在确定他们共同的流转原则和流转程序的同时，具体设计出不同流转类型各自应具备的程序制度。

1. 公益性建设用地的征收程序

要走出现行土地征收制度的困局，就应当根据土地的用途区分公益性建设用地和经营性建设用地①。只有当公益性建设用地需要时，才能依据《宪法》的"公共利益"条款，对农村集体所有土地实行征收。

关于公益性建设用地的征收程序问题，目前我国尚没有专门的法律规定，而是散见于《土地管理法》及其《实施条例》等相关条文之中。《土地管理法》第5章具体规定了建设用地（包括公益性建设用地和经营性建设用地）的申请和批准等程序。其中关于征收程序问题，该法规定了用地人申请、农用地转用审批、土地征收公告、补偿安置方案公告、补偿费用收支情况公告，以及公益性用地的划拨取得程序和经营性用地的出让取得程序等等。该法关于征收程序的规定存在的问题是显而易见的：（1）经营性用地不宜适用征收程序，否则成了国家伙同开发商强买，集体组织及其成员被迫贱卖；（2）在农用地转用的政府审批之前，缺乏同

---

① 从目前的情况看，关于公益性建设用地和经营性建设用地的区分问题，除了上文关于公共利益的论述之外，笔者建议可以根据《土地管理法》关于划拨用地和以出让方式取得土地的规定加以区分，凡符合法定划拨用地条件的，即为公益性建设用地，其他应以出让方式取得土地的，即为经营性建设用地。根据《土地管理法》第54条的规定，划拨用地条件为：（1）国家机关用地和军事用地；（2）城市基础设施用地和公益事业用地；（3）国家重点扶持的能源交通、水利等基础设施用地；（4）法律行政法规规定的其他用地。

集体土地所有权人和使用权人的民主协商程序，尽管在政府批准之后，设置了征地公告和补偿安置公告等程序性事项等，但这些只是流于形式，因为政府都批准了，集体土地所有权人和使用权人只有服从罢了；（3）在补偿安置方案公告过程中，没有相关的正式听证程序给予集体组织及其成员的充分话语权。①

　　鉴于上述，笔者认为土地征收程序应包括征地规划程序，征地实施程序和征地保障程序等三个方面。首先，在征地规划阶段，政府规划部门在制定土地总体规划和年度规划时，如果涉及土地征收问题，应将拟征地的必要性，拟征土地的位置、面积和可能考虑的土地置换等问题进行公告，征求被征地的集体组织和土地承包人的意见，必要时可以举行非正式的听证会，然后汇总意见，供规划部门和政府审批参考。其次，在征地实施阶段，这一阶段又分为两个方面，一是在政府征地审批之前，政府规划部门或相关部门应举行有用地申请人、被征地的集体组织和土地承包人等参加的正式听证会，就拟征地的位置、面积、用途、补偿标准和方式，拆迁安置的条件和方式以及安置补偿的实施方案等听取各方面意见，汇总后拟定征地方案，报政府审查批准；二是在政府审批之后，公告征地方案，办理征地补偿登记，并进一步就补偿安置问题进行协商，汇总意见后制定征地安置补偿方案，送政府批准，批准后与被征地的集体组织签订《征收土地补偿协议书》，供双方实施。再次，在征地保障程序中，首先应坚持的原则是先补偿到位后使用土地，同时还应保证征收土地补偿协议的充分落实以及集体组织和承包人的行政和司法救济等。

　　2. 经营性用地的政府代购程序

　　经营性建设使用集体土地是目前全国启动征收程序最频繁且用地量最大的一种集体土地流转形式②，也是目前理论上争议最多、农民土地权益因此受害最重的一种"征收制度"。理论争议的核心问题是，经营性建设

---

　　① 正式听证，也称为审判式听证，是指由无偏私的官员主持并有双方当事人及其代理人参加的行政程序，俨如审判程序。凡是对当事人作出重大的制裁处分或者作出严重影响当事人的生成利益的决定，都应采用正式听证程序，否则采用非正式听证程序。参见王名扬《美国行政法》（上册），中国法制出版社1997年版，第384、544页。

　　② 数据显示，截至2007年底，全国征地用途中仅有20%土地为公益性用地，80%的土地征收后转为房地产等建设用地。参见《土地法律修改将提速》，载《南方周末》第1288期A4版，2008年10月16日。

用地能否适用征收程序？笔者的回答是"不能"。因为征收是一种国家行为，强制性是征收的本质属性，符合公共利益是检验征收合理性的基本标准。经营性用地的目的是特定商人或经营性主体的特定商业利益，显然不是公共利益，国家为了特定的个人或组织代为征收集体土地，一方面助长了市场主体的巧取豪夺和不公平竞争，另一方面造成了自然资源的不公平分配。显然是不可取的。对此笔者建议，对经营性建设用地采用政府代购制度，即任何单位和个人基于经营性建设用地的需要，可以委托政府按照私法自治和市场竞争的要求，代为购买的制度。

关于集体土地的政府代购问题目前尚未有立法规定，笔者仅就这一制度的构建提出初步设想，所谓政府代购，具体是指在符合城乡规划的前提下，地方政府接受用地申请人的委托，向集体土地所有权人提出购买集体土地的要约，得到集体土地所有权人明确承诺后，按照用地申请人和集体土地所有权人达成的购地条件与政府签订三方购地协议，依法将集体土地变更为国有后出让给用地申请人。政府代购制度中的地方政府只是作为土地交易的虚拟主体，其真正身份是用地申请人的受托人；而且政府作为土地交易的当事人之一，同土地交易的买卖双方之间的地位是平等的，因此政府在其中不得强制交易，不得干预、改变用地申请人和集体土地所有权人达成的购地条件，整个购地过程遵循市场化方式，体现私法自治原则。在政府代购过程中，国家既是土地交易双方的中介人，也是集体土地国有化的保证人，还是保证土地使用符合总体规划、防止土地资源浪费、保障集体组织及其成员土地权益的监控人。

3. 集体土地承包经营权的流转程序

关于集体土地承包经营权的流转程序问题，《土地管理法》、《农村土地承包法》和《农村土地承包经营权流转管理办法》等均有相应的规定。由于集体土地承包经营权的流转涉及不改变土地用途的流转和改变土地用途的流转两种形式，本文分别予以讨论。

就不改变土地用途的土地承包经营权的流转问题，笔者认为，《农村土地承包法》确认的转包、出租、互换、转让等流转形式不必加以任何限制，也即取消"转让"须经发包方同意的规定，一律采用备案审查的方式确认流转的合法性。中央《决定》出台后，有条件的地方可以发展专业大户、家庭农场和农业专业合作社等，但值得注意的问题是：(1) 最适宜的方式是采用股田合作制，保证农民不会失地和少地；

（2）对部分失地和少地的农民，由农地公司配合国家为他们购买保险，以保证他们的基本生活需求。其他程序可以按现行法律的规定进行。

就改变土地用途的公益性集体建设用地的流转问题，可参考前述公益性征收程序的相关做法，如在用地规划阶段，对农用地转用规划的公布与民主协商等；在农用地转用审批阶段，对因流转失地的承包人的青苗和附着物的补偿问题及异地承包问题等采取听证的方式协商解决，并通过安置补偿和异地承包协议具体落实。

（三）集体土地流转的权利救济

关于集体土地流转的法律救济，由于集体土地流转法律关系，既受管理法的调整，也受自治法的规范，也即兼具公法性和私法性，所以其救济途径具有多样性；同时，由于集体土地存在着不同的流转形式，所以不同流转形式的救济途径也不完全一样。《物权法》、《土地管理法》、《农村土地承包法》以及《农村土地承包经营权流转管理办法》等对集体土地流转法律关系当事人的救济途径尚不完善，例如，承包地被征用之后，承包人与发包人之间就土地补偿费的分配问题不服如何救济？司法机关有人认为：这类纠纷属于村民自治的范围，不属于民事纠纷，法院不予受理①，但从理论上说，这类纠纷难说是行政复议或行政诉讼的范围。又如，在公益性集体建设用地的流转中，土地承包人的青苗和附着物补偿不到位以及不能让失地的农民异地承包等，原承包人或农民应如何救济，法律也没有明确的规定。

鉴于上述，笔者认为，应该通过立法的方式区分不同的集体土地流转程序和性质不同的集体土地流转法律关系，分别适用行政救济和司法救济等，而且明确告知集体组织和农民可以提请行政复议、行政诉讼或民事诉讼等的不同情形。

---

① 参见黄松有主编《中华人民共和国物权法条文理解与适用》，人民法院出版社 2007 年版，第 401—402 页。

分层级立法体制下农民权益的
法制保障和增进*

张景峰** (河南科技大学文法学院 河南洛阳 471003)

内容提要： 我国是一个实行中央和地方分层级立法体制的国家——中央立法集权为主而地方立法适度享有，这种立法体制对农民权益法制保障和增进会产生相应的影响。中央集中和主导农民权益保障和增进的立法。中央和地方已有立法例是未来立法的基础。中央立法亟须类型化处理，而地方立法则是实施中央立法或者进行一些探索。

关键词： 分层级 立法体制 农民权益 保障和增进

农民权益保障和增进既是一个复杂的系统工程，也是一个可以从不同视角观察的责任。比如，从政治途径的角度"要从体制内和体制外两个渠道保障农民的权益"："一方面，要通过体制内渠道保障农民的权益，由党和政府在宏观上积极进行制度创新借助公共权力给予农民应有的'国民待遇'，使农民权益有根本性的制度保障。尤其重要的是，要重新审视在土地、教育、户籍、医疗、就业、财政、税收和金融等制度上对农民的歧视性条款。另一方面，要通过体制外渠道保障农民的权益，为农村和农民配置一定的政治资源，在坚持党的领导下，帮助农民成立相关的属于农民自己的维权组织，只要他们在宪法和法律允许的范围内活动，就应该鼓励其发展，经过实践检验，时机成熟的时候，可以考虑成立区域性乃至全国性农民组织，只有这样，才能彻底解决农民权益长期得不到切实保障的问题。"① 而从农民自身角度，"在

---

* 本文是河南省教育厅 2006 年软科学项目部分成果，课题编号 2006820001。

** 张景峰，河南偃师人，1966 年生，河南科技大学文法学院副教授，副院长，法学硕士，河南省法学会宪法学研究会副会长。

① 巩建华、付海梅：《从政治的本质分析农民权益的保障问题》，《理论观察》2007 年第 6 期，第 100—101 页。

农民合法权益保护过程中，农民自身应该担当更主动、更重要的角色，农民合法权益的自我保护问题，应予以充分的重视。"① 视角不同，看法各异。从法律的视角看，法制保障与增进农民权益是法治时代保障与增进农民权益的基本方式之一。农民权益法制保障与增进的前提是国家有权机关的立法。没有国家有权机关的立法便无从对农民权益进行法制的保障和增进。本文从我国分层级立法体制的视角探讨一下法制保障与增进农民权益的问题，不当之处在所难免，不周、荒谬祈请指正。

一　我国中央和地方分层级立法体制

第一部《中华人民共和国宪法》（以下简称《宪法》）于 1954 年通过，开始了对于我国立法体制宪法的规范。经过长期的立法实践，1982 年通过了现行《宪法》，在总结历史经验的基础上，对我国的立法体制从宪法规范上作出了重大改革。2000 年 3 月 15 日第九届全国人大三次会议通过了《中华人民共和国立法法》（以下简称《立法法》），开始了我国立法体制基本法律的规范。由此确立了我国中央和地方分层级立法体制。

（一）我国中央和地方分层级立法体制

"立法体制是关于立法权、立法权运行和立法权载体诸方面的体系和制度所构成的有机整体。其核心是有关立法权限的体系和制度。立法体制是静态和动态的统一，立法权限的划分，是立法体制中的静态内容；立法权的行使是立法体制中的动态内容；作为立法权载体的立法主体的建制和活动，则是立法体制中兼有静态和动态两种状态的内容。"② 《宪法》和《立法法》确定了我国分层级立法体制的具体内容。

1. 中央立法

根据《立法法》的规定，中央层面的立法包括：（1）全国人民代表大会和全国人民代表大会常务委员会行使国家立法权。全国人民代表大会制定和修改刑事、民事、国家机构的和其他的基本法律。全国人民代表大

---

① 李振义：《论农民合法权益的自我保护》，《农村经济》2006 年第 8 期，第 78—81 页。

② 周旺生主编：《立法学》（第二版），法律出版社 2000 年版，第 182 页。

会常务委员会制定和修改除应当由全国人民代表大会制定的法律以外的其他法律；在全国人民代表大会闭会期间，对全国人民代表大会制定的法律进行部分补充和修改，但是不得同该法律的基本原则相抵触。法律解释权属于全国人民代表大会常务委员会。（2）国务院根据宪法和法律，制定行政法规。（3）国务院各部、委员会、中国人民银行、审计署和具有行政管理职能的直属机构，可以根据法律和国务院的行政法规、决定、命令，在本部门的权限范围内，制定规章。部门规章规定的事项应当属于执行法律或者国务院的行政法规、决定、命令的事项。

2. 地方立法

根据《立法法》的规定，地方层面的立法包括：（1）省、自治区、直辖市的人民代表大会及其常务委员会根据本行政区域的具体情况和实际需要，在不同宪法、法律、行政法规相抵触的前提下，可以制定地方性法规。较大的市的人民代表大会及其常务委员会根据本市的具体情况和实际需要，在不同宪法、法律、行政法规和本省、自治区的地方性法规相抵触的前提下，可以制定地方性法规，报省、自治区的人民代表大会常务委员会批准后施行。（2）经济特区所在地的省、市的人民代表大会及其常务委员会根据全国人民代表大会的授权决定，制定法规，在经济特区范围内实施。（3）民族自治地方的人民代表大会有权依照当地民族的政治、经济和文化的特点，制定自治条例和单行条例。自治区的自治条例和单行条例，报全国人民代表大会常务委员会批准后生效。自治州、自治县的自治条例和单行条例，报省、自治区、直辖市的人民代表大会常务委员会批准后生效。（4）省、自治区、直辖市和较大的市的人民政府，可以根据法律、行政法规和本省、自治区、直辖市的地方性法规，制定规章。

（二）中央和地方立法的关系

中央立法和地方立法属于纵向立法权限的划分，就二者的关系而言，一般从两个方面来阐述。

1. 中央立法集权为主，地方立法适度享有的纵向立法格局

我国中央立法和地方立法在纵向立法权限的划分上，根据我们国家的实际情况，确立了中央立法集权为主、地方立法适度享有的纵向立法格局。"我国宪法规定，中华人民共和国是全国各族人民共同缔造的统一的多民族国家。也就是说，我国是单一制国家，只能在这种国家结构形式下

解决中央和地方的关系问题，包括纵向立法权限的划分问题。同时，我国又是一个多民族国家，实行民族区域自治制度；特别是我国地域辽阔，人口众多，各地经济、政治、文化的发展极不平衡，在城市与农村、沿海与内地、发达地区与老少边穷地区之间，近些年来发展程度的差距不仅没有缩小，还有拉大的趋势。这种国家结构形式和种种的国情，决定了我们必须在纵向立法权限的划分上，采取中央集权为主，地方适度享有立法权的原则和制度，这样才既有可能最大限度地保证法制的统一，又充分发挥中央和地方两方面的积极性，避免法律上的'一刀切'和立法体制上的僵化。"① 中央层面立法与地方层面的立法主要体现在宪法、狭义法律与行政法规立法权与地方层面立法权的关系，中央层面规章的立法权与地方层面立法权没有直接的关联性。（一）中央立法集权为主。宪法、狭义法律与行政法规立法权行使的范围广泛。A．下列事项只能制定法律：（1）国家主权的事项；（2）各级人民代表大会、人民政府、人民法院和人民检察院的产生、组织和职权；（3）民族区域自治制度、特别行政区制度、基层群众自治制度；（4）犯罪和刑罚；（5）对公民政治权利的剥夺、限制人身自由的强制措施和处罚；（6）对非国有财产的征收；（7）民事基本制度；（8）基本经济制度以及财政、税收、海关、金融和外贸的基本制度；（9）诉讼和仲裁制度；（10）必须由全国人民代表大会及其常务委员会制定法律的其他事项。B．行政法规可以就下列事项作出规定：（1）为执行法律的规定需要制定行政法规的事项；（2）宪法第八十九条规定的国务院行政管理职权的事项。应当由全国人民代表大会及其常务委员会制定法律的事项，国务院根据全国人民代表大会及其常务委员会的授权决定先制定的行政法规，经过实践检验，制定法律的条件成熟时，国务院应当及时提请全国人民代表大会及其常务委员会制定法律。（二）地方立法适度享有。地方立法权行使的范围狭窄。A．地方性法规可以就下列事项作出规定：（1）为执行法律、行政法规的规定，需要根据本行政区域的实际情况作具体规定的事项；（2）属于地方性事务需要制定地方性法规的事项。除立法法第八条规定的事项外，其他事项国家尚未制定法律或者行政法规的，省、自治区、直辖市和较大的市根据本地方的具体情况

---

① 朱力宇：《立法体制的模式问题研究》，《中国人民大学学报》2001年第4期，第86—94页。

和实际需要，可以先制定地方性法规。在国家制定的法律或者行政法规生效后，地方性法规同法律或者行政法规相抵触的规定无效，制定机关应当及时予以修改或者废止。B. 地方政府规章可以就下列事项作出规定：（1）为执行法律、行政法规、地方性法规的规定需要制定规章的事项；（2）属于本行政区域的具体行政管理事项。

　　2. 宪法、狭义法律与行政法规是地方立法的上位法

　　宪法、狭义法律、行政法规与地方立法的关系，还涉及法律位阶问题。对什么是法律位阶，在我国有两种典型的看法，有人认为："法律位阶是确立法律效力等级的制度。在一个统一的法律秩序内，高位阶法律的效力高于低位阶法律。"[①] 有人认为："法律的位阶就是指一部法律在一个国家整个法律体系中的纵向地位。一部法律的地位越高，其位阶也就越高。"[②] 法律位阶理论来源于凯尔森的规范等级体系理论，法律位阶是指在一个规范等级体系中，被创造规范的效力来源于其创造者规范。"一个根本不由另一规范决定其创造的规范，就不能属于任何法律秩序"。[③] 当然也就不存在该规范的法律效力问题。创造者即为上位阶法律，被创造者即为下位阶法律。我国法学理论一般认为，我国现行法律位阶制度表现为"法律位阶制度对有权的立法机关的立法行为的限制，要求下位阶法律的制定机关不得制定与上位阶的法律相冲突的法律；另一方面，如果下位阶的法律制定机关制定了与上位阶的法律相冲突的法律，上位阶的法律制定机关有权依法撤销该下位阶的法律。"[④] 在法的位阶关系上，宪法、狭义法律与行政法规是地方立法的上位法；地方立法是宪法、狭义法律与行政法规的下位法。宪法、狭义法律与行政法规对地方立法有硬约束，地方立法不得与宪法、狭义法律与行政法规相冲突；如果地方立法与宪法、狭义法律与行政法规发生冲突，地方立法将被排除在法律秩序之外，就没有法律的约束力。

---

　　① 周永坤：《法理学：全球视野》，法律出版社 2000 年版，第 108 页。

　　② 张根大：《法律效力论》，法律出版社 1999 年版，第 168 页。

　　③ ［奥］凯尔森：《法与国家的一般理论》，沈宗灵译，中国大百科全书出版社 1996 年版，第 151 页。

　　④ 许秀华：《法律位阶论》，《南京人口管理干部学院学报》2003 年第 4 期，第 34—37 页。

二　分层级立法体制对农民权益法制保障和增进的影响

根据《宪法》、《立法法》的规定，在我国形成了中央立法集权为主，地方立法适度享有的纵向分层级立法格局，中央立法和地方立法在法理上属于上位法与下位法之间的关系。农民权益保障和增进的法制建设，也涉及中央立法和地方立法的关系问题，也要符合我国的中央立法和地方立法的纵向格局，也要遵循中央立法和地方立法的法理要求。当然，法制保障和增进农民权益作为某一领域的立法，也要考虑其自身的特殊属性。

（一）遵循我国一般中央和地方分层级立法的关系

农民权益保障和增进的中央和地方立法分别属于上位法立法与下位法立法，遵循我国一般中央和地方分层级立法的关系。

1. 中央集中和主导农民权益保障和增进的立法

法制保障和增进农民权益，首先是中央立法要考虑的问题。中央立法在农民权益保障和增进的问题上，需要根据中国社会、经济发展的实际情况，及时将相关的法制需求纳入到自己的立法进程之中。（1）农民权益保障和增进的立法集中于中央层面。中国是一个人口资源规模、自然资源规模都非常庞大的国家，又是一个存在众多民族、法域众多的国家，还是一个大一统传统明显的单一制国家，各种矛盾和利益关系交织极其复杂，如何协调、处理这些关系，需要中央统筹考虑，有关的农民权益保障和增进的立法也要集中于中央层面。伴随着社会、经济的发展，法制保障和增进农民权益也具备了更为有利的社会、经济基础；经过几十年的法制建设实践，中央层面的立法主体具备了主导农民权益保障和增进立法的能力和经验。（2）农民权益保障和增进中央立法占有主导地位。我国虽然处于国家、社会的转型过程之中，但是已经经过了三十年的高速发展，许多深层次矛盾暴露，在很大程度上走过了"摸着石头过河"的理论时期，地方各行其是的时代条件逐渐退去，中央的权威在政治上加强的同时，需要规范化、制度化的支撑。农民权益保障和增进的立法也是这样，需要中央立法占有主导地位。

2. 农民权益保障和增进的中央立法在法理上属于上位法

农民权益保障和增进的中央立法与地方立法按照上位法与下位法关系进行处理。（1）农民权益保障和增进的中央立法是地方立法的上位依据。

农民权益保障和增进的地方立法根据中央立法来进行，中央立法是地方立法的规范依据。地方结合《立法法》规定的地方立法事项范围和立法程序，结合农民权益保障和增进的实际进行地方立法。（2）农民权益保障和增进的地方立法随中央立法修改而修改。根据社会、经济发展的实际，农民权益保障和增进的中央立法也会适时地修改。农民权益保障和增进地方立法的上位法修改以后，作为下位法的地方立法也要进行相应的修改。例如，确认和保障农村村民基层社会民主权利的《村民委员会组织法（试行）》，1998 年在全面修订的基础上颁行了《村民委员会组织法》，各地依据《村民委员会组织法（试行）》制定的实施条例、选举办法等，都要进行修改。（3）法律适用时遵循上位法与下位法关系规则。上位法与下位法的冲突，不仅在立法上可能存在，需要关注；在法律适用时也会出现，也需要注意。实务中在适用农民权益保障和增进地方立法时，如果与上位的中央立法相冲突，则作为下位法的地方立法自然没有法律的约束力。

（二）农民权益法制保障和增进的分层级考量

农民权益保障和增进的分层级立法，根据中央和地方各自对社会影响因素的把握来进行。农民权益保障和增进的中央立法和地方立法，是立法主体在对各自面临的情况认真考量的基础上，积极、稳妥地进行立法活动。

1. 中央立法的考量

农民权益保障和增进的中央立法，由中央立法主体根据整个国家社会、经济发展的情况来确定其规划、计划，进行具体法案的启动工作。我国是一个多重利益关系相互交织的多民族大国，现在正处在由几十年计划经济体制影响、社会财富短缺、社会利益关系相对简单的国家，向实行市场经济体制、社会财富快速增加、治理机制发生转型的变革型国家。一般认为，一个国家如果处在人均 GDP 从一千美元向三千美元的过渡时期，往往是社会问题的凸显期，可能会成为一个有增长，但没有发展的现代化，贫富悬殊，两极分化，经济社会发展出现严重问题的拉美化现象。这个过渡时期不必然是一个社会问题突发的时期，但是一个潜藏矛盾和冲突的危险期。我国近几年的收入差距，特别是城乡的收入差距没有缩小反而有所扩大（调查显示，2007 年，农村居民人均纯收入实际增长 9.5%，为 1985 年以来增幅最高的一年；而城乡居民收入比却扩大到 3.33∶1，绝对差距达到 9646 元，是改革开放以来差距最大的一年）。各项改革必须重视这个事实，中央层面的立法也必须重视这个现实。中央层面的农民权益保障和增进立法，既要考虑农民权益保障和增进需求的情况，也要考虑整个国家的政治、经济、技术、军事安全等。中央在农民权益保障和增进的立法上既要积极、适时展开，又要稳妥、慎重进行。

　　2. 地方立法的考量

　　农民权益保障和增进的地方立法，由地方立法主体根据本地区社会、经济发展的情况，来确定其规划、计划，进行具体法案的启动工作。地方立法从国家法制的统一性上考虑，必须维护中央立法所要保护的国家利益，必须不违背上位法的规定。在坚持与上位法一致的前提下，考量各种对地方立法有影响的因素，积极而又克制地进行地方立法。对地方因素进行考量，并将地方因素融入地方立法之中，是地方立法正当性的表现。如果地方立法不能反映地方的立法需求，地方立法就失去了存在的意义。农民权益保障和增进的地方立法也是这样，至少应该考量以下因素：第一要确定好所在区域在整个国家大网络中的具体位置，比如是位处发达地区、中等地区还是落后地区，作为地方立法的定位基础；第二要准确估量出农业当下在本地区的地位，地区农业未来的走势，比如是逐渐消失还是会长期存在下去，作为地方立法必要性的判断标准之一；第三要考量所在区域未来发展的定位，农业在未来区域发展中的定位，处理涉农问题的基本原则，比如是农业强省基础上的经济强省还是工业强省基础上的经济强省，作为地方立法的价值因素之一；第四要考量地区保障和增进农民权益的财力状况，本地瓶颈突破口的选择，作为地方立法具体落实的依据之一。

三　分层级立法保障和增进农民权益现状

　　伴随着我国改革开放的进程，根据国家社会、经济发展的实际，保障和增进农民权益的中央和地方立法已经展开，并且在一些方面取得了很大的成绩。对于已有立法进行归纳和总结，有助于通过立法更好地保障和增进农民权益。

（一）中央的主要立法例

　　据不完全统计，涉及农民权益保障和增进的中央立法主要包括：

1. 以权利类型为中心的立法

（1）为了加强土地管理，维护土地的社会主义公有制，保护、开发土地资源，合理利用土地，切实保护耕地，1986 年通过了《中华人民共和国土地管理法》，并经过几次修改；（2）为了保障农村村民实行自治，由村民群众依法办理自己的事情，发展农村基层民主，1987 年制定了《村民委员会组织法（试行）》，1998 年公布施行了《村民委员会组织法》，保障村民自治纳入了更为规范的轨道；（3）为稳定和完善以家庭承包经营为基础、统分结合的双层经营体制，赋予农民长期而有保障的土地使用权，维护农村土地承包当事人的合法权益，2002 年通过了《中华人民共和国农村土地承包法》。

2. 以农业行业为中心的立法

（1）为了巩固和加强农业在国民经济中的基础地位，深化农村改革，发展农业生产力，推进农业现代化，维护农民和农业生产经营组织的合法权益，增加农民收入，提高农民科学文化素质，1993 年制定了《农业法》，2002 年进行修订时专章规定了农民权益保护。（2）为了提高乡村医生的职业道德和业务素质，加强乡村医生从业管理，保护乡村医生的合法权益，保障村民获得初级卫生保健服务，2003 年制定了《乡村医生从业管理条例》。（3）为了鼓励、扶持农民和农业生产经营组织使用先进适用的农业机械，促进农业机械化，2004 年通过了《中华人民共和国农业机械化促进法》。（4）为了加强农业技术推广工作，促使农业科研成果和实用技术尽快应用于农业生产，保障农业的发展，1993 年通过了《中华人民共和国农业技术推广法》。（5）为了保护和合理利用种质资源，规范品种选育和种子生产、经营、使用行为，维护品种选育者和种子生产者、经营者、使用者的合法权益，提高种子质量水平，2002 年通过了《中华人民共和国种子法》，2004 年进行了修订。

3. 以主体为中心的立法

（1）为了保障乡村集体所有制企业的合法权益，引导其健康发展，1990 年制定了《中华人民共和国乡村集体所有制企业条例》；（2）为了扶持和引导乡镇企业持续健康发展，保护乡镇企业的合法权益，规范乡镇企业的行为，繁荣农村经济，1996 年通过了《中华人民共和国乡镇企业法》；（3）为了支持、引导农民专业合作社的发展，规范农民专业合作社的组织和行为，保护农民专业合作社及其成员的合法权益，2006 年通过了《农民专业合作社法》。

4. 社会保障立法

（1）1994 年国务院公布了《农村五保供养工作条例》，2006 年进行了修改；（2）2005 年十届全国人大常委会第 19 次会议通过了《全国人民代表大会常务委员会关于废止〈中华人民共和国农业税条例〉的决定》。

其他还有《中华人民共和国畜牧法》、《中华人民共和国农产品质量安全法》、《中华人民共和国义务教育法》、《中华人民共和国消费者权益保护法》等中央立法也有关于农民权益保障与增进的内容。

从以上可以看出，中央立法基本构筑了农民权益保障与增进的框架体系。

（二）地方的主要立法例

根据上位法的立法情况，结合地方需要，地方已经制定了很多农民权益保障与增进方面的地方法规范。

1.《村民委员会组织法》的实施条例或者村民委员会选举办法

为了落实《村民委员会组织法》的授权，除少数省级单位只有实施条例或者选举办法一个方面的地方法规外，已经制定了《村民委员会组织法》的实施条例或者村民委员会选举办法，解决了很多《村民委员会组织法》在全国层面难以规定，或者需要探索的内容。省级此类地方性法规的制定率是农民权益保障和增进地方法规范中最高的。

2. 其他上位法实施办法等依附性地方法规范

其他上位法的实施办法等，比如，《四川省〈中华人民共和国农业技术推广法〉实施办法》，《四川省〈中华人民共和国农村土地承包法〉实施办法》；《江苏省农村土地承包经营权保护条例》等。

3. 地方比较有创意地制定了农民权益保障与增进的综合性地方法规范

为了保护农民的合法权益，调动农民的生产积极性，促进农村经济发展，维护农村社会稳定，1999 年 11 月 27 日吉林省人大常委会批准了长春市人大常委会制定的《长春市农民权益保护条例》。

4. 地方比较有创意地制定了农民工权益保障地方法规范

为了加强对农民工的公共服务，改善农民工的就业环境，保护农民工的合法权益，中国第一部农民工权益保障的地方性法规《山西省农民工权益保护条例》2007 年在山西颁布实施后，又有一些省份通过了农民工权益保障的地方性法范。据不完全统计，河南省人大常委会 2007 年通过了《河南省进城务工人员权益保护条例》，江苏省人民政府 2008 年颁行了《江苏省农民工权益保护办法》；在山西立法之前，重庆市人民政府 2005 年颁行了《重庆市进城务工农民权益保护和服务管理办法》，之后云南省人民政府 2008 年颁行了《云南省农民工权益保障办法》、哈尔滨市人民政府 2007 年颁行了《哈尔滨市进城务工农民权益保障办法》等地方规章。

5. 地方比较有创意地制定了农业环境保护地方法规范

为了保护和改善农业环境，防治农业环境污染，保证农产品质量安全，保障人体健康，促进农业可持续发展，湖南省人大常委会 2002 年颁行了《湖南省农业环境保护条例》。

6. 地方比较有创意地制定了农民专业合作社地方法规范

在 2006 年《农民专业合作社法》通过前，为促进农民专业合作社发展，规范农民专业合作社组织，保障农民专业合作社及其社员的合法权益，浙江省人大常委会 2004 年颁行了《浙江省农民专业合作社条例》。

7. 地方比较有创意地制定了失地农民保障地方法规范

为切实做好被征地农民就业和社会保障工作，维护被征地农民的合法权益，安徽省人民政府 2005 年发布了《安徽省人民政府关于做好被征地农民就业和社会保障工作的指导意见》。

从以上可以看出，地方立法在落实农民权益保障与增进中央立法的基础上，开始结合本地的实际情况，进行农民权益保障与增进地方立法的探索。各地在农民权益保障与增进立法上的成绩，体现了农民权益保障与增进问题的紧迫性，也体现了地方立法的积极性。

四　分层级立法保障和增进农民权益前瞻

对于农民权益的法制保障与增进，中央立法已经做出了巨大的努力，通过大量的立法例，以此积累了丰富的立法经验；就全国范围来看，各地的地方立法也进行了诸多的探索和实践，颁行了数量众多的农民权益法制保障与增进地方立法例，针对不同的问题还形成了不同的立法模式，给农民权益法制保障与增进的中央和地方立法提供了越来越多可资借鉴的宝贵资源。

农民权益法制保障与增进中央立法如何发展，是值得认真探讨的问题。法学界对于法制保障与增进农民权益也进行了研究。笔者认为，农民权益法制保障与增进中央立法包括两个层面，一个层面是中央立法而地方不需要再进行地方立法，一个层面是中央立法后地方还可以根据区域的实际进行地方立法。中央立法之后，在中央立法基础上制定有地方立法的，就存在上位法与下位法的关系处理问题。

（一）中央立法前瞻

农民权益法制保障与增进的中央立法在国家法制建设中，是立法的基础。如何将农民权益保障与增进的法制类型化，在此基础上进行中央立法，是一个首先要解决的问题。笔者认为，现有国际人权法规范对我们有启发意义。例如我国已经签署的《公民权利和政治权利国际公约》和我国已经加入的《经济、社会、文化权利国际公约》等可以作为参考。笔者在类型化上也参考以上两个公约等进行论述。

1. 中央立法地方不再立法

中央立法而地方不需要再进行地方立法的，主要是国家层面关于农民人身权利和政治权利的立法。（1）农民迁徙自由权的宪法恢复和中央立法的具体化。全国解放后，1949 年《共同纲领》第 5 条即确认了公民的迁徙自由的基本权利。1954 年《宪法》在第 90 条第 2 款明确规定："中华人民共和国公民有居住和迁徙的自由。"但从 1975 年《宪法》开始，《宪法》文本即删去公民享有"迁徙自由"的规定，直到 1982 年《宪法》以及至今的几次宪法修正案。学界对于这个问题已经推出了不少研究，认为"确认和保障迁徙自由是市场经济的客观要求，既有利于实现社会公平，缩小城乡差别，同时对维护社会稳定也是利大于弊"[①]。在宪法上恢复公民的迁徙自由权，其实在现阶段，主要就是农民的迁徙自由权。公民迁徙权宪法规范确认后，还需要具体的狭义法律去落实和保障。（2）农民在人民代表大会中的比例问题，需要进一步改进制度安排。1995 年《选举法》统一把各级人民代表选举中的农村与城市每一代表所代表的人数修改为 4∶1，已经不能适应农民参与政治的需求，十七大报告明确指出："保障人大代表依法行使职权，密切

---

① 岳智明：《我国宪法应恢复迁徙自由》，《河南社会科学》1999 年第 4 期，第 60—62 页。

人大代表同人民的联系，建议逐步实行城乡按相同人口比例选举人大代表"。① 十七大报告确立的目标如何转化为现实的制度安排，还需要中央立法具体来落实。中央立法完成后，还需要将法律的规定落实到具体的每次人大选举中活动中。以人大代表选举的实践来看，这个任务仍然是十分繁重的。"2002 年末，全国有乡村人口 78241 万人，根据农村每96 万人选代表 1 人的规定，农村应选出全国人大代表 815 名，可实际上只有 252 名，还不到规定的 1/3 （表 - 1）。在地方选举中，这种情况更为严重，从 1983 年以来，省、市人民代表大会中的农村代表比例从来没有超过 20%。县、乡人大代表中农民代表的比例较高，但也远远没有达到法定比例。农民在各级国家权力机关中没有足够的代表来表达他们的利益诉求，很难在利益博弈中维护自己的利益，更遑论来争取更大的利益了。"② （3）农民宪法政治结社权的中央立法具体化。政治结社权的中央立法，缺乏狭义法律层面的法例。虽然为保障公民的结社自由，保障社会团体的合法权益，加强对社会团体的管理，发挥社会团体在社会主义建设中的积极作用，1989 年国务院通过了《社会团体登记管理条例》（1998 年进行了修订），但是农民政治结社的问题由于缺乏狭义法律的确认（例如《中华人民共和国工会法》对工会的确认等），农民政治结社权的实现依然没有多少改观，农民缺乏进行社会表达、社会参与的组织。

2. 中央立法地方还可以立法

（1）保障与增进农民权益的综合性立法。保障与增进农民权益具有深刻的社会背景和历史原因，中央立法通过综合性规范来实现立法目的是一种必要的选择。"农民权益既然涉及的方面很多，也表明其需要一个基本的、综合的法律来调整。农民权益立法大致定位在一个基本的、综合的法律层面。现在制定这种基本的、综合的法律适应了社会，反映了农民权益法律保障的需要。"③ "中国正着手起草《中华人民共和国农民权益保护

---

① 胡锦涛：《高举中国特色社会主义伟大旗帜　为夺取全面建设小康社会新胜利而奋斗》，《人民日报》2007 年 10 月 25 日第 3 版。

② 张富良：《政治制度的缺失与农民权益保护》，《四川职业技术学院学报》2005 年第 3 期，第 1—5 页。

③ 张景峰：《农民权益保障与增进法的设想》，《华中师范大学学报》（人文社会科学版）2005 年第 2 期，第 24—29 页。

法》，农民权益将进一步受到法律的全面保护。"① "根据我国农民权益保障和变革的实际情况，在农民权益综合性、基本性立法中，宜采用《农民权益保障与增进法》的法律名称。《农民权益保障与增进法》的制定既要注意对已有规定成果的继承，又要有所拓展，具有前瞻性。《农民权益保障与增进法》大致可以分为第一章总则、第二章农民权益保障、第三章农民权益增进、第四章农民组织、第五章农民权益的救济、第六章法律责任和附则。"② 希望这部保障与增进农民权益的综合性立法能够早日出台。（2）国家层面农民基本社会保障立法。《经济、社会、文化权利国际公约》第 9 条："本公约缔约各国承认人人有权享受社会保障，包括社会保险。"在我国，以城市居民、城市居民为主体职工的社会保障机制正在逐渐完备，城镇的社会稳定与和谐基础逐渐牢固。但是作为农村居民，作为从事农业职业的农民，各种社会保障的低水平已经严重制约了农村、农业的发展，进而制约了整个国家社会、经济的发展。根据中国的国情、国力，逐渐提高与现代化相适应的农村、农业社会保障机制，是中央立法保障与增进农民权益的重点之一。包括社会养老保障、基本社会医疗保障、从事农业低收入人员的社会保障等。（3）国家层面农民经济合作立法的扩展。2006 年通过的《农民专业合作社法》是我国合作社立法的重大突破，终结了合作社没有狭义法律的历史。但是，由于《农民专业合作社法》第 2 条规定："农民专业合作社是在农村家庭承包经营基础上，同类农产品的生产经营者或者同类农业生产经营服务的提供者、利用者，自愿联合、民主管理的互助性经济组织。农民专业合作社以其成员为主要服务对象，提供农业生产资料的购买，农产品的销售、加工、运输、贮藏以及与农业生产经营有关的技术、信息等服务。"农民专业合作社所限定的范围窄狭，难以适应中国农村合作经济的需要，立法上还需要继续开拓，比如农村金融合作社的立法等。（4）国家层面村民自治立法的改进。有关村民自治的立法，"《村民委员会组织法》符合行为法的特征，属于行为法的范畴。不过，作为行为

---

① 中华人民共和国国务院新闻办公室：《2003 年中国人权事业的进展》，《人民日报》2004 年 3 月 31 日第 10 版。

② 张景峰：《农民权益保障与增进法的设想》，《华中师范大学学报》（人文社会科学版）2005 年第 2 期，第 24—29 页。

法的《村民委员会组织法》，具有自己的特质。法律行为属于法律事实的一种。法律行为本身的种类很多。村民共同办理村民委员会这类村庄社区公共事务和公益事业的活动，作为法律行为具有自己的特质。比如，与一般的合同行为相比差异很大。村民共同办理村民委员会这类村庄社区公共事务和公益事业的活动，其主体通常采用会议体的方式从事一定的行为，而一般的合同行为的主体通常以个体的方式从事一定的行为。作为调整村民共同办理村民委员会这类村庄社区公共事务和公益事业活动的法律，与调整合同行为的合同法既有一致的地方，也有不同的地方，《村民委员会组织法》特别注意的是反映村民共同办理村民委员会这类村庄社区公共事务和公益事业活动特质的规范。"① 应该将《村民委员会组织法》过渡为《村民自治法》，按照村民自治的本质进行立法。（5）基于农民异质性类型化的保护。农民阶层实际上已经出现了较大的分层，对其进行类型化保护是立法需要考虑的重要方面。"要切实有效地解决农民问题，既要研究农民整体的经济、政治或社会地位，也需要把农民分层，有针对性地研究每个农民群体面临的突出问题"。"以是否占有土地资源及从事农业生产和经营为标准，把农民分为拥有土地并从事农业生产经营的农民——纯农户；拥有土地不从事农业生产经营的农民——进城农民工；拥有土地不从事农业生产经营而是利用土地从事非农产业的农民——城中村的农民；不拥有土地的农民——失地农民；农村中受性别歧视的群体——农村妇女。在相同的制度环境下，农民整体面临共同的问题，各个不同的农民群体身陷不同困境。""从农民异质性出发，将农民分为若干分层，分别讨论农民整体及各分层农民权益的保护"。② 中央立法关注农民类型化保护也是值得重视的。

（二）地方立法前瞻

　　根据农民权益保障与增进中央立法的情况，结合本地区的实际情况和财力状况，各地进行保障与增进农民权益的地方立法；如果不需要进行地方立法的，按照中央立法执行即可。

---

① 张景峰：《〈村民委员会组织法〉解析与村民自治的立法展望》，《东吴法学》2007 秋季卷，总第 15 卷，第 26—39 页。

② 商春荣、黄燕：《农民的异质性与农民权益》，《汕头大学学报》（人文社会科学版）2005 年第 2 期，第 44—48 页。

1. 保障与增进农民权益综合性立法

中央立法现在还没有出台《农民权益保障与增进法》或者《农民权益保护法》综合性法例，各地可以根据自己的实际情况来规划地方的立法进程，进行探索。

已有的《长春市农民权益保护条例》属于省政府所在地市的立法。由于对于保障与增进农民权益的综合性立法研讨把握不多，农民权益类型研究不足，其他地方性立法还不多见。笔者根据目前地方立法的关注点分析，保障与增进农民权益综合性地方立法的现实紧迫性不够，地方性立法最需要解决的是一些类型化的问题，如农民工问题等。因此，如果保障与增进农民权益的综合性中央立法不出台，地方性立法近期不会呈现出此类立法热点。

2. 农民社会保障立法

国务院公布的《农村五保供养工作条例》所涉及的是农民阶层中的一个特殊群体，其适用范围是极其有限的，各地多数也有相关的执行性地方立法。但是涉及更多人群的社会保障中央立法很少，或者还在试点阶段。各地可以根据自己的实际情况进行地方性立法。目前各地需要将农民社会保障地方立法作为一个重要的突破点，带动农民权益保障与增进的地方立法，带动地区农业的发展、农村的稳定与和谐、农民收入的相对增加。

3. 热点问题的立法

目前比较引人注意的方面包括农民工权益保障、失地农民保障等。（1）农民工权益保障。农民工权益保障是在农民异质性类型化基础上的权益保障。一些地区已经进行了地方立法，有助于农民工权益的保障。没有进行地方立法的地区，会加快地方立法的进度。实际上很多地区也在进行农民工权益保障的地方立法。在地方广泛立法的基础上，中央立法也需要适时启动。（2）失地农民保障。失地农民权益保障是工业化、城市化进程中农民权益保障的一种类型，也是涉及一个地区特定群体的农民生活状况、一个地区社会秩序稳定和谐的重要因素，一些地区已经进行了地方立法探索，随着工业化、城市化进程加快，这个问题也将成为农民权益保障地方立法的主要关注点，并加快立法的进程。（3）实施《农民专业合作社法》地方立法。农业合作社是助推农业发展的重要法律组织形式，中央立法已经生效。各地根据自己的实际制定实施性地方立法推动合作社的发展，将是促进农业发展的重要手段之一，也将成为地方立法的一个热点。有些在中央立法前已经进行地方立法的，将结合中央立法修订地方立法，例如浙江省的《浙江省农民专业合作社条例》应进行相应的修改。

结　　语

根据《宪法》和《立法法》，我国是一个实行中央和地方分层级立法体制的国家——中央立法集权为主而地方立法适度享有，这种立法体制对法制保障和增进农民权益也会产生相应的影响。在我国，中央立法集中和主导农民权益保障和增进立法，地方立法则属于下位法的立法，根据上位法进行立法。就发展来看，中央和地方已有立法例是进一步立法的基础。中央立法亟需类型化处理，而地方立法则应该是实施中央立法或者进行一些探索，其成果可以作为中央立法的基础。

农村法律服务改革思路:评析与启示*
——以乡镇法律服务所为中心

陈荣卓(华中师范大学中国农村问题研究中心 武汉 430079)

内容提要:本文认为,取消乡镇法律服务所并不能有效解决农村群众对法律服务的多元需求;收编为乡镇人民政府下属的公益性事业机构,现实预期也不容乐观;纳入律师行业管理体制之中,则并未被本次律师法修改所采纳。作为一种现实选择,乡镇法律服务所应该立足于农村,立足于为农民提供法律服务。

关键词:农村法律服务 乡镇法律服务所 解体 收编 并轨 回归

新世纪以来,在社会主义新农村建设的全面启动和农村社区建设的逐步开展过程中,农村法律服务开始成为决策层和学术界关注的焦点之一,作为农村法律服务重要供给主体之一的乡镇法律服务所,相关研究在原有基础上更是得到了进一步的拓展和深入。针对乡镇法律服务所的未来走向与业务范围的确定,理论界和实务部门进行了激烈的争论,其中尤以主张取消乡镇法律服务所和严格限制其业务范围的声音为甚。本文认为,决定某种事物的或存或废,并不仅仅依赖于理论上的支持抑或反对,现实中是否有其存在的合理基础则是一个更具基础性乃至决定性的因素。正如有学者指出,从实践上讲,一种制度的合理性与正当性最终必定是它在诸多具体的社会制约条件下的正常运行,以及因此而来的人们对于这一制度的接受和认可。但是,在一个需要改革,以至在某种程度上改革本身已经意识形态化之际,一个即使事实上可行的制度也必须在知识上证明自己的正当性和合理性。① 鉴于此,重

---

* 本文是教育部社科研究青年项目《新农村建设背景下的村民自治新问题研究》(08JC710005)、国家社科基金重大招标项目《健全农村民主管理制度对策研究》(08&ZD028)的研究成果。

① 苏力:《送法下乡:中国基层司法制度研究》,中国政法大学出版社2000年版,第8页。

新审视当下乡镇法律服务所改革与发展的"典型性战略"显得十分必要。

一　解体：逐步取消，适当分流

历史地看，乡镇法律服务所是随着我国改革开放以来农村经济的发展而逐步发展起来的，实际上是律师法律服务在农村缺失状况下的替代性产物，后因城市社会分层的出现，也进一步发展到了城市，以满足低下层社会群体的法律服务需要和简单法律事务需求。但时至今日，当乡镇法律服务所一方面还继续承担着律师制度的职能和任务，另一方面却依然不具有律师制度的法律地位的时候，则自然形成了我国律师制度在事实上的二元化。对此，有学者断言，事实上，乡镇法律服务制度已经完成了其历史使命，不应再长期存在。因为，近几年来，基层法律服务的传统业务在开始萎缩，司法行政机关也在对基层法律服务采取逐步限制的措施，虽然目前只是要求城市街道法律服务所逐步淡出诉讼领域，但已彰显了乡镇法律服务的制度困境和命运。一旦城市街道法律服务淡出诉讼领域，包括农村乡镇法律服务在内的整个基层法律服务的地位和影响就会更加减弱。既如此，在农村地区逐步取消乡镇法律服务机构，将其中比较优秀的法律服务人才通过适当途径分流到农村其他法律服务机构，便不失为一种较好的选择，既有利于农村服务体系的建立，又有利于农村法律人才资源的有效利用。①

这里面有三个方面的问题需要进一步商榷：

其一，乡镇法律服务制度是否已经完成了历史使命？应该认为，从根本上讲，一个制度的生命力来源于社会的实际需要。乡镇法律服务制度是否完成历史使命，归根到底，有赖于现实农村社会是否还有其存在的合理基础。事实上，在当前，我国律师的供给其实还远远不能满足农村人民群众对法律服务的需求，最为典型的即是，全国还有 206 个县没有 1 名执业律师，363 家律师事务所律师不足 3 人，律师队伍在地域上还不能完全覆盖广大城乡基层，而乡镇法律服务机构的存在很大程度上缓解了供给不足的矛盾。同时，与律师事务所较高的服务价格不同，乡镇法律服务机构提供服

---

① 张立平：《我国农村法律服务及其体系建构》，《湘潭大学学报》（哲学社会科学版）2007 年第 2 期。

务的价格相对低廉，也符合基层群众的经济承受能力。① 有调查进一步指出，即使律师在农村基层执业成为现实，乡镇法律服务所也仍然有其存在的独特价值。比如，抛开诉讼成本等因素的考虑，在民间纠纷调解等业务活动中，乡镇法律服务工作者较之律师所拥有的解决农村纠纷的策略技巧和各种独特的"地方性知识"，使其具备了一种特定的身份符号资源，这种身份资源作为一种"符号性权力"，和国家法规则、习惯性规则和政治性规则融合在一起，在影响人们的行为选择方面，发挥着可能比国家法规更为重要的作用。② 所以，从某种程度上讲，在农村这样一个很大程度上仍未实现现代化的乡土社会中，民众可能更乐于接受一个生于斯、长于斯的本地法律工作者，而不是一名虽具有娴熟的法律知识，却连本地话都不会说的陌生律师。

其二，要求城市街道法律服务所逐步淡出诉讼领域，农村乡镇法律服务所的地位和影响是否一定就会更加减弱？答案应该是否定的。首先，要求城市的街道法律服务所逐步淡出诉讼领域，这仅仅只是对街道法律服务所业务领域所作的一种调整，它并不意味着弱化街道法律服务所的地位和影响。对此，司法部曾在 2002 年发布的《关于加强大中城市社区法律服务工作的意见》中明确指出，"大中城市的街道法律服务要进一步强化面向社区提供法律服务的职能，要严格按照属地原则开展业务，以本社区居民为主要服务对象，为他们提供即时便利的法律服务"。近年来，有相关资料显示，城市街道法律服务所以社区广大居民群众为服务对象，为城市下岗职工、进城务工人员和城市弱势群体提供了方便快捷的法律服务，办理了大量家庭纠纷、劳动纠纷、交通事故、工伤等事关人民群众切身利益的案件。另外，在努力拓展新的服务领域方面，城市街道法律服务所进一步发挥了基层党委政府的法律参谋助手作用，大力开展"法律进社区活动"，协助街道办事处和社区居民组织搞好普法和依法治理工作，从而为促进社区的和谐与稳定营造了良好的法制环境。③ 其次，即使城市街道法律服务在近年内已逐步淡出诉讼领域，这也并不预示着农村乡镇法律服务

---

① 周院生：《法律服务，你的属性是什么？——关于进一步规范法律服务市场秩序的思考》，《中国律师》2004 年第 9 期。

② 李加玺、李意静：《乡土社会中的独特角色——作为调解主体的乡镇法律服务所》，《兰州学刊》2005 年第 6 期。

③ 中国司法行政年鉴编辑委员会：《中国司法行政年鉴》（2006 年），法律出版社 2006 年版，第 295 页。

所将随之退出诉讼领域，更不意味着农村乡镇法律服务所的地位和影响将势必减弱。对于这个问题，早在 2003 年初，司法部在多次专题调研的基础上就形成了加强农村基层法律服务工作的基本思路，明确提出农村基层法律服务工作在继续发展的总原则下，应不断加强规范；而同年下半年，通过对农村基层法律服务工作情况及存在问题的进一步研究，司法部则最终确立了对农村基层法律工作实行分类指导的思想，即东部经济较为发达、律师力量较为充足的地区，应尝试逐步从诉讼代理服务领域中退出；中西部经济较为滞后、法律人才不足的地区，要加快发展基层法律服务工作，最大限度地解决农村群众"打官司难"的问题。①

其三，在农村地区逐步取消乡镇法律服务机构，将乡镇法律服务所的工作以及部分比较优秀的乡镇法律服务工作者分流到农村其他法律服务机构，是否为现时一种较好的选择？需要说明的是，我国现行法律服务体系是以律师、公证、人民调解、基层法律服务、仲裁等司法组织为主体构成的，② 由于受长期存在的城乡二元经济结构的影响，其在制度建设上也呈现为二元制度的结构状态。一个基本的事实是，依据现行法律规定，律师机构、公证机构和仲裁机构等主要法律服务机构均设置在城市地区，远离农村，而直接设置于农村地区的法律服务机构目前仅有人民调解组织和乡镇法律服务所。因此，如果要在农村地区逐步取消乡镇法律服务所，同时还要将其中比较优秀的人员分流到其他法律服务机构，一个基本的前提则是，必须根据农村社会的特点和法律服务需要，重新对司法组织进行延伸和改造，比如，在乡镇逐步设置律师机构、逐步设置公证机构、逐步建立农村民间纠纷仲裁机构，以及进一步完善农村人民调解组织等，只有建构起相对完备的农村法律服务体系，优秀的法律服务工作者才能分流到农村其他法律服务机构，从而发挥其在农村地区和涉农法律事务中的有效功能和作用。但在笔者看来，乡镇法律服务所的逐步取消与农村地区司法组织的逐步延伸，这两者并不是一个同步进行的过程，更不会是一个简单的前后排序。尤其是，考虑到在农村法律服务体系重构的特殊转型时期，如果

---

① 中国司法行政年鉴编辑委员会：《中国司法行政年鉴》（2004 年），法律出版社 2004 年版，第 22 页。

② 此处，法律服务主体具有特定性，即不包括司法制度中的司法机关，仅指司法制度中的司法组织部分；其职能一般不具有行使国家司法权力的属性，而具有行使司法权利的属性。

在逐步取消乡镇法律服务所之后，又不能很好地实现乡镇法律服务工作者的有效转型，则极有可能会导致在"社会和经济的现代化破坏了旧的权威模式，却不一定会创造出新的权威模式"① 的情形下，以至于出现"旧的体制和秩序体系业已失去其全面覆盖和调控社会的意义和能力，而新的体制和秩序体系又未能及时地建立起来"② 的农村法律服务真空或断代，而这对于农村法律服务现存的稳定状态则是一种深深的破坏。因此，从促进农村法律服务的长远发展来看，根据当下农村社会的法律服务需求，首先建构起真正适合农村社会的法律服务供给体系，再来考虑是否需要取消乡镇法律服务所，如何分流乡镇法律服务所的工作以及部分比较优秀的乡镇法律服务工作者，则更合时宜。

二　收编：事业单位，公益服务

为充分发挥法律服务工作的职能作用，进一步提高为建设社会主义新农村服务的能力和水平，2006 年 4 月，司法部制定下发了《关于司法行政工作为社会主义新农村建设服务的意见》，明确提出"积极发展乡镇基层法律服务"，要求乡镇基层法律服务工作者要立足于为当地新农村建设服务，通过担任乡镇政府、村民委员会的法律顾问，帮助农村建章立制、实施依法治理等，为提高农村社会的法治化管理水平服务。一时间，各种声音都站在建设社会主义新农村的高度指出，为满足农村日益增多的法制建设需求和农民对法律服务的需求，当前应不断地规范和加强乡镇法律服务所与法律服务工作者队伍的建设。其中，有一种观点主张，在建设社会主义新农村过程中，乡镇法律服务所应定为乡镇人民政府下属的、为本乡镇的民主法治建设和农民等人民群众提供免费的或收费低廉的非诉讼的法律服务，以及依有关法律规定提供无偿的诉讼代理服务等基本的公共法律服务，但不能为社会提供有偿的诉讼法律服务的公益性的事业机构。③

这里面有两个问题值得斟酌。

① ［美］塞缪尔·P. 亨廷顿：《变化社会中的政治秩序》，王冠华等译，生活·读书·新知三联书店 1989 年版，第 426 页。

② 张厚安、徐勇：《中国农村政治稳定与发展》，武汉出版社 1995 年版，第 417—418 页。

③ 任金保、王琼：《基层法律服务所发展取向与农村基本法律服务制度之构建》，《中国司法》2006 年第 11 期。

　　首先，在性质上，将乡镇法律服务所重新定位或收编为乡镇人民政府下属的公益性事业单位是否妥当？应该说，作为一种改革方案，这本身也不失为一种选择，但至少会面临两个方面的障碍：一是合法性质疑。因为，早在 2000 年 9 月 25 日，司法部就已通过下发《基层法律服务机构脱钩改制实施意见》正式启动了全国各地基层法律服务所的脱钩改制工作，明确要求"按照国务院的有关部署和要求，进一步加大基层法律服务机构清理整顿力度，在正确处理改革、发展、稳定三者关系的前提下，积极稳妥地推进脱钩改制工作，有利于促进基层法律服务机构建立自主执业、自收自支、自我管理、自我发展的自律性运行机制，逐步建立和完善适应市场经济体制要求、符合法律中介服务行业规制的执业组织形式"。截至 2000 年底，全国已有 8025 个法律服务所与司法所实现分设，成为独立的事业法人的法律服务所达 8662 个。[①] 至 2001 年底，有 8100 个法律服务所与司法所实现分设，成为独立的事业法人的法律服务所已经达到 10457 个。[②] 二是可行性质疑。有研究推测，乡镇这个层次由财政和农民供养的人员大约在 1400 万—1600 万人左右。不管怎么说，人员太多，严重超编，已是不争的事实。[③] 从目前情况来看，中央政府为了巩固改革的成果，地方政府为了缓解乡镇财政压力，全国各地均在进行大规模的乡镇改革，基本做法主要是"精简机构"和"撤并乡镇"。[④] 因此，就全国范围而言，现时究竟会有多少乡镇会在改革中将法律服务所收编为下属公益性事业单位，其预期不容乐观。退一步来讲，即使乡镇法律服务所处在经济状况较好一点的乡镇，靠乡镇财政统包尚属可行，那么，对于地处贫困地区且乡镇财政经费困难的法律服务所而言，该设想则势必碰壁。

　　① 中国司法行政年鉴编辑委员会：《中国司法行政年鉴》（2001 年），法律出版社 2001 年版，第 11 页。
　　② 中国司法行政年鉴编辑委员会：《中国司法行政年鉴》（2002 年），法律出版社 2002 年版，第 13 页。
　　③ 詹成付：《关于深化乡镇体制改革的研究报告》，《经济研究参考》2006 年第 57 期。
　　④ 例如，安徽省在这次乡镇机构改革中，乡镇事业单位的人员相对而言有了较大精简，全省乡镇事业单位财政供给人员平均由 43.2 名精简至 30 名以内，实行限额配备。以其中一个县为例，乡镇事业单位站所由 339 个精简到 202 个，人员由 2195 名精简到 770 名，减少了 64.9%。湖北省在这轮乡镇改革中，要求乡镇站所面向市场转换机制，建立"以钱养事"新机制。近千个乡镇事业单位脱离政府"怀抱"，整体转制为面向市场、提供服务的经济实体，两万多名干部职工在全员参加养老保险后实现身份转换，由"单位人"变成"社会人"。

其次，在业务上，禁止乡镇法律服务所为本镇农民群众提供低价收费的诉讼法律服务是否可行？实际上，持这一主张的作者本人也意识到，乡镇法律服务所不能向本乡镇的农民等人民群众提供低价收费的诉讼法律服务，确是一个缺陷，但这是为了全国法律服务市场的规范、统一所必须付出的代价。从这个缺陷来说也不是绝对的坏，因为它也有好的一面，那就是可以进一步推进乡镇法律服务所和当事人尽可能用调解的方式来协调处理本乡镇的各类民间纠纷，减少不必要的诉讼。对此，笔者不尽赞同。因为以迅速实现全国法律服务市场的规范和统一而要求农村法律服务市场付出代价，则显然牵强。一个基本的事实便是，对于农村法律服务这一块特殊市场的定位与展望，司法部有关领导曾先后作出较为一致的评价和判断。2003 年 7 月全国司法厅（局）长座谈会上，张福森部长就作出了"对农村法律服务的发展方向要有正确的认识和把握"的基本判断，在他看来，"今后一个时期，农村基层法律服务一方面要适度发展，提高工作水平和工作质量，同时也要逐步加以规范。从长远看，也同大中城市一样，在诉讼领域不能有律师和基层法律服务队伍并存，但是解决这个问题是一个长期的过程。"① 2004 年 7 月全国司法厅（局）长座谈会上，司法部律师公证工作指导司也客观指出，"乡镇法律服务机构现阶段可以从事基层法院审理的民事、行政案件的代理业务，在律师服务能够覆盖时逐步退出"。② 时至 2005 年 12 月，吴爱英部长在全国司法厅（局）长会议上依然强调，"要充分发挥乡镇法律服务工作者便民利民的优势，通过诉讼和非诉讼代理、法律咨询等方式，为农民提供法律服务，推动生产发展、生活宽裕、乡风文明、村容整洁、管理民主的社会主义新农村建设"。③ 时至今日，笔者认为，我国农村的东部地区与西部地区在经济发展上并未实现基本同步，全国范围内所有农村地区的乡镇法律服务所整齐划一地退出诉讼领域尚不可行。当然，这并不排斥"在一些经济比较发达、律师业比较成熟的地区可以先走一步"。

---

① 张福森：《法律服务的数量与质量应当并重——张福森同志在全国司法厅（局）长座谈会上的讲话（摘要）》，《中国律师》2003 年第 9 期。

② 张文静：《司法行政工作改革与发展重大理论和实践问题的探索——全国司法厅（局）长座谈会综述》，《中国司法》2004 年第 9 期。

③ 吴爱英：《吴爱英部长在全国司法厅（局）长会议上强调：全面落实科学发展观推进司法行政工作又快又好地发展》，《人民调解》2006 年第 1 期。

而以此作为推进乡镇法律服务所尽可能用调解的方式来协调处理本乡镇的各类民间纠纷的手段，则缺乏依据。在农村地区，尤其是民事纠纷，并非都需要以诉讼形式进入司法程序来加以裁决，换言之，司法程序并非解决所有农村纠纷的最佳选择。但并非最佳选择并不意味着不是一种选择。这其间的关系，在 2007 年 6 月全国多元化纠纷解决机制改革座谈会上，最高人民法院研究室副主任胡云腾就曾指出，建立多元化的纠纷解决机制，不仅是解决各类纠纷的迫切需要，也是遵循纠纷解决机制客观规律的需要。中国人民大学范愉教授也认为，所有的多元化纠纷解决机制本身是一种选择性机制，给当事人更多的选择机制，并没有法律的前置程序，也没有剥夺当事人的诉权，是便民诉讼，使当事人的诉讼便捷化。[①] 社会纠纷的多样性决定了解决社会纠纷的途径应当是多元化的，应根据不同社会纠纷的特点和规律，在充分考虑社会利益和个体利益的基础上，在不违背法律禁止性规定和不损害社会公共利益的前提下，提供多种可以选择的方式来解决争端。笔者认为，具体就农村民事纠纷的解决来看，只有和解、调解、仲裁和诉讼等各种解决纠纷的方式彼此衔接，相互补充，方能构成我国农村多元化的民事纠纷解决机制。尤其是，在诉讼与非诉讼纠纷解决机制并存的情况下，充分赋予当事人自主的选择权则更是凸显必要，通过当事人对诉讼与非诉讼纠纷解决机制的权衡与比较，由其根据自己的实际需要作出理性的选择，由此产生的后果从而也由其自身负担，在某种意义上会更有助于实现纠纷解决结果的正当化。而试图通过禁止乡镇法律服务所提供诉讼法律服务以求推进农村民间纠纷单一调解的最大化，则既也不符合农村民间纠纷当事人的自身需求，又有悖于农村民间纠纷解决机制的客观规律。

三　并轨：主体合并，分类管理

目前我国的法律服务市场主体在实践运作中实行的是"双轨制"的模式，即在大中城市包括少数发达的县城，主要是由 10 余万名律师来提供法律服务，在欠发达的农村则有号称 7 万余人的基层法律服务工作者作为法律服务市场的补充。面对我国法律服务市场主体失衡的这种状态，有

---

① 黄斌：《探索建立多元化纠纷解决机制》，《法制日报》2007 年 7 月 1 日。

建议提出"主体合并、分类管理"的改革思路，即通过修改律师法将现有的乡镇法律工作者纳入律师管理体制之中，将律师分为两大类，包括"普通律师"和"基层律师"。普通律师是通过全国统一司法考试、获取律师资格、在全国范围内自主择业的律师；基层律师是通过全国统一基层律师考试、获取基层律师资格、在限定区域和审级内从事法律服务的律师。① 仅从技术层面分析，该设想确实具有操作上的可行性。但从价值层面判断，乡镇法律服务所及其法律服务工作者是否必须要与律师行业相并轨，则亟待进一步思考。

第一，律师与乡镇法律服务工作者提供的法律服务在性质上是否同一？有研究指出，律师其实就是为委托人提供法律服务的民间执业人员，维护客户的权益和为客户谋利益乃是律师执业的基本理念，官司的输赢和客户的满意度的确在相当程度上决定了律师收入的高低乃至生存的命运，律师的这一民间职业角色更类似于法律的民间代言人，从这个意义上讲，律师提供的法律服务显然属于"私人物品"而非"公共物品"的范畴。② 相比较而言，乡镇法律服务工作者提供的法律服务则有所不同。按照农村公共服务的竞争性和排他性，农村公共服务分为纯公共产品性质的农村公共服务和准公共产品性质的农村公共服务。事实上，在农村公共服务中，大量存在的是准公共产品性质的农村公共服务，其只具有一定的非排他性或非竞争性。③ 同样，在农村法律服务领域，实际上也存有纯公共产品和准公共产品之分。从这个层面而言，笔者认为，当前相当多数农村地区，乡镇法律服务所及其法律服务工作者提供的法律服务都具有准公共产品的基本性质。比如，当他们接受县级司法行政机关或者乡镇司法所的委托，协助开展基层司法行政工作，尤其是对符合规定条件的当事人履行无偿法律援助义务的时候，则具有公共产品的性质，不能以收费为由进行排斥；但在通常情况下，只是提供常规性的法律服务，例如应聘担任法律顾问、代理参加诉讼、代理非诉讼法律事务、主持调解纠纷、解答法律询问、代写法律事务文书、协助办理公证事项等，则可以通过收费的方式进行排他的。此时，虽然也应当实行"有偿服务、适当收费"的原则，但仍然具

①　施文：《拓展农村法律服务的思考》，《中国律师》2003 年第 12 期。
②　刘武俊：《解析中国语境的律师角色》，《学术界》2003 年第 4 期。
③　徐小青：《中国农村公共服务》，中国发展出版社 2002 年版，第 50 页。

有一定的竞争性。

第二，乡镇法律服务所及其法律服务工作者与律师行业相并轨是否为现实出路？伴随着 2003 年 8 月《行政许可法》的正式出台，"部委规章无权设置行政许可"的规定，使乡镇法律服务所和乡镇法律服务工作者存续的法律依据（即由司法部先后颁发四部规章）均处于《立法法》中"国务院有权改变或者撤销不适当的部门规章和地方政府规章"的窘迫境地，从而成为司法部门的苦衷。① 在 2004 年 7 月全国司法厅（局）长座谈会上，湖南省司法厅当时就提出，"我国城市与农村在一个相当长的历史时期内，由两支不同的专业队伍来承担法律服务，这是在全面建设小康社会进程中无法超越的客观现实；必须建立一支符合我国国情和各省区客观实际的法律人才考试制度；基层法律服务主体必须和律师行业并轨，才能真正解决基层法律服务主体的法律地位问题和行业管理一体化。"与此相应，司法部律师公证工作指导司也进一步指出，"大中城市街道法律服务机构要退出民事和行政诉讼领域，乡镇法律服务机构现阶段可以从事基层法院审理的民事、行政案件的代理业务，在律师服务能够覆盖时逐步退出……要通过修改律师法，确立乡镇律师制度，使经过考试合格的乡镇基层法律服务人员过渡到乡镇律师队伍，赋予乡镇法律服务人员具有相应的法律地位，同时也有利于城市基层法律服务机构逐步萎缩。"② 为此，借助 2006 年《律师法》修订之契机，司法部在报送给国务院的《律师法（修订草案送审稿）》中草拟第 64 条"国家建立基层法律服务制度。基层法律服务管理办法，由国务院制定"，希望以此为推动基层法律服务与律师行业相并轨的立法工作，为基层法律服务所及其法律服务工作者的拓展提供新的法律依据。但至 2007 年，国务院向十届全国人大常委会最终提交的《律师法（修订草案送审稿）》中原"第 64 条"则已被删除。显然，

---

① 有研究指出，乡镇法律服务工作者与其他非律师法律服务人员不同，它毕竟是法律服务主管部门审批成立的基层法律服务队伍，由于政策鼓励、门槛不高、成本较低等因素刺激，乡镇法律服务队伍近年来得以迅猛发展，其数量已超过律师，机构达到 3 万多家，人员超过 12 万人。对于这支曾经向农村社会提供了大量法律服务工作的重要力量，是司法行政的"自己人"，司法行政部门现在不可能弃之不管。参阅吴钰鸿《关于构建"一元多型"的法律服务主体结构体系的思考》，《中国司法》2005 年第 9 期。

② 张文静：《司法行政工作改革与发展重大理论和实践问题的探索——全国司法厅（局）长座谈会综述》，《中国司法》2004 年第 9 期。

国务院对于司法部当初的"并轨"制度设计实际上已经直接予以否定，自此终止了十届全国人大常委会对于该条款及其制度设计的后续审议。

四　结语：回归本土，立足本位

　　任何制度的变革都不是一蹴而就的，需要在广泛深入论证的基础上循序渐进。20 世纪 80 年代初，乡镇法律服务所最早出现在广东、福建、辽宁等东部经济发达的农村地区，在当时主要还是面向广大农民群众，调解生产经营性纠纷，并从事代书、解答法律咨询等简单的法律服务工作。1986 年 1 月，司法部在要求全国各地积极创造条件，继续抓紧建立乡镇法律服务所的同时，却提出了在城市街道和厂矿企业也要积极探索出加强基层法律服务的路子。1987 年 5 月《关于乡镇法律服务所的暂行规定》中"城市街道法律服务所，可参照本规定执行"则正式开启法律服务所由乡镇扩展到城市的进程。时至 2000 年 3 月，《基层法律服务所管理办法》颁布实施，"设立基层法律服务所，应当以农村的乡镇行政区划为单位设立；根据需要也可以以城市的街道行政区划为单位设立，但在一个街道行政区划内只能设立一个法律服务所"的规定则直接导致城市街道法律服务所无限制扩大化，由此形成与律师事务所的激烈竞争局面。而同年9 月，当司法部在《基层法律服务机构脱钩改制实施意见》中作出法律服务所"不再属于行政挂靠机构或事业单位"而是"合伙制中介机构"的认定之后，则进一步造成在城市地区，出于生存资源的竞争，相当多农村或城市法律服务工作者向律师争案源，争抢民事经济大案，高额收费，或采取不正当的手段，或以律师名义收案，以至于对律师构成了严重的生存威胁。对此，有报道指出："从法院出来不到 100 米，就有 7、8 家法律服务所，有的甚至冠以'××法律事务所'的名称。基层法律服务所已经在城市形成了影响力，他们正在放弃农村那片市场。"①

　　但据此就断言在农村地区逐步取消乡镇法律服务所，抑或主张将现有的乡镇法律服务工作者纳入律师管理体制之中，则体现出了简单的一元化控制思路甚至是以城市为中心的改革模式。不可否认，这种主张和倾向本身有其合理的一面，但也有其偏颇之处。尤其是面对当下乡镇法律服务所

---

　　① 谭君：《"二律师"存废之争》，《湘声报》2007 年 3 月 23 日。

及其法律服务工作者所处的尴尬境地，上述主张都不应该忽视并须充分尊重的一个基本事实，即尽管当前法律服务市场存在一些突出的问题，但"法律服务所……在服务基层、稳定社会秩序、调解各种矛盾方面起到不可替代的重要作用，在广大的农村尤其如此，因此，在农村仍应鼓励支持其大力发展。"① 即使退一步，假定中国的农村社会人口将以难以想象的规模高度流动起来，最终将陌生化，届时农村的法律服务将会同城市的法律服务趋于一致，乡镇法律服务所以及法律服务工作者也确无再存续的必要，但是，这恐怕至少也还是需要几十年乃至更久远的时间。那么，在这一期间，中国广大的农村社会生活的法律服务需求该依据何种模式来满足并予以制度化呢？而就算这是一个过渡时期，依然不可忽视的是，这还是有一个如何过渡的问题。因此，如何协调现代化城市和传统农村社区相对不同的法律服务需求，是当前在乡镇法律服务所改革问题上必须认真面对的一个问题。在此，如果真正相信个人的偏好是其效用的衡量标准，如果真正相信在社会互动的制约下每个人的自由选择最终将导致社会福利、财富或效用的最大化，那么，即使从社会繁荣和福利的角度出发，我们也应当尊重这种也许并不完全符合现有的现代法治理论的农村法律服务的社会现实，至少，不应当简单地以现代化这一宏大叙事为由牺牲中国农村社会目前还需要的法律服务秩序。"这甚至不仅仅是一个技术性的问题，而且也包含着深刻的社会正义的问题"。②

　　因此，从长远来看，当前乡镇法律服务所及其法律服务工作者受经济利益驱使，逐渐脱离乡镇或偏远农村地区这块最需要它们土壤，大批涌入大城市和律师争分"一块蛋糕"，显然都是一种短期的舍本求末之举。事实上，乡镇法律服务所还是应该回到农村、回到乡镇那儿去，立足于为当地农民提供法律服务。毕竟，乡镇法律服务所产生于农村，其最终的服务对象也是农村，这才是乡镇法律服务所职能的真正回归。

---

① 司法部司法研究所：《关于律师事务所与法律服务所设置及业务范围划分的专题调研报告》，载傅郁林主编《农村基层法律服务研究》，中国政法大学出版社 2005 年版，第 57—61 页。
② 苏力：《道路通向城市：转型中国的法治》，法律出版社 2004 年版，第 37 页。

中国农村关键词

◆ 万元户——基于经济变迁与政策选择的视角

什么是关键词？关键词就是与某种事物或现象最紧密相关的词汇。如反映 18 至 19 世纪西方社会的关键词有"工业革命"、"民主"、"文化"等；"德先生"和"赛先生"则反映了中国五四时期追求民主与科学的时代；而富有中国特色的"工分制"则代表了新中国集体劳动时期。可以说，一个关键词浓缩了一个时代的精华。正如人类的生命阶段一样，关键词赋予某个时代以生命，是对那个时代最精炼的概括或描述。"万元户"在改革之初作为新词语使用并家喻户晓是建立在改革开放、解放思想的基础上，也是农民从不敢富、不露富到致富、显富的思想观念转变的表现。其次，"万元户"的辉煌是集财富的刺激和政治的推崇为一体的化身。最后，万元户的生命轨迹是我国农村经济体制改革和变迁的缩影。

◆ 生产队长：家长的扩大

社员、生产队长表现出的服从与叛逆、抗争一直存在。生产队长与社员之间的父子关系，生产队长与大队长之间的子父关系纳入到了乡村行政关系中；依此往上类推，国家将家权力扩展到整个社会中，就像扩大的家长制；整个社会就像是扩大的家庭，全国所有的地方都有同样的组织机构，都执行同样的政策，像是中央的小家庭；全国每一个人都生活在中央的领导下，都喊同样的口号，都流行同样的政治话语，都像是一个听父母话的孩子。整个社会就像是放大的家庭，社会成员像孪生兄妹，听从父母的话语，行为同一化；但同时又像是叛逆的孩子，对父母总有不满甚至反抗。

◆ "偷懒耍滑"：国家在场下的农民生存智慧

自古以来，中国农民是最勤奋的，为什么在人民公社体制下偷懒耍滑？这是本文最终要探讨的问题。我们知道，在人民公社时期，每一个农民天然地成为某一公社的社员。农民被编入集体的行列，农民作为劳动者不再是自由支配自己的主权者。但是，农民作为劳动力，其劳动的多少和好坏，相当程度仍然受自己支配，再加上公社、生产队掌握和控制着农民赖以生存的生产、生活资源和当时城乡隔离的制度化背景，这一切使得每个农民都不可能游离出这个组织系统，他们不得不终年参加生产队的集体劳动和统一分配。面对强大的国家，作为弱者的农民不能也不敢公然的反抗，只能将不满融入其日常行为之中，而"偷懒耍滑"成了他们在劳动中的理性选择。

万元户——基于经济变迁与政策选择的视角

李卓琦*

（华中师范大学中国农村问题研究中心　武汉　430079）

内容提要： 语言是一种随社会变化发展的产物，是社会现象的反映。"万元户"的提出是农村经济社会发展变化的结果政府的肯定，政策的支持塑造了集时代精华于一体的万元户形象在媒体的宣传下成为农民富裕的传声筒传遍千家万户。本文以"万元户"为关键词的主题研究，通过"万元户"的出现到被替代的历史梳理，展现农村经济社会转变和发展的脉络，揭示制度变迁下的政府的政策选择，从中透视当代中国农村经济社会变迁。

关键词： 万元户　经济变迁　政策选择

一　导论

（一）关键词的思考

"当一个特别的历史时期结束时，我们每一个人便会对这个词有清晰的概念，并且抱有清晰的态度。"① 带着历史记忆的词语变迁是不同历史时段的折射。在人类对历史发展的认识过程中，历史的规律性，有时会因某种社会和政治因素所遮蔽而需要经过长时间才能大开眼界。我们唯有站在时间的高度才能将之准确把握，对历史词语的理解概莫能外。

当我们重温 30 年前改革之初为人津津乐道的词语时，那些抹有浓重历史色彩的词汇便会勾起人们对那段历史时期的回忆。随着时间长轴的滚动，人们对它们的定义方式大多不会从字典上缘木求鱼，而是冗长

---

*　李卓琦，华中师范大学中国农村问题研究中心硕士生，论文指导教师为刘金海副教授。

①　雷蒙·威廉斯：《关键词：文化与社会》，三联书店 1997 年版，第 3 页。

的社会与历史语境变迁的意义。"万元户"、"商品经济"、"乡镇企业"、"民工潮"这是关键词可以大致勾勒出改革开放后中国农村变化的历史脉络。

什么是关键词？关键词就是与某种事物或现象最紧密相关的词汇。如反映18至19世纪西方社会的关键词有"工业革命"、"民主"、"文化"等；"德先生"和"赛先生"则反映了中国五四时期追求民主与科学的时代；而富有中国特色的"工分制"则代表了新中国集体劳动时期。可以说，一个关键词浓缩了一个时代的精华。正如人类的生命阶段一样，关键词赋予某个时代以生命，是对那个时代最精炼的概括或描述。

"新词语出现后，经过较长时间社会生活（一般是二三十年以上）的考验，其中站得住的部分进入了现代汉语词汇库，成为普通词语（有的还发展成基本词汇）；另一部分因反映客观事物或现象迅速消失而隐退为历史性词语；还有一部分词语永远处于不稳定状态，时而显现，时而隐退，介乎普通词语与历史性词语之间。新词语的这种变化发展的轨迹叫做新词语的线性运动。"（如图所示）①

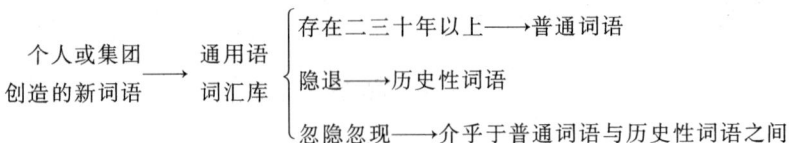

可见，新词语线性运动的轨迹主要取决于社会生活和历史时期的变动。如在中国集体化时期游离和沉浮的"包产到户"便属于时隐时现的词汇，这不仅与当时政治方向的敏感性有关，也反映了政治决策的变化。从"万元户"的线性运动变化来看，它是反映改革开放初期，极少数农民通过各种努力勤劳致富，家庭年收入超过万元的社会现象而属于历史性词汇。

语言有其社会性、历史性和独特性，与社会环境及其发展息息相关。一个新词语的出现和内涵既隐含了相对的社会文化背景和对某种社会现象的提炼，也是同社会共变的结果。因此对一个关键词的研究不仅体现若干

①　陈健民：《中国语言和中国社会》，广东教育出版社1999年版，第45页。

共时性因素的综合影响，也是历时性变化的时间承继。从这方面来考虑，针对关键词的研究可以采取两种维度的思考策略：一个是把它置于历史时空来考虑，从它语义变迁形成的线性运动的过程来理解它的语言事实；另一个是采取横向的社会面来剖析，重点探讨与它相关的各种变量，如何形成它出现和隐退的生命轨迹。把历史的纵向与社会的横向交错起来考量，也就形成了词语两个维度的交叉点，基于此，关键词的深刻内涵当可清晰把握。

从万元户的双重维度来看，它不仅是反映社会现象的语言事实，更重要的是，它是我国改革开放初期经济生活中一面感召力极强的"旗帜"，标志着中国农民改头换面的新颜和党的政策转变，张扬了中国农民劳动致富的荣耀与中国经济体制改革的力量。作为语言事实，它的运动轨迹随同它反映的社会现象而终止；作为一面社会"旗帜"而言，政策选择与安排、经济改革与变迁便是影响它出现和隐遁的关键因素。如果说词汇的线性运动形成了一个词语的生命长度，那么这些影响它的变量因素便是词语的生命深度。在"万元户"的社会生命史中，政策安排的选择和替代是影响它的核心变量。

社会科学的本质在于"发现"和"解释"。本研究的内容主要体现这一本质性的规定：一是发现一种对于关键词的研究方式，二是利用这种方式来解释中国的"万元户"现象。"万元户"的双重维度表明它应有两个层面的研究：一是从经济变迁的角度来阐释它作为关键词的意义，二是从政策选择的视角来解释"万元户"现象的政治社会内涵。

因此，"万元户"作为关键词的研究意义有以下几点：

首先，关键词的使用既反映了历史的进程，也改变了历史的进程。在社会大变革中，词语无疑是历史转型期的晴雨表，新词语的涌现冲刷了老词语的记忆。代表性的关键词的社会感召打破了原有词汇与社会结构的平衡状态，成为社会发展的催化剂。"万元户"在改革之初作为新词语使用并家喻户晓是建立在改革开放、解放思想的基础上，也是农民从不敢富、不露富到致富、显富的思想观念转变的表现。"万元户"从最开始的星星之火到一片燎原，带动了一批又一批致富的农民。

其次，"万元户"的辉煌是集财富的刺激和政治的推崇为一体的化身。随着改革进程中政策结构的变动和调整，资源利用的权利、收益和风险成为农民行为选择的可控因素，农户的经济活动与政策安排形成了互惠性的效益型输入和输出的过程。农民迅速积累的财富既离不开自身的辛勤劳动，更离不开政府的推动。

再者，万元户的生命轨迹是我国农村经济体制改革和变迁的缩影。万元户的产生、成长到替代的过程是我国农民经济非集体化、商品经济以及市场经济体制变迁的印证。从集体主义退潮到以家庭为生产收入分配单位的回归，从商品经济的建立到财富的积累，从市场经济的发展到万元户的隐遁，记录着我国改革开放三十年的足迹。

（二）相关研究综述

1. 万元户的释义

"万元户"这一具有中国特色的词汇，就其产生来看离不开中国特有的社会环境和政治背景，是中国改革开放后的产物。这个词在国外的农村发展史上是没有的。

从国内特殊的语境下来解释"万元户"的有：《万元户：市场经济的原始冲动》以湖北经济发展为例谈及改革开放初期勾勒农村巨变的历史词汇：万元户、DD① 作者认为，"万元户"的大量涌现含有始料未及的成分。改革开放是"摸着石头过河"，这些零零散散富起来的庄稼人在下一步的改革中会发生什么样的格局变化，更是当时的人们没有料到的。

《中国改革开放 30 年"关键词"1978—2008》一书中从历史事实的角度阐述"万元户"的社会现象："万元户的概念产生于 20 世纪 80 年代，指的是首先富起来的第一批人。"② 能当上万元户在当时的人们意识当中是很了不起的事情，"很多乡镇、工商行业以出现了多少个万元户为光荣指标"，同时他们以聪明才智、敢想敢干的精神冲破原有单纯的农作模式走上富裕之路，成为大家羡慕的对象。

对万元户的历史记忆大多停留在：《三十年间消失的事物废除的词汇》、③《五讲四美和万元户：80 年代流行的词汇一览》④、《8 大"热词"折射中国农村改革 30 年之变》⑤ ——"万元户：改革开放初期，极少数农民通过各种努力勤劳致富，家庭年收入超过万元，因此得名。"

---

① 刘振雄：《纪念改革开放 30 周年》之二"村变"，《楚天都市报》2008 年 2 月 27 日。
② 关信平：《中国改革开放 30 年关键词 1978—2008》，湖南人民出版社 2008 年版。
③ 《南方人物周刊》2008 年第 4 期。
④ 浙江在线新闻网站，2007 年 6 月 29 日。
⑤ 新华网，2008 年 10 月 15 日。

2. 相关关键词的研究

国外对词语的研究多从语言学、民族学、社会学、社会心理学和语用学的角度切入，如从日常生活的常用词为切入，以语言变异为核心问题的研究，考察其含义的变迁进而反映社会的变化。雷蒙·威廉姆斯的《文化与社会》一书，从 Industry（工业）、Democracy（民主）、Class（阶级）、Art（艺术）、Culture（文化）等等这些常用词的含义变迁来反应 19 世纪后期以来英国社会的变化。

国内对关键词的研究梳理有下列代表性文著。徐勇《包产到户沉浮录》，"以包产到户的历史变革为脉络，系统描述和阐释了包产到户这场变革背后的政治分野及其艰巨性、曲折性和复杂性，揭示了当代中国农村经济体制改革的必然性和重要性。"① "工分制"的研究：张江华的《工分制下的劳动激励与集体行动的效率》、《工分制下农户的经济行为——对恰亚诺夫假说的验证与补充》，从数学模型的建立和农户经济行为的分析来说明"工分制"是一种有效劳动激励制度，是国家进行要素分配的工具。"文革"时期词语的研究：孟国的《"文化大革命"词语的更新与异化》、周毅的《"文革"时期颜色词的意义变异及原因》，从"文革"时期词语在感情、词义上的变化来探讨词语的政治色彩。

除上述从政治历史的角度研究关键词"包产到户"和"工分"之外，陈建民的《中国语言和中国社会》则从应用社会语言的角度来研究词汇与社会变化：从语言与社会共变、语言与文化共存、语言与市场经济的关系的角度，以新时期特别是改革开放以来语义的变化和新词语的产生以及词性色彩的语言变化来论述语言是社会现象和社会生活的反映。

关信平的《中国改革开放 30 年"关键词"1978—2008》以搜寻和介绍"关键词"的方式展示改革开放 30 年间我国各个方面的发展变化。搜集的关键词主要是指具有一定社会影响，能够反映过去 30 年里发生在我国的重要的社会现象和社会事件的，被老百姓广为流传的词汇。如反映衣着变化的词汇有：吊带裙、喇叭裤；文化生活方面的有：春节联欢晚会、百家讲坛；反映生活娱乐方面的有：BP 机、小灵通、方便面、外卖、快餐、蹦迪、卡拉 OK、霹雳舞等；政治文化方面的关键词除了收录"万元

---

① 翁有民：《经济体制变革"突破口"的历史透视——读〈包产到户沉浮〉》，《中共党史研究》2002 年第 3 期。

户"之外，还有暴发户、下海、下岗、先富论、猫论等。

3. 万元户的研究

国内以"万元户"为关键词的研究尚属空白，多集中在对"万元户"新闻报道和纪实文学。《"万元户"的悲喜剧》以报告文学的形式描述了四川省安岳县村民万元户陈昌富悲喜交加的经历。从被公社党委书记点名成为万元户参加全县劳动致富先进个人代表的"喜"，到被县税务局查处"偷税漏税"遭遇罚款的"悲"，最终以陈昌富是实实在在的靠双手致富的庄稼人，没有"偷税漏税"的调查结果而皆大欢喜，以纪实文学的方式描写万元户的人生经历，从侧面反映政府对致富农民的态度变化，是以报告文学形式记录万元户的典型素材。

《"万元户"的变迁》从城乡农民收入的变化见证"万元户"的历史。同时期对"万元户"的致富特性、社会影响进行调查分析的论文有《406例万元户的调查》、《万元户的"万元"如何计算》、《万元户的风格》、《个体"万元户"在社会中的影响》等。

（三）万元户及相关概念

万元户不是现代汉语词库的词汇，而是改革开放至今三十年间出现又消失的词汇，没有原始的界定，对于它的解释如上所述，不能从字典上缘木求鱼，而应从历史中寻找人们对它的记忆。查阅当年的文本资料，媒体报道万元户的很多，但都没对它做出解释——什么是万元户？简单地说，万元户是改革开放初期家庭收入上万元的农户。

单从数字上来解释不能说明万元户作为关键词的意义。万元其实是个模糊的概念，这与"万"所蕴含的文化内涵有关。从辞源的解释来看，"万"极言多，"万岁"、"万寿无疆"、"万古长青"这些带有万字的词语说明的并不是事物的实体，而是一种美好愿望的表达。在笔者采访当年万元户的过程中了解到，当年被誉为"万元户"的农户家庭并没有万元的收入，万元户在最初称"科技示范户"。"万"所蕴含的至高神圣的文化底蕴，在农民的财富积累还没有达到万元收入的时候更是美好的精神向往。

"万元户"缔造的是一个伟大历史时期形象地位提升的中国农民。在还原"万元户"本身词义的时候，与之对应的专属实体甚少，它更大范围上泛指那些在改革开放中富裕起来的农民。

由此，笔者将万元户的实体分为两种：一类从数理意义上来说，是生产收入有万元的农户；另一类从词语的历史记忆看，实指发家致富的能人。

而从历史的纵深向来看,不同历史时期的万元户有不同的对应群体。改革开放初期,"万元户"随同首批科技示范户、劳动致富户而诞生以及新型词汇"万元户"的逐步神圣化和政治化,政府逐渐以是否出现万元户或出现多少万元户作为衡量当地经济发展业绩的指标,在它的成长期则指代"冒尖户"和专业户。20世纪90年代初随着市场经济体制的建立,逐渐出现了乡镇企业创办和发展的高潮,农民企业家成为新一代致富快手的"万元户"。随着滚滚财富的到来,从最初稀有的万元收入到"万元不算富"的转变,万元已成为人们嗤之以鼻的数字。当今中国改革激流勇进和财富日益膨胀,如以万元收入来与"万元户"概念匹配的话,人人皆是。现已归入三十年间消失的历史词汇——"万元户"只是停留在人们记忆中的那些曾经富裕过的人们。

与"万元户"同时期出现的还有"专业户",为与之区别开来,特作比较。专业户"是指改革开放后,农村出现的专门或主要从事某种生产活动的农户,如养鱼、种花、养蜂、养猪、养蚕等。"[①] 它与"万元户"既有联系也有区别。在农村经济体制改革初期,"专业户"所从事的农业生产既带动了农业产业结构的转变,也促进了农村经济向专业化、商品化的转变,他们是"万元户"中的佼佼者;"万元户"从语词学角度讲,它的造词代表了农民对"富"的文化观念和对"万"的崇拜心理,因此"万元户"不仅包括了收入确实过万元的专业户,也涵盖了那些被推崇和赞誉的能人农户。

(四) 研究架构和思路

按上述的思考,本研究拟在我国改革开放以来农村经济体制改革的背景下,以"万元户"现象产生、发展和消失的始末为主轴,借以分析转型期政府政策安排和选择并透视改革开放以来我国经济体制变迁的过程。

首先,就"万元户"发展轨迹而言,应将"万元户"看成是一个历史纵深的过程,在这个过程中,必须理清万元户在什么样的背景与环境下产生。从万元户产生的过程来看,这里要探讨的背景与环境主要包括:

(1) 党的政策方针的调整,主要是十一届三中全会以来党在农业政

---

① 关信平:《中国改革开放30年"关键词"1978—2008》,湖南人民出版社2008年版,第430页。

策方面的改变，这些政策的形成是影响农民走上富裕之路的主导因素。

（2）领导层面的推动，政府对万元户的评定和表彰愈加坚定农民理直气壮追求富裕的信念。

（3）形成万元户的背景，不单是经济条件，还包括宏观的政治背景。

（4）万元户如何成为一面社会求富的旗帜。这里主要考察万元户从一个代表由劳动所得获取万元收入的农民的专属名词发展为整个社会在改革时期富裕的代名词的过程。

探讨这些万元户形成的条件因素，主要在于了解万元户如何在中国这块土地上被构造出来。了解其形成因素后，接下来探讨万元户的发展过程，万元户如何从稀有到普遍最后被替代的整个发展演变过程内生和外源因素：

（1）农村经济的变革和发展。中国经济体制改革首先从农村突破，人民公社体制的瓦解、家庭联产承包责任制的兴起到最终以市场为导向的农村经济体制的确立和实行是万元户运动发展的内在主线。

（2）持续有效的扶农政策。意在突出改革以后连续下发的中央文件和精神，这些惠民政策的实行是农民敢于追求财富，出现人人争当万元户的有力支撑。

其次，从万元户现象的横向面来剖析它的特质，其考察的重点有：政治面，政治制度、中央文件、政府政策的选择与安排；经济面，农户经济收入、农村经济制度变迁；社会文化面，追求富裕的思想文化观念。

（五）资料来源

万元户不仅是见证我国改革历史的标签，也是研究改革开放后富裕农户的窗口。从关键词意义上来说，它是历史细节的痕迹和时代的烙印；从农村经济变革和政府政策选择的视角来看，它是研究我国改革开放后具有代表和典型性的农户单位。因此，笔者对万元户的搜集主要从以下三方面入手：

第一，政策文献的梳理。主要包括三中全会以来的重要会议、中央领导人的重要讲话以及论著。在梳理过程中突出政策选择和制度安排。

第二，文本数据整理。主要对改革开放以来的农村经济发展和农民收入变化的经济数据的整理，包括对万元户的统计数据和资料。

第三，关于万元户个案的调查。以笔者力所能及的调查范围为主进行万元户个案调查，从实证研究的经验性解释出发，对政策选择进行有意识的分析。选取每个历史时期具有代表性的万元户进行个案分析。

第四，媒体报道。关注万元户时代媒体对"万元户"的光鲜报道，这一部分的材料主要来源于各大报纸、电视新闻和杂志。

由于时间原因，对万元户资料的搜集略显仓促，所搜取的万元户个案以访问材料为主并辅以媒体报道。其中包括4个访问实例和多个媒体报道案例。在实例选取上主要以真实反映万元户的情况为主要目的，还原万元户产生的历史过程及社会影响。实证材料以湖南省新宁县为主，选取的农民代表有：

（1）改革开放前因为单干家庭副业被抓的新宁县盆溪村村民唐友生。

（2）改革开放初期靠勤劳致富的邓定源。他曾参加过县致富大会，被邵阳市科技协会授予科技示范户的称号，是当时村里唯一的万元户。

（3）新宁县盆溪村村民田振清和湖北襄樊堰河村村民游邦立，他们不仅是1980年代的致富代表，也是随着中国农民改革激流勇进的农民企业家典型。

媒体材料包括：全国第一个"万元户"赵汝兰，湖南省第一个"万元户"张明尧和出现在《人民日报》、《南方人物周刊》、《半月谈》等杂志和报刊上的新闻人物和劳动代表。

二　万元户的催生（1978—1984）

20世纪50年代初兴起的农业合作化是中国共产党领导的又一次社会性运动。这场以生产关系变革为主题的集体主义运动在初期给人们带来的喜悦诱发了人们对社会主义制度的幻觉。

1958年4月，中共中央《关于小型农业社适当地合并为大社的意见》下发后，全国各地掀起一场小社并大社，大社合并成更大社的热潮。人民公社化运动在这种大跃进的推动下迅速膨胀。以"一大二公"、"政社合一"的高度集中和高度平均主义为基本特征的人民公社制度，不仅在变革的方向、速度上超越了生产力发展水平的限度，且由于其单一的所有制结构不允许私有经济成分的存在，农户家庭作为生产经营单位被否定，农民成为单纯的集体劳动者。

平均主义的"大锅饭"和"穷光荣"的旧观念使中国农民的收入几近停滞。农民劳动的积极主动性像患了小儿麻痹症的双腿被严格的工分制、停滞的农贸市场和受限制的副业打压得站不起来。

十一届三中全会后，党的工作重心开始转向，延续 20 余年的农业合作化运动悄无声息地落幕，一场以家庭联产承包责任制为起点的农村经济改革的时代剧拉开序幕。拥有更多经营自主权的农民成为这出剧的主角。当勤劳致富光荣的号角吹响的时候，他们的财富以惊人的速度飙升，伴随着政府的协奏曲，捧出一颗颗"万元户"之星。这便是万元户产生的背景。

（一）集体主义的退潮

"1978 年，每一个农民，一年中可以得到约 105 公斤粮食和若干麸糠，一天中可以吃到 280 克粮食和一把麸糠。约有 2 亿人每天挣的现金不超过 2 角，有 2.716 亿人每天挣 1.64 角，有 1.91 亿人每天挣 1.37 角，有 1.2 亿人每天挣 1.1 角。全国农民人均年纯收入 133.57 元，其中 90%以上为实物，货币收入不足 10%。同时，约有 2 亿人口不得温饱。"①

这是改革前农民基本生活的平均数据。而在我国边远的贫困地区，这些数据还进一步缩水。在僵化的、指令式的集体劳动下，农民的收入与集体生产核算单位紧紧捆绑在一起。家庭副业收入所得无几。

农业学大寨还在呼风唤雨。1960 年代末 70 年代初兴起的农业学大寨工分制，以"大、公、平、统"的分配管理方式，力图将社会主义建设与政治运动相结合，竭力推行"穷过渡"和打造平均主义。"主要实行以粮为纲，排斥商品经济，收回自留地，取消家庭副业，关闭集市贸易。推行这一切的手段，就是大批判——批判修正主义、批判资本主义。"② 在当时看来，自留地和家庭副业就是"资本主义的尾巴"，多种经营就是"走资本主义的路"。"文革"带动的四清运动中的"清经济"的批判资本主义的思想检查方式仍在运行。

唐友生，湖南新宁县盆溪村人，1944 年出生，土改时划为贫农。1974年，他与生产队签订副业合同，生产队以最高劳动工分来计算他的出工，一年收取其副业费 500 元。唐所从事的副业是采松脂，与生产队一人合作全年采松脂 7000 多斤，收入所得 650 元，按合同交纳副业费后，两人平分利润。1975 年在社会主义自我教育运动的清查中，唐友生单干副业的事迹被揭发，唐友生在自我交代书中，将 1958 年开始干副业和平时偷伐树木卖掉

---

① 丁农嘉：《改革从这里起步——中国农村改革》，安徽人民出版社 1998 年版，第 3 页。

② 同上。

的行为一并自我检举，其劳动所得后补交集体 122 元副业费。①

3 年后，唐友生的命运随同农村经济的形势悄然转变。1976 年到 1978 年，在四川、安徽等地出现的包产到户和包干到户的劳动计酬方式开始掀起责任制变革的热潮。这种方式的推行很快为改革的突破口。

1978 年 11 月 12 日，中央工作会议把邓小平 1978 年 9 月提出来的实现党的工作重心转移提上议程。邓小平发表《解放思想，实事求是，团结一致向前看》的重要讲话，着重强调经济民主，指出当前最迫切的就是要开动脑筋，想办法创造财富。"在经济政策上，我认为要允许一部分地区、一部分企业、一部分工人农民，由于辛勤劳动成绩大而收入先多一些，生活先好起来。一部分人生活先好起来，就必然产生极大的示范力量，影响左邻右舍，带动其他地区，其他单位的人们向他们学习。这样，就会使整个国民经济不断地波浪式向前发展，使全国各族人民都能比较快地富裕起来。"②

"先让一部分人富裕起来"的讲话掀起了会议的高潮。会议延长两天，代表们就这一重要讲话进行学习和分组讨论。解放思想，实事求是的讲话成为随后召开的十一届三中全会的主题报告。

具有里程碑意义的十一届三中全会有了一个月前中央工作会议精神的基点，主要围绕如何把农业生产搞上去的问题，讨论了《关于加快农村发展若干问题的决定（草案）》和《农村人民公社试行条例（试行草案）》两个文件，适当地放宽了对自留地、家庭副业和集市贸易的限制，旨在恢复农业生产和提高农民个人收入。从当时复杂的政治形势来看，仍然有各种不同思想的冲击和对流，但改革的步伐已经逐步迈开。

1979 年 9 月，中共十一届四中全会讨论通过《关于加快农业发展的若干问题的决定》，《决定》总结了二十年来党在领导农村经济上所犯的错误，统一了全党在农业问题上的认识，并规定了 25 条农业政策和措施，其中包括鼓励和支持社员自留地、自留畜、家庭副业和农村集市。③

"1980 年 5 月 31 日邓小平谈农村政策问题，肯定了安徽农村的改革。

①　材料由新宁县社教工作组写于 1975 年 10 月。在关于这一农户的定案处理中，将其兄长在四清运动时（1963 年）盗窃稻谷案一并揭发。材料还包括这一农户 1974—1975 年春卖柴和砍松树的决定以及搞副业的相关凭证和自我检讨。

②　《十一届三中全会以来历次党代会、中央全会报告、公报、决议、决定》（上），中国方正出版社 2008 年版，第 10 页。

③　同上书，第 23—36 页。

在邓小平的支持下,许多地方解放思想,放手让农民去选择,去试验。"①
9月27日,中央下发《关于进一步加强和完善农业生产责任制》的通知,
即中发〔1980〕75号文件,进一步肯定包产到户和包干到户的劳动计酬
方法。

　　1982年1月1日,中共中央转发《全国农村工作会议的纪要》指出
全国农村90%以上的生产队建立了不同形式的农业生产责任制,肯定了
"两包"都是社会主义集体经济的生产责任制。②《纪要》还强调必须执
行"决不放松粮食生产,积极开展多种经营"的方针。③这个文件是新中
国成立后的关于农村工作的一号文件,其重大意义不仅在于结束"包产
到户"长达30年的争论,更重要的是进一步放宽农村政策。

　　"一号文件下发后,双包以排山倒海之势在全国各地迅速蔓延。同年
6月,实行双包的生产队已达71.99%。1983年中央一号文件正式确立家
庭联产承包责任制的学名,时年全国农村包产到户的比重已达95%以上。
家庭联产承包责任制作为我国农村的一项基本制度被确定下来。"④我国
农村经济体制改革以家庭联产承包责任制的普遍建立为基石,它的兴起意
味着集体主义思想的退潮和人民公社制度的终结,尽管人民公社体制在名
义上还延续到1985年春。

　　"1983年,一万二千七百零二个人民公社宣布解体。实行包产到户的
生产队占总数的百分之九十八。1984年,又有三万九千八百三十个人民
公社宣布解体。1985年,所余二百四十九个人民公社宣布解体。至此,
在中国,人民公社及其下属生产队不复存在。"⑤

　　两个农业文件的下达、家庭副业的开放以及"一号文件"的产生、
人民公社体制功能的削弱持续稳定地鼓舞了农民的经济自信。曾被集体
副业费困扰的唐友生在1979年不仅重新做起采松脂的家庭副业,还承

---

　　①　中共中央文献研究室编写组:《中国1978—2008》,中央文献出版社·湖南人民出版社
2009年版,第29页。

　　②　同上书,第56页。

　　③　郑德荣、韩明希、郑晓亮:《中国经济体制改革纪事》,春秋出版社1987年版。

　　④　陈吉元等:《中国农村社会经济变迁(1949—1989)》,山西经济出版社1993年版,第
491—500页。

　　⑤　马立诚、凌志军:《交锋——当代中国三次思想解放实录》,湖北人民出版社2008年版,
第104页。

包集体 2 亩地，收入空间较集体化时期的劳动收入成倍扩大。1980 年，2 亩地共产粮食 1300 斤，粮食收入 100 多元，采松脂所得副业收入 200 元。① 从全国范围来看，"一搞包产到户和包干到户，到 1984 年，粮食就增加到 4000 亿公斤。同时，农业总产值增长 68%，农民人均收入增长 166%。"②

家庭联产承包责任制以家庭作为生产经营的主体，以户为单位的组织形式取代了"三级所有，队为基础"的单一的集体化经营，实行"统分结合"的经营体制，恢复了家庭作为基本生产经营单位的地位，也意味着以户为单位的财产性收入核算单位的变化，农民成为生产利益的主要享有者。

户不仅是一个家庭的生产单位、分配单位，也是最基本的收入核算单位，它在满足家庭成员生存发展和健康需要的基础上，"以追求货币收入最大化为现实目的。"③ 但在人民公社化时期，生产队的跳跃式管理凝固了农户生产经营和收益分配的自主权，以队为基础的农业收入核算单位是建立在集体性收入对个人收入的压制性分配基础之上的。家庭联产承包责任制的兴起不仅在农业生产上调动了农民的积极性，从集体经营到分户经营更为家庭作为经济细胞和社会细胞重新注入了血液，是生产责任的转变，也是产权的蜕变。个人生产责任的增加是私人产权获取补充的前提，更是对财产性收益提供造血功能的强大动力所在。分户经营下的农民不仅是农业生产的主人，也是劳动利益的享有者。随着时间的推移和党有利的政策出台，中国农民创造万元的奇迹不再是神话。

（二）劳动致富"风向标"

"文革"结束后的中国还在徘徊前进的十字路口，"两个凡是"的错误主张仍然束缚人们的思想。1978 年春，全国科学大会在北京召开。这次会议不仅从宏观上保证科学技术事业的发展方向，也预示着"文革"时代结束后，党乘风破浪的积极心态，为中国迎来一个科学教育的春天。参加这次全国科学大会的，有来自各条战线的优秀科学技术工作者、技术

---

① 据盆溪村村民唐友生回忆。

② 郑德荣、韩明希、郑晓亮：《中国经济体制改革纪事》，春秋出版社 1987 年版，第 272 页。

③ 邓大才：《社会化小农：动机与行为》，《华中师范大学学报》（人文社会科学版）2006 年 5 月第 3 期。

革新的能手、科学事业的干部，还包括科学种田的模范。①

1978 年 5 月 11 日，《光明日报》发表《实践是检验真理的唯一标准》后，全国范围展开了激烈讨论。这篇文章针对 1977 年 2 月 7 号的中央一刊社论《学好文件抓好纲》提出的"两个凡是"的观点：凡是毛主席的决策，我们都坚决维护；凡是毛主席的指示，我们都始终不渝地坚持。"实践是检验真理的唯一标准"的提出为党在改革开放时期提出新的思想、观点、决策提供了理论依据。党的政策是否正确由实践来检验证明，符合客观实际的才是正确的。②

6 月 2 日，在全军政治工作会议上，邓小平公开表明了自己对真理标准问题讨论的支持态度，号召要"打破精神枷锁，使我们的思想来个大解放。"③ 基于真理标准问题的大讨论，全国上下形成了"解冻"的思想高潮。生活在变、观念在变、思想在变，许多新事物、新气象开始扑面而来。

1980 年 4 月 18 日，"万元户"这个新词首次出现在新华社播发的通讯《雁滩的春天》。报道说，"兰州市郊雁滩人民公社滩尖子大队一队社员李德祥家有六个壮劳动力，1979 年从队里分了一万元，社员们把他家叫'万元户'。"④

1980 年 11 月 17 日，新华社又以传真形式向国内外发出"万元户"的照片。照片上那位满面春风、抬着缝纫机进家的就是全国媒体首次曝光的农民"万元户"赵汝兰。他是山东省临清县的一个植棉户。当时赵家有 10 个劳动力，实行家庭联产承包责任制后，按人口承包了 21 亩土地，自己又开荒 9 亩，30 亩地都种了棉花。科技改良后，他们家用上了山东省棉花所新研制的"鲁棉一号"良种，亩产 110 公斤，共收 3300 公斤，多数是超售的，每斤 2.6 元，收入 17160 元。⑤ 这个数字对当时所有人来说都是激动的，"我们连算了三遍，第一遍是公社财粮助理用算盘打出来的，纯收入应是 13200 元，第二遍是我用钢笔在纸上算的，是 11239 元，

---

① 《邓小平在 1978 年全国科学大会开幕式上的讲话》，中广网，2007 年 07 月 20 日。

② 中共中央文献研究室编写组：《中国 1978—2008》，中央文献出版社·湖南人民出版社 2009 年版，第 5—6 页。

③ 同上书，第 6 页。

④ 同上书，第 28 页。

⑤ 李锦：《大转折的瞬间——目击中国农村改革》，湖南人民出版社 2006 年版，第 140 页。

第三遍是我们同时算的，又扣去剩下 5 亩未收而价格可能将为二级棉花的，纯收入为 10239 元，我们便用了这个数。"①

赵汝兰是新华社记者李锦发现并报道的，而为什么要找一个收入过万元的农民进行报道也是记者李锦反复思考和测度的。"党的农村政策的落实，使农民迅速富起来，这无疑是应该报道的新闻，寻找一个收入最高的典型报道在当时是很有意义的。在学习中央文件时，曾经传达过邓小平的让一部分人先富起来的思想，而万元户正是一部分人先富起来思想的体现。"② 至于选择什么样的万元户来报道在当时是需要慎重考虑的。刚刚改革开放的中国，在集镇、县城依靠小本经营迅速致富的人很多，可能已出现数万以上收入甚至更多的富裕户，但这些被视为"投机倒把"之类不能予以报道，也难以为人们的思想接受。③ 不以猎奇读者的初衷，而是紧密结合党的劳动致富政策报道出"万元户"这样的富裕农户，对新闻媒体具有普遍的指导意义。

1982 年，中共十二大提出"翻两番，奔小康"的经济建设的宏伟目标，胡耀邦在《全面开创社会主义现代化建设的新局面》的报告中指出，"为实现上述经济发展目标，最重要的是要解决好农业问题"。④ "劳动致富"作为施政纲领在十二大通过。

香港《明报》发表社论："上海市郊区出现十七名'万元户'。他们都是通过'多种经营'而劳动致富的农民，于最近受到农业委员会和市政府财贸办公室的表彰，在一次会议中为他们在胸前佩戴大红花，号召广大农民向他们学习。"评论认为，在十二大之前的两三年中，农民一方面歌颂生产责任制政策，但另一方又担心党的政策出现反复，因此不免诸多顾虑，束手束脚。现在"劳动致富"的纲领既已昭昭告示，农民可以大展拳脚。正因如此，上海的十七名"万元户"才会受到当局的公开表彰。⑤

利用特区的经济政策优先发展的深圳渔民村"从 1980 年开始，组建

---

① 李锦：《大转折的瞬间——目击中国农村改革》，湖南人民出版社 2006 年版，第 140 页。

② 同上书，第 136 页。

③ 同上书，第 137 页。

④ 参见胡耀邦《全面开创社会主义现代化建设的新局面——在中国共产党第十二次全国代表大会上的报告》，《十一届三中全会以来历次党代会、中央全会报告、公报、决议、决定》，中国方正出版社 2008 年版，第 136 页。

⑤ 香港《明报》1982 年 11 月 15 日。

起运输车队、船队，办起来料加工厂。到 1981 年，渔民村户均收入 3.3 万元，成为全国第一个万元户村。"① "到 1982 年底，深圳市区农村有 1,870 个万元户，3 个万元村。万元户占市区农户的 18%。"② 依靠国家经济政策优先发展的沿海特区经济步伐明显快于全国其他省份，"万元户"在内地来说还只是零星冒头的"尖子"。

1982 年的秋收，湖南出现第一个万元户——张明尧，他因生产粮食 1 万斤，送售肥猪 1 万斤，总收入 1 万元的突出成果，成为望城县有名的"张三万"。报道称，党的十一届三中全会的召开和鼓励一部分农民先富起来的政策给了他无比的信心。1980 年，一次去县城参加模范生产队的经验成为他一生中重要的转折点。回来没多久，45 岁的张春尧成了村里承包养猪场的第一人，当年养了七十头猪，不仅还清了 1979 年家里欠下的一千三百多元的债和二千二百斤粮欠款，还盈余一千多块。第二年，他将整个养猪场买了下来，办起了饲料加工和农产品购销站，成为远近闻名的万元户。③ "1982 年，县里召开代表会，要发展养殖业、种植业，作为全县第一家靠养猪起家的'万元户'，张明尧被推做典型。"④

万元户一经成名不是作为典型被政府推选出来就是被选为致富代表参加表彰会议。1982 年 11 月 27 日，湖南新宁县县政府在县人民大会堂召开农民致富表彰会议，会议肯定了 10 个农户光荣致富的事迹。这 10 个农户是经过省、市调查队的考察从各乡镇挑选出来的致富代表。邵阳市科学技术协会授予他们科协技术示范户的荣誉称号，号召大家向他们学习致富经验。⑤

邓定源，家里排行老二，人称源二爷，是此次全县评定的 10 户农民之一。他出生于 1930 年，土改时被划为贫农。现年 80 高龄的他回忆起当年的殊荣仍记忆犹新："实行承包责任制后，我家种了 3 亩地，还包括我老兄的 4 亩，一共 7 亩田，粮食收了 7000 斤。家里就我和老伴两口人，

---

① 《三个明星村的变迁》，《广州日报》2008 年 8 月 3 日。

② 林里：《富在前头——深圳特区见闻之五》，《人民日报》1983 年 3 月 15 日第 2 版。

③ 参见《长沙晚报》1982 年 11 月 16 日。媒体资讯：湖南新闻联播《我看大历史》（二）：寻访湖南第一个万元户，2008 年 11 月 3 日。

④ 《寻访长沙第一个万元户》，当代湖南网站 http：//www. nowhn. com/html/58/n - 13858. html，2008 - 10 - 20。

⑤ 据邵阳市科学技术协会提供的资料。

不要存多少口粮，卖掉的稻谷收入有600多元。还种了些柑橘树，收成有万把斤，卖了5000多块钱，他们当时算钱的时候不够一万元，就把卖的萝卜、红薯加上，还有家里的猪牛羊等，一共万把块。"对于当年县里的嘉奖，邓定源说："我是县里正式挂牌的万元户，省里和邵阳市的领导都到我家里调查过。"他指着墙壁上红色陈旧的"科技示范户"的牌子，郑重其事地对我说："我们村的万元户只有我一个，其他的都是没挂牌的，假的。"问及村民对当时选万元户的看法，人们说："县里说在我们村选个万元户，把各家各户的收入报到队里，大家都嫌麻烦，就把源二爷推荐上去。"①

各地召开的致富表彰会源于农村经济改革的大好形势和"劳动致富"的政策宣言，"万元户"无疑是对这一政策的重要渲染。在"让一部分人先富起来"的政策感召下，"如今，他们可以理直气壮、雄心勃勃要当万元户了！"

（三）追求、赞誉与推崇

"万元户"出来之后，农村的抓富问题提上日程。"我们总算是敢于提出抓富的问题来了。在广大农村，很多同志正在为这件大事操心，忙着做发动和组织工作。有的地方搞得很热闹，敲锣打鼓，披红戴花，开起'比富大会'，声势不小。"②

所谓的"比富大会"是这样的，"把几个生产队或大队拉上台，摆生产门路，谈经济收入，表示今后决心，提出计划指标；然后，领导表态，宣布某某队或某某人是致富的样板；最后总结讲话，号召向富裕进军。"③

万元户不仅是致富样板，也被称为"万字号"的富裕户，出现在帮助困难户致富的队伍中。《人民日报》发表评论员文章"富裕不忘国家不忘集体不忘他人十二个万元户借款扶贫"。这十二个万元户被称为"万字号"的富裕户拿出四万多元帮助困难队和困难户发展生产。三中全会以后，党的富民政策使吉林省怀德县永发公社西立一队粮食年年丰收，许多社员成了富裕户。其中，于海庭、于海琴、倪思孝、张发、李义、郭殿成

---

① 材料根据新宁县水头乡村民邓定源和他儿子的口述史编写。

② 范康：《不能用搞政治运动的方式搞经济——从"比富大会"想到的》，《半月谈》1980年第9期，第10页。

③ 同上。

等 12 户余款过万元。这些"万元户"先后拿出 37，000 多元借给邻近的
困难队，购买化肥、农药、饲草和农用机械，发展生产。1981 年夏，于
海庭、于海琴兄妹俩，听说公社中心小学扩建校舍缺少资金，立即拿出
2，300 元借给学校，改善教学条件。① 这些富裕农民帮助困难户一起致富
的行为受到领导肯定和群众赞扬。

　　万元户的一举一动成为政府关注和宣扬的亮点。河南省郑州市郊区沟
赵乡第一个购买飞机的农民"万元户"郭元英被推选为 1984 年国内十大
新闻人物之一。党的十一届三中全会后，生产队实行大包干，郭元英承包
了集体的纺织配件厂。由于经营有方，厂里年年盈利，他自己收入也逐年
增加。1983 年，郭元英在中央一号文件的鼓舞下，大胆创办了全乡第一
个家庭工厂——沟赵郭庄纺织配件厂。1983 年和 1984 年，他的家庭工厂
产值达 4 万多元，扣除成本和每年上缴国家 3000 多元税金后，两年纯利
润 3 万多元。郭元英富了后，拿出 1.9 万元买了一架飞机送给乡政府用于全
乡的农田施肥、治虫等。②

　　万元户既是农民新富阶层的领头雁，又是当地政府彰显改革硕果的成
绩单。以万元户的数量作为衡量地区经济发展的硬性指标，在一些地方还
实行了万元户"承包责任制"。某县主管农业的一位副书记提出这样的指
标：今年全县要增加 500 个"万元户"。如实现这个指标，年终给予物质
奖励；无特殊原因完不成任务，扣本人工资的百分之五。③

　　推崇致富的大好形势使很多地方形成"夸的是万元户，奖的是万元
户，扶持的也是万元户"的局面。当万元户成为经济指标受到各地政府
推崇的时候，"万元户"遍地开花，这不仅得益于当地政府对万元户的重
视，更受益于中央连续而稳定的扶持农业发展和保护"冒尖户"、"富裕
户"的农业政策。

　　从 1982 年到 1986 年，中央以 1 号文件的形式下达关于解决农村问题
的命令和决策，形成推进农村经济发展史上的重要的党中央的"五个 1
号文件"。从政府在农村问题上的重要决策形式看来，持续有力的改革政
策有效地支持了农民走上致富的道路。从起初的不"限富"、"卡富"到

① 《人民日报》1982 年 1 月 15 日第 1 版。
② 《1984 年国内十位新闻人物》，《半月谈》1985 年第 1 期，第 18 页。
③ 禾工：《莫搞如此承包》，《今日谈》1983 年 5 月 17 日第 1 版。

推崇农民迅速富裕的态度扭转改变了农民不能富、不敢富的困境。

　　有了党的这些文件，不仅农民更加大胆起来，地方政府在宣传勤劳致富上也理直气壮了。1983 年 5 月，中共江苏省委批准专为农民办了一张通俗小报，取名为《致富报》，在当时颇受争议。言致富即丑的想法深受"左"倾思潮的影响，致富只能是夹着尾巴走资本主义的道路。即使在十一届三中全会以后，农村推行的富民政策使冒尖户、万元户的新闻越来越多，人们谈论万元户的口舌也越来越多，报刊杂志也不敢明目张胆的以"致富"命名。

三　万元户的成长（1984—1992）

　　从十一届三中全会到 1983 年底，家庭联产承包责任制普遍推行，中国农村一片丰收和繁荣的景象。至此，中国农村改革实现了"五年大见成效"的目标。1984 年中央 1 号文件的精神是把农村改革提上一个新台阶，即从自然经济向商品经济的跨越。以调整农村产业结构和取消农副产品统购统销制度为标志，当代中国农村改革迈出了第二步——发展有计划的商品经济。由此，开拓有着 8 亿农民的广阔农村市场成为各级政府和经济部门极为重要的任务。

　　农村经济释放的强大动力和中国农民爆发出的积极热情推动了农村改革的顺利进行。中国农村改革的质变引致专业户、个体工商户蓬勃兴起，他们是这个时期脱颖而出的商品生产者，蜂拥而至地加入万元户的行列。然而，始料未及的是，万元户大军对于"摸着石头过河"的改革意味着可不可以"冒尖"有心理负担。选择冒险前进的道路，风险与机遇并存，"投机倒把"等莫须有的罪名会悄然落在这批冒险者的身上。

　　谈"冒尖"不色变的勇气既来自党中央的政策支持，也发自农村发展商品生产带来一片繁荣景象的底气。农村党支部敢于支持保护先富户的思想鼓励了万元户的先富意识，围绕致富所做的工作带动了一批又一批万元户的成长。

（一）与商品经济握手

　　1984 年 1 月 1 日《关于 1984 年农村工作的通知》（中发［1984］1 号）着重强调"由自给半自给经济向较大规模商品生产转化，是发展我国社会主义农村经济不可逾越的必然过程"，特别指出"农村在实行联产承包责任制基础上出现的专业户，带头勤劳致富，带头发展商品生产，带头改进生产技术，是农村发展中的新生事物，应当珍惜爱护，积极支持。"①

随着农村商品流通体制的改革和相应的农副产品收购价格的调整，农村集贸市场空前活跃，多种经营如火如荼地展开。一批依靠科学技术规模经营的专业户和个体户成为迅速走上致富通道的"万元户"。

"李昆兰，20 岁，1979 年开始学习饲养土元，曾失败两次，但她不灰心气馁，为了找出失败原因，除了钻研相关书籍外，在一年多的实践中还记录了 16 万字的观察与实践笔记，摸索出一套土元的饲养和管理方法，成为饲养专业户，家庭副业收入连续超过两万元，是全县有名的万元户。同时期，青年致富的典型还有贵州省毕节县汉屯公社林业专业户梁朴。1984 年，28 岁的他征得集体同意，将自己承包的 9 亩责任田全部用来培育树苗，每天起早贪黑，精心管理苗圃，还购买了一些有关育苗的技术书籍，经常到 20 里以外的县城学习技术。经过七个月的时间，培育泡桐等树苗 20 多万株，纯收入一万元以上。"②

这些从事专项经营的专业户代表着商品经济的发展方向，是"农村先进生产力的代表"，能够很快走上富裕的道路，成为农村勤劳致富的带头人。然而柳暗花明的农村政策让专业户和个体工商户这些领头雁不放心，担心国家的政策会有变化。1983 年 11 月全国农村工作会议重点讨论了正确对待富裕农民的问题。"会议对专业户、重点户为主体的勤劳致富的农民给予很高评价，认为他们是当前农村先进生产力的代表，是广大农民群众共同富裕起来的先行者，是跟随我们党深入进行农村经济改革的积极分子。进一步肯定党允许一部分农民先富起来的政策是正确的。要求各地、各有关部门大力扶持专业户的发展。"③

政府对专业户、重点户的肯定让农户放了心，以专业户为主体的万元户群体呈现增长之势。1984 年秋，"湖北省近 6 万农民跨入'万元户'行列，湖北省农村金融部门已向 105 万多专业户发放贷款 5 亿 6600 万元，帮助实现收入 43582 万元，使 59573 户农民跨入'万元户'行列。"④

---

① 郑德荣、韩明希、郑晓亮：《中国经济体制改革纪事》，春秋出版社 1987 年版。
② 《科学致富新一代》，《半月谈》1984 年第 7 期，第 27 页。
③ 《农民可以放心的几件事》，《半月谈》1984 年第 1 期，第 26 页。
④ 摘自刘振雄《纪念改革开放 30 周年》之二 "村变"，《楚天都市报》2008 年 2 月 27 日。原载《湖北日报》1984 年 11 月 15 日。

在经济发展较快的上海市，到1985年6月底，全市已有个体工商户11400多户，从业人员108900多人，为1978年前的9.78倍，比上年同期增加98%，其中从事商业的占53%，服务业的占14%，饮食业的占11%。[①] "个体经济的迅速发展，促进了城乡经济的繁荣，随之也出现了相当一批地个体大户，在社会上人们习惯称之为'万元户'。从目前发展趋势看，个体'万元户'越来越多。据有关部门调查，上海最大的小商品市场南市区的福民街市场里共有570家个体户，年收入万元以上者已有340户，卢湾区柳林路小商品市场450家个体户中也有80%以上年收入超万元。这两个市场中年收入在10万元以上的富户至少30家。本市郊县个体雇工的大户也有250多户，平均每户雇工15人，有的个体户拥有资本从几千元猛增到数十万元。"[②]

个体"万元户"的迅猛发展成了改革前进中的"新个体"。有技术和有本事的农民成为专业户，敢闯的农民进城成为个体户，很快加入"万元户"行列。农村社会典型调查结果显示，1984年末，在专业户、个体工商户中户均纯收入万元以上的大户每户平均拥有生产性固定资产值比一般专业户高出58.5%。[③] 专业"万元户"和个体"万元户"带动的"万元户"大军已浩浩荡荡地进军全国，刮起一阵从农村到城市经商致富的旋风，城里的许多干部和职工再无心拿着几十年不变的微薄工资职守岗位，宁愿辞职从事个体经营。

（二）谈"冒尖"不色变

农村经济改革释放的强大能量和中国农民爆发出的巨大热情推动了农村改革的顺利进行，然而改革开放是"摸着石头过河"，万元户的成批涌现是政府所始料未及的。对于这样的"冒尖"行为，中国农民可谓尝尽苦头，前有谈合色变，后又谈包色变，现在是谈"富"色变。万元户的"冒尖"是否符合国情，"冒尖"是不是社会主义，到底可不可以"冒尖"？是当时社会和舆论媒体讨论的重点话题。

《湖北日报》发表评论员文章，题为《朱伯儒与万元户》。朱伯儒是

---

① 凌孔山：《个体"万元户"在社会中的影响》，《社会》1986年第2期。

② 同上。

③ 中共中央书记处农村政策研究室资料室编：《中国农村社会经济典型调查（1985年）》，中国社会科学出版社1988年版，第21页。

"当代雷锋"共产主义思想的模范实践者，而"万元户"是劳动致富的实践者。文章指出宣传朱伯儒与宣传万元户并不冲突，不是一种倒退，也不是腐化，至于有些人对宣传"万元户"不理解，那是因为"富则变修"的幽灵还在吓唬人。①

怕"富"、想"富"又妒"富"的复杂情绪交织在一起。有人形象地比喻为"红眼病"和"白眼病"，称当下不仅有看到别人富而自己不会富的"红眼病"还有不能正确理解党富民政策的"白眼病"，"白眼病"患者对致富的农民总是看着不顺眼，喜欢用姓"社"还是姓"资"的问题刁难他们。在"白眼病"流行的地方，农民发展商品生产的努力往往受到阻碍和压制。农民要买辆机动车，办个证、申请执照是非常困难的。②

致了富的个体户不仅怕政策变，还怕得了"红眼病"的人。众所周知的"傻子瓜子"创始人年广久，是被邓小平多次点名并收入《邓小平文选》而闻名全国的"中国第一商贩"，他几度坎坷又一时辉煌，他因邓小平的一句话而化险为夷的传奇经历回应了"冒尖"的敏感话题。

年广久，1937年生，自幼家庭贫困，靠做小生意谋求生计。1963年因贩鱼被说成是投机倒把而被判有期徒刑一年；"文革"时期卖板栗被说成是"牛鬼蛇神"，被关了20多天。但这样的折腾经历丝毫没有吓破他做生意的胆。沿着十一届三中全会的春风为农民指出的致富之路，1980年，年广久宁愿付出与老婆离婚的代价，毅然站在风口浪尖上做起了生意。善于经营算计的他，以薄利多销的策略、货真价实的口碑很快打出了"傻子瓜子"的品牌。排队买瓜子的人络绎不绝，赚的钱多得用麻袋装。他对外人调侃到"天经常下雨，钱也发霉，我就把钱拿出来放在太阳下晒。"

1982年，靠小作坊生意得以致富的傻子瓜子已经发展成雇工经营，是制作和销售瓜子并具有生产规模的个体工商户。从1982年到1984年，个体工商户与国营企业的经营就像跷跷板的两头，个体户强力发展的另一端是国营企业的低谷。个体户的雇工经营是否是资本主义的雇工剥削，个

---

① 参见刘振雄《纪念改革开放30周年》之二"村变"，《楚天都市报》2008年2月27日。原载《湖北日报》1983年5月25日。

② 官伟勋、刘效仁：《"红眼病""白眼病"都该治》，《今日谈》1984年6月25日第1版。

体私营经济的存在方式已经上升为社会主义性质的理论问题。雇工经营、财气逼人的"傻子瓜子"又一次踩在风口浪尖上。①

　　这样的"冒尖"户、个体"万元户"该不该打压成为社会各界争论的焦点。事情闹得不可开交时，1984年10月22日，邓小平发话"前些时候那个雇工问题，相当震动呀，大家担心得不得了。我的意见是放两年再看。那个能影响到我们的大局吗？如果你一动，群众就说政策变了，人心就不安了。你解决了一个傻子瓜子，会牵动人心不安，没有益处。让傻子瓜子经营一段，怕什么？伤害了社会主义吗？"②

　　"傻子瓜子"最终没有被打压而起到很好的示范作用。"很多人总认为'冒尖'和'共同富裕'有矛盾，同社会主义原则不搭界。其实，共同富裕，是波浪式前进，不是军事操练中的'齐步走'，大家整齐划一地同时到达富裕境地。现实的共同富裕之道，只能是一部分人、一部分地区先富起来，然后带动、影响更多的人，更大的范围也富起来。这才符合事物发展的规律。许多农村由穷变富，不正是走的这条道路吗？有第一个万元户，才有第二个、第三个……万元户。倘若不许冒尖，见谁冒尖就眼红，就砍，那必然还是回到大伙一块贫困的'社会主义'。这种'社会主义'人们领教得够了，早已如实地斥之为'假社会主义'。……让我们以最大的热情欢迎人们冒尖，再冒尖吧！"③

　　可以说这一阶段的中国改革由于"左"倾思想的回潮呈现纷繁复杂的局面，中央仍顶住有关压力对"傻子瓜子"这样的"冒尖"万元户持支持态度。《关于一九九一年农业和农村工作的通知》（中发〔1990〕18号）提出，"要保护种养专业户和个体工商户的合法经营。对私营企业，要加强引导、监督、管理、兴利抑弊，并保护其合法权益。"中央这一态度，保住了"冒尖"户、个体"万元户"来之不易的发展局面，为其进一步发展提供了条件。《关于进一步加强农业和农村工作的决定》（中发〔1991〕21号）首次明确提出判断，"以集体经济为主体的多种经济成分

---

　　①　参见《傻子瓜子创始人三次入狱　邓小平一句话无罪释放》，《南方都市报》2008年3月24日。

　　②　《邓小平在中央顾问委员会第三次全体会议上的讲话》，《邓小平文选》第3卷，第91页。

　　③　钟怀：《谈"冒尖"色变》，《人民日报》1984年7月23日第5版。

并存的格局已经形成。"①

（三）农村党支部的致富工作

党有富民政策，国有富民条件，民有致富要求，如何围绕致富开展工作是摆在农村干部面前亟待解决的重要问题。

山西省洪洞县政府向十个致富先进大队的党支部书记作了调查，县委副书记郭学海总结了他们在围绕致富做工作时的体会："围绕致富做工作，必须从农村实际出发。当前农村的实际，归纳起来是三句话：一是农村有两个剩余：劳动力剩余、劳动时间剩余；二是农民有两个愿望：希望增加经济收入，希望提高生活水平；三是群众有两点忧愁：发愁致富没门路，发愁产品没销路。农村党支部想方设法解决两个剩余问题，帮助农民实现两个愿望，积极为群众排忧解愁，这是当前围绕致富做好工作的立足点和出发点。"②

山西阳城驾龄公社党委书记延钟山认为农村党支部"要敢于支持保护先富户"。他说自己通过学习中央1984年1号文件认识到：能不能正确对待农民富裕，集中表现在如何对待先富起来的农民上，以前许多农民因为勤劳致富吃了苦头，许多干部因为支持农民致富挨了批斗，因此在对待"富"的问题上，农村干部还有"左"倾思想的残留，只敢大讲国富，不敢大讲民富；愿多讲集体富，不愿多讲个人富；对一般致富户敢支持，对冒尖户不敢支持。他强调："先富户是农村先进生产力的代表，我们有责任支持和保护他们。只有这样，广大农民才能真正放心大胆地富起来。"③

有了对党富民政策的思想认识，农村党支部的致富工作也是开展得有声有色。在山西省洪洞县的致富路上，出现了党员带群众、支部带'两户'、'两户'带千家万户的和谐场面。万安镇曹家庄大队年轻的支部书记许小虎，利用产麦区的有利条件，筹集资金两万多元，办起一家面粉厂，不到一年时间盈利4万余元。但他没有光顾自己而是千方百计帮其他党员和身边群众打开更多致富门。许小虎慷慨借给要办陶瓷厂的本村党员

---

① 参见陈锡文、赵阳、罗丹《中国农村改革30年回顾与展望》，人民出版社2009年版，第123页。

② 中共山西省洪洞县委副书记郭学海：《农村党支部如何围绕致富做工作——洪洞县十位党支部书记的体会》，《半月谈》1985年第4期，第13页。

③ 山西省阳城县驾岭公社党委书记延钟山：《要敢于支持保护先富户》，《半月谈》1984年第8期，第36页。

王天保9000元，后又资助1.1万元帮陶瓷厂配置一辆汽车。几个社员要办面粉厂他又热情援助，资助他们1500元。他还准备开办罐头厂，以安排好全村150个剩余劳动力，使人人有活干，个个有钱挣，家家户户富起来。①

　　像许小虎这样一带二帮三扶持引导群众走富裕之路的农村党支部书记不时涌现出来。政府引导农民致富的新闻成为各省市区报刊的要目：

　　天津武清县黄庄乡黄庄村党支部书记沈孟良勤劳致富最早成为这个村的万元户，他又办起家庭尼龙手套加工等副业，帮助困难户一起富裕。② 辽宁省委书记全树仁强调，现在发展农村经济必须把科学放在首位，要允许科技人员搞技术承包，让科技人员的万元户带动更多的万元户。③ 四川省政府提出人才"解冻"新措施，知识分子到中小企业和农村办企业可以当"万元户"。④

　　在贫困地区出现"要想富，首先有个好支部"的口号。浙江黄岩市从1991年到1994年三年先后派出56名干部到贫困村任职，加强贫困村的领导班子建设，使基层党组织和党员在脱贫致富中发挥核心和模范作用。⑤ 以农村党支部为中心的领导在一定程度上增强了农村的致富机能，那些在改革大潮中引领同村人共同致富的农村党支书成为政府关注的焦点。河北省蠡县辛兴村在改革开放前是一个非常贫困的地方，党支部书记阎建章和几名支委变卖家私，求亲靠友，集资1200元，很快带领全村搞起了纺毛线的副业。一年半时间，他们竟用手摇纺车纺出了100吨氯纶毛线。辛兴村万元户已很平常，几十万元户也不稀罕。可阎建章的工资，每月仅有100元。⑥

---

　　① 中共山西省洪洞县委副书记郭学海：《农村党支部如何围绕致富做工作——洪洞县十位党支部书记的体会》，《半月谈》1985年第4期，第14页。

　　② 《天津日报》今日首都和各省市区报纸要目，载于《人民日报》1985年1月21日第3版。

　　③ 《辽宁日报》今日首都和各省市区报纸要目，载于《人民日报》1986年11月26日第3版。

　　④ 《四川日报》今日首都和各省市区报纸要目，载于《人民日报》1986年12月6日第3版。

　　⑤ 杨仁争：《缩小区域经济差异实现共同富裕》，《人民日报》1994年3月28日第5版。

　　⑥ 穆青、孟宪俊：《改革大潮中的老支书》，《人民日报》1991年6月17日第1版。

四 万元户的替代（1992—1998）

农村个体私营经济的发展是农村经济发展的新形式，从最初允许少数人从事个体经营到决议通过个体经济成为我国公有制经济的有益补充，推动了我国经济所有制结构的重大调整，也使农村经济所有制改革发生了深刻变化。农村个体、私营经济的从业人员大大突破了万元资金的原始积累，万元在私营企业和个体企业的发展中只是起步资金。

在这个逐步开放的经济转轨阶段，层出不穷的农民企业家和先机者抓住时代脉搏，不断壮大自己的财产积累，成为万元户的替代。万元户不再是一个时尚群体，人们口中的顺口溜变成："十万元户刚起步，百万元户马马虎虎，千万元户才算富"的调侃。

（一）私营经济的突破

农村个体和私营经济的发展经历了一个艰难曲折的过程。1978 年到1986 年从对社员自留地、家庭副业和集市贸易的不乱加干涉，到允许少数持证外出从事个体经营、鼓励劳动者个体经济的适当发展，可以说农村个体和私营经济处于一个起步发展的阶段；到 1988 年以后，出现了农村个体和私营经济发展的低谷，1989 年"左"倾思想的回潮，个体和私营经济发展得到的支持明显减少，发展环境的恶化，虽然这一阶段对个体、私营经济的发展并未否定，但较前几年的发展形势相比，发展速度明显减缓。"1989—1991 年，私营企业的数量从 106.94 万个减少到 84.9 万个；从业人员数从 883.75 万人减少到 776.74 万人。个体企业数、从业人员虽然有所增加，但同样面临发展明显减缓的压力。"① 这一阶段是农村个体和私营经济曲折发展的阶段。虽然中央对合法经营的种养专业户和个体工商户采取重点保护的态度，但"左"倾思想的束缚，姓"资"还是姓"社"的问题仍然是罩在谋求发展、致富求新的改革先锋者头上的紧箍咒。

1992 年，被誉为"东方风来满眼春"的南方谈话带来了中国改革的第二次思想解放。"三个有利于"标准的提出，"社会主义也要有市场"的精辟论断解除了个体、私营经济者头上的紧箍咒，冲破了长期以来姓

---

① 陈锡文、赵阳、罗丹：《中国农村改革 30 年回顾和展望》，人民出版社 2009 年版，第124 页。

"资"还是姓"社"的争论，对肯定个体、私营经济的正面作用并为其进一步发展提供了强有力的政治支持。1992 年 10 月党的十四大提出了建设社会主义市场经济体制的改革目标，并明确提出"以公有制包括全民所有制和集体所有制为主体，个体经济、私营经济、外资经济为补充，多种经济成分长期共同发展，不同经济成分还可以自愿进行多种形式的联合经营。""国家要为各种所有制经济平等参与市场经济竞争创造条件，对各类企业一视同仁"。[1] 这样个体、私营经济的合法性得到进一步明确肯定，发展环境大为改善。党的十四届三中全会通过的《中共中央关于建设社会主义市场经济体制若干问题的决定》正式提出以公有制为主体的多种经济成分共同发展，并鼓励个体、私营经济的发展。

这样，个体、私营经济再次步入高速发展的轨道。在这过程中开始出现"百万元户"便是这一新变化的体现。一些把握国家政策，紧跟时代步伐的先机农民企业家崭露头角。山东省博兴县兴福镇出了 100 多个百万元户。其中拥有 200 万元以上的达 31 户。农村经济发展以每年 57%的速度急剧上升，农民人均存款达 2870 元，居山东省乡镇最前列。1985 年前一直处于贫困状态的兴福镇以厨房设备生产为龙头发展外向型经济，以家庭工业从事第二三产业。"万元户，贫困户；十万元刚起步，二三十万不算富，过了百万是个数"，是兴福镇的口头禅。正是因为"一人富，熟人跟；一群富，带全村"的局面才使得兴福镇产生了百户百万元户的鼎盛局面。[2]

从全国范围来看，"1995 年，个体、私营企业单位数分别为 1944.33万个和 96.02 万个，比 1991 年增加 15.78%和 13.09%；个体、私营企业从业人员数分别为 5972.37 万人和 874.35 万人，比 1991 年增加 43.95%和 20.31%；个体、私营企业完成增加值分别为 4379.68 亿元、856.23 亿元，比 1991 年增加 4.83 倍和 3.24 倍；完成总产值分为 21322.78 亿元、10988.27 亿元，比 1991 年增加 6.14 倍和 12.68 倍。"[3]

党的十五届三中全会通过《中共中央关于农业和农村工作若干重大

① 中共中央文献资料室编：《中共十三届四中全会以来历次全国代表大会中央全会重要文献选编》，中央文献出版社 2002 年版，第 157 页。

② 李锦：《大转折的瞬间——目击中国农村改革》，湖南人民出版社 2006 年 1 月第 1 版，第 327—328 页。

③ 陈锡文、赵阳、罗丹：《中国农村改革 30 年回顾和展望》，人民出版社 2009 年版，第 125 页。

问题的决定》要求采取灵活有效的政策措施，鼓励和引导农村个体、私营企业的更大发展，并对他们在生产、投资方面的合理需求给予贷款支持。正是由于政策环境的改善和经济政策的扶持，农民企业家如雨后春笋出现在个体、私营经济高速发展的轨道上，下面是笔者实地调查两个农民企业家成长的个案。

案例一：位于湖南省西南部的新宁县崀山镇是重要的脐橙出口和加工基地，坐落在崀山国家风景区名胜腹地的宝丰园艺中心是一家承担全县主要优质脐橙生产、育苗与出口加工的大型园艺民营独资企业。宝丰园艺中心拥有固定资产 200 多万元，占地面积 340 多亩，成龄丰产脐橙树 1 万多株，年产量稳定在 25 万公斤以上。苗圃 100 亩，年出圃优质苗木 200 万株以上。年加工销售出口水果 2000 吨，年生产和销售产值 920 万元，年利润 260 万元。这家民营企业建于 1994 年，其创始人田正清是新宁县崀山镇盆溪村的农民。

1980 年，田正清说他的第一桶金是《湖南科技报》，就是从这份报纸上他看到科技养猪致富的信息，便毅然决然地带上自己攒下的全年积蓄去学养猪新技术。经过一年的考察学习之后，他办起了养猪场，后来发展成村里最早的万元户和科技示范户。

一个偶然的机会，田正清得以到香港明星花卉进出口公司工作。知识的积累、经验的丰富加上他对市场的观察和思考，他毅然辞职开办了自己的公司。经过十几年的打拼和发展，他创办的宝丰园艺场取得了辉煌的成绩：宝丰园艺场的脐橙连续三年获得省优质水果评比金奖，创造了自己的品牌"宝丰牌"，田正清本人也获得多项殊荣。2000 年，他被县委、县政府评为乡土人才资源开发科技致富带头人，并获邵阳市劳动模范称号；2001 年被评为全省"十佳百优青年星火带头人"、全市"十佳青年星火带头人"；2002 年在全国农村青年工作会议上被授予"全国农村青年创业致富带头人"荣誉称号。①

案例二：湖北襄樊市五山镇堰河村村民游邦立是当地有名的茶庄老板，他凭借自己二十多年的茶叶技术经验在当地建立了富有名望的天艺茶庄，并代理经营和销售湖北名茶"玉皇剑"。1986 年，初中未毕业的他就

---

① 根据新宁县盆溪村村民田正清的口述史和新宁县县团委和科技局的材料《脐橙园里的丰收者——记湖南省新宁县青年农民田正清》编写。

开始接触茶生产，掌握了茶叶的生产知识。堰河村特殊的地理环境使茶叶成为当地的支柱产业。生产责任承包制的确立和中央政策对个人投资的肯定后，意气风发的游邦立看中茶叶市场，决定投入 1000 多元承包集体茶园 5 亩，开始小规模的茶叶生产。

做了十年的茶叶生意后，游邦立凭借丰富的经验和过人的胆识，决定加大生产投入。那时村里大面积的茶场负债累累，无人问津。游邦立不仅愿意承担茶场的全部债务并向农村信用合作社贷款 12 万元加大投入。在随后五年的发展当中，事实证明游邦立当时对市场的判断是正确的。2002年，茶场成立了天艺公司，注册资金 50 万元，所创造的天艺牌茶叶在当地颇具影响力。当问及游邦立在致富创业的过程中影响他最关键的因素是什么，他毫不犹豫地说道："机遇与能力。"这个机遇既是党的政策大环境，也有自己谋发展的愿望。①

上述两个案例显示，1982 年，继家庭联产承包责任制的推行后，党中央对致富农民的高度评价和肯定给了更多农民信心，让他们在自身决策中谋发展和求富裕，宽松的致富政策让更多有能力的农民改变种地致富这一原始单一的渠道，凭借自己的胆识、能力和经验走上致富的快速通道。正如游邦立说："如果没有改革开放的好政策，我只是种着一小块地的农民；如果没有党的致富政策，我就不会当上茶庄老板，这些都是党的政策在影响我。当然个人能力也是关键，没有本事和经验茶庄就做不大。我每天都会看《参考消息》，了解国内外大事，每年都会去广州、福建那边参加茶叶交流会，这些都有利于我对这个行业经营状况的了解。任何事情都是在发展中求生存，只有发展才是硬道理。"

从个体私营经济起步培养市场经济主体的"兴福现象"到诸多乡镇企业和农民企业家的出现，均折射了中国经济体制改革的一个方向。"1997 年 1 月 1 日《乡镇企业法》正式公布实施，标志着个体、私营企业的合法权益得到法律的保护。当年 1 月 14 日，国务院专门召开全国乡镇企业工作会议，对促进乡镇企业的发展进行了部署，对个体、私营经济起到了明显的推动作用。"② 1997 年 9 月 12 日，中共十五大在北京

---

① 根据湖北襄樊五山镇堰河村村民游邦立的口述史编写。

② 陈锡文、赵阳、罗丹：《中国农村改革 30 年回顾与展望》，人民出版社 2009 年版，第 125 页。

召开，以江泽民为核心的第三代领导集体，在高举邓小平理论的伟大旗帜下，决议把建设有中国特色的社会主义事业全面推向 21 世纪，把以公有制为主体、多种所有制经济共同发展作为我国社会主义初级阶段的一项基本的经济制度确立下来，并随后上升为国家法律，有了明确的制度性保障。

（二）万元不再稀罕

从对家庭财产的积累和收入水平两个指标的变动来看，到 1980 年代中期，万元户即已不再稀罕。

1984 年 3 月 25 日，京郊农民养鸡万元户孙桂英买小轿车的新闻见报后，立即在社会上引起强烈反响。这是轿车第一次走进农户。1981 年 9 月，48 岁的孙桂英开始养鸡 1000 只，年后结算平均每只鸡的纯收入 7 元，再加上其他的庄稼的收入，已是个万元户。第二年，她把鸡群扩大到 2200 只，但当时政策对商品生产的不完全肯定让她有些犹豫。后来万里、胡启立等中央领导同志的到来和肯定以及胡耀邦在《人民日报》上对发展个体养鸡的批示使她坚定了信心。1983 年她新建两栋鸡舍把鸡群增加到 5000 只，随着鸡场规模的扩大也增加了运送饲料和生蛋的压力。1983 年年底，她买了一辆东风 140，淘汰了自己原来那辆机动三轮车。①

轿车在彼时还是高档的生活消费资料，第一个买轿车的农民无疑是新鲜的。1979 年"四大件"（自行车、缝纫机、收音机、钟表）仅在城镇居民中供应。现在看来已经普及的彩色电视机，直到 1985 年农村居民家庭平均每百户才拥有 0.8 台，黑白电视机平均每百户拥有量是 10.9 台。②当时拥有这种高档消费品的农民家庭主要集中在先富起来的万元户，而从农民能够买上轿车的荣耀事件来看，早期的这批万元户已经完成一个阶段的财产积累。

从对 37422 户的农户调查的数据来看，1985 年农户收入普遍提升，见下表：

---

① 《半月谈》1984 年第 8 期。

② 数据来源：1978—2006 年历年农村居民家庭平均每百户主要耐用消费品年末拥有量，中华人民共和国国家统计局统计数据 http：//www.stats.gov.cn/tjsJ/。

类　　别	户　　数	占总户数比重（%）
100 元以下	2756	7.24
100～150 元	3310	9.03
150～200 元	3666	10.00
200～300 元	7585	20.69
300～400 元	6054	16.51
400～500 元	4114	11.22
500～600 元	2758	7.52
600～700 元	1875	5.11
700～800 元	1231	3.36
800～900 元	812	2.21
900～1000 元	592	1.61
1000 元以上	2015	5.49

数据来源：中共中央书记处农村政策研究室资料室编：《中国农村社会经济典型调查（1985年）》中国社会科学出版社 1988 年版，第 10 页。

"如果将农户的收入分高、中、低 3 个档次来看，大体上是人均收入 200 元以下的低收入户和 500 元以上的高收入户各占总户数的四分之一，人均纯收入 200 元至 500 元的中等收入户占总户数的一半。户均纯收入 1 万元以上的有 295 户，占 0.8%。扣除天津大邱庄的 91 个'万元户'，则占 0.56%。"[1]

从 406 例户万元户的财产统计发现（数据来源 1985 年 8 月 1 日至 1985 年 12 月 31 日以来的人民日报、光明日报、大众日报、经济日报、四川日报等有关万元户的所有通讯报道和三户实例）：2 万元以下 307 户，占 75.6%　2.1 万元—10 万元 84 户，占 20.7%　10.1 万元—20 万元 9 户，占 2.2%　20.1 万元以上 6 户，占 1.5%，可见他们的财产大都分布在 1—10 万元之间。[2]

　　[1]　中共中央书记处农村政策研究室资料室编：《中国农村社会经济典型调查（1985 年）》，中国社会科学出版社 1988 年版，第 10 页。
　　[2]　胡聪：《406 例"万元户"的调查》，《经济问题探索》1986 年第 10 期。

据对全国 4 万余户居民家庭记账调查和相关资料测算，1996 年全国城镇"万元户"已达到 6642 万户，占全部城镇居民家庭的 76%。同年，全国城镇收入 10 万元以上的居民家庭中，广东省占 55%，为 106 万户；上海占 9.41%，为 18 万户；浙江占 6.13%，为 12 万户；江苏占 5.24%，为 10 万户；山西、吉林、江西、贵州、宁夏等地比例很小。年收入 3—10 万元的家庭中，广东仍为第一，占 32.65%，为 204 万户；上海第二，占 9.15%，为 57 万户；江苏 7.18%，为 45 万户；浙江占 6.54%，为 41 万户。年收入 1—3 万元的家庭分布比较平均。① "2007 年全国农民人均纯收入达到 4140 元，创 1997 年以来的年度最大增幅。从这个意义上说，中国农民的家庭收入已总体越过了'万元'线。"②

万元户已不再是时尚的标杆，人们嘴里的顺口溜变成了"一万两万贫困户，十万八万不算富，百万才是刚起步，千万以上才是富。"经济改革从农村开始，万元户也最先在农村冒出，从农村蔓延到城市，对城镇居民来说，万元也是个响当当的数字。1985 年，二三十元的工资羡煞旁的人，但在 90 年代中期，工资已经不是唯一的收入来源。随着经济社会的发展，中国的教育、医疗和生活费用也在逐年增加，城镇居民完全靠工资根本负担不起昂贵的费用。下海经商成为很多城镇职工的选择，还有其他多元化投资；而在农村，单纯的农业收入也满足不了日益增长的物质生活需要，打工成为务农之外的第二种职业。无论是农村还是城镇，居民的实际收入都已发生巨大变化。1990 年至 2001 年，农村居民家庭人均收入实际增长 62%。在城镇，仅 1989 年至 2002 年 13 年间，国家就先后 7 次提高工资，城镇居民收入明显增加。③

当年汉正街上那些光鲜的万元户们不再罕见。"据说在汉正街上闭着眼睛随便抓一个个体户，最差也是万元户。"这是武汉小说家池莉在她的散文集《真实的日子》对 1992 年武汉的描述。80 年代后期万元户的新闻已不足为奇，从万元户的发现到万元户的隐遁，新闻搜索的历史长达 17 年之久，直到 1997 年万元户的新闻还在零零散散地出现，1998 年，"万

---

① 任才方：《"万元户"不再稀罕——城镇家庭万元户近八成》，《中国统计》1997 年第 8 期。

② 《8 大"热词"折射中国农村改革 30 年之变》，新华网，2008 年 10 月 15 日。

③ 《看"万元户"如何成为历史》，《西安商报：旧闻参考》2009 年 1 月 18 日。

元户"成为历史。

　　谁将是中国的第四代富人？随着社会主义市场经济体制改革的进一步深化和推进，中国的资本市场逐步苏醒和发育。资本市场的开放很快吸引了众多股票投资者，民营企业的产权大变动毫无疑义的引起资金的重新分配，能在此把握商机的人无疑将成为中国的第四代富人——他们的财富是以数十亿甚至上百亿计算。而 1980 年代初作为富裕代名词的"万元户"不过只是财富积累的最初表现。替代他们的是十万元户、百万元户，甚至更富的人。

五　结语："万元户"与当代中国农村变迁

　　"万元户"这一富有中国特色的民间词汇，是改革开放后农村经济呈现历史性飞跃的产物，与中国经济体制的转型紧密相关，是中国农民在经济收入发生巨变的条件下创造出来的新词汇。它最早产生于 1980 年春天，出现在依靠粮食和副业收入致富的极少数农户身上，经过媒体和政府的宣传和推动，成为中国第一代"富人"的代名词。20 世纪 80 年代初，政府"让一部分农民先富起来"的政策支持使"万元户"成为劳动致富户、科技示范户的指代；20 世纪 80 年代中期农村商品经济的迅速发展，专业户、冒尖户成为"万元户"的主要来源；随着农村经济改革的推进，20 世纪 90 年代中后期中国农民的户均家庭收入已总体越过"万元"线，万元户不再稀罕。随着私营经济的突破，民营企业家和资本投资者的收入动辄上十万，甚至百万千万，他们成为"万元户"的替代，不断涌现在中国富人的行列中。"万元户"从富的象征转变为穷的暗示而不再被人们提及和使用成为一个历史词汇。

　　"万元户"从其出现到隐遁，经历中国改革十七年的纵深，见证了集体主义的退潮，商品经济的推进以及私营经济兴起等中国经济体制改革的三个阶段。"万元户"无疑是中国农村改革的关键词，它蕴含着丰富的时代内容。

（一）万元户：政策选择、制度安排与农民的追求

　　"万元户"是政府的政策选择、制度安排和农民追求相契合的结果。20 世纪 70 年代末的中国农村正在经历新中国建国后的第二次制度变迁，与第一次强制性财产制度变迁的土地改革不同的是，这次制度变迁的动力

主要源于中国贫困农民的自发创造，国家对农民自发创造的结果予以承认和支持并最终以制度形式确认下来形成诱致性制度安排。在制度安排的集合中农民自发性的创造是集合中的新元素，而正式制度的安排与政府政策的选择紧密相关，随之改变的是农民的经济行为。从计划经济体制到市场经济体制的转变是中国政府不断参与导向并与农民要求不断契合的过程。

政策是决策主体立足于一定政治理想围绕既定政治或经济目标制定出的计划，表现为纲领、决议、方针、会议纪要和报告等。"政策自然不会脱离制度框架。政策从属于制度，在制度框架中生成和运用。但政策的特性决定了它并非被动的适应制度，它也不仅仅只是有利于制度框架的完善，它还会积极或消极地在制度框架内发生变量，最终促使制度变迁、达到制度创新。"① 当代中国改革从计划经济体制到市场经济体制的跳跃，是一系列连续性和整合性的政策选择达成并推进的，是一个循序渐进的过程。

从政策目标的角度来看，第一阶段从人民公社体制的削弱到分户经营的回归。政策目标直指农村经济改革，搞活农村经济，让农民生活富裕起来，政策思想已由原来的"限富"、"卡富"转变为提倡和鼓励"致富"。其制度安排的体现就是家庭联产承包责任制的正名。继 1978 年两个农业文件《关于加快农村发展若干问题的决定（草案）》和《农村人民公社试行条例（试行草案）》的推行，1979 年 9 月，中共十一届四中全会正式通过了《中共中央关于加快农业发展若干问题的决定》，《决定》适当地放宽了对自留地、家庭副业和集市贸易的限制，还放宽了包产到户的限度，纠正了分配上的平均主义，提出可以联产计酬，拓宽了农民的收入渠道。1980 年，农业生产责任制形式逐步呈现多样化，农民开始适度发展多种经营，农民收入有了较大幅度的提升。1981 年到 1983 年，从给包产到户上户口到家庭联产承包责任制的建立确保了农民致富的信心。

在这一阶段，极少数农民成为"万元户"的消息不胫而走，作为政府喉舌的媒体对"万元户"的造势强调了党的富民政策，是责任制形式转变直接导致农民生产积极性爆发，"万元户"的不可思议让所有人对中国农民刮目相看，极力突出了政府改革的特效，"农民都成了万元户，没有什么不可能"成为大家奔走相告的新闻。政府政策的转变体现在富裕

---

① 朴贞子、金炯列：《政策形成论》，山东人民出版社 2008 年 10 月第 2 版，第 4 页。

农民身上，富裕农民的打造体现在"万元户"上。针对农民这种翻天覆地的变化，政府选取"万元户"的典型作为反映党的好政策而大加宣传。在中央文件"求富"精神的号召下，当地政府为万元户披戴红花，开致富大会，"万元户"成为中国经济文化生活中一面颇具政治感召力的旗帜，号召大家走富裕之路。经过宣传，农民怕"富"的担忧被国家政策化解，只求如何更快走向富裕，向万元户看齐。集体主义退潮后，农民拥有了土地承包经营权、更多的自留地和家庭副业的劳动时间，他们的收入增长的速度令人惊讶。中国政府利用"万元户"这面旗帜既宣传了改革之初在农村取得的骄人成效，也昭示"贫穷才是社会主义"的时代一去不复返了。

第二阶段政策目标旨在发展商品经济。在政策思想上以保护和支持专业户、重点户为主。农村改革的初显成效使经济改革逐步迈向第二个台阶，在稳定和完善生产责任制的基础上，有计划地发展商品生产。中国市场经济体制已略显雏形，商品流通渠道的拓宽，商品经济发展中的经营主体——专业户和个体户迅速抬头，中央对这种新生力量给予积极支持，要他们"带头勤劳致富，带头发展商品生产，带头改进生产技术"。1984年以专业户为主要标志的农村商品生产空前活跃。大约占全国总农户10%左右的专业户创造了比当地一般农户高出几倍、几十倍的劳动生产率和商品率。1978年，农民所生产的农副产品中作为商品出售的只占35.6%，1983年已升到40.5%，其中商品生产率已由1978年的20%左右提高到现在30%以上。① 1985年，中国农村经济已逐步走上商品经济和多种经营的轨道。1985年11月22日，新华社的报道说，"全国已涌现出425万多个符合统一标准的专业户和810多万个个体工商户。"②

在这一阶段不断拓展的商品市场壮大了商品生产者的队伍，万元户不断涌现，以专业户和个体户为主体成为市场上的主力军。然而他们的财富积累扩大了两极分化的差距，但中央对个体企业和私营企业兴利抑弊的态

---

① 参见方向新《农村变迁论——当代中国农村变革与发展研究》，湖南人民出版社1998年版。

② 曹绍平：《我国农村以合作经济为主体多种经济形式多种经营方式并存的格局基本形成》，《新华社建社75周年纪念文丛》。

x

度顶住了"左"倾思想回潮的压力,保护了像"傻子瓜子"这样一批"冒尖"万元户来之不易的发展局面。从中央对"允许一部分人先富起来,发展生产,走向共同富裕"的重申到地方党支部围绕致富所做的工作带动了又一批万元户的成长。1990 年《关于一九九一年农业和农村工作的通知》提出保护个体和私营企业的合法权益,个体、私营企业的发展得到了政策上的明确支持。

第三阶段社会主义市场经济体制的改革目标正式确立。在农村,主要任务是按照建立社会主义市场经济的目标和要求,全面深化改革,进一步确立农户的经营主体地位,建立和完善市场体系。中国农村进入了一个重要的历史转折阶段。其重要创新表现在打破国营收购部门长期垄断经营的局面,全面放开农产品经营渠道,允许不同的经营主体进入流通领域参与市场竞争;积极推进农产品和农业要素市场体系建设。在已有的农村经济改革成就的基础上,农村市场经济体制进入深入和完善阶段。1997 年 1 月 1 日《乡镇企业法》正式公布实施,标志个体、私营企业的合法权益得到法律上的保护。2007 年,中共十六届三中全会通过的《关于完善社会主义市场经济体制若干问题的决定》,对建设完善的社会主义市场经济体制进行了全面部署,提出树立科学发展观和建设社会主义新农村的重大战略构想,为完善社会主义市场经济体制提供了理论指导。

由此可见,1978 年以后的中国农村改革是以政策调整为先导推进的各项制度改革,为达到一定的政策目标而追求的农业政策结构均衡状态。每一项农业政策都是在有利于市场经济制度框架的完善下,积极地在制度框架内发生量变,从制度集合中选出一项促使各方利益均衡的政策安排,最终促使制度变迁。政府的参与和导向是中国政治的处理特色,伴随着政府权力的渗透,通过解决社会经济问题到达满足社会需求的目的。

如果我们以过程作为解释政府农业政策的变项即通过动态的过程展示农业政策的选择和制定,那么政府和农民行为逻辑便会跃然纸上。[①]

"政策本身不能增加农业资源,但可以改变生产要素配置的环境和相

---

① 李成贵:《中国农业政策理论框架与应用分析》,社会科学文献出版社 2007 年版,第 57 页。

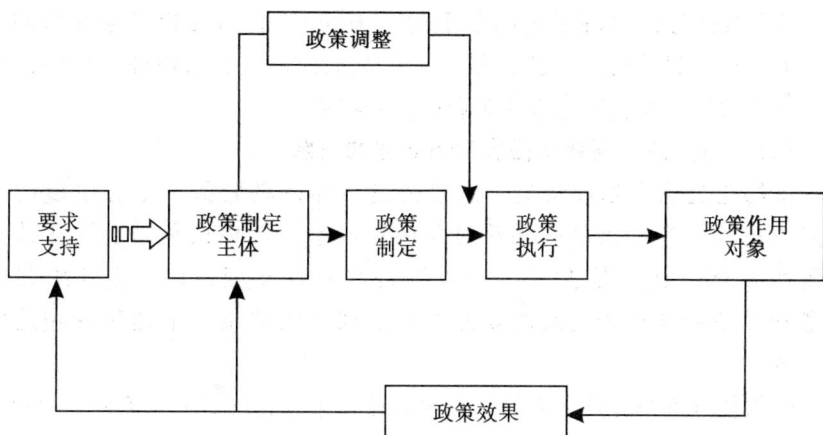

对价格，从而影响农业发展的方向、速度和效率。"① 有关政策安排通过改变所有制的内容和结构以及对价格和市场的干预，界定了农民的损益程度和范围。正确合理的政策总是带来农业的繁荣、农村的发展和农民收入的增长。② 从上图我们可以看出，政府政策的制定和调整与其作用对象的要求与支持以期出现的政策效果之间的相互联系，各项相互依存的农业政策的集合便形成农业政策结构。"在农业政策结构中，每一项具体政策都起着维持和平衡整个政策体系的作用，当某项政策的性质发生变化时，其他各项政策以及整个政策体系都会受到压力并发生变化。换言之，一项政策安排的作用和效率极大地依赖于其他有关政策的存在。"③ 成功的农业政策必须达到政策体系在结构上的均衡和协调。

"万元户"作为改革开放之初富裕的标志是农民的向往和追求。党的十二大以来"劳动致富"作为施政纲领被贯彻下来，为那些以前想富而不敢富、不能富的农民找到富裕的希望和方向。政府对万元户的催生塑形为那些曾经因为追富和保富被划为"走资派"的农民、干部找到有力的支撑。当地政府对各村万元户指标的规定是政策执行的有力表现。农业生

---

① 李成贵：《中国农业政策理论框架与应用分析》，社会科学文献出版社 2007 年版，第 2 页。

② 同上书，第 3 页。

③ 同上书，第 53 页。

产没有万元收入的农户力争向万元户看齐，以致在那些为了凑"万元户"指标的不发达地区出现了连纯带毛的"万元户"，万元户是集政府的支持、推崇与人们的向往、追求为一身的时代标杆。农民富裕的"万元户"现象是政策输出和农民追求相契合的良好回应。

（二）万元户：当代中国农村市场化的飞跃

市场化是从计划经济到市场经济进行体制转轨的一个分阶段的动态发展过程。在中国这一特殊对象的环境中，市场化是指资源从计划配置为"体"向市场配置为"体"的根本性转变，以及由此引起的各微观经济主体行为与政府职能等一系列经济关系与上述转变相适应的过程。①

中国经济改革发轫于农村，以家庭联产承包责任制为主体的土地经营制度拉开了中国农村市场化的序幕。"家庭联产承包责任制的建立，实现了农业微观组织的再造和土地使用与经营制度的变革，确立了农户家庭经营的主导地位，实现了土地所有权与经营权的分离，并因此满足了农民对土地经营的真实权利。"② 中国农民获得了财产权利和身份自由的双重解冻，并有力推动了农村商品生产的积极性，实现了农业结构调整和农村生产力的历史性飞跃。生产经营自主权的恢复使农户成为独立的商品生产者，在保证完成承包任务和国家征购任务的前提下，其生产经营活动基本上由市场导向，这改变了农业的单一经营格局，推动农业商品化的大发展。

"在1978—1996年间，农作物种植业占农业总产值的比重由76.7%下降为57.8%，林牧渔业的比重由原来的23.3%上升为42.2%，后者上升了18.9个百分点；粮食作为占农作物总播种面积的比重由1978年的80.4%下降为1996年的73.9%，经济作物的比重相应的由9.6%上升到20.9%。"③ 林牧渔业比重和经济作物比重上升是农业商品经济发展的重要信号，在不断以市场为导向的环境下，农户经营投入和产出自给性比重的不断缩小与我国农村商品率的大幅度提高是相对应的。"1978—1996年，农产品综合商品率由过去的30%提高到60%以上，即使农民自给部

---

① 冯旭芳：《农村市场化理论与方法》，中国经济出版社2006年版，第22页。

② 方向新：《农村社会变迁》，湖南人民出版社1998年版，第40页。

③ 同上书，第44页。

分数额较大的粮食产品，近十几年来也有显著提高。从 1978 到 1990 年，粮食商品率相应的由 16.4% 上升到 35.7%，粮食商品率的提高和市场化程度的加快迅速增加了农民的收入。"①

农民收入的高低与农村经济市场化进程紧密相关。从传统计划经济体制和政策高压下的收入紧缩步入到由市场来决定的收入开放阶段，带来了由原来不可想象的家产万贯到"万元户"落地开花的兴盛之象。"万元户"从出生到成长以及最终被替代的生命轨迹印证了当代中国农村市场化进程中农民收入变化的曲线。②

第一阶段（1978—1984 年）：农村市场化改革启动与万元户的出现。这一阶段农村实行了以农村家庭联产承包责任制的推广和普及为主要内容的改革，极大地解放了生产力，调动了农民的生产积极性，促进了农业经济快速发展。"1978—1984 年，中国农业总产值平均每年增长 7.6%（按 1978 年价计算），粮食产量增长 4.9%，农村居民人均纯收入由 133.6 元增加到 355.3 元，增长 1.66 倍，平均每年递增 17.7%，扣除物价因素仍高达 15.9%。这一期间，农村贫困人口减少了 2/3，以年平均 16.4% 的速度递减，农民收入已由实物为主转向以货币为主。1984 年，货币收入的比重上升到 58.1%，人均 206.3 元，比 1978 年增长 2.7 倍。"③ 而以种植业为主的经营大户或生产粮食之余还经营林牧渔等家庭副业的农户，收入超常规增长的比例更高。万元户的出现是农民收入超常规增长的直接结果。

第二阶段（1985—1992 年）：农村市场化全面探索与万元户的成长。"这期间农民收入增长的特征是跌宕起伏，有的年份增长 9.3%（如 1988 年），有的年份则为负增长（如 1989 年为 -1.6%），总的趋势是增速减缓。从 1985 年到 1988 年，拉动农民收入增长的主要动力来自收购价格提高和农民经济结构的调整，以乡镇企业为代表的农民非农产业的迅速发展对农民收入增长的贡献约为 42%。"④ 1985 年，中国农民社会经济典型调查报告中显示，36,667 农户中户均纯收入 1 万元以上的有 295 户，占

---

① 方向新：《农村社会变迁》，湖南人民出版社 1998 年版，第 44 页。

② 以下阶段的划分主要参考冯旭芳《农村市场化理论与方法》关于中国农村市场化的演进以及市场化与农民增收的阶段性特征。

③ 冯旭芳：《农村市场化理论与方法》，中国经济出版社 2006 年版，第 173 页。

④ 同上书，第 174 页。

0.8%（扣除天津大邱庄的 91 个"万元户"，则占 0.56%）。① 这一阶段各地万元户的数量在不断增加，继深圳渔民村成为全国首个万元户村之后，还出现了像天津大邱庄和华西村这样密集分布万元户的村庄，有了"万元村"、"万元乡"等新名词。在新华记者李锦所调查的西北部农村，1984 年陕西白集村收入过万元的户达 64 户，占总户数的 17%。② 但这一阶段仍伴随个体"万元户"发展的不稳定因素。

　　第三阶段（1992—1996 年）：农村市场化体制建立与"万元户"的替代。"1991—1996 年，农民收入反弹回升，年增长 5.6%。据估计，这期间粮食产量增长对农民收入的贡献率为 22%，农产品价格提高对农民收入增长的贡献率为 28%，另外，农村外出务工人数增加，非农收入成为农民收入的重要来源。农民收入增长中 35% 的新增收入来自农村非农产业发展和农民工外出打工。"③ 改革带来了百业待兴之势，农村各产业勃兴，随着市场经济体制的深入，农村非农产业迅速发展。家庭联产承包责任制的实行扩大了农民资源配置空间，可使他们从优化配置资源中根据不同的行业收益进行自由择业，可利用农业生产淡季选择支配家庭剩余劳动力去从事非农产业生产和经营活动。"在农业社会总产值构成上，农业产值所占比重急剧下降，从 1978—1995 年，农业产值所占比重由原来的69.5% 下降到 23.1%，而非农业产值所占比重则由 30.5% 上升到76.9%。"④ 农民非农收入的增加改变了农民收入的结构，从以农业收入为主到多元化的整合收入的转变为更多的财富先机者带来了收入膨胀，从农民收入的来源看，"来自集体统一分配的收入由 1978 年的 70.2% 下降到 1984 年的 13.5%，来自家庭经营的收入由 22.4% 上升到 77.4%。"⑤从当时农户收入的三个档次来看，人均纯收入 200 元以下的户，来自家庭经营的收入占 80%，其中来自第一产业的收入占 90%；人均纯收入 200至 500 元的户，来自家庭经营的收入占 83%，其中来自第一产业的收入占 85%；人均收入 500 元以上的户，来自家庭经营的收入占 65%，其中

---

① 见数据图表，中国农村社会经济典型调查（1985 年）。
② 李锦：《大转折的瞬间——目击中国农村改革》，湖南人民出版社 2006 年版，第 226 页。
③ 冯旭芳：《农村市场化理论与方法》，中国经济出版社 2006 年版，第 174 页。
④ 方向新：《农村社会变迁》，湖南人民出版社 1998 年版，第 50 页。
⑤ 同上。

来自第一产业的收入占 74%。① 这种状况除了反映家庭经营收入所占的地位外，还说明收入水平越高，来自第二、第三产业的收入越多。从当时最先出现的"万元户"来看，他们首先是以家庭经营的为主的农业经济，后来随着商品经济的需要和多种经济形式的发展，他们主要从事非农经营，在后来成批涌现的"万元户"中，多以专业户和个体工商户为典型。农民新增收入的增加已主要不是种植业，而是养殖、加工等行业。

原来以年收入万元荣居榜首的"万元户"被月收入上万元的后起之秀悄然替代。在由更多收入源流的财富激增时代，"万元户"早已过时。农民收入与农村市场化程度密切相关。

（三）万元户：一张历史名片

"万元户"的生命轨迹注解了改革开放后农村经济思潮的变化，印证了农民从贫穷到富裕的转变的历史，改写了农民是"时代弃儿"的新篇章。从集体主义时期的"割资本主义的尾巴"到改革开放后对"致富"的高声呐喊，"万元户"是农民成为中国第一代富人的身份证明。这张名片使用于农村经济体制改革的转型期，记录了从集体主义退潮万元户的出现、商品经济建立万元户的成长到私营经济壮大万元户的替代的历史。

现在看来毫不稀奇的"万元户"，在改革开放之初的年代，无论是对其报道的媒体，还是"万元户"本人来说，都需要勇气。在政府层面，虽然改革的认识是主流，但并非没有反对改革的人。在争论尚未平息的时候，作为政府喉舌的媒体报道"万元户"的事迹，无异于一种政治选择，在刚刚经历了"扣帽子"的时代，这种选择的风险不可谓不大。而对于"万元户"农民本人来说，在周围的人都相对贫穷的时候，自己突然冒富出名，这是俗语说"人怕出名猪怕壮"。在"万元户"农民吃不准中央政策是否稳定的时候，被广泛报道，他们多少还是有些担惊受怕，害怕过去那种被打压的事情再次发生。

彼时，"万元户"尚属星星之火，但这星星之火很快就发展起来，逐步壮大成燎原之势，最后，当都是万元户并且有更多人早就超过万元收入的时候，"万元户"不再被人提及。这一段历史对中国农村经济改革是一

---

① 中共中央书记处农村政策研究室资料室编：《中国农村社会经济典型调查（1985年）》，中国社会科学出版社1988年版，第13页。

段注解，也是认识中国经济发展历程的窗口。

改革开放初期，形势尚未完全稳定下来。传统观念的影响和建国后党对农村经济政策的变化让人们对忽如一夜春风来的经济政策仍心有余怕，认为说不定什么时候政策又会改变，对个人致富的看法也是抱着敬而远之的态度。在《半月谈》1981 年第 5 期编者按中这样写道："现在我国的形势好不好？请注意农村。三中全会的路线是不是正确？请注意农村。"我国是世界上拥有农民最多的农业大国，这场肇兴于农村的体制变革会有怎样的输出效果，农村的反应和变化是关键。在一定程度上，农村是市场经济体制改革的练兵场，农民则是练兵场上的士兵。

党的政策一出台，农民成为人们关注政策效果的焦点。从一系列政策层面对农民家庭经营活动的松动，到保富、"让一部分人先富起来"的政策声明，领导层面的政策决定就是期待看到农民富裕的政策效果。"万元户"无疑成为好的政策传声筒，回应了党的政策有效性。"万元户"成为那批"先富起来"的农民的响亮称号，这个响当当的新名词不仅昭示着中国从计划经济体制到市场体制改革的原始冲动，其后也凸显话语主体的身份和角色。

正如学术研究的理论框架一样，语言也是在一定的框架下跳动的符号，所谓框架便是在特定场景下话语活动所应遵循的一定话语模式和体制，不同的话语主体有着不同的话语模式和体现方式。[①]"人民公社"和"工分"这些词语的创造主体是指挥社会主义改造的权威政府，它们背后蕴藏的则是自上而下的集中领导，而"万元户"则是民间创造的词汇，如在第一章中所说"万"字在中国文化当中有相当重要的意义，它有"极"、"多"和"永久的"的含义，代表着永恒和美好，"万寿无疆"、"万岁"这些在中国传统社会中称呼皇帝的代称显示了一种至高无上的权威，而腰缠万贯仅能代表权贵阶层显赫财产，与平民百姓风马牛不相及。政府从未以正式文件给"万元户"予以定性。这一源自民间的新词汇，不仅展现农民经济财富的释放，也是农民在社会经济大转折中的角色和身份的转变，它反映了农民的主体性地位的增强。

"万元户"从一个民间的词汇到被官方采纳接受的政治话语，不仅证

---

① 莫莉莉：《话语中的角色转变与身份构建》，《宁波大学学报》（人文科学版）2004 年第 1 期。

明"万元户"所代表的富裕农民的经济身份，也是他们政治地位的提高的表征，是民间话语权到政治话语权的转变，也是中国农民政治身份的突破。

成为"万元户"的中国农民不是登上党政报刊的封面，就是被评为国内外新闻人物，"万元户"的一举一动都成为政府关注的焦点和宣传的亮点。第一个被媒体采访的"万元户"赵汝兰的照片以传真形式由新华社向国内外发出以后，各地对"万元户"的关注急剧增多，各省市区的报纸大都以头版头条报道"万元户"的诞生。收入过万元的"万元户"青年成为"科学致富新一代"的封面人物，出席全国农村学科学用科学青年标兵表彰大会，我国第一个购买飞机的农民"万元户"郭元英是国内十大新闻人物之一。

"万元户"这一新鲜名词也引起国外媒体的广泛关注。"'万元户'这个专用称号传到国外后，却给翻译带来困难。由于国情不同，如果按字面直译的话，谁也不理解，所以国外媒体采用了一个西方更通用的名词进行意译，即'New Richer'，如按字面直译成中文，就是'新富阶层'。"[1] 日本媒体称这是中国富裕农民的代表，也表明中国农村改革的成功。

语言是一种随社会变化发展的产物，是社会现象的反映。"万元户"的提出是农村经济社会发展变化的结果。最早一批的"万元户"就像新娘的头巾不敢轻易揭开，一是柳暗花明的政治形势让民众摸不准自己的方向，"富则变修"的思想仍残留在人们的脑海中，犹豫到底是追求富裕还是继续苟延集体主义的生活方式；二是万元这一始料未及的数字在彼时对每个中国人来说都望尘莫及。几千年来中国农民对富裕是渴求而不可即，简直不敢相信"万元"的财富就出现在自己身边。直到媒体和政府的宣传肯定了"万元户"作为先富者的正面角色，"万元户"才开始从中国农村显露出来。政府的肯定，政策的支持塑造了集时代精华于一体的"万元户"形象在媒体的宣传下成为农民富裕的传声筒传遍千家万户。

"大梦谁先觉，曲折顺时移"。这批改革致富的先锋就像第一个吃螃

---

① 李培林：《试析新时期利益格局变化的几个热点问题》，《人民日报》1995 年 4 月 12 日理论版。

蟹的人，从开始的小心谨慎、胆战心惊到站在改革浪尖上享受美味的食蟹人。"万元户"有如一张名片，不仅向外界散发出中国农村经济改革的信息，也让大家了解到农民是这场经济变革的弄潮儿。诚然，万元户随着时代前进的步伐和经济的发展已经结束了它的生命意义，但它在中国农村经济社会变迁史上有着不可磨灭的作用，正是由于成千上万的"万元户"的涌现才推动了中国经济改革的快速前进！"万元户"的历史名片不仅展示了农民的身份，名片背后政府的倾力打造见证了那段发生在中国农村的轰轰烈烈的经济革命史。

参考文献：

一 著作

［1］陈健民：《中国语言和中国社会》［M］，广州：广东教育出版社 1999 年版。

［2］刘创楚、杨庆堃：《中国社会从不变到巨变》［M］，香港：中文大学出版社 2001 年版。

［3］陈佩华：《当代中国农村历沧桑：毛邓体制下的陈村》［M］，牛津大学出版社 1993 年版。

［4］路遥：《平凡的世界》［M］，北京：人民出版社 2004 年版。

［5］徐勇：《包产到户沉浮录》［M］，珠海出版社 1998 年版。

［6］陈原：《语言与社会生活》［M］，北京：三联书店 1980 年版。

［7］舒尔茨：《改造传统农业》［M］，北京：商务印书馆 1987 年版。

［8］费孝通：《江村经济——中国农民的生活》［M］，北京：商务印书馆 2001 年版。

［9］张静：《国家与社会》［M］，南京：浙江人民出版社 1998 年版。

［10］徐勇：《徐勇自选集》［M］，华中理工大学出版社 1999 年版。

［11］刘金海：《产权与政治——集体与农民关系视角下的村庄经验》［M］，中国社会科学出版社 2001 年版。

［12］徐勇：《非均衡的中国政治：城市与乡村比较》［M］，北京：中国广播电视出版社 1999 年版。

［13］邓大才：《湖村经济——中国洞庭湖区农民的经济生活》［M］，中国社会科学出版社 2006 年版。

［14］［美］黄宗智：《长江三角洲小农家庭与乡村发展》［M］，北京：中华书局 2000 年版。

［15］［美］黄宗智：《华北的小农经济与社会变迁》［M］，北京：中华书局 2000

年版。

[16] 科斯·A. 阿尔钦、D. 诺斯等:《财产权利与制度变迁》[M],上海:上海三联书店1994年版。

[17] 周一农:《词汇的文化蕴涵》[M],上海三联书社2005年版。

[18] 雷蒙·威廉斯:《关键词:文化与社会的词汇》[M],上海:三联书社1997年版。

[19] 林毅夫:《再论制度、技术与中国农业发展》[M],北京:北京大学出版社2005年版。

[20] 曹沛霖:《政府与市场》[M],杭州:浙江人民出版社1998年版。

[21] 陈原:《社会语言学》[M],上海:学林出版社1983年版。

[22] 李锦:《大转折的瞬间——目击中国农村改革》[M],湖南人民出版社2006年版。

[23] 丁农嘉:《改革从这里起步——中国农村改革》[M],安徽人民出版社1998年版。

[24] 陈锡文、赵阳、罗丹:《中国农村改革30年回顾与展望》[M],北京:人民出版社2009年版。

[25] 十一届三中全会以来历次党代会、中央全会报告、公报、决议、决定[M],中国方正出版社2008年版。

[26] 朴贞子、金炯烈:《政策形成论》[M],山东人民出版社2005年版。

[27] 中共中央文献研究室本书编写组:《中国1978—2008》[M],北京:中央文献出版社、湖南人民出版社2009年版。

[28] 冯旭芳:《农村市场化理论与方法》[M],中国经济出版社2006年版。

[29] H. K. 科尔巴奇:《政策》[M],吉林人民出版社2005年版。

二　论文

[1] 刘宗海:《万元户的万元如何计算》[J],《企业经济》1985年第3期。

[2] 傅茗、肖世艳:《"万元户"的变迁》[J],《广西党史》2005年第1期。

[3] 邓武伦:《万元户的悲喜剧》[J],《瞭望》1983年第5期。

[4] 凌孔山:《个体"万元户"在社会中的影响》[J],《社会》2006年第2期。

[5] 李予军:《从社会语言学的角度看城市化发展与语言的变迁》[J],《北京城市学院学报》2006年第1期。

[6] 董印其:《论语言发展和社会发展的关系》[J],《和田师范专科学校学报》2004年第1期。

[7] 张文元:《语言的社会属性(功能)认识及其意义》[J],《探索与争鸣》(理论月刊)2007年第6期。

［8］徐勇、邓大才：《"再识农户"与社会化小农的构建》［J］，《华中师范大学学报》（人文社会科学版）2006 年第 3 期。

［9］徐勇：《乡村社会变迁与权威、秩序的建构》［J］，《中国农村观察》2002 年第 4 期。

［10］莫莉莉：《话语中的角色转变与身份构建》［J］，《宁波大学学报》（人文科学版）2004 年第 1 期。

生产队长:家长的扩大

——对王村生产队长角色的考察 (1958—1978)

宋　静*（华中师范大学中国农村问题研究中心　武汉　430079）

内容提要：本文将生产队长角色作为分析视角应用到晋南城关公社的研究中，即以生产队长角色作为透视点，在正文第一部分描述和阐释生产队长与队员"父与子"的关系；在第二部分探讨生产队长与大队干部"子与父"的关系，认为人民公社按照科层制的方式运行，服从于国家的统一管理；各级管理人员遵从下级服从上级的行政原则；农民顶上了公社社员的帽子，服从生产队干部的统一管理。公社的这种科层制运行方式决定了自上而下的命令和自上而下的服从关系的形成。尽管国家权力通过"命令与服从"为原则的科层制扩张到乡土社会的各个领域，但作为基层干部的生产队长与社员之间、与大队干部之间的关系更类似于纳入到科层制中的父子关系。本文通过上述描述和分析，结合马克斯·韦伯（Max Weber）的家长制理论归结出三个结论：（1）我国国家权力扩展的独特途径是"将家长制纳入到了科层体制"。（2）人民公社时期的社会结构实质是"扩大的家长制"，对维维安·舒尔（Vivienne Shue）所描述的"蜂窝状"结构提出质疑。认为"蜂窝状结构"只看到了公社之间、生产大队之间、生产队之间的隔离状态，却没有看到他们之间的联系；只看到了自上而下的控制与渗透，却没有看到自下而上的"反抗"。不管是生产队长的迂回服从甚至是"抗争"，还是社员的叛逆，都是导致基层结构变化的重要因素。（3）家长制结构具有脆弱性，人民公社就像传统的大家族一样免不了解散的命运。

关键词：科层制　家长制　蜂窝状结构　扩大的家长制

---

*　宋静，华中师范大学中国农村问题研究中心硕士生，论文指导教师为刘义强副教授。

一　导　论

（一）研究缘起

1. 一段历史的追寻：公社留下的问号

古有诗云："日出而作，日落而息，耕田而食，凿井而饮，帝力于我何有哉！"这种逍遥自在的农耕生活保持了千百年；但就在五十年前不到两个月的时间内，几亿一贯被视为自私自利、一盘散沙的农民被组织在了统一模式的人民公社中。人民公社基本上以"队"为单位，生产队长被称为"当家人"，和家庭的大家长一样，安排、指挥社员劳动，调解社员家庭邻里纠纷等。同时，"人民公社作为基层政权组织按照科层制的方式运行，服从于国家的统一治理"①，而且生产队长必须服从大队干部的命令。如果说国家权力是通过科层制扩展到乡村社会的，下级必须服从上级，那么农村"瞒产私分""偷懒耍滑"等现象的存在应该如何解释，用科层制描述人民公社时期国家权力的扩展是否恰当呢？这是本文探讨的问题之一。

维维安·舒尔（Vivienne Shue）认为，人民公社时期中国乡村社会是一种"蜂窝结构"，国家权力虽然纵向伸入了基层，但横向权力扩展不足，且没有制度化；农村社会和管理呈现为一种"蜂窝结构"（hoeny-comb-structure），即每一个公社都像一个高度地方化的、自给自足的、有独立结构的蜂窝，这是一种很典型的封闭式社区。②可在现实中，我们却看到了生产队长作为生产队的当家人同其他生产队打交道，大到生产、政治运动中的交流与合作（如在瞒产私分中各生产队干部达到的一种默契），小到生活中的琐碎小事，如本文将要谈到的王村生产队队长为两队青年"牵线搭桥"等，都使王村生产队与外生产队发生联系。同时，两个生产队也有其他方面的联系，如姻亲联系③，一个生产队的姑娘嫁到另一个生产队后，她就沟通了这个生产队与她"娘家所在的"那个自然村

---

① 徐勇：《"行政下乡"：动员、任务与命令——现代国家向乡土社会渗透的行政机制》，《华中师范大学学报》（人文社会科学版）2007 年第 5 期。

② Shue. V：The Reach of the State：Sketches of the Chinese Body Politic. Stanford：Stanford University Press. 1988.

③ 张乐天：《告别理想——人民公社制度研究》，上海人民出版社 2005 年版，第 299 页。

甚至那一地区的数个自然村之间的联系。从这个意义上说生产队不是相互"隔离或独立"的，也不是"封闭"的。所以蜂窝状结构并没有准确地解释人民公社时期的乡村社会结构，那么人民公社时期到底形成了什么样的社会结构？这是本文探讨的问题之二。

"学而不思则罔，思而不学则殆"。笔者希望通过对王村生产队长角色的考察解答这些疑惑。

2. 一种微观的分析视角：生产队长的角色

"我们可以从各个不同的方面观察人民公社，每一方面都展示出一副副生动的图景。"① 沿着学者研究过的足迹，笔者将生产队长的角色作为分析视角不仅是因为它"新"（研究人民公社的学者还没有将它作为分析视角），因为它"近"（最靠近直接参加劳动的农民），而且是因为它是一条"线"，是一条牵起人民公社时期的社会关系的线。

本文的生产队长角色是指生产队长与社员的关系及其与上级之间的关系。他与现在学者研究的村干部角色有着一些相似之处，但也有着不同。现在学者研究的是村民自治过程中的乡村干部的角色。本文是在人民公社的大背景下分析生产队长的角色。在人民公社时期，公社制度的推行、上级的号召与政令是依靠一大批服从公社权威、执行公社意志的干部。这批干部在实践中实现着政府的目标，贯彻着政府的意志，国家权力也通过这批干部而下渗到自然村落。同时，人民公社把农民都组织在同构的生产队中，生产队直接承担着农业经营的重任，因此生产队是否能很好地运作直接关系到每个队员的切身利益，而且也能够影响到公社和大队是否能完成国家下达的计划经济指标。作为当家者的生产队长，直接影响到生产队是否能维持队员的基本生存，也直接关系到国家指令是否能真正下达到最底层。综上所述，生产队长在人民公社时期是"职小位重"，是连接社员和国家的最关键的"桥梁"。因此，探讨生产队长的角色，既有助于我们了解生产队长与社员之间的互动关系，生产队长与上级之间的关系；又能为我们理解人民公社时期形成的社会结构与变迁逻辑提供一个新的视角。

本文在借鉴国内外关于人民公社的研究成果，将生产队长角色作为分析视角应用到晋南城关公社的研究中，即以生产队长角色作为透视点，从一个侧面展示人民公社时期农民生活的图景，刻画人民公社时期村庄社会

---

① 张乐天：《告别理想——人民公社制度研究》，上海人民出版社 2005 年版，第 6 页。

的运行方式，归结出人民公社时期国家权力运行的独特途径，并能够对著名学者维维安·舒尔所提出的"蜂窝状结构"进行剖析，尝试从新的角度认识人民公社时期的社会结构。在理论上，这一研究有利于拓展我们的研究视野，从而可以延续和加深关于人民公社的学术研究。在实践中，有助于更好地理解中国的农村，中国的农民。正如有位学者指出的那样："赋予社会主义以中国特色的不是改革开放，而是毛泽东时代的遗产，在农村，就是人民公社。不懂得人民公社，就不可能真正懂得今天中国的农村，今天中国的农民。"①

（二）内外研究现状分析

1. 对人民公社的研究

人民公社曾经寄予了人民希望与梦想，也带给了人民失望与痛楚。在希望与失望，梦想与现实中存在了近三十年之久的制度越来越受到学者的关注。近年来，涌现出很多涉及人民公社的优秀著作和论文。

第一，对人民公社历史的评述性著作及论文

林蕴晖、顾训中所著的《人民公社狂想曲》较早对人民公社进行了比较系统的回顾与反思。凌志军的《历史不再徘徊——人民公社在中国的兴起和失败》一书中以人民公社二十七年来所发生的重大事件为中心，真实地记录了人民公社产生、发展、终结的过程。安贞元的《人民公社化运动研究》，罗平汉的《农村人民公社史》及《天堂实验——人民公社化运动始末》都是宏观描述人民公社史的有影响力的著作。

此外，不少专著也专辟章节或从侧面对人民公社问题做了描述。陈吉元、陈家骥、杨勋在主编《中国农村社会经济变迁（1949—1989）》中专辟第三篇分析人民公社制度，描述了人民公社的建立、整顿、政治清理、终结的过程；费正清所编的《剑桥中华人民共和国史》以"改造社会"为标题概括了1955—1963年的农业集体化运动，分析了农业集体化运动的进程。此外该书从塑造社会主义新人的角度去理解四清和"文化大革命"，但遗憾的是，作者在对这些问题深度理解的同时，并没有提出这些问题与公社制度的相关性。

第二，对人民公社理论探讨性著作及论文

刘娅所著的《解体与重构——现代化进程中的"国家—乡村社会"》

---

① 张乐天：《告别理想——人民公社制度研究》，上海人民出版社2005年版，第6页。

用国家与社会的框架，在第二章分析了人民公社的领导体制、管理体制、组织原则、分配制度及成立原因和解体原因。徐勇教授的《"行政下乡"：动员、任务与命令——现代国家向乡土社会渗透的行政机制》以及《"政党下乡"：现代国家对乡土的整合》分别论述了 20 世纪在现代国家建构过程中，国家运用行政体系和政党组织力量，将国家意志输入乡土社会，对乡土社会的整合过程，其中也分析到了人民公社体制。高华的《新中国五十年代初如何社会统合——十五个"小人物"的回忆录研究》利用15 个小人物的回忆录，结合其他历史史料来研究 1950 年代社会统合的问题。

第三，对人民公社的实证研究著作

萧凤霞（Helen F. Sui）在《华南的代理人与受害者》一书中，通过对乡、镇、村社区等的个案研究，提出了国家对农村的控制是一种类似"蜂窝式"的制度，这种制度依赖于各级干部，但是这些干部却因为某种利益经常"变通"国家政权，对国家完全控制乡村的观点进行了有力的质疑①。高王凌的《人民公社时期中国农民"反行为"调查》通过实地调查，发现农民的行为直接影响了人民公社的命运。黄树民《林村的故事——一九四九年后的中国农村变革》则以叶文德这样一个特殊人物的人生经历为主轴，反映了国家权力在深入福建林村的过程中对村落政治文化的改造以及引起的林村社会变迁。张乐天的《告别理想——人民公社制度研究》运用了社会人类学方法，以浙北联民村为研究对象，细致入微地给我们描绘了人民公社制度下农民日常生活的方方面面；同时创立了新的分析模式：外部冲击——村落传统互动。②

此外，仍然有一些实证研究的著作都涉及人民公社。如黄宗智在《长江三角洲小农家庭与乡村发展》一书中提出了许多新颖的观点，他有关"集体之下的过密化"的分析揭示了公社制度面临但未解决的人口之于土地压力过重的问题，必定会导致公社的终结。于建嵘所著的《岳村政治——转型期中国乡村政治结构的变迁》和吴毅《村治变迁中的权威与秩序——20 世纪川东双村的表达》都以 20 世纪的百年变迁为历史背景，分别描述了岳村、双村的政治生活的变迁。

---

① 吴森：《决裂——新农村的国家建构》，中国社会科学出版社 2007 年 7 月版。
② 张乐天：《告别理想——人民公社制度研究》，上海人民出版社 2005 年版。

综观中外学者对于人民公社问题的研究，归纳起来主要有两个方面的特点：

（1）研究方法趋于多样化，研究领域有所拓展。

虽然有关人民公社历史性描述的著作偏多，但其他方法也运用于人民公社的研究当中。如张乐天的《告别理想——人民公社制度研究》，运用了社会人类学方法，以浙北联民村为研究对象，对人民公社进行个案研究；黄树民的《林村的故事——一九四九年后的中国农村变革》则以叶文德这样一个特殊人物的人生经历为线索进行研究，反映了国家权力对村落政治文化的改造以及引起的林村社会变迁。

（2）学者大多用"国家与社会"或"国家建构"理论来分析人民公社。

刘娅的《解体与重构——现代化进程中的"国家—乡村社会"》、于建嵘的《岳村政治——转型期中国乡村政治结构的变迁》、吴毅《村治变迁中的权威与秩序——20世纪川东双村的表达》等都采用"国家与社会"的研究范式，注重历史的延续性，因此是对20世纪的农村社会整个历史的考察。徐勇教授的《"行政下乡"：动员、任务与命令——现代国家向乡土社会渗透的行政机制》及《"政党下乡"：现代国家对乡土的整合》是运用现代国家建构理论对20世纪国家渗透到乡村社会机制的考察。吴毅在《决裂——新农村的国家建构》一书中借用"社会工程"概念作为分析视角，描述了建国后至改革开放时期乡村社会在权力组织、社会化结构、生产组织、生活方式等国家全方位建构的情节，展示了国家在乡村社会实行改造的过程和逻辑，展现了乡村社会在面对外部改造的时候是如何反映的，而这种反映对国家的建构又有何种影响。

2. 对村干部角色的研究

角色是与人的地位、身份相一致的一整套权利、义务和行为模式。"角色"一词原来是戏剧界的术语，用来描述演员所扮演的戏剧中的人物。20世纪20年代，美国社会学芝加哥学派开始借用角色这一概念，以研究社会结构。在1934年，美国社会心理学家、符号互动论的创始人G.米德又将它引入社会心理学的研究中，从而使"角色理论"成为社会学和社会心理学的一个重要理论。

（1）双重角色

美国学者萧凤霞的《华南的代理人与受害者：乡村革命的胁从》通

过田野调查的亲身经历，结合历史文献资料展示了新中国成立后尤其是人民公社时期的历史。通过对乡、镇、村社区等的个案研究，认为乡村干部是国家与乡村社区的中介者，更多地扮演了国家代理人的角色，但也经常"变通"国家政权。① 戴慕珍（Jean C. Oi）在《当代中国的国家与农民》一书中也指出，村级领导人扮演代理人的角色，他们一方面要执行上级的指令；另一方面要为村民的利益不断地同更高一级政府讨价还价，村民得以不受国家太多征收之苦。②

在国内，徐勇教授也认为村干部扮演着政府代理人与乡村当家人的双重角色。就村干部的行为特征而言，他们在某种程度上隶属于干部系统，愿意认真完成上级分派下来的任务，但就其长远利益、基本身份而言，他们又属于村民社会，更多地为民众系统倾斜。③ 唐晓腾从双重代理人的角色出发分析当前中国农村社会，认为作为农村基层"桥梁"的村干部时时处于一种尴尬的"角色冲突"中，这种利益冲突是由于村干部与村民、村干部与乡镇政府，以及村干部自身利益需求倾向上存在冲突，而这种冲突的原因是现有压力型体制下乡镇政府与农民之间的需求性职能矛盾和制度性职能矛盾。④

（2）"弱监护人"

申静通过对山东鲁南端 Z 市的吉庄和东村的调查研究，提出了村干部是"弱监护人"观点，认为市场因素对欠发达地区的侵入造成了村干部对村庄的控制和保护能力减弱。传统社区监护人管理着村庄的一切，也保护着村庄的一切，事事都包揽在自己的怀中。但在市场经济的冲击下，村干部私心日重，导致村民对村干部的不信任，而且市场的介入减弱了村民对监护人的依赖，使村干部的监护人的角色日趋虚化。⑤

（3）撞钟者与守夜人

吴毅教授指出"双重角色"（代理人与当家人）与"经纪人"两种

---

① 参见吴森《决裂——新农村的国家建构》，中国社会科学出版社 2007 年 7 月版。

② Jean C. Oi，State and Peasant in Contemporary China：The Political Economy of Viliage Govement. University of Colifornia Press. Berkeleg and Los Angeles. Colifornia. 1989.

③ 徐勇：《村干部的双重角色》，《二十一世纪》1997 年第 8 期。

④ 唐晓腾：《村干部的"角色冲突"——乡村社会的需求倾向与利益矛盾分析》，《中国农村观察》2002 年第 4 期。

⑤ 申静、陈静：《村庄的"弱监护人"：对村干部角色的大众视角分析》，《中国农村观察》2001 年第 5 期。

模式在解释村干部角色中的不足与缺陷，认为用守夜人与撞钟人更能准确地说明村干部在角色与行为上所具有的更显著的特征，即村干部不会有意地怠慢行政任务，但却不可能全力以赴。[①]

（4）"营利性经纪"

美国学者杜赞奇（Prasenjit Duara）在研究中国华北农村时提出了"国家经纪"的概念，即国家的代理人，其中保护型国家经纪是村社自愿组织的，负责征收赋税，完成国家指派的其他任务。营利型国家经纪是指那些被国家权力所利用，但在一个不断商品化的社会中却没有合法收入的职员。他们行动的主要动机在于有利可图，其目的是要利用职权捞取最大的利益。[②]

上述研究都是在以实证的基础上研究乡村干部角色，而且都是从乡村干部对上（国家）、对下（村民）两方面的关系来分析乡村干部的角色。但中外学者对乡村干部角色的研究大都集中于村民自治背景下或是建国前，很少有学者对人民公社时期的村干部角色作出考察与分析，本文也想填补这个空白。

（三）主要分析框架和研究方法

1958 年成立了数万农民组成的大公社。大公社虽然没有被明确规定为基本核算单位，却拥有极大的调动资源的权力。公社中的生产队直接承担着组织生产的义务，却没有进行分配的权力。严酷的现实迫使权威者让步，农村经济的崩溃迫使人们改变大公社制度。1961 年下半年开始实行"三级所有，队为基础"的新体制，生产队拥有了较大指挥生产的权力，并成为一个实行独立核算的农村基层单位。但生产队的农业经营有着明显的二重性。

首先，在普通农民和大部分生产队干部眼里，农业经营首先是为了解决吃饭问题，维持基本生存。农业经营的好坏很大程度上取决于生产队干部的好坏，尤其是有没有一个好的生产队长。生产队长作为生产队的当家人，在农业生产上组织安排，统一管理，并时时为生产队的利益而与上级

---

① 吴毅：《"双重角色"、"经纪模式"与"守夜人"和"撞钟者"》，《开放时代》2001 年第 12 期。

② ［美］杜赞奇：《文化、权力与国家：1900—1942 年的华北农村》，江苏人民出版社 1994 年版。

迂回。

再次，在公社体制中，公社处于最上层，有权制定政策，发号施令。公社干部由上级委任，属国家干部。大队直接接受公社的领导，承担着上情下达的责任。大队有资格"管理本大队范围内各生产队的生产工作和行政工作"，有义务"帮助生产队做好生产计划"①。大队干部保持着农民的身份，都是实实在在的村里人，但在等级分明的组织体系中，下级必须服从上级。因此，大队干部有时是"心有余而力不足"。而作为生产队长，和大队长服从公社干部一样，是要服从大队长的命令的。

因此，笔者针对生产队在实践中生产经营的二重性，以生产队长为线索，从两方面分析生产队长的角色：即生产队长与社员的父子关系，生产队长与大队长的子父关系。本文在对王村的社员尤其是生产队长、大队长的心理及行为的研究中确实可以看出他们更多地像是"父"与"子"，构成了基本的社会关系，反映出了人民公社时期的社会结构。本文从生产队长在安排组织生产、分家中的行为与心理以及社员的顺从与叛逆等方面来描述生产队长与社员的关系；从种植、学大寨、征购中生产队长与大队长的行为及心理以及生产队长的迂回等方面来描述生产队长与大队长的关系，进而探讨人民公社时期形成的社会结构，探讨"蜂窝状结构"的解释度。

人民公社毕竟已经成为历史，笔者无法通过现场观察、参与或感受而获得直接的资料；当怀着一丝希望去搜集原始资料时，城南大队及生产队干部的笔记、数据资料都已经被丢弃；可惜之余，竟惊喜地发现在城关公社档案资料中有关城南大队的会议资料，虽然不多，但却因为想不到的意外而欣喜；文本资料的缺乏，使笔者主要依赖通过对村庄中的老人尤其是历史的当事者的广泛而深入的访谈而获得的口述资料。极其珍贵的口述资料并辅之以文字资料，使笔者能够描述真实的人物、真实的场景和真实的故事，再现公社的真实生活，追回逝去的时光。在对真实的生活和逝去的时光再现中，解开疑惑。

（四）研究场域的概况及访谈对象的选择

1. 本文选取晋南"龙镇"作为研究场域，主要是由龙镇（城关公社）在人民公社时期的特殊地位决定的

（1）人民公社时期，龙镇（城关公社）是最大的人民公社。（2）龙

---

① 张乐天：《告别理想——人民公社制度研究》，上海人民出版社 2005 年版，第 415 页。

镇是县政府所在地，是在县政府的眼皮下工作的"单位"，是较为典型的公社。（3）龙镇在人民公社时期的档案资料相对比较丰富，尤其保存有在其他公社罕见的会议资料。

"龙镇"位于隰县中部和紫川谷地，东经110°54′44″，北纬36°41′30″，属晋西黄土高原的组成部分。城区东依堆金山，西屏凤凰山，北进五里后村，南出接官坪。东西宽1.5公里，南北长4.5公里。虽然是个山区小镇，但街道总长达到3公里。全部境域分为城区和城以东垣面地区。由两川（紫川和古城川），六垣（东垣、西垣、古城垣、北庄垣、乐安垣、益其垣），四沟（陈家河沟、路家沟、汪家沟、刘家庄）组成。全镇有10个村民委员会，四个居民委员会。到2008年，全镇国土面积108.8平方公里，总耕地面积32655亩。人口总数为30200人，其中农业人口13319人，非农业人口16881人，人口自然增长率为9‰。

龙镇是个千年古镇，距今已有1377年历史。旧城始建于唐武德元年（公元628年），明清时成为里，民国后改为街公所。1946年11月28日隰县解放，人民当家做主，首建隰县市。1949年后改建城关村，1956年建城关乡，1958年随全国公社化形势，城关乡改为城关飞跃人民公社。此后，管理区，生产队屡有调整。1961年分县后，城关公社分为15个管理区（生产大队），其中城关管理区（大队）有13个生产队，王村属10队。1962年管理区改为生产大队，城关公社分为11个生产大队，其中城南大队有8个生产队，有731户人家，2906口人，王村生产队有60余户，200多口人。1984年6月，改政社合一的人民公社制为乡镇制，大队改称村民委员会，生产队改称村民小组。由原城关公社划出城关、城北、南关大队新设城关镇，其余部分改称城南乡。原城南大队改为南关村委。2001年4月城关镇和北庄乡合并成为龙镇。

龙镇属暖温带大陆性季风气候，年平均气温9.5℃，年平均降水量450—550毫米，日照2740.9小时，无霜期150—160天，其经济以城市服务为主。西郊小西天精妙悬雕艺术，堪称中华奇宝，属国家级重点文物保护单位。它以其独特的风格，独有的魅力吸引着络绎不绝的中外游客，给这个地处黄土高原的山区小镇增添了无尽的光彩。

2. 本文的访谈对象主要集中于龙镇王村的老人们

在笔者所研究的1958—1978年的时间段中，曾担任王村生产队长的三位老人都健在，曾担任城南大队干部的一位老人也在王村，而且对人民公社时期发生的事情都有惊人的记忆。笔者把访谈对象分为三个类型：
（1）1958—1978 年间，曾担任王村生产队长的三位老人及其他干部、其
他生产队的队长；（2）与三位老人担任王村生产队长时相应的社员及其
他生产队的社员；（3）王村所属的城南大队的干部。本文希望通过对王
村老人尤其是历史的当事者的访谈并辅之以文字资料，全面地"复制"
历史过程。在"复制"之前，笔者将简要介绍三位生产队长的情况。在
三位队长的经历中，可以同时看到城关人民公社的发展史。为方便使用，
在本文中笔者把三位生产队长分别称为一、二、三队长。

一队长张双燕：1933 年张双燕出生于一个贫苦农民家庭。家里人多
地少，主要靠父亲的木工、泥瓦工等手艺赚钱，养家糊口。1943 年父亲
患病去世，年仅 10 岁的他和母亲、弟弟妹妹相依为命，生活极度困苦。
1949 年新中国的诞生，尤其是土地改革给贫苦的农民带来了土地，也带
来了希望。16 岁的他和广大穷苦农民一样对党充满无限的感激与忠诚。
在党中央发出互助合作的号召后，他积极响应党的号召，办起了全村第一
个常年互助组。互助组的土地很贫瘠，他们采取精耕细作，增施肥料，适
时播种，精心管理的措施，1952 年的小麦亩产达到 90 公斤，高出组外农
民两倍多，创造了全县小麦亩产最高纪录。1954 年在互助组的基础上，
他组织贫下中农和部分中农成分的农户自愿组织成立了初级社，当时参加
初级社的有 15 户，占王村当时 40 户的 37.5%，他为社长。在办社的一
年中，周围群众看到还是组织起来力量大。1956 年城关高级社正式成立，
叫光明第一农业合作高级社，简称光明一社。王村属光明社 12 个农业生
产队之一，他任王村生产队长。1958 年以光明一社为基础成立了城关人
民公社，他仍是王村生产队队长。由于平调风、共产风并行，致使 1958、
1959、1960 年三年的劳动工无法计算，造成三年分配不能兑现。1959 年
公共食堂化，王村一灶，每人每顿定量粮食 0.25 公斤，所有农户全部欠
款。1962 年，党中央发出《农业六十条》，确定了"三级所有，队为基
础"的新体制，农业生产迅速恢复。具有讽刺意味的是，与经济上的宽
松政策同时出台的是政治上的进一步紧缩。同年，在"四清"（清工分、
清账目、清财物、清仓库）运动中，他被以"手脚不干净"为名遭批斗，
心灰意冷后辞去生产队长职务。

二队长翟福明：1962 年，在张双燕辞去职务后，王村社员选举善于
言辞、积极能干的贫下中农翟福明任生产队长。张双燕已经作为"四清"

政治运动的牺牲品①，工作队带着"胜利的喜悦"（二队生产队长语）离开了王村，王村恢复了往日的平静。虽然翟福明在阶级斗争火药味十足的年代担任生产队长，但由于刚上任，没有历史问题。在相对平静的王村，翟福明专心领导社员搞生产。他生性痛恨好逸恶劳混工分的人，对那些偷懒耍滑、小偷小摸的人不是批评就是扣工分。在"文化大革命"中，作为农村最基层干部的翟福明在"自家"② 社员的批斗中丧失了工作的热情，以他的话说："人要面子，树要皮。在被社员批斗时，我感觉彻底失去了面子，不想再干（工作）下去了。"他于1974年辞职。

三队长刘银保：16岁时丧父，作为长子，为了全家生计，放弃了高中学业，参加集体劳动。在社员们眼中他是一个态度谦和，积极又能干的小伙子；在大队干部眼中，他是一个老实、有责任心的青年。所以在1974年翟福明下台之后，"三十而立"的他担任了生产队干部。1979年，他成为大队干部。

虽然笔者按照历史顺序介绍生产队长，但由于各个时期生产队长职责或任务大致相同，所以本文仍然采用共时性写法。

二　父与子：生产队长与队员

（一）生产四部曲

1. 出工喇叭响起

王村生产队原有一只喇叭，是用生铁坯铸成的。喇叭有寸许厚，青灰色。提起这只喇叭筒，有不少人还能记得，它可是三位生产队长的"接力棒"，像皇帝的"玉玺"一样一代传一代，作用没多大改变。集体生产那阵，小村规模并不大，只有六十来户人家，生产队统一出工干活，或集中开会，都靠这个喇叭筒来传递信息。生产队长那时是小村至高无上的权威，用喇叭筒发号施令的重任便落在他的肩上，非他莫属。自然而然，

---

① 一队长认为在阶级斗争的年代，总有人作为政治运动的牺牲品，而他正赶上了那个年代。二队长认为：为了证明党中央的指示是正确的，总有一些人会被树成"典型"，但一个生产队有一两个典型也就够了。

② 二队长认为：在被本队社员批斗时，就像突然被平时自己管教的孩子痛骂一样，心里不仅是伤心，更觉得是一种不幸，而且这些社员基本上是被自己批评过的、扣过工分的人，都是借着"文化革命"搞报复。

那喇叭筒也由他掌管着，跟集体的公章一样，成为他身份和权力的象征。

　　每天清晨，天刚蒙蒙亮，老队长匆匆起床，拖着一双旧布鞋，来到村中最高的圪垯垯①，拿出喇叭筒，随之，"社员们，出工了"的喊声响起，三遍五遍的喊声震荡着小村。于是，小村的小屋里也开始喧闹起来。孩子们还没有睁开朦胧的双眼，就在父亲的叫喊声或拍打声中起床。年老的、年轻的男的、女的，一个个扛着各式农具，按照前一天晚上分配的任务，去劳动了。

　　二队长和三队长都没有遇到过用喇叭喊不动社员的情况。但一队长却碰到过"社员不参加劳动"的情况。那是寄托亿万农民梦想的年代，是"敞开肚子吃饱饭"令人振奋的年代，也是"公共食堂"如火如荼展开的岁月。但随着公共食堂的口粮越来越少，那种振奋、热情在饿着肚皮连走路都没劲的社员心里已经被失望和疑惑所取代，"出工下地也饿肚子，还不如省省力气"。生产队的小麦田里，杂草比麦苗还多，还密。社员们都私下议论："等到小麦收割的时候，上面的一个命令，粮食就要调走，谁愿意下地去白白卖命。"一队长不能说社员的担心没有道理，就连他本人对此也有切身体会，可是，如果生产上不去，打不下粮食，口粮岂不是更没着落，那才是真正对不起社员。他决定从第二天开始，把所有的劳动力统统赶到地里，否则就不开饭。这一决定在社员中引起了不小的震动，但没有一个人敢公开表示反对，只好老老实实地下地干活了。

　　当农民以"社员"的身份出现时，农民就成为政权共同体的成员，不再有出工不出工的自由，而必须听从于生产队长的统一安排。

　　2. 地头活干起

　　当社员在叫喊声中走到田间地头时，一天的劳动就开始了。作为生产队长首先考虑的是集体的生存问题，要为生产队的农业经营操心，在生产劳动中要起带头作用，在当地流行两句话："头要带好，粮要种好"，"一年四季当打头，干部带了头，群众有劲头。"因此，生产队长往往是生产队中干活最积极的一个，当一伙人在田埂上休息时，干部总要先站起来，招呼大家干活。

　　"那时候的人思想好，老实勤快，不用多操心。"（一生产队长语）

---

　　① 方言，即村里较高的地方。

"刚刚尝过缺粮滋味，饿过肚皮的农民懂得粮食的重要性，加上最终分配又是口粮与工分相结合，大部分社员都是争着干，抢着干。"（二生产队长语）然而，"十个指头不一般齐"，在劳动中，仍然有些"调皮捣蛋鬼"①（生产队长语）。所以生产队长在组织生产的过程中也得监督社员的劳动。当生产队长去开会，就会把此项任务交给副队长，如果两者都去开会，那么小组长就要当此差事了。生产队长及其他干部对不好好劳动的社员施以惩罚，要么严厉批评，要么扣工分，更严重的是给不服的捣蛋鬼插白旗，动用政治帽子。

一队长招数："饭"

收割小麦时，男女社员在生产队长的一声号令下一字儿排开，涌向青中透黄的麦田里，挥动着镰刀，见麦就割。不久，少数社员开始疲沓了：你蹲下解个手，我坐下吸个袋烟，你手拿着镰刀装模作样，我也手拿着镰刀作样装模……大家彼此彼此。只有一队长处处严格要求自己，弯着腰一手一手地割着。尽管已经很累，他还是不停地割，割……社员们依旧是三个一群，五个一伙坐在田埂上抽烟，聊天。一队长一声大吼："快点干！谁不好好干，就休想吃饭！"社员们就动起来了。"饭"是最重要的东西，也是社员最在乎的东西，"因为自己家不能做饭啊，上边不给饭就不能吃了。"——在通向共产主义桥梁的人民公社中的农民丧失了吃饭的自由。

二队长招数："工分"和"红白旗"

"生产队里安排一伙强劳动力挑粪给地里施肥。有社员挑得很少，就当众批评他们，他们不服气，说没少挑。后来生产队长专门拿了杆秤，看见这些偷懒耍滑者就要求称一下。生产队里捡麦穗，我也拿了杆秤，在收工时，把每个社员捡的麦穗称下重量，然后按照麦穗的重量加减工分。"

除了杆秤，生产队长还有其他办法，被他誉为"真经"——插红旗，拔白旗。（在一队长时期国家发明创造的东西，一队长没多用，二队长却把它当成了珍宝）对社员表现好的，插上红旗；对表现不好的，插上白旗——这叫鼓励先进，帮助后进。千万不要小看这些红旗和白旗，其力量大得很。如果不经过相当努力是插不上红旗的；如果一旦被插上了白旗，不仅是失去了面子，而且是反复地被批判，社员改进后就拔了白旗——农民的日常生活中充满着浓郁的政治气氛。

---

① 意为偷懒耍滑，不好好劳动的人。

三队长招数：工分

那是一个下午，几个青年人在饲养室外的粪场翻粪。临收工时，三队长到各个劳动点去检查，走到离他们不远处，发觉几个人在玩"虎吃羊"的游戏。看见队长来了，他们才慌忙拿起家伙干活。队长朝粪堆上一瞅，整整一个下午，他们几个人才翻下两架子车粪。三队长不由得大骂了一通，又让记工员扣掉了他们的工分。三队长也知道，工分是社员最在意的东西，因为直接与粮食分配挂钩。

"招数"是通用的。三位队长都为社员的偷懒耍滑伤透脑筋，都在想方设法制止这种行为的发生。"这种行为是有一定的传染性的，这个不好好干，那个人就会跟着不好好干，就会波及一群人。整个生产弄不上去，对我们都没有利。"（生产队长语）三位生产队长都认为：阶级成分不好的社员在劳动中大都老实，不敢怎么偷懒。真正偷懒的是那些阶级成分好的社员，不好用政治方法解决，因为专贫下中农的政，毕竟涉及一个政策问题。而且有些实际问题难以界定。怎样才算是偷懒？谁都说不清楚。有些社员上工时游游荡荡，一会大便，一会小便，总不能去规定上工时能几次大便几次小便吧？

3. 吆喝中收工

当夜幕降临，生产队又完成了当天的任务，生产队长就开始吆喝着收工了。劳累了一天的社员听到收工的号令后，都是争先恐后地奔回自己家里，没有一个人愿意在地里多劳动一分钟。"就是盼着收工，收工后可以做自己的事情。"（社员语）

二队长喜欢在收工的时候集合起社员讲几句话。用他的话说："省的一两句话也要专门开个社员大会"。更令笔者激动的是，在采访中，八十多岁的二队长模拟了当时的部分讲话，威风仍然不减当年。"你们这些个劳力，都是生产队和家里的'大梁'，怎么做事都不动个脑子。早跟你们说了，要好好劳动，多赚工分，年底多分点粮食，让孩子们多吃几顿饱饭，怎么就装不到脑子里去啊！谁不好好劳动，我都记着呢，记工员也都记着呢……"全队的劳力坐在地头，有的佝着头，有的两眼直视着前面，听着生产队长火气十足的讲话，没一个人敢做声。他们知道，生产队长说的话句句在理，句句站得住脚。

收工后，当社员都往家里赶的时候，生产队长习惯性地这里走走，那里看看，看哪块地需要锄草了，哪块地需要施肥了。他和普通人不一样，他是一个生产队里的当家人，他要做到心中有数，胸有成竹。

4. 派活指令下达

吃过晚饭后，生产队长要组织干部们开会。一般由队长、记工员、组长等人参加。会议由两部分内容组成。第一件事情是记工。记工员在记工时要和生产队长商量，在采访中干部们都说："干部决定多少分，社员不拔回头①。"社员说，"工分由他们定，我们还响②什么，争论没有便宜，评高评低都在他们几个人手里，与他们没什么好争的。不过一般都是按照劳力的强弱评工，还算是公平。"

第二件事情是分配任务。生产队是根据季节的变化来安排农业生产，遵循着自然的节律安排劳动。冬天翻地、积肥、兴修水渠，打坝；开春时平整土地；夏种、锄草、秋收。而哪些人干哪些事情，即农业的劳动分工仍然是传统的方式，分工建立在自然特征的基础上，如男女、长幼、体质的强弱等。在派工中，常听到队长说因为某某人今天病了，要给他安排轻的活；某某年轻些，明天跟他去干重活。生产队长和生产队其他干部们商量后，再分派小组长通知各组人员。"派工是件令人头痛的事情，张家说不公平，李家说我有偏心，十个指头还不一般齐呢，我哪能做到绝对公平。每天就这样吵吵嚷嚷，不过该干的活他们还得干。"

（二）分家三主意

1958 年到 1961 年的大公社虽然没有被明确规定为基本核算单位，却拥有极大的调动资源的权力。公社中的生产队直接承担组织生产的义务，却没有进行分配的权利。大锅饭严酷的现实迫使权威者让步，1961 年下半年开始普遍实行"三级所有，队为基础"的新体制，生产队成为一个实行独立核算的农村基层单位。在完成国家的征购任务后，生产队内部有自己的一套分配原则。在这里只考察生产队分配制度的一个方面——粮食分配。

1. 管"家"过日子："今年想明年，明年想后年"

像维系一个家庭的情况一样，作为生产队一家之主的生产队长，不仅要考虑队里百来号人的生活需要，还要考虑维系生产队的零碎开支。这种零碎开支是必不可少的，虽然只占有很小的比例。

---

① "不拔回头"即是"不反对"、"同意"的意思。

② "响"即"吭声"的意思。

据生产队长回忆，留队的实物包括种子、集体饲料、储备粮、其他用粮等。但在粮食紧张的情况下，除了粮食种子不得不留足外，其他粮食留得很少。"社员吃饭都有问题（困难）了，社员都不能生存了，还管什么储备粮。储备粮就是留着备荒、备战，人都饿死了，要储备粮还有什么意思。"（生产队长语）

2."一碗水端平"

人民公社时期，农民被束缚在生产队里，生产的大部分东西都直接用于满足生存的需要，大家都盯着生产队分给自己的那一份。生产队长知道，他必须像大家庭的大家长那样不偏不倚地对待每个农户，做到"一碗水端平"。

在完成国家征购任务，集体留存后，口粮和工分粮的分配就提上了日程。生产队的粮食分配一般根据按劳分配的原则进行。据生产队长回忆，那时国家规定社员口粮的基本标准是"够不够，三百六"。即不管男女老少，基本口粮都是一样的，每人每年三百六十斤。然而，生产队一般达不到此标准。在生产队年年缺粮的情况下，口粮分配也是需要社员用工分（工分折算成现金）相抵的，不是无偿分配的。在公社把农民限制在村落的时代，农民唯一的谋生手段只能是参加集体生产劳动，获得工分，以便从生产队得到粮食。但是，劳动力的户际分布是不均衡的，较高的劳动分配比例固然能激发农民参加集体劳动的积极性，却不可避免地导致粮食分配的户际差异。"劳力多的农户可以分到粮食，甚至还有余留的工分，'吃口重，劳力少'领不到粮食的农户也不少。我们想给他们分，但当干部是为大家办事情的，不是为哪一些人办事情的，为大家办事，办事就要公道，不能偏心眼，不能讲私人情面。"在采访中，听到的故事很多。

村民李根福，男，现年65岁，一提起人民公社，第一句话就是"比比现在，那时候的日子不是人过的"。李根福的父亲身体瘦弱难以胜任重体力劳动，母亲劳动力不强，五个子女都需要负担，一年下来全家劳动所得连粮食柴草钱都不够。到领粮的时候，大哥带着李根福，拿着两个空箩子，高高兴兴地去会计那领粮。谁知道会计一看，他家是短款户，不能领粮。哥两个没办法，坐到地上就哭。"那时候真是没办法，领不回粮食，饿啊。"大哥回家后决定不再去上学了，开始参加集体劳动。14岁的人开始做成年人的活，挑粪时，别人挑多少，大哥挑多少；做什么事情都抢着做，就是为了多拿工分，多分粮食。

社员刘二民，其父懒惰不参加集体劳动，靠着给村里的姑娘、小伙子们说媒混饭吃。他会为同一件婚事在男方与女方之间来回奔忙，也会为澄清某些事情唠唠叨叨说上数个小时。后来人们都知道"他做媒人的成功比例不高"，就不想搭理他了，见他一去就说"有事，要出门了"。"他不管合适不合适，就是想骗饭吃"。（一老人语）他厌恶劳动，为此他家的门上没少被"插白旗"。二民那时才10岁，他哥哥仅有13岁，因为其父不劳动，他俩又小，整个家庭没有劳动力，领不到粮食，他母亲就整天哭鼻子。受不了这种煎熬，上吊自杀了。

3. "偏爱"

偏向于按劳分配即按工分分配的政策调动了农民参加集体劳动的积极性，有利于劳力多、负担轻的农户，但却不利于少数劳力少，吃口重的农户。这些农户粮食经常不足，常受饥饿之苦；他们也可能欠生产队的钱，成为倒挂户。为了使那些劳力少，负担重的农户不至于陷入真正的饥荒之中，生产队还分配少量照顾粮，但照顾粮的数量是有限的，而且照顾粮必须用于因家庭人口多、劳力少或因天灾人祸确实目前无法克服的贫下中农困难户上。[①] 在王村生产队，"照顾的对象首先必须做足基本的劳动工分或者是平时积极劳动的，否则也不能照顾。""我们当干部的，可不能忘记阶级路线，不能和地主富农搅和到一块，更不能对他们照顾。照顾了他们，就是错上加错，犯了大错。"

村民李芳汝，女，现年83岁，32岁丧夫，一个人拉扯5个孩子走过那段"差点丧命"（李语）的岁月。队里设公共食堂后，刚开始是放开肚皮吃饱饭，后来开始"以成吃饭"了。强劳力13成，一般成人10成，12周岁以下从7成累减，最低3成。"那时候，我最大的儿子也只有13岁，家里没有强劳力，三岁的小女儿和六岁的哥哥中午只能分一个窝窝头，孩子们每天饿得哭，我也只有抹眼泪的份。"公共食堂解散后，开始以工分分配粮食了。家里劳力少，孩子多，粮食不足，常受饥饿之苦。"我什么都不敢落后，强劳力做什么，我就做什么，还要做得好，就是为了赚高工分，因为有5个孩子等着吃饭。后来，因动弹的（劳动）太强

---

① 《隰县人民委员会关于下拨农村救济款的通知》（1965年10月24日）：隰县档案馆藏，3-1-24。

（劳动量太大）了，我得了脱血病，三四年都不好，差点送命。那时候最怕的就是死啊，我死了孩子怎么办？16岁的大儿子，正在高中上学，学习成绩特别好，最（令我）难受的就是他有天早晨说他不去上学了，后来就开始劳动了。全家他一个人支撑，虽然赚的头等工，但到分粮的时候，还是短款户，领不上粮。队长知道我家的情况，在各家领完粮食之后，就会分给我家粮食，并且给称粮时秤砣会给高点，我再打上欠条。不过那已经很好了，否则没钱是领不到粮食的。"

从原则上讲，生产队是实行按劳分配的，但制度安排和制度实施总会有不一致的地方，在实际执行过程中会或多或少地改变原则。在抬头不见低头见的生活圈里，谁又能摆脱了人情，生产队长又怎么能眼睁睁地看着社员缺粮饿肚子。迫于生存压力，一些社员开始借粮，但照顾粮是有限的，该借给谁？二队长说："口粮够得不能借，家里有病的，劳力不足儿女多的才能借。"而社员借粮首先得征得生产队长同意，然后社员找出纳开条子，最后找保管要粮。"借上粮，年终扣，不够吃，继续借。像这种情况，多着呢。但实际上，当年还得很少，因此就记在账上，而且就记成钱款。只还钱，不还粮了。"（社员语）

农民从集体经济中得到的绝大部分是实物，现金很少。传统的小农经济是自给自足的自然经济，农民辛劳一年，至多也只是填饱自己的肚子而已，从这个意义上说，我们可以把传统的小农经济称为"糊口经济"。解放以后，政府千辛万苦把农民组织起来，但是，公社始终没有使农民摆脱"糊口经济"的困境。①

（三）生活琐事记

俗话说："能带一军，不管一村。"生产队长这个没有级别的芝麻官，可不好当。

一记：队长家的儿子不好当

二队长家的大儿子放暑假后，一天晚上他被派去浇地。他和村里三个青年想解解渴，就吃了队里几个西瓜。被看瓜社员发现后，就告诉了二队长。第二天，大儿子正在睡觉，二队长揪住大儿子耳朵把他提起，"你真丢我的脸，你都这样，让老子还怎么管其他人！"等大儿子认了错，二队长才松了手。作为队长，让记工员扣掉了几个青年浇地的工分。

①　张乐天：《告别理想——人民公社制度研究》，上海人民出版社2005年版，第322页。

　　有一次，二队长的儿子和村里一个孩子因玩耍发生了口角，打完架后，跑回了家。二队长在收工路上，就被那位孩子的母亲堵住。他不管事情原因是什么，只是给人家说了一堆好话，回到家里，顺手从墙角抓起一根鸡毛掸子，不问缘由就打他儿子。现在回想起来，他儿子还觉着隐隐作痛，"挨了父亲不少打骂，那时候特记恨父亲。但现在知道父亲的难处了。毕竟管着一个队，不能让别人说闲话，得让他们服。"

二记：队长能断家务事

　　俗话说，"清官难断家务事"，可生产队长确实可以管得了家务事。

　　王村虽小，只有六十来户人家，但常说，家家有本难念的经。家庭虽小，但家庭内部的关系从古到今都是错综复杂的。在生产队里，大多数老年人生活在家庭中，很多人长期与儿子、媳妇同灶吃饭。人常说"婆媳关系最难处。"婆媳关系直接影响到家庭的稳定与和睦。一般来说，家庭中的老年人无需为吃饭担忧，不必自己担水、挑柴、干重活。但王村也有那么几家，被村里人视为"不孝"。

　　王村王二留家，母亲偏瘫，王二留娶媳妇之后，媳妇要求分家。王二留不答应，一直与母亲同住同吃。王二留家媳妇天天摔筷子摔碗，给老人家脸色看。只要王二留不在家，她嘴里就开始嘟囔："老不死的，我得伺候你到什么时候。"老人每天流着眼泪，但委屈只能往肚子里咽，她不想因为自己让儿子和儿媳吵架。有一天，她正在嘟囔，被从地里回家的王二留听见了。二留子上去就打了媳妇一巴掌。两人就开始打起来。偏瘫的老人坐在炕上泣不成声。邻居们过来劝架，劝不住。三队长被叫过来了。三队长吼一声"别打了"，两人还真的就住手了。队长就有这个威信。所以村里发生类似的事情，都会找到队长。队长指着二留子开始训斥了："二留子，大老爷们的，什么不可以好好说，和女人动什么手？让老娘在炕上哭，你们还真有意思啊？"又对着二留子媳妇说："二留子他媳妇，你来这个家以前二留子他娘已经瘫痪了。你不喜欢，你来干吗？你不就看中了二留子是个老实人，是个勤快人。你既然来了，二留子他娘就是你娘，你咋孝顺你娘你就应该咋孝敬他娘，你这样，也不怕村里人笑话。""告诉你们，以后好好待她老人家，再不好好待，小心把你们树为不孝顺的典型……"在那个年头，当个先进典型并不容易，但当个落后典型就臭名昭著了。二留子他媳妇还真怕"典型"，不管心里情不情愿，从此以后，不敢再对老人那样了。

三记：队长还当调解人

王村村民生活在同一片屋檐下，抬头不见低头见。村民之间的密切接触给人以亲密感，但也产生了许许多多矛盾、摩擦、争执。碰撞和冲突三天两头发生，争吵成为村落生活的一部分，有时甚至发展到十分严重的地步。如骂十八代祖宗，动口就揭人短，动手就打人等。王村不是宗族性的村落，因此生产队长也就成为这些冲突的调解人，调解的方式一般都是劝说。队长常常以至高的仲裁者的身份说："吵架到此为止，以后谁再骂人谁负责。""这件事情就这样定了，谁再反悔就是他的错了"等等。村民一般服从他的调解，尽管心里不服。一二队长还说："这些不服的人，到最后就在政治运动中整我了。"

四记：说媒还是一把好手

村里的农民总是早早地为子女考虑婚事。他们终年辛苦劳累，勤俭节约，只求为儿子讨个好老婆。公社时期生产忙，农民的活动范围狭窄。经常和外界打交道的生产队长，就为外村和本村青年男女搭起桥牵起线。

王村王福子有三个儿子，个个是好劳力，可是因为王福子和妻子都身患重病，家底薄，大儿子王小明到 30 岁还没有娶上个媳妇。1975 年，病入膏肓的王福子叫儿子把队长请到家来。对队长说："我可能不行了，这一生最难过的是没有给小明成亲。拜托你，一定给找个媳妇……"队长答应后，他说："我死后就放心了……"其实，村里有好多人都给王小明介绍过对象，但女方都因为他家穷而拒绝了。三队长也为这事情操心，只是一直没有找到合适的人。

受托之后，三队长利用晚上或中午休息时间到其他村里向熟人打听合适的姑娘。三队长虽然急着给小明找媳妇，但不会因此就瞎找一个。他要求"年龄合适，人不糊涂①，善良就好"。后来经曹村（离王村大约二十里）队长介绍了一个各方面都合适的姑娘。三队长立刻向那位姑娘家"推销"说："小明人好，老实、勤快，就是家穷，但我敢肯定，以后你们肯定能过个好光景②……"姑娘的父母说："既然两个队长都这么说了，肯定人不差。"就在两个队长的撮合下，31 岁的小明娶上了媳妇，过起了

---

① 糊涂即不讲理，村里人找媳妇一般都要求姑娘是个讲事理的人。

② "光景"即"生活"的意思。

日子。到笔者采访的时候，王小明夫妇已经抱有两个孙子了，一家人过得和和美美，对促成他们婚姻的三队长更是感激不尽。

五记：五保老人得照顾

王村有一个五保老人，村里人叫她"老二婆婆子"，据说是"老二的媳妇"。谁也记不得老二去哪了，也不知道老二婆婆子有没有孩子，反正就是她一个人生活。她在生产队里既没有近亲，也没有财产，全赖生产队里的众人供养。她住在一间破旧的屋子里。在粮食不够的时候她可以向队长"讨"，队里给她拿来粮食，搬来柴草。生产队里有一群淘气的小孩，总喜欢在窗前叫着"老二婆婆子"，还往进丢石子。老二婆婆子也不在意这些，对这些小孩总是笑呵呵的。也许是太孤独了，这些小孩会给她单调的生活带来一些乐趣。但是，她终究是一个被人遗忘的人，有时关门数日也无人知晓。她最后默默地死在小屋里，没有人知道她什么时候死去，也没有人知道她是如何死的。生产队里为她打了一口棺材，举办了一场没有哭泣的葬礼。

从生活五记中我们看出，农民在生活中遇到问题，首先想到的就是得到生产队长的帮助；而生产队长也认为自己有义务也有责任提供帮助。于是，生产队长在生产上的管理权就扩展到对社员生活的管理。对于大龄未婚男女，生产队长为他们牵线搭桥，充当红娘；夫妻、婆媳发生家庭纠纷及社员之间发生纠纷，生产队长为其进行调解；对于五保老人，他也要照顾、养老送终。生产队长就像是一个大家长，管理着社员的一切，保障着社员的生存，调解着社员的矛盾和纠纷，洋溢着父爱主义的精神。

（四）队员之叛逆

1. 偷懒耍滑

先引当地的几句顺口溜："开春说的按劳分，社员干劲百倍增，劳动起来更有劲，为的是秋后多分红"，结果是"按劳分配不执行，多赚少赚一律平，社员知道了这风声，在地劳动瞎闹腾——前边锄，后边荒，猫盖屎，草上飞"，"一个人的活三个人干，多干少干一个样"。这几句顺口溜确实道破了队员偷懒耍滑的原因、造成的后果。在那个年代，全国广大农村流行这样两句顺口溜："生产队里磨洋工，自留地里打冲锋"，王村生产队也不例外。

社员在自留地劳动，虽然时间多是早晚和中午工休时间，但社员们都起早摸黑，披星戴月，精耕细作，反复浇灌，劳动态度和劳动干劲与在生产队天里的情况截然不同，可谓判若两人。多、快、好、省在集体田里没有应验，倒在自留地里自然地实现了。

村民之讲述

社员王茂朵，出工时磨磨蹭蹭，干活时拖拖拉拉，别人出力十分，她出力五分，别人锄草三排，她锄草不到一排；翻地时，铁锹把子掉了，她故意不装，蹲着用方锹翻地（这样省力气），收工时，她再装上，一溜烟就回家了。说她干活能力不行吧，一给自己家干时，她比谁都快。因此，生产队长要记工员给她记 2 分工（那时候同龄人一般拿 5 分工）。她不满，锄地时，故意锄苗不锄草，一镰刀下去，麦苗就没了。

茂朵之声音

"集体生产那会儿，我觉着干活就没劲。我一个十几岁的女娃娃，干活再卖力，最多也只能拿 5 分工，而且到年终分配时候，即使不劳动的人，欠队里钱的人也不会比干活的人少领粮食，队长不会让他们饿着的。况且不是我一个人动弹（劳动）得没劲，好多社员都这样。动弹时候，还不是能歇着就歇着，能少干就少干，谁也不会多干的。"

生产队长之应对

生产队中，每一个社员的劳动态度，都会传染到别的社员。一个人不劳动或者不好好劳动，而干部又不制止，就会影响到其他社员劳动的积极性。大家都不好好干，不仅关系到国家下达的经济计划指标，还关系到生产队能否多打粮食，社员能否吃饱。因此生产队长对这些偷懒耍滑者不能"睁一只眼闭一只眼"，一般采取批评或扣工分的办法来制止偷懒耍滑者。

2. 小偷小摸

当农民步调一致地跨进了公社的门槛，成了"光荣的公社社员"后，却仍顶着一颗传统小农的脑袋。他们一有机会就把梦想转变成集体揩油的行为。[①] 例如在王村，每次生产队喷完药水之后，社员都可以把留在喷雾器里的药水拿回家，到自留地里除虫；社员在收割谷子时，会故意把少部分麦穗留在地里，劳动结束后，再去"捡"，集体地里的这部分麦穗就成自家的了；在收获红薯、马铃薯的时候，有人故意将好番薯留在地里以便让自己的小孩来捡。在村里人眼中，这种行为算不上是"偷"，只能说是

---

① 张乐天：《告别理想——人民公社制度研究》，上海人民出版社 2005 年版，第 103 页。

"捎带"，不会受到道德谴责。更有甚者，就是隐秘地"偷窃"了。

　　继续说前文中所提到的二民。其母自杀后，其父仍不知悔改。二民和他哥哥白天参加集体劳动，晚上也不清闲。每到深夜的时候，哥两个就开始去集体地里"溜达"了。不过，在他们溜达的时候经常会碰到一些同样"溜达"的社员，他们互相看看，不用说话就知道是"一条道"（二民语）的。半熟的玉米、地下的番薯、没有熟透的西瓜……都成了他们的目标。二民现在回忆起来也不认为是丢人的事情——"肚子饿了，哪能管那么多。我拿，别人也拿，我又没占什么便宜。"

　　常说"没有不透风的墙"，这样的行为总会被村民发现，有的村民会指责这种侵害集体利益的行为，有的村民会认为又不直接影响自己的利益，"集体地里的，不吃白不吃"，不仅会放任这种行为，甚至自己也开始"模仿"了。老队长曾经为这种事情"气破肚皮，伤透脑筋"，但"绝不会放纵这种行为"。曾经也像"训孩子那样训过他们"，曾经也"扣过他们的工分或口粮"，不管这些社员心里服不服，表面上是不敢反抗的。但生产队长是"从来不往上报"的，就像父亲永远不会出卖自己的儿子一样。

　　王村也有到外村去偷的。例如三队长还没有任职以前，曾经领着村里年轻人去距王村20里的曹村偷过玉米、苹果等。一伙年轻人跟打仗一样，在夜幕的掩护下，徒步进入曹村，然后趴在田地附近，看有没有看田的。然后进田里见东西就装麻袋，后来不知道是不是真的来人了，大家一声喊，就"撤离"了。到外村去偷，不仅不被村里人谴责，而且被村里人认为是"有本事之人"。

　　3. 斗队长

　　生产队长是生产队的直接领导者、指挥者，就像传统的大家长一样，躲不开矛盾，逃不开非议；而且经常代表生产队与外界打交道，他们有权，从而就有较多的机会谋取私利。农村社会有很高的透明度，正如俗话说的"没有不透风的墙"，一旦干部谋私利的事发生，通常会传出去，普通农民与生产队长的矛盾渗透进农村生活的细枝末节。在田头地边，在集体劳动的农田里，甚至普通农家的饭桌上，干部都是农民交谈的话题之一，其中常常有以权谋私的传闻，有的传闻是捕风捉影的，但有的传闻确是真实的。1970年太原某工厂在隰县招工，给王村生产队一个工人指标，生产队长接到通知后，没有经过社员大会讨论通过，私自让自己的大儿子占用了农转工的名额。群众议论纷纷，到大队检举。大队干部批评生产队长："你这样做，就是觉悟不高，有私心。"他只能把他的大儿子叫回来。

随着"文化大革命"深入到生产队，生产队的干部被迫站到被告席上。以前，参与革命的主要是少数积极分子，现在工作队队员直接下到生产队，领导、组织或者亲自参加矛头针对着生产队内各类干部的批判大会，几乎每一个成年农民都参加会议，大部分社员采取了沉默的态度。就是那些积极分子，尤其是对生产队长"有意见"（生产队长语）的积极分子让生产队长站在板凳上，以慷慨激昂的语言列举了生产队长的种种罪行，随后一甩脚，把凳子踢翻，生产队长被摔在地上，于是那些积极分子哄堂大笑。

据几位老人共同回忆，积极分子列举的二生产队长的罪行如下：

（1）队里社员有偷偷摸摸行为，他不耐心教育，要么骂一顿，要么扣口粮，不管社员饿不饿肚子。

（2）队里社员干得不好或不劳动，他不好好指点，给人家窗户上插白旗，导致社员老婆因羞愧而自杀。

（3）队里有农转工名额，队长不通知社员，擅自派自己的儿子去工厂了。

（4）队长让记工员给他记满工，他没别的社员劳动多，但一年下来他拿的工分最高。

（5）讲的是按工分分配粮食，可那些没有工分但和队长关系好的照样也拿粮食。

……

生产队里揭露的都是些琐碎的事情，这些事情当时不仅被"上纲上线"，而且被反复咀嚼。生产队的革命进行了一个多月，生产队长、妇女队长都受到群众的批判。生产队长不仅在批斗大会上被批判，而且常被社员画漫画。"夏天，我分几个人看管田里的西瓜，我晚上看到半夜，有个社员就换我班了。我第二天一早起来后，发现我屋的外墙上贴着漫画，漫画上画着我偷吃西瓜的样子，而且漫画上摔着西瓜瓢。"（生产队长语）在革命泛化的年代，生产队长、妇女队长做了深刻的检讨。①

---

① 采访中，生产队长说检讨是没办法的事情，宁肯把不是错误的东西说成是错误的，也不敢不承认那是错误，否则会被认为不老实，抗拒运动。

生产队长的检讨①

我是群众选出来的当家人，是为群众办事的，可我没有把群众放在眼里，缺乏群众观点，把不应该办的事情办了，应当批评的不批评；群众委托的工作没有尽到责任，怕伤了情面，其实是存在私心。

我把自己的儿子安排到工厂，是觉悟不高，有私心，办事不公正，不是共产党的作风。

我对社员不好好教育，动辄就骂，就扣工分，扣粮食，没有当好生产队的干部，辜负了社员对我的信任。

在记工上，我有私心，总是让记工员给我记满工，是自私。

我没有听毛主席的话，按毛主席的指示办事，犯了很多错误。私字当头，自私自利。

我现在认识到，要去掉私心，树立起为人民服务的思想，把队里的事情，把集体的事业，放在心上。凡事都要公事公办，公私分开，无论张三还是李四，一律从工作出发，从搞好集体生产出发，不把私人感情和队里工作搅和在一起。

假公济私，是一种坏作风，我必须从头脑里去除这种坏思想。

……

在复述完这封信后，生产队长笑着摇了摇头。"现在这些事情我都已经看开了。安排儿子工作确实是真的，谁不存有点私心，何况大儿子腿瘸。但我觉着其他事情没有做错。在一个集体中，面对百号人，生产队长是躲不开矛盾、逃不开非议的。派工、记分、分配都会引来社员的不满，但不能不干；批评惩罚偷懒的、小偷小摸的会引来这些人的不满，但不能因为怕这些人的不满，就放任不管。生产队长不好当，都是硬着头皮做的。"

（五）小结

生产队宛如一个大家庭，离不开生产队长的全面操持。生产队长以一种家长溺爱式的全权管制在对社员保护的同时束缚住了社员的手脚，使得社员在服从的同时也有了几分叛逆。

1. 管制与服从

生产队长对社员的管制和社员对生产队长的服从是建立在生产队长的

---

① 生产队长的口述资料，虽然无法复制完整内容，但队长却能记起这封信的大致内容。应该敬佩生产队长的记忆，还是应该感叹时代赋予生产队长的刻骨铭心。

权威基础之上的。当农民以"社员"的身份出现时，农民就不再是自然共同体的成员，而是政权共同体的成员，不再是自己决定做什么不做什么①，而是必须服从生产队长的管理。

生产队首要任务是组织农业生产。每天清晨，生产队长通过喇叭吆喝社员出工，三遍五遍地喊直到社员出工为止。生产队长用自己的招数（如上文所提到的"不开饭"）来惩罚不出工的社员，使社员乖乖听话；生产队长用"工分""红白旗"等招数制止偷懒耍滑者，还不时地对社员进行说教，使社员能够好好劳动。

生产队每年都要分家，生产队长像大家长一样得"管家过日子"，所以要留有一部分必要的开支；就像传统大家长不偏不倚地对待每个小家庭一样，生产队长在分配时也会"一碗水端平"。对于那些劳动积极但却因为各种原因缺粮的农户，生产队长是有权力给他们照顾粮或借粮给他们的。

生产队社员生活在同一片屋檐下，抬头不见低头见。村民之间的密切接触给人以亲密感，但也产生了许许多多矛盾、摩擦、争执。村民家庭内部的关系错综复杂，都有一本难念的经。此时，生产队长就成了矛盾、争执的仲裁者，而且村民们都服从他的调解。

2. 保护与顺从

生产队长首先要考虑一大家子的生存问题，要为生产队的农业经营操心，要对生产队的事务做到心中有数。社员在生产队长的吆喝中收工后，生产队长却得看看哪块地需要锄草，哪块地需要施肥；晚上组织干部们开会，讨论社员的表现，给予他们相应的工分以表示鼓励或惩罚；根据社员的体质强弱、男女、长幼分配任务，也有因为某某病了，给他安排轻活；对一些偷懒耍滑和小偷小摸的社员虽严厉批评但从"不会上报"。

每年分家时，就像传统大家长不偏不倚地对待每个小家庭一样，生产队长也会"一碗水端平"。然而，哪个家长也不愿意眼睁睁地看着孩子缺粮饿肚子，对那些劳动积极但却因为各种原因缺粮的农户，生产队长还是有些"偏爱"的，要么给予照顾，要么借粮给他们，虽然收着欠条，但也只是一种形式罢了。

生产队长是从农民的"自己人"中选出来的，农民在生活中遇到问

---

① 徐勇：《"行政下乡"：动员、任务与命令——现代国家向乡土社会渗透的行政机制》，《华中师范大学学报》（人文社会科学版）2007 年第 5 期。

题，首先想到的就是得到生产队长的帮助，而生产队长也认为自己有义务也有责任提供帮助。于是，生产队长在生产和分配上的管理权就扩展到对社员生活的管理。对于大龄未婚男女，生产队长为他们牵线搭桥，充当红娘；夫妻、婆媳发生家庭纠纷及社员之间发生纠纷，生产队长为其进行调解。生产队洋溢着父爱主义精神的关怀，社员难以拒绝这种关怀，因为社员维持生存的社会资源完全依赖于提供这种关怀的生产队。

3. 束缚与叛逆

生产队就像一个大家庭，生产队长就像一个大家长，保护社员的同时束缚住了社员的手脚。每天清晨，当出工喇叭响起时，每个人干什么农活都已经安排好了，人们无需思考，无法选择，只得按规定的时间到指定的地点去干指定的农活。生产队中的每个社员，都有责任和义务参加以农业为主要产业的集体劳动，同时也将这种集体劳动形式作为唯一谋生的手段。① 社员如果离开生产队，放弃社员的身份，就如同离家出走的孩子一样，丧失了维持生存所必需的生活资源。

在生产队对社员的束缚中，社员也顽强地表达自己的意志。抱怨生产队长派工"有偏心"，偷懒耍滑者对生产队长的批评表示抗议，农民之间为评工记分、农活的好坏及分配的事务的优劣等等日复一日地发生着争执，生产队长几乎时时卷在这些琐碎的矛盾中，头昏心烦，一团乱麻。但生产队长是社员选出来的当家人，纵使再有意见，在日常生活中也不会发生大的冲突。只有在政治运动中，那些对生产队长有意见的个别人才会对队长施以"报复"。

综上所述，当农民以"社员"的身份出现时，农民不能再过"日出而作，日落而息，耕田而食，凿井而饮"的自由生活了，他必须服从于生产队长的管制；如果说生产队向社员提供主要甚至唯一的生存资源，生产队长像大家长一样不会眼睁睁地让社员饿死，社员就在生产队长的这种保护下生存和生活；那么，同样的，因为这种生活资源的唯一，因为大家长的这种保护，却捆绑式地束缚了社员的手脚；如果说社员有责任和义务参加集体劳动，哪怕对劳动深恶痛绝，有义务服从生产队长的安排和分配，哪怕认为受到不公正的待遇，对生产队长表示顺从的话，那么同样

---

① 于建嵘：《人民公社的权力结构和乡村秩序》，《衡阳师范学院学报》（社会科学版）2001 年第 5 期。

的，对于集体劳动的深恶痛绝，对于不公正待遇的不满，使社员用各种形式（偷懒耍滑、小偷小摸甚至是利用政治运动）表示抗议。简而言之，生产队长在对社员保护的同时束缚住了社员的手脚；社员在对生产队长服从甚至顺从的同时也有叛逆之心。

三 "子"与"父"：生产队长与大队干部

农村工作座谈《怎样当好生产队长》的文章说："听党的话，不折不扣地执行党的政策。党的政策是要靠人来执行的，政策贯彻的深度和广度，在很大程度上又取决于生产队长执行得是否坚决。无数事实表明，凡是生产队长政策观念强，头脑清醒，执行坚决的地方，社员群众的情绪就比较高，生产的劲头就比较足，生产、生活都步步提高。反之，生产队长政策水平低，执行政策不坚决，随风倒，左右摇摆的地方，社员群众的劳动情绪就不太高，生产生活的提高就会受到影响。"[1] 在人民公社时期，评价生产队长的标准之一就是是否执行上级的指示、政策。

（一）种植：安排与执行

城关公社资料转载的一篇社论中可以清楚地反映出国家对生产队的政治意识灌输。

生产队在安排种植计划时，不能光为集体打小算盘，而要把眼光放远一点，放宽一点，顾大局，识大体，要为国家打算，我国的国民经济是有计划地按比例发展的。农业是国民经济发展的基础，农业的发展不能脱离开整个国民经济而盲目发展。因此，我们要自觉地把集体经济纳入国家计划轨道，保证实现国家要求的种植计划，努力增产粮食、棉花、油料等，支援国家建设，支援工业生产。促进整个国民经济的新高涨。同时，也有利于增加集体的收入，提高社员的生活水平。因为真正实现了国家要求的种植计划后，产粮队增产了粮食，多售给国家，可以得到更多的工业品，生产队也可以按政策多吃粮。[2]

1. 种什么

《农业六十条》明确规定："生产队有完成国家征购粮食、棉花、

① 吕乔冠：《怎样当好生产队长》，《前线》1961年第11期。
② 《城关公社关于〈社论〉的转载》，隰县档案馆藏，4-1-76。

油料和派购农副产品的义务。"每年，县、公社按照生产队的耕地面积及亩产下达收购农产品的品种和相应的数量指标①，大队干部与生产队长就开始忙着制订生产计划了。大队干部在作物安排时很容易与生产队达成一致意见，"各生产队的粮食压力都很重，不仅要满足本生产队农户对于粮食的需求，而且还要完成上级下达的征购计划。刚饿过肚子的农民深深懂得粮食的重要性，而且城市知青及其一些知识分子的下放也加重了粮食负担。因此，我们在安排作物茬口上，必须与生产队的干部一起算计需要达到的粮食产量，以此作为依据安排各种作物的种植面积。其实每年的种植面积基本保持不变，只是作很少的修正。"这番话是有道理的。

在政治泛化的年代，生产队是否按"国家计划"种植不是一个方法问题，而是一个政治问题，阶级斗争问题。作为生产队长，"不能不照着上边的计划走，否则就是走资本主义道路，在阶级斗争火热的年代，一切听从指挥是最好的选择。"（生产队长语）本文以 1975 年油料种植为例，笔者把油料种植的过程归结为一级指示、二级动员、三级执行。

一级指示

1975 年 4 月 5 日，隰县革委会发布关于大种小宗油料任务的通知，摘录部分如下：

城关公社：

　　根据地革委的通知，为了切实解决广大职工、群众的食油问题，为了支援国家社会主义建设，要求各生产大队、生产小队都要认真发动群众，抓紧时机，利用宅前屋后，闲散地块，大种小宗油料，在完成国家计划外，每人要求扩种五十株，交售国家油料五斤。根据你社人数，按照每人五十株，交油料五斤的要求，应种油料 5200 株，应交售国家油料 520 斤。完不成者，国家供应单位从国家供应食油数中扣除，生产队从留油中扣除。希各单位要把种植小油料提到贯彻执行毛主席五·七指示的大事来抓，要切实保证，不折不扣地完成任务，不准落空。种之后要加强管理，对坏分子的破坏要严厉惩处。要把种植

---

① 据采访中的大队长、生产队长回忆，这种数量指标一直没有变化，但因为缺乏资料记载，对数字回忆有限，文章不能确定各作物的数量指标。

完成情况迅速汇报农业学大寨办公室。①

一九七五年四月五日

二级动员

1975 年 4 月 6 日，城南大队召开了"大队种植油料作物会议"。参加会议的有各生产队干部，会议的主旨是："遵照指示，种足作物"。

这里摘录某大队干部的部分发言：

> 按照县革委的要求，要求我们在完成国家计划外，每人要扩种五十株油料作物。资本主义思想严重的认为"粮食不够吃，种什么油料作物。种油料作物不合算"，"宅前屋后是自留地，得由着自己种"……什么"油料作物不合算"，搞农业生产，要算账，但我们不能只顾算自己的账，算经济账，更要算好种好油料作物，贯彻执行县革委通知这本政治账。对于热衷搞资本主义的、搞自由种植的人来说，想种什么就种什么，那么，国家计划还要不要？社会主义还要不要？各生产队回去好好执行计划，只能多种，不能少种，否则就是走资本主义路线，我们是要狠狠批判这种资本主义路线的……②

三级执行

1975 年 4 月 6 日，王村生产队长召开社员大会。③ 在讨论如何完成油料作物种植计划的问题上，发生了争执，争吵到半夜。有的社员认为，现在粮食都吃不上了，还让我们在自留地上种植油料作物？"按照人头种植作物，让我们人口多的户怎么办，吃粮重的更难了"。有的社员不吭声，听着别的社员吵，就这样也等到半夜会议结束。生产队长说"都是按照上边指令进行，不执行你连食油也要扣除，况且都上纲上线了，吵不吵都是没办法的事"。最后由生产队长拍案命令，各家各户在宅前屋后按照各家人口数，每口人至少种植五十株。社员嘴里嘟囔着，但只能无奈地回家了。那

---

① 《隰县革命委员会关于大种小宗油料任务的通知》（1975 年），隰县档案馆藏，3－1－76。
② 《城南大队种植油料作物会议记录》（1975 年），隰县档案馆藏，3－1－76。
③ 没有关于会议的书面记录，内容依靠生产队干部的回忆进行整理。

年，每家的自留地上都可以看到一样的油料作物，只是数量不同而已。

国家意志是通过公社、生产大队、生产队层层分解贯彻执行的。公社响应国家的号召，向生产大队和生产队安排任务，为了保证政策的贯彻执行，把生产提高到政治的高度。生产大队遵照公社的指示，及时（如城南大队在公社开会后的第二天就召开生产队干部会议）向各生产队安排任务。阶级斗争造成了对普通农民和生产队干部带有威慑力的政治文化气氛（希各单位要把种植小油料提到贯彻执行毛主席五·七指示的大事来抓），在这种气氛中，不管有多么不愿意，都得遵从政府的意志；政府控制下的配给、对不遵从者的惩罚（如完不成者，生产队从留油中扣除）同样制约着生产队、农民的选择。

2. 怎么种

上面下达的种植计划十分明确，生产队只要套套就行，关键问题是在大公社时期上级还要指示"怎么种"。作为生产队长不得不遵从上级的生产指导，但又有着自己的安排，因为他是当家人，他得想着一大家子人的生存问题。

（1）土地深翻

1958 年中共中央发布《关于深化改良土壤的指示》，除了强调各地必须把一切可能深翻的土地，全部深翻一遍之外，还提出深耕的标准是 1 尺以上，丰产田是 2 尺以上。由于自上而下地推行，全国掀起了"让土地大翻身"的群众运动。上面失之毫厘，下面谬之千里。1958 年在县领导的旨意下，要为 1959 年小麦增产放卫星。城南大队遂决定在生产队搞二亩半小麦卫星田，号称："深翻三尺三，亩产三万三"。一套套老农们看来不可思议的生产革命，通过政府和干部以行政命令的形式传递到农村。农民们被告知，土地耕得越深，作物将长得越好，一队长在大队长的授意下，集中劳力用几张犁深翻达三尺多。熟土地被翻下去，死板的黄泥被挖起来时，生产队长在犯愁："这也能种庄稼？"王村还有一句顺口溜："提起深翻土地，真正叫人怄气。光顾人多热闹，不管地里活计。大搞兵团作战，庄稼丢了一地。地也没有翻好，沟沟圪洞①满地，……留下一半不

---

① 隰县方言中，"圪"有两种用法：一是作动词，相当于普通话的"去"。如"圪啦"就是"去了"，"不圪"就是"不去"。二是做词头或词嵌，构成名词、形容词等，圪本身没有词汇意义。这里的"沟沟圪洞"是指地不平整，一片高一片低，好像个大窟窿。

管，到底有利无利"？然而，在高压的政治下，生产队长除了心里发牢骚外，能做的事就是忍受和顺从。第二年小麦返青拔节后麦苗细如牛毛，只得请示领导批准，每隔一行割一垅青苗，又用棍棒架起，麦收时二亩半只打了 800 斤秕麦子。

1959 年播种小麦上级又规定四不种：即土地深翻不到 1 米不种，肥料不达万斤不种，下种不到 30 斤不种，不是耧播不种。在 1958 年卫星田的试验后，生产队长清楚地意识到，如果继续按照上级规定深耕土地，产量就会继续减少，社员基本生存口粮都成问题。一队长找大队长说明情况，大队长撂下一句话："政治错误不能犯"。一队长想：这是什么意思？只要赞同上级安排，就不是犯政治错误吧？于是就想了个办法：在一部分耕地上按照上级规定种植小麦，但以实在难以达到上级任务为由减少小麦种植面积。同时增加其他作物的种植面积，以增加其他作物的产量，弥补小麦减少的产量。1959 年，王村生产队就少种小麦 70 亩，比上年减少23.7%，总产 10371 斤，减少为 7425 公斤，减少了 28.4%。而玉米就加种 35 亩，总产增加了 5406 公斤。[①]

（2）密植

按照朴素的数学知识，多一株苗，就多收几颗粮食。照此逻辑，一定的土地，种的越多，产量相应越高。所以，政府大力推广密植，小麦实行"波浪式"种植，将平坦的土地花费大量的劳力改造成起伏不平的坡地，以增加种植面积。在正常情况下，一亩小麦只需要种子几斤，最多十几斤，而密植要用种子 50—60 斤。

凭着老农的经验，考虑到乡民们的生活，并不是每个干部都会心甘情愿地做这些违背常理的荒唐事。当他们无法直接抗拒时，就在执行过程中通过乡下人的智慧去寻找变通的措施。[②] 在锄草时，生产队长让社员将部分苗的根割掉。让其"自然"死亡，以减少麦苗，从而保证小麦产量。

（二）学大寨：号召与响应

1964 年，党中央向全国人民提出了"农业学大寨"的号召。县委、县政府及时提出"学大寨人，走大寨路，建大寨田，夺大寨产"的口号，顿时，在全县各村掀起了一场农业学大寨的高潮。其中，王家庄生产队是

① 《一九五九年城关公社农业生产统计年报》（1959 年），隰县档案馆藏，2 - 2 - 56。
② 吴毅：《决裂——新农村的国家建构》，中国社会科学出版社 2007 年版，第 98 页。

城南大队最为典型的一个。

当时城南大队有 8 个生产队，有 731 户人，2906 口人，王村生产队有 60 余户，200 多口人，共有耕地 400 余亩。1964 年以前，王村生产队社员也和全县许多地方一样，认为"不种百亩田，不打百石粮"，"东山不收西山收，多种总比不种强"，"刨个坡坡，吃个窝窝，刨个洼洼，穿个褂褂"。结果事实与人们的愿望相反，种的越大，产量越低，平均亩产不到 70 斤，一年一年提不高，不少社员连温饱都难以维持。1964 年，农业学大寨运动开展后，全县召开四干会议，生产大队召开全体社员大会，开展了一场"对比大寨，回顾历史"的大讨论。在讨论中，人们认识到要改变低产面貌，必须坚持集体路，学习大寨人，以革命的精神改天换地，建设稳产高产田。

思想是行动的先导，王村生产队说干就干，1964 年的冬天，正当寒风刺骨，大地封冻时，社员们白天坚持集体劳动，晚上开会学习《毛选》和大寨人的先进事迹。人们在大寨人那种战天斗地、奋发图强的精神激励下，信心百倍，干劲十足，提出了很多鼓动性很强的口号"黑夜当白天，月亮当太阳"，"地冻不停工，下雪不收兵"，"干到腊月二十九，吃了饺子就动手"，"打破常规过春节，初二、初三不休息"等等，经过一冬一春的会战，将三里长的河道改变了方向，垫河造田，并沿河建起了河坝。

1965 年，生产队积极响应党的号召，大面积种植玉米"罗马尼亚409"，总计达 150 亩，多年的老品种"金黄后"，仅种了 77 亩，亩产比前几年提高了 26%①。通过农业学大寨前后的变化，人们高兴地说"不走大寨路，必定要饿肚，走了大寨路，穷队能变富"。

1970 年后，农业学大寨运动牵连进政治领域，成为批斗走资派的武器，"堵不住资本主义的路，便迈不开学大寨的步"，"批唯生产论"，"割资本主义的尾巴"，乱收自留地、自留树、自留羊，平调生产队和大队、公社劳力，搞"改变面貌"工程。农业学大寨运动由生产领域走向政治领域，破坏了生产关系，阻碍了生产力的发展。

1972 年以来，大队干部在王村生产队蹲点，培养大寨式典型，推行大批资本主义、割资本主义尾巴达到顶峰，把资本主义从山上赶到村里，

---

① 高步斗：《让隰县人民快富起来》，载王友才主编《隰县文史资料·农业专辑》，第38页。

由村里赶到院里，由院里赶到家里，把政策允许的社员的自主权都予以批判，都当资本主义尾巴割掉了，把社员的自留地集中起来归集体经营，社员吃菜再出钱向集体买。某社员全家 8 口人，生活十分贫困，小孩上山偷刨了点白草根卖钱，都被当资本主义典型大会批小会斗。

在"紧张地动员起来，发起大批资本主义大干社会主义的伟大进军，苦战三年，建成大寨县"的号召下，全县 1975 年 11 月 11 号四干会议结束后，城南大队于 11 号晚上就召开了动员大会，生产队干部，社员共同参加。

队长在会上讲：学大寨，就是要学大寨坚持无产阶级政治挂帅，毛泽东思想领先的原则，自力更生，艰苦奋斗的精神，爱国家、爱集体的共产主义风格，就要向大寨那样坚持党的基本路线，对资产阶级实行全面专政。大寨靠大斗，斗出了新人、新事、新思想、新地、新村、新产量。靠大干，改变了旧山河，建成了新大寨。我们要抓住一个"斗"字，一个"干"字……要干就要批，要干就要斗。"斗一步，进十步，斗十步，进一路"，这是大寨经验的科学总结。我们大队要展开对资本主义针锋相对、寸步不让的斗争，要批的修正主义抬不起头，斗的资本主义翻不了天，人往社会主义路上走，心往大办农业上操，堵死资本主义邪路，迈开社会主义的大步。我们公社南北区樊书记、李祥、杨进德等九名退休干部登上堆金山，打响了治理堆金山的第一炮，开始了营造果园的战斗。有人说他们"放着轻闲不轻闲，尽给自己找麻烦"。他们坚定地回答"干社会主义没有够，不能只顾自己吃饱肚"。我们大队也要把学习大寨任务切实拿在手上，把钱使在刀刃上，把劲使在关键上，行动起来，鼓起劲来，干出个样来。[①]

1976 年，县委农工部推广"寨子公社定国大队实行大寨劳动管理制度的经验"，提出"一心为公劳动，自报公议工分"，并称其为"农业学大寨的一个重要组成部分"，"是逐步缩小差别，限制资产阶级法权的一个重要措施"，但"大寨记工"法，把"劳动工记成政治工"，群众积极性受挫。当时民谚曰："队干部，实权派，劳动不分好和坏。关系好工分记，关系不好还受气"，造成"上地一窝蜂，工分一拉平"。整体生产水

---

① 《城南大队关于学习大寨精神的会议记录》（1975 年），隰县档案馆藏，3 - 1 - 76。

平退回到 1965 年水平线。① "政治工"的危害到 1978 年仍在延续。此时，汪家沟、赵家、无愚三队、下李等生产队群众纷纷自发学习安徽生产责任制经验。汪家沟一年就摘掉"缺粮帽"。1979 年县委推广赵家经验，但仍称是"照大寨记工法实行五定一奖"。1980 年县委推广无愚大队"两改一翻身"经验，公开提出"改大寨记工法"为专业分工，按能包产，以产记工。在政府的号召中，"学习大寨"在各生产队遍地开花；又在政府的号召中，生产队结束了"学习大寨"的征程。只是，在"学习大寨"中，不仅是王村生产队，各个生产队都曾热情澎湃、斗志昂扬，但也品尝到了辛酸与苦辣。

（三）农产品：征购与交售

1. 超强征购与被逼交售

在"大跃进"中，农村劳力出现十分紧张的状况。这也是全面动员那也是全面动员，真正搞成了"村村无闲人，户户门落锁"。特别是 1959 年秋收大忙季节，县委硬把农村劳力抽到建下庄水库的"前线"，使劳动力紧张的状况更为加剧。就在修建水库运动还没有结束，掩盖在这一片热潮中的种种矛盾也渐渐显露出来。尤其是粮食问题最为突出。城南大队各生产小队长一起商量去找大队长。"我们生产队的粮食已经不多，以公共食堂正常的日耗量计算，等不到春节，就会把全部的库存吃光，社员有可能要饿肚子了。"大队长感到事情不妙了，不及时处理是不行的，"这样吧，我们开个干部会，讨论下"。在当天晚上的干部会上，各生产小队的队长分别就各自的缺粮问题进行了介绍。情况的确相当严峻，但至于为什么缺粮，大家都没有多说。在阶级斗争火热的年代，谁敢对人民公社体制提出质疑？谁又愿意被认为是"走资本主义道路"？因此会议开得很僵。最后大队长决定去找公社书记。公社书记还没听完大队长说的话，就严厉警告："别自找麻烦了！"生产大队长被他的这一警告弄得不知所措：各个生产队都缺粮，各个公共食堂将揭不开锅，这怎么能说成自找麻烦？

事实上，就在大队长找公社书记前的一天，公社已经被分到了一个庞大的征购数字。"大跃进"期间，隰县也争放卫星，"卫星"越放越大，数字越来越空，成绩越来越假。隰县 1958 年粮食总产统计为 1.21 亿斤，实际只产了 7071 万斤，浮夸数占到 41.6%；1959 年上报 7910 万斤，落

---

① 张仁杰主编：《隰县志》，方志出版社 2007 年版，第 284 页。

实下来只产了6659万斤，浮夸数仍占16%。而上级的粮食主管部门根据隰县创纪录的卫星数字，计算出应上交国家的公粮和应统购的余粮，这两笔数字大大超过了历年的几倍。县委没办法，只好不择手段地把亏空层层分解，转嫁给全县的各个公社和生产大队、生产小队。书记也不敢得罪上级。

大队长想看看有没有缓和的余地，继续和书记说着"缺粮"情况。公社书记脸一沉："按照计划征购粮食是县委的决定。你要是想不通或是讨价还价，我将采取组织措施！"书记的话给他当头一棒："组织措施意味着什么？是撤职？还是降级？"无论如何不能失掉这个职务。生产大队长迫于压力，一下子就想通了。他一回到大队，立刻召集生产队干部大会进行布置。这一次的高征购是历年的几倍，使与会的生产队干部们吃惊不已。

各个生产队长在私下议论开了。"各个公共食堂都缺粮，怎么完成任务嘛！""是要逼死人吧！"各生产队长坐在一起，悄声而语："不能表态啊。"

"不要开小会了！"大队长拍着桌子大发雷霆："谁要再有意见，我马上办他！"会场立刻安静下来。大队长开始训话："你们这些生产队的干部，对于征购粮食这个问题，态度一定要坚决，不管用什么方法，一定要完成任务。还没做就说完不成任务，我看是阶级敌人在造谣破坏。上头已经决定：对于反对征购粮食的少数坏人，要坚决打击，绝不手软。"会场气氛紧张起来。按照这种标准，凡交不出征购粮的，完不成任务的，恐怕就成阶级敌人了，成为阶级敌人还有什么日子好过呢？但粮食从何而来呢？每个人都惶恐不安，每颗心都倒悬着。会议开过的第二天，大队长到各个生产队检查征购情况。批判会、辩论会、插红旗拔白旗等轮番交错地开展着。什么右倾保守、什么反革命分子等大帽子满天飞。人人自危，喘不过气来，哪敢违抗？就这样，生产队社员的口粮、种子粮甚至喂牲口的饲料也被征走了。一队长和队其他干部合计着，缺粮问题只能靠自己解决了，"告诉社员，要计划用粮，把一日三餐干饭，改成一日二餐稀饭吧！"

由于缺少粮食，农民的营养无法保证，浮肿、妇女子宫脱垂病开始蔓延，农村的情形惨不忍睹。在王村生产队，社员把食堂称为"死堂"——"早晨喝的稀溜溜，晌午两个窝窝头，晚上肚里咕噜噜。"

这个故事只是国家征购的一个掠影。在 1958—1978 这 20 年间，国家征购一向都是国家、公社、大队、生产队、农民之间矛盾的焦点，场面上都以上级的胜利而告终。为了完成粮食任务，县里召集公社主要干部集训会，将粮食问题上升到政治和阶级斗争的高度，要公社干部不惜一切代价向农民收粮。下面干部如法炮制，积极效仿，层层加压，并采取强硬措施。对完不成任务的干部，进行批斗教育。在政治高压下，谁会拿自己的政治生命开玩笑？多数干部违心地承认自己生产队还有余粮，将社员的口粮甚至被挑选的种子也被迫当余粮拿去完成任务。

2. 请示与减免

高征购严重影响了农民的生活安排和生产积极性，连续几年的饥饿更使农村基层干部在狂热的"放卫星"中冷静下来。据被采访者回忆，在征购问题上，生产大队长和生产队长较易达成一致意见，如果征购任务确实难以完成，大队长都会向上级反映，但最终能不能解决不是大队长说了算的。在笔者查阅相关资料的过程中，只发现了两年的资料与"请示与减免"有关。现摘录如下：

1961 年请示文稿：

　　隰县《关于六二年粮食征购若干意见的报告》草稿①

　　地委、专署：

　　　　省委扩大会议分配为给我县的六五年粮食征购 1000 万斤。我们回来后，通过反复计算，对社队任务提出了意见，分别召开了县委扩大会议和县、社、队、生产队四级干部会议，进行了研究和充分讨论，共同的感觉是：任务大，完成有困难。其主要原因有以下几点：

　　（1）六五年任务超过了历年收购量……

　　（2）任务分配超过了产量增长速度……

　　（3）人口连年增长……

　　（4）……县召开的四级扩大干部会议中，经过充分讨论，可以完成 800 万斤征购任务。

　　　　　　　　　　　　　　　　　　　　　　　1961 年 8 月 25 日

---

① 《关于六二年粮食征购若干意见的报告》（1961 年 8 月 25 日），隰县档案馆藏，2－2－81。

（据《隰县志》记载，"1962 年上级下达本县 450 万公斤任务，县委、政府根据历年实行情况认为偏高请求上级减免 50 万公斤，实完成 314.9 万公斤。"① 也正好与此草稿吻合，但找不到上级的"减免通知"文件）

1965 年"减免征收任务"文件
　　　　　山西省晋南专员公署关于核减小麦征收任务的通知②
隰县人民委员会：
　　　根据你县报告，少数生产队因灾减产，完成原派任务有困难，经研究决定，给你县核减小麦征购任务 20 万斤，减后任务为 310 万斤，系认真研究合理调整保证任务的完成。
　　　特此通知。
　　　　　　　　　　　　　　　　　　　　　　　1965 年 7 月 28 日

　　　　　山西省晋南专员公署关于因灾核减农业税征收任务的通知③
隰县人民委员会：
　　　根据你县报告，今年的农业生产，由于遭受了干旱等自然灾害的侵袭，一部分生产队减产严重，致使无力交纳农业税，请示核减农业税问题。经专研究，统一灾情减免和社会照顾正税小米 60 万斤。附加随同正税一并减免。接通知后迅速结算，并将应退回的税额迅速退回各纳税单位，不得拖延。
　　　特此通知。
　　　　　　　　　　　　　　　　　　　　　　　一九六五年十二月三日

　　在诸如征购问题上，生产大队长一般会上下摆摆平，考虑生产队长的意见和社员的利益，就如上述所讲，在征购任务确实难以完成时，大队长都会向上级反映，上级根据情况会作出相应的政策。但在政治泛化的年

---

① 张仁杰主编：《隰县志》，方志出版社 2007 年版，第 371 页。
② 《山西省晋南专员公署关于核减小麦征收任务的通知》（1965 年），山西省晋南专员公署文件专财字第 268 号，隰县档案馆藏。
③ 《山西省晋南专员公署关于因灾核减农业税征收任务的通知》（1965 年），山西省晋南专员公署文件专财字第 457 号，隰县档案馆藏。

代，能否完成征购任务是与政治立场相联系的，生产大队长也不会拿自己的政治生命开玩笑，去执拗地抵制上级的命令。

（四）生产队长之迂回

国家在统购的过程中，虽然也考虑到了农民的利益，对有困难的生产队减免征购任务，对缺粮者以补助、"返销"，但却不能真正解决农民的饥饿问题。生产队的当家人——与社员一样饿着肚子的生产队长——以非国家允许的方式去获得农产品，以使自己和社员不饿肚子，过好日子。

1. 瞒产私分

写照一：日子过得太慢了，公共食堂的粮食很快就要吃完，原本就不稠的饭越煮越稀。山上能吃的野菜也都快要采光，观音土也成了社员争选的东西，饥饿的日子太难熬了，简直是度日如年。可田里的稻子这才慢慢吞吞地长成了个，莠了穗。社员们是多么急切地盼着它早日成熟，早日收割。又过了几天，眼看社员们一个个都饿得快不行了，一队长十分着急，他悄悄背着公社、大队，暗中指派几个劳动力下到田里去，寻找早熟的谷子，割一点来救急。只一个下午，便割了几捆早熟了的谷子，连夜脱粒，碾成小米，起火煮稀饭。这天夜里，公共食堂像过年一样。各家各户都来了几个人，捧着碗守候在锅台边，等待这久别的稀饭。锅里冒出来的新米的气味，格外的香，引得人肠子咕咕叫。稀饭煮成后，每一个社员都分到了，他们喝着香喷喷的稀饭，洋溢着幸福的微笑。农民就是这么容易满足。但在人民公社时期，生产队长是要在违背原则、政策的情况下，甚至是背负着犯政治错误的危险下才能勉强给予队员这么简单的满足。

写照二：二生产队长必须让社员填饱肚子，必须对人民公社的原则作一点点的违心的背叛，对上级隐瞒一点点产量，把隐瞒的部分分给社员。可是坛口好扎，人口难封啊。这件事情被揭露出去，其后果是不堪设想的。在收割之前，先试着向上级少报产量，把隐瞒的部分，按照每个人头30斤的原则私分到户，倒招了一堆意见。有的人说，按人头分不合理，因为人有年龄大小之分，大人的饭量大，小孩的饭量小；有的说，给哪家分得多了，队长偏心……二队长听着，心灰意冷，社员实在是又可怜又可嫌。看着他们挨饿受饥又于心不忍，如今好不容易冒着风险隐瞒了一点粮食，想私分给他们，他们又吵吵嚷嚷。

写照三：1970年代，瞒产之风不约而同地在各个生产队悄然而起。

在王村生产队，干部和社员们都小心谨慎地酝酿着，一时谁也拿不定主意。正处在夹击中的三队长既无法抵制来自公社和大队方面的压力，又不能漠视社员群众的切身利益于不顾，至少让他们能得到一点能糊口的粮。三队长到附近生产队走了走，看了看，和其他生产队长聊了聊，一回到村里，就坚决主张把瞒产的粮食私分到户。"要注意影响，不要分得太出格，少分一点，多分几次，还要公平合理，要避免分配不均，自己内部先闹出事来……"三队长嘱咐着队里其他干部。

作为生产大队长则是能"闭两只眼就不闭一只眼"，"看生产队长着急，社员挨饿，我们也于心不忍"；"但上级要督促得紧，我们也不敢瞎搞"。记述到此，笔者想起了杜润生在自述中的一段文字："正因为'大集体经济'吃不饱饭，甚至饿死了人，农民就要想办法，避免风险。其办法，一种是在体制内自己采取一些能吃饱肚子的做法，包括社员和干部互相串通的应变办法，即日后我们所说的'瞒产私分'，这是一种无权者的抵制。"①

2. "捣鬼"

生产队长除了用瞒产私分获得农产品外，还有好多方式，笔者找不到合适的词语来概括这些抵制方式，就借用生产队长口中的"捣鬼"这个词语吧。

"种植时，上头让种300亩玉米，我们种400亩，玉米产量高嘛。达到上边征购的数量就行了，剩下的就偷偷分嘛，上面问有没有余粮，就说没有啊，县、公社离得远不知道，大队知道了一般也不往上报，就这样'捣鬼'么。""打粮食够指标就得了，比如去年产100万，今年订100万多些，少量增加，增产多了都拿走，不增产又得受批评。大队下指标，我套圈圈，如种小麦，以100亩顶上120亩的产量，但100亩的产量一定得顶120亩的，得达到指标。剩20亩，就可以种一些其他庄稼（不是国家统购统销的对象）就可以给社员分了。"

"分粮食时，和保管、会计几个主要队干部都说好，说是100斤，给120斤。社员知道也不向外说，谁也想多领点粮。每年都这样弄，不然就饿肚子。上面压，下面就捣鬼么。不捣鬼就饿死了。"

---

① 杜润生：《杜润生自述：中国农村体制变革重大决策纪实》，人民出版社2005年8月版，第83页。

"打夜战时，会将玉米烤熟了吃，（上边）谁也不知道么。大人吃后也不忘给小孩带回几个（玉米棒子）。带就带吧，大家你带，我带，谁也没有多大意见。"

"藏粮也挺有意思。如把扬净的麦子重新掺进麦秸垛里，再把麦秸重新垛上，从中抓把麦秸就有半两多的麦子。要么把麦子倒进牛草里，上面是牛草，下面是麦子。要么将麦子连夜磨成面，放进瓮里。"

这种五花八门的变通行为触犯了国家的政策和权威，遭到各种方式的打击。城关公社为此召开大队、生产队干部会议。笔者引用公社干部在会议上的一段讲话："粮食问题是两个阶级、两条道路斗争的反映。我们必须承认今年是个大丰收年，下面没入库的粮食还很多很多，群众偷走的也很多。那些队长和会计的觉悟不高，常常串通一气藏粮食。我们要下狠心，穷追不舍把粮食挖出来。不留一点死角。谁有意庇护他们，就连他一块斗。"

据生产队和大队干部回忆，干部们被弄进几间房子里，分组讨论，自报粮食数字。任凭公社干部磨破嘴皮子，就是没有张嘴说话的，干部们你看我，我看你，只用眼神表达内心的世界。逼急了，人们开始三三两两的发言，光说今年是个丰收年，打得粮食够吃了，干部问打了多少斤？大队长们的头一耷拉，都说没数，不知打了多少斤粮食。一问还有没有粮食，回答说都上交了。大队长们知道"生产队有藏粮行为，但又不知道藏了多少粮，因为生产队藏粮也都是瞒着大队的，而且不到紧要关头，大队干部也是睁一只眼闭一只眼，毕竟我们是知道社员的苦处的"。（城南大队干部语）公社干部急了眼，给大队干部撂下话："不查出来，你就是有意庇护，连你一块斗。"无奈的大队干部只好遵照公社干部的旨意，把生产队长和会计分开，生产队长一间屋，会计一间屋。干部们审会计："快老实交代吧，现在就看你的了，你们队长说你知道藏粮的数字。你说了可以从轻处理，不老实交代就不客气了。"那间屋里审队长："会计已经交代了，你们队共藏粮多少斤，在什么地方藏。你老实交代可以宽大处理，否则后果自负。"这种方式乃整人一绝，一般都经不住这么折腾，大部分生产队队长和会计会一五一十地把藏粮情况供了出来。但王村队长和会计心中有数，原先定好谁也不能讲，所以谁都没有讲，王村生产队保住了隐藏的粮食。

大队干部对于生产队长的"瞒产私分""藏粮"等行为是睁一只眼闭

一只眼的，不到紧要关头，是不会上报的。但在上级干部的政治高压或是命令下，生产大队干部也只能遵照公社干部的旨意。

（五）小结

从以上论述中，我们看到，大队干部考虑问题时会想到"上下摆摆平"，他们会在允许的范围内为农民争取利益，但他们更多的是服从上级；同时大队干部利用行政上的隶属关系，通过"命令与服从"的方式，使生产队长执行上级的政策，完成上级分配的任务。大队干部与生产队长之间像是被纳入到政社合一的科层制里的父子关系，更多地带有行政关系的特性。

1. "欲护"却"无力"

作为生产队长来讲，在遇到诸如粮食等重要问题时，首先想到的是找大队长商量，寻求解决的办法。如在王村修建水库运动中，城南大队各生产队长一起找大队长反映情况，请求解决。作为大队干部来讲，他们拿生产队的工分，又生活在农民中间，也会在允许的范围内为农民争取利益。如大队长就缺粮情况向公社书记反映，但书记的一句"你要是想不通或是讨价还价，将采取组织措施"，使得大队长一下子就想通了——从"为农民争取"到"强制征购"。可以看出不管大队干部是诚心诚意也好，是身不由己也好，他们更多的是服从上级。

在藏粮中，大队长们"知道生产队有藏粮行为，但又不知道藏了多少粮，因为生产队藏粮也都是瞒着大队的，而且不到紧要关头，大队干部也是睁一只眼闭一只眼"。但在公社干部"不查出来，你就是有意庇护，连你一块斗"的恐吓中，大队干部最终遵照公社干部的旨意，开始审问生产队干部。

大队干部在征购中从"为农民争取"到"强制征购"；在藏粮过程中从"不知"到"逼问"，大队干部随着政治气氛转换着自己的态度，表现出"欲护无力"的状态。

2. 命令与迂回服从

生产队长作为农业生产活动的直接指挥者和组织者，必须接受大队下达的种植计划以及生产指导；大队则通过下达计划指标，督促检查，批评甚至"批判"自由种植的资本主义倾向等方式来确保种植计划的完成。大队的生产计划是强制性的，大队的生产指导是政治性的，生产队长对生产队农业的经营是被束缚住手脚的、缺乏自主性的、奉命式的。但另一方面，生产队长首先想到的是满足村民们的生存需要，让每个家庭有足够的粮食，有炒菜的食油。因此，在顾及大队计划、指导的同时，循着老农的经验，通过乡下人的智慧去寻找变通的措施。

公社组织分配产品的原则是"先交公粮，后卖余粮，剩下的才是口粮。"《农村人民工作条例修正草案》即"农业六十条"第十九条规定："在全大队范围内，督促生产队完成国家规定的粮食和其他农副产品的征购、派购任务。"第三十三条规定："生产队有完成国家征购粮食、棉花、油料和派购农副产品的义务。"在征购过程中，各级干部层层施压，并采取强硬措施以保证征购任务的完成。作为生产队长来讲，他必须让社员填饱肚子。他们虽然没有正式的渠道去质问国家粮食政策的合理性，但"饥饿逻辑"会促使其必须对人民公社的原则作一点点违心的背叛，去为生产队多争取点粮食，如脱粒时故意不脱干净，让社员从分配的柴火中再脱一些下来。更为大胆的做法就是瞒产私分。

简而言之，大队干部与生产队长是被纳入到政社合一的科层制里的父子关系，更多地带有行政关系的特性。大队干部可以发号施令，甚至强制生产队长服从自己的意志；生产队长在服从的过程中，为了生产队的利益并不排斥对大队干部意志的修正或者抗争，展现出各种变通的智慧。

四 结论与进一步讨论

（一）国家权力扩展的独特途径：将家长制纳入到科层体制

在传统社会，"皇权止于县"，就如马克斯·韦伯所说的："事实上，中华帝国正式的皇权统辖权只施行于都市地区和次都市地区。除了城墙之外，中央权威的有效性便大大地削弱乃至消失。"[1] 国民政府"替新中国创造了一个高层机构"[2]，它的根基只是在城市和上层，从此方面来说，它所建立的行政网络与传统社会并无本质的区别。中国共产党通过下派工作队、行政体系的构建与群众参与相结合的动员模式使得行政机制全面深入地渗透到广阔的乡土社会中，形成乡村行政治理体系。人民公社作为基

---

① ［德］马克斯·韦伯：《儒教与道教》，江苏人民出版社1993年版，第110页。
② 沈延生：《中国乡治的回顾与展望》，《战略与管理》2003年第1期，第53页。

层政权组织，按照科层制的方式运行，服从于国家的统一治理。① 在公社体制下，各级管理人员都被称之为干部，他们遵从下级服从上级的行政原则。农民则顶上了公社社员的帽子，服从生产队干部的统一管理。公社的科层制治理决定了自上而下的命令和自下而上的服从关系的形成。

尽管国家权力通过以"命令与服从"为原则的科层制扩张到乡土社会的各个领域，但笔者在文章第二、三部分已经讲述过，作为基层干部的生产队长与社员之间、与大队干部之间"保护与束缚"、"顺从与叛逆"的关系更类似于纳入到科层制中的父子关系。笔者将其称为"纳入到科层体制中的家长制"，把国家权力扩展的途径归结为："将家长制纳入到科层体制"。如果说国家将科层制作为国家权力扩展或者是国家治理的技术是成功的，毋宁说国家将传统的家长制纳入到科层体制是充满智慧的。对于本文所提到的家长制，将在下文进行详细阐述。

（二）社会结构的总体描述：扩大的"家长制"

1. 对"扩大的家长制"的诠释

"大跃进"时代"共产风"的泛滥，表面看来，好像是打破了农民的小农意识，使农民走出了自己的家庭，接受"共产主义"的熏陶；但随着公共食堂的兴办，几亿农民又在一夜之间走进了"社会主义大家庭"。随后，"三级所有，队为基础"的人民公社，在组建生产队的过程中基本上是"以村为队"，生产队长被称为"当家人"，和家庭的大家长一样，安排、指挥社员劳动，调解社员家庭邻里纠纷等；生产队长必须服从大队干部的命令，但在顾及大队干部的领导和指示时，生产队长为了生产队的利益也会对大队干部意志进行修正和抗争，为生产队社员多争取点粮食。尽管生产队的社员被生产队长父爱般地关怀着，但在顺从的同时也会有叛逆；尽管大队长更多遵从上级意志，但却并非不想保护生产队，只是"欲护无力"。

马克斯·韦伯指出："家父长制是基于一种严格的、个人性的恭顺关系。恭顺虽是以家共同体为其原始母胎，但会逐渐渗透到原有的家之外，而成为许多其他人际关系的基础。"② 生产队长和社员之间、生产队长和

---

① 徐勇：《"行政下乡"：动员、任务与命令——现代国家向乡土社会渗透的行政机制》，《华中师范大学学报》（人文社会科学版）2007年第5期。

② ［德］马克斯·韦伯：《支配社会学》，选自《韦伯作品集》，广西师范大学出版社2004年版，第90页。

大队长之间分别是以社员、生产队长的服从为基础，社员离开生产队，就没有生存来源，无从得到保护。"然而，这样的一种关系，就算最初纯粹只是一方的支配，仍然会演变出权力服从者之要求互惠，而且此一要求'理所当然'地成为社会所承认的习惯。"① 社员、生产队长表现出的服从与叛逆、抗争一直存在。生产队长与社员之间的父子关系，生产队长与大队长之间的子父关系纳入到了乡村行政关系中；依此往上类推，国家将家权力扩展到整个社会中，就像扩大的家长制；整个社会就像是扩大的家庭，全国所有的地方都有同样的组织机构，都执行同样的政策，像是中央的小家庭；全国每一个人都生活在中央的领导下，都喊同样的口号，都流行同样的政治话语，都像是一个听父母话的孩子。整个社会就像是放大的家庭，社会成员像孪生兄妹，听从父母的话语，行为同一化；但同时又像是叛逆的孩子，对父母总有不满甚至反抗。

2. "蜂窝状"结构诠释的不完整性

维维安·舒尔（Vivienne Shue）认为，人民公社时期中国乡村社会是一种"蜂窝结构"，国家权力虽然纵向伸入了基层，但横向权力扩展不足，且没有制度化；农村社会和管理呈现为一种"蜂窝结构"（hoeny-comb-structure），即每一个公社都像一个高度地方化的、自给自足的、有独立结构的蜂窝，这是一种很典型的封闭式社区。②

公社是按照科层制的方式运行，执行上级政策以及完成各种自上而下的任务是其主要工作。一个来自中央的信息，可能同时传遍各公社的每一个生产队。每一层级的干部都自上而下地贯彻上级的意志，并身体力行，确保了毛泽东的指示和党中央的路线、方针、政策在全国农村的贯彻执行。国家权力全面直接地渗透到乡土社会之中。但同时，国家向乡土社会渗透的动员、任务和命令机制都是为了按照国家意志改造和支配乡土社会，以做到统一思想、统一意志、统一行动。虽然国家也注意到乡土社会的差异性和农民的自主性，但统一的行政机制必然要求一致性，甚至为了达到一致性而实行具有强制性的"一刀切"，不仅是政治上划一、生产上

① ［德］马克斯·韦伯：《支配社会学》，选自《韦伯作品集》，广西师范大学出版社 2004 年版，第 96 页。

② Shue. V: The Reach of the State: Sketches of the Chinese Body Politic. Stanford: Stanford University Press. 1988. 130, 131.

也整齐划一。① 这使得地区差异甚大的广袤的农村呈现出发展模式的同构性，并未地方化。

在人民公社组织内部，生产资料为集体所有，统一生产、统一分配。农民被限制在生产队地域当中，由生产队长安排生产、分配；生产队长听从大队、公社干部的指令和安排，由大队、公社统一分配生产资料。从生产、分配上说，生产队被吸附于生产大队，形成了一个个蜂窝；大队被吸附于公社当中，公社被吸附于国家中，形成一个个类蜂窝。一个个蜂窝纵向同国家有着密切的联系，但横向上并不是 Shue 所谓的"相互隔离或独立"。

生产队是以自然村落或者准自然村落为基准的，若干个生产队隶属于同一生产大队，若干个生产大队隶属于同一公社，若干个公社又隶属于同一县。以王村生产队为例。王村生产队是城南大队的第十队，统一接受城南大队的领导。在通常情况下，城关公社召开大队主要干部会议后，大队干部会及时地通过召开各生产队会议把上级精神传达到各个生产队。会议不仅成为上级传达精神的渠道，而且成为各生产队干部认识、联系的桥梁。生产队长作为生产队的当家人同其他生产队打交道，大到生产、政治运动中的交流与合作（如在瞒产私分中各生产队干部达到的一种默契），小到生活中的琐碎小事，笔者在前文中提到的三队长为两队青年"牵线搭桥"等，都使王村生产队与外生产队发生联系。同时，两个生产队也有其他方面的联系，如姻亲联系②，一个生产队的姑娘嫁到另一个生产队后，她就沟通了这个生产队与她"娘家所在的"那个自然村甚至那一地区的数个自然村之间的联系。从这个意义上说生产队不是相互"隔离或独立"的，也不是"封闭"的。

蜂窝状结构只看到了公社之间、生产大队之间、生产队之间的隔离状态，却没有看到他们之间的联系；只看到了自上而下的控制与渗透，却没有看到自下而上的"反抗"。不管是生产队长的迂回服从甚至是"抗争"，还是社员的叛逆，都是导致基层结构变化的重要因素。因此说，"蜂窝状结构"既未准确也未全面地阐释人民公社时期的社会结构。

---

① 徐勇：《"行政下乡"：动员、任务与命令——现代国家向乡土社会渗透的行政机制》，《华中师范大学学报》（人文社会科学版）2007 年第 5 期。

② 参见张乐天《告别理想——人民公社制度研究》，上海人民出版社 2005 年版，第 299 页。

（三）家长制结构的脆弱性

费孝通在《乡土中国》中提出"差序格局"，儒家的伦理道德都是以"自我"为中心，由己及人，先己后人，像波纹一般，由中心向四周扩展，这种以"己"为中心的自我主义使得传统的中国人"为了自己可以牺牲家，为了家可以牺牲党，为了党可以牺牲国，为了国可以牺牲天下。"① 显然这种先己后人，由己及人的传统伦理道德，使人们从自身的利益出发，当合作有利于自己时，他们便选择合作，而当合作于己不利，合作不能取得令人满意的结果，他们的积极性就会受到影响。农民虽然无有组织的抵制反抗行为，但是，他们可以利用诸如出工不出力、磨洋工等"弱者的武器"实现无形的反抗，以表达对侵蚀他们利益和自主权的不满。结果就是家喻户晓的道理"一个和尚挑水喝，二个和尚抬水喝，三个和尚没水喝"。

公社集权制度的维系依靠一大批服从公社权威、执行公社意志的干部。对于党和国家的号召，他们从内心上有着天然的认同感，否则会有忘恩负义的道德自责感；虽然偶尔会在政治运动中尝到革命苦果，但就像挨父亲打骂的孩子还会念及父亲的恩惠，反省自己的过错一样。对毛主席的崇拜，对共产党的感恩之心促使农村干部们并没有质疑公社的合理性，也没有走向革命的反面。但念及父母的恩惠不能不顾及孩子的生死，在社员挨饿的时候，生产队长甚至大队长会以国家非允许的方式取得农产品，侵蚀着公社体制。

撑着公社大厦的支架动摇了，倒塌也就只是时间的问题了。人民公社，它的结局也和中国传统的大家族一样，最终免不了解散的命运，这也正应验了中国的另一句古训：树大要分权，人大要分家。

参考文献：

一 著作类：

[1]［美］巴林顿·摩尔：《民主与专制的社会起源》，北京：华夏出版社 1987 年版。

[2]［英］安东尼·吉登斯：《民族－国家与暴力》，胡宗泽、赵力涛译，北京：

---

① 费孝通：《乡土中国·生育制度》，北京大学出版社 1998 年版，第 29 页。

生活·读书·新知三联书店 1998 年版。

　　[3]［英］迈克尔·曼：《社会权力的来源》，上海：上海人民出版社 2002 年版。

　　[4]［美］塞缪尔·P. 亨廷顿：《变化社会中的政治秩序》，北京：生活·读书·新知三联书店 1989 年版。

　　[5]［德］马克斯·韦伯：《支配社会学》，选自《韦伯作品集》，广西师范大学出版社 2004 年版。

　　[6]［美］费正清主编：《剑桥中华人民共和国史》，北京：中国社会科学出版社 1998 年版。

　　[7]［美］弗朗西斯·福山：《国家构建》，黄胜强、许铭原译，北京：中国社会科学出版社 2007 年版。

　　[8]［美］黄宗智：《长江三角洲小农家庭与乡村发展》，北京：中华书局 2000 年版。

　　[9]［美］黄宗智：《华北的小农经济与社会变迁》，北京：中华书局 2000 年版。

　　[10]［英］邓正来、J. C. 亚历山大编：《国家与市民社会：一种社会理论的研究路径》，北京：中央编译出版社 2005 年版。

　　[11]［美］杜赞奇：《文化、权力与国家：1900—1942 年的华北农村》，南京：江苏人民出版社 1996 年版。

　　[12] 金雁、卞悟：《农村公社、改革与革命——村社传统与俄国现代化之路》，北京：中央编译出版社 1996 年版。

　　[13] 高王凌：《人民公社时期中国农民“反行为”调查》，北京：中共党史出版社 2006 年版。

　　[14] 刘娅：《解体与重构——现代化进程中的“国家—乡村社会”》，北京：中国社会科学出版社 2004 年版。

　　[15] 凌志军：《历史不再徘徊——人民公社在中国的兴起和失败》，北京：人民出版社 1997 年版。

　　[16] 陈吉元、陈家骥、杨勋主编：《中国农村社会经济变迁（1949—1989）》，山西：山西经济出版社 1993 年版。

　　[17] 曹锦清、张乐天、陈中亚：《当代浙北乡村的社会文化变迁》，上海：上海远东出版社 2001 年版。

　　[18] 林蕴晖、顾训中：《人民公社狂想曲》，河南：河南人民出版社 1995 年版。

　　[19] 罗平汉：《农村人民公社史》，福建：福建人民出版社 2003 年版。

　　[20] 罗平汉：《天堂实验——人民公社化运动始末》，北京：中共中央党校出版社 2006 年版。

　　[21] 张乐天：《告别理想——人民公社制度研究》，上海：上海人民出版社 2005 年版。

［22］黄树民著：《林村的故事——一九四九年后的中国农村变革》，素兰、纳日碧力戈译，三联书店 2002 年版。

［23］薄一波：《若干重大决策与事件的回顾》，北京：中共中央党校出版社 1991 年版。

［24］于建嵘：《岳村政治——转型期中国乡村政治结构的变迁》，商务印书馆 2001 年版。

［25］吴毅：《村治变迁中的权威与秩序——20 世纪川东双村的表达》，中国社会科学出版社 2005 年版。

二　论文类：

［1］徐勇：《回归国家与现代国家的构建》，《东南学术》2006 年第 4 期。

［2］徐勇：《现代国家的建构与村民自治的成长——对中国村民自治发生与发展的一种阐释》，《学习与探索》2006 年第 6 期。

［3］徐勇：《"行政下乡"：动员、任务与命令——现代国家向乡土社会渗透的行政机制》，《华中师范大学学报》（人文社会科学版）2007 年第 5 期。

［4］徐勇：《"政党下乡"：现代国家对乡土的整合》，《学术月刊》2007 年第 8 期。

［5］纪程：《"国家政权建设"与中国乡村政治变迁》，《深圳大学学报》（人文社会科学版）2006 年第 1 期。

［6］黄辉祥：《民主下乡：国家对乡村社会的再整合》，《华中师范大学学报》（人文社会科学版）2007 年第 5 期。

［7］刘乐庆：《双重委托代理关系中的利益博弈——人民公社体制下生产队产权矛盾分析》，《中国农村观察》2006 年第 5 期。

［8］王立胜：《人民公社化运动与中国农村社会基础再造》，《中共党史研究》2007 年第 3 期。

［9］吴淼：《大故事中的小逻辑——一个生产队干部对人民公社的记述》，《中国农村问题研究》2002 年卷，中国社会科学出版社 2003 年版。

［10］崔伟：《60 年代中期至 70 年代中期人民公社体制剖析》［M］；牛军：《新世纪中国大学生（文科学士）毕业论文精选精评》，北京西苑出版社 2002 年版。

［11］高华：《新中国五十年代初如何社会统合——十五个"小人物"的回忆录研究》，《领导者》2007 年 8 月。

［12］申端锋：《村庄权力研究：回顾与前瞻》，《中国农村观察》2006 年第 5 期。

［13］高华、黄骏：《1960 年"持续跃进"中的江苏省城市人民公社运动》，《浙江学刊》2002 年第 5 期。

［14］陈洪生：《当代中国乡村治理中政府主导力量嵌入乡村社会的政治逻辑》，

《求实》2006 年第 7 期。

　　［15］陈益元：《后公社时期的国家权力与农村社会研究回顾与展望》，《中国农史》2006 年第 2 期。

　　［16］陈益元：《建国以来农村基层政权建设研究述评》，《文史博览》2007 年第 4 期。

　　［17］辛逸：《试论人民公社的历史地位》，《当代中国史研究》2001 年第 3 期。

　　［18］张举：《从国家政权边界的变化看当前农村治理模式存在的问题》，《农业考古》2006 年第 6 期。

　　［19］葛笑如：《人民公社制度的另类分析——新制度经济学的视角》，《湖北社会科学》2007 年第 5 期。

　　［20］魏沂：《中国新德治论析——改革前中国道德化政治的历史反思》，《战略与管理》2001 年第 2 期。

　　［21］王星：《单位控制的迷思——单位政治研究评述》，http：//www. sociology-ol. orgyanjiubankuai/tuijianyuedu/tuijianyueduliebiao/2007 - 12 - 17/4078. html。

　　［22］揭爱花：《单位：一种特殊的社会生活空间》，《浙江大学学报》（人文社会科学版）2000 年第 5 期。

"偷懒耍滑":国家在场下的农民生存智慧

——以人民公社时期皖北的刘集镇为例

刘欢迎[*]（华中师范大学中国农村问题研究中心 武汉 430079）

内容提要：人类是万物的精灵，是集智慧、能力与善良等特性为一体的复杂物种。农民作为特殊的群体，有其特殊的生存智慧：他们在不同的机制下，时而脚踏实地、勤劳善良；时而好逸恶劳、不思进取。在为农民所表现的生存智慧诧异之余，我们还思索了这一问题：向来以勤劳著称的中国农民，为什么在人民公社体制下选择了偷懒耍滑？本文认为偷懒耍滑是农民在人民公社这个特殊体制下的特殊生存智慧。本文从偷懒耍滑的个案出发，以底层政治为视角，运用生存伦理理论，对社员偷懒耍滑的原因、方式、后果，以及生产队长的态度如何等问题进行阐述，回答了农民为什么偷懒耍滑这一问题。

关键词：偷懒耍滑 国家在场 生存智慧 人民公社

一 导 论

（一）选题缘起和研究意义

1. 研究缘起

农业问题专家何开萌曾说："新中国成立以来农村发展的经验反复证明，什么时候尊重了农民意愿，农民有了积极性，农村就快速发展，反之就停滞甚至萎缩。"[①] 农民积极性是农业发展的动力源泉。农业劳动者是农业生产中最活跃、最革命的因素，所谓农民积极性是指农民从事农业生

---

[*] 刘欢迎，华中师范大学中国农村问题研究中心硕士生，论文指导教师为徐勇教授和刘义强副教授。

[①] 李楠：《农居整理：唤起农民积极性》，《中国土地》2007 年第 12 期。

产活动的主动性和创造性，也就是农民主动地投入人力、物力和财力去发展农业生产，并在劳动过程中不断改善农业物质技术手段和提升自身素质，从而使农业生产力的水平得以提高。①

　　然而，由于种种原因，我国农民的积极性时常受挫，在不同时期时高时低，处于不稳定状态。尤其是在人民公社的 20 多年里，国家管得过多，农民成为了国家的一分子，从而失去了劳动自主权，一切都要听从国家安排，对"生产什么、何时生产、如何生产"诸如此类的农业基本问题，农民都没有决定权，农民唯一有的就是听从上面安排。因此，农民生产劳动积极性十分低下，进而导致农民不愿意投入生产劳动，但是在国家控制农民收入来源的人民公社内，农民又不得不参加劳动，否则会危及生存。在这种情况下，农民在生产劳动中偷懒耍滑、"出工不出力"、开小差、"磨洋工"以此表达心中的不满，这使得农村生产力发展得极为缓慢。直到 1980 年代，在农民长期以"偷懒耍滑"为主要方式的"抵抗"下，国家为了调动农民的劳动积极性，才允许并广泛推行生产责任制。在这一过程中，国家肯定了农民的劳动主体地位，赋予农民以日常生活中劳动主权者地位。农村生产力因此得到复苏。对此邓小平总结说："农村改革的内容总的说就是搞责任制，抛弃吃大锅饭的办法，调动农民的积极性。"②"这些年来搞改革的一条经验，就是首先调动农民的积极性，把生产经营的自主权力下放给农民"。③ "调动积极性是最大的民主"。④ 由此可见，尊重农民意愿，给农民自主权，提高农民积极性，对于推动农村现代化建设具有十分重要的作用。

　　有关农民积极性问题，当前的学术研究中已有了一些著述，但关于偷懒耍滑问题学术界还没有专门的研究。笔者运用斯科特提出的"生存伦理"理论，分析了人民公社时期农民偷懒耍滑时的"生存伦理"（既少干活又不少拿工分从而不被饿死），并试图从政治学、社会学和经济学等多学科交叉的角度，对偷懒耍滑现象的原因、方式、后果以及农民偷懒耍滑时，作为国家代理人的生产队长对此所作的反应进行分析，从而为当今农

---

① http：//www.bjpopss.gov.cn/bjpopss/cgjj/cgjj20000818.htm.zh。

② 邓小平：《邓小平文选》第 3 卷，人民出版社 1993 年版，第 117 页。

③ 同上书，第 180 页。

④ 同上书，第 742 页。

村改革提高农民生产积极性提供借鉴。

2. 研究意义

建国初期，最初的土地改革以及随后的人民公社制度，都是一种现代国家建构行为。土地改革后，农民获得了土地权。但由于需要对分散经营的传统农业改造，防止新的社会分化和为工业化提供积累，土改以后很快就开始了对农业的社会主义改造。其主要内容是将农民组织起来，实行集体化。农业合作化完成以后，整个农村的社会经济与政治结构变化深刻，功能齐全并且拥有很大权力的高级农业生产合作社不仅将经济上分散的农户组织起来，农民的社会和家庭生活也被纳入了集体的控制范围之内，"政社合一"的人民公社伴随着农村的组织化和政治化程度日益提高而产生。①

"政社合一"的人民公社体制，进一步巩固了国家对乡村社会的强力整合与控制。国家权力通过公社行政体制可以直接地渗透到农民的日常生活之中，人民公社将政权组织与生产组织合为一体，农民的生产生活都高度依附于公社组织。② 在传统国家，农民的生产是相对"自由"的，农民种什么，不种什么，一般不受外部政权力量的干预。但在人民公社体制内实行的统购统销制度，不仅推动着国家对产品的支配，而且推动着国家对生产的支配。与"计划收购"和"计划供给"相应的是"计划生产"，即由政府下达生产任务，农民根据政府任务进行生产。种什么，不种什么，由政府所主导。③ 先国家，后集体，再个人的分配格局造成农民的劳动与收益的不对等，从而导致农民生产积极性下降。面对强大的国家，理性的、保守的、善于"搭便车"的农民不敢或无力直接公然反抗国家，只能以消极的方式进行"抵抗"，那么他们会通过什么样的方式、渠道和武器来进行抵抗？这种"抵抗"行为是否无足轻重？有没有影响到集体化时期的中国政治？在农民以偷懒耍滑方式进行"抵抗"时，作为国家代理人的生产队长又是如何应对的呢？

---

① 黄辉祥：《民主下乡：国家对乡村社会的再整合——村民自治生成的历史与制度背景考察》，《华中师范大学学报》（人文社会科学版）2007 年第 5 期。

② 徐勇：《"行政下乡"：动员、任务和命令——现代国家向乡土社会渗透的行政机制》，《华中师范大学学报》（人文社会科学版）2007 年第 5 期。

③ 徐勇：《论农产品的国家性建构及其成效——国家整合视角下的"统购统销"与"瞒产私分"》，《中共党史研究》2008 年第 1 期。

以往的研究文献要么根本不涉及农民的偷懒耍滑，要么只是单篇的、零零星星地涉及农民反行为的某些方面。以农民偷懒耍滑为主题的全面系统的研究著述极为罕见。本文选取了笔者的家乡（刘集镇）为研究对象，通过查阅资料、深度访谈方法，以底层的视角对当事人为什么偷懒、如何偷懒、偷懒的结果怎样，以及作为国家代理人的生产队长对偷懒耍滑这一现象持什么样的态度等问题进行阐述，最后运用博弈论和搭便车等理论从宏观上回答了农民为什么偷懒耍滑这一问题，打破了以往研究人民公社问题时只是关注上层领导者及其政策的制定，而忽视了底层农民对政策回应的惯例，从而对人民公社时期农民生产生活状况有一个深刻的认识和理解。另外，在改革开放 30 周年之际，对人民公社时期农民偷懒行为发生的原因、方式和结果进行分析，从中吸取经验教训，为解决现实问题寻找历史的启迪，对如今正在进行的农村改革有着十分重要的借鉴意义。综合以上，笔者认为研究人民公社时期农民的偷懒耍滑问题不仅重要，而且必要。

（二）要说明的两个问题

1. 基本概念

（1）偷懒耍滑

对什么是"懒"？《新华词典》的解释是：懒，不勤快，懒惰。即不爱劳动和工作。所以，懒实质是人对劳动的一种规避。从经济学角度看，懒也是一种经济均衡，它提供给人的主要效用是闲暇，它的表现是享受闲暇。劳动者一般在这两种情况下会更加偏好闲暇：一种情况是劳动收入很高时，这时由于边际效用递减规律，来自劳动收益的边际效用减少，而来自闲暇的边际效用增加，这时一个人会更加偏好闲暇；另一种情况是当劳动的收入很低时，由于这时来自劳动收益的效用也很低，所以这时闲暇的效用将大于劳动的效用，在这种情况下，理性的人会更多选择闲暇，而不是劳动。[①] 而偷懒耍滑是指有意逃避、耍弄手段使自己少出力或不担责任。

由此可见，人民公社时期社员偷懒的原因是后者。偷懒，不同于我们日常生活中所说的懒，偷懒像偷东西一样，是在背地里做的事，是不为人所知的。在劳动者拥有劳动自主权，能够控制自己的劳动力，可以自己决定什么时候劳动以及在哪里劳动的情况下，劳动者没有必要偷懒，也不存

---

① 宋圭武：《"懒"也是一种经济均衡》http：//article. pchome. net/content－494496. html。

在偷懒，因为劳不劳动可以自己决定，即使不劳动也可以光明正大地进行，不用在背地里躲躲藏藏。只有在劳动力为国家所有，劳动者没有劳动自主权，不能决定劳不劳动的人民公社体制下，才有必要偷懒。

（2）国家在场

在人民公社体制下，由于农村社会的生产、物资、威望、机会等稀缺资源被国家全面地控制，再加上意识形态的强化和阶级斗争的威慑，农民只有服从，没有自由，他们必须与国家的行动保持一致。① 由于国家占有了农村社会的政治、经济、文化和部分生活领域，彻底摧毁了农村士绅地主的社会影响力，打击了宗族派性，农村的民间精英由此消失，传统社会的"国家—中间精英层—民众"这一金字塔形的社会结构也被打破。农村社会几乎被国家完全挤压，国家与农民之间形成了面对面的直接关系，从而使国家获得极强的动员力。不仅如此，农民对国家产生组织性依附，即依附于国家的集体组织——生产队，进而依附于生产队长，是农民生存的唯一活路。② 当农民劳动时，他们会通过生产队长派工、误工请假、评工分等活动让社员感受到国家的"在场"。参加集体劳动，就可以获得生存资源，即按工分分配的"工分粮"；劳动积极的还可以获得各种物质和精神的奖励，甚至被评为劳动模范；不参加劳动的则没有工分，劳动不积极的则要扣除或减少工分，甚至遭到批斗。③ 公社集体对社员的控制不是限于劳动过程，而是扩展于社员的整个日常生活之中。

（3）生存智慧

本文的生存智慧包括生存伦理和理性武器。斯科特认为"生存伦理就是根植于农民社会的经济实践和社会交易之中的道德原则和生存权利"④，在"安全第一"的生存伦理下，农民所追求的决不是收入的最大化，而是较低的风险分配和较高的生存保障。⑤ 与追求"安全第一"，极

① 吴思红：《乡村秩序的基本逻辑》，《中国农村观察》2005年第4期。
② 同上。
③ 徐勇：《论农产品的国家性建构及其成效——国家整合视角下的"统购统销"与"瞒产私分"》，《中共党史研究》2008年第1期。
④ ［美］J. C. 斯科特：《农民的道义经济学：东南亚的反叛与生存》，程立显等译，译林出版社2001年版，第8页。
⑤ 郭于华：《"弱者的武器"与"隐藏的文本"——研究农民反抗的底层视角》，《读书》2002年第7期。

力"避免风险"相关联,斯科特为我们展示了传统农业社会中农民"生存伦理"的另一个生存原则:"尊重人人都有维持生计的基本权利和道德观念"。① 对农民来说,生活要围绕生存而进行,既要避免外界对其基本生存形成的直接威胁,又要遵守在日常生活中形成的各种有助于弥补家庭资源欠缺的社会风俗和习惯安排,这些组成了农民社会的生活伦理和行动逻辑。人民公社时期社员的生存伦理是指农民的偷懒耍滑是有底线的(即不被饿死)。经济学认为,所谓理性是指以最小的投入获得最大的产出。本文所提到的理性武器是指农民通过出工不出力等方式来偷懒耍滑,以此达到在不少拿工分的情况下尽可能减少劳动投入的目的。生存伦理和理性武器之间是目的与手段的关系,其中生存伦理是目的,理性武器是手段。

而笔者所说的生存智慧即是如何能在不少拿工分的情况下,可以尽可能地少干活。也就是说,农民如何在生产劳动中既能偷懒耍滑,又不被人发现,从而遭到惩罚,这是一种智慧,是一种在特殊时代的一种生存智慧。

2. 时间范围的界定

张乐天教授曾将人民公社划分为两个阶段:一是1958—1962年的大公社时期;二是1963—1982年的人民公社时期,本文选取的历史大背景是从1961年《农业六十条》颁布至1982年刘集公社解体,因为在经历了大跃进和公共食堂以后,社员对共产党倡导的"楼上楼下,电灯电话"的共产主义理想有所动摇,从而导致生产劳动中的偷懒耍滑现象十分普遍。

(三)国内外研究现状

1. 关于农民的研究

恩格斯曾经把法国的农民描绘成"一口袋马铃薯"②,意思是说,农民作为一个群体或阶级整体,确实存在于社会之中,但是,他们常常仅仅是存在而已,他们如同一堆散乱的马铃薯,合作能力与集体意识都比较

① [美]J.C.斯科特:《农民的道义经济学:东南亚的反叛与生存》,译林出版社2001年版,第226页。
② 参看恩格斯《德意志农民战争》,《马克思恩格斯全集》第10卷,人民出版社1998年版。

弱，根本不会认识到他们自己的集团或阶级的存在。所以，马克思主义者们也是基于这样的一种认识来对农民阶级进行动员和改造。比如试图通过集体主义经济活动和组织、合作化与人民公社等方式，以此来改变农民阶级的命运。尽管这种初衷是非常良好的，但是，对农民的简单、笼统地理解和认识，可能是这些尝试在世界众多地方收效甚微的思想根源。①

毛泽东对中国农民的认识更为具体，更接近中国社会的实际情况，而不是一种笼统的概括。毛泽东在《中国社会各阶级的分析》一文中，把多数农民列入"半无产阶级"之中：所谓半无产阶级，包括：（一）绝大部分自耕农，（二）贫农，（三）小手工业者，（四）店员，（五）小贩等五种。绝大部分自耕农和贫农是农村中一个数量极大的群众。农民问题，主要是他们的问题。② 由上可见，毛泽东的分析，并没有把所有农民纳入一个具有高度同质性的抽象的阶级体系之中，农民也是有多元特点的社会群体。作为半无产阶级的主要部分，大部分农民由于处于生计水平的边缘地带，他们的思想和社会心理是极易改变的，很容易受外界的影响，他们极其希望变革现状。③

费孝通用"乡土本色"概括了中国农民的特点和文化特征。在广袤的中国乡村，农民处于社会的基层，而"乡土性"则充分反映出了中国基层社会的特点。费孝通认为，中国农民，这个惯常被称为"乡下人"的阶层，其最重要的特征可以用一个字"土"来概括：我们说乡下人土里土气，虽然颇具有几分藐视的意味，但这一个"土"字却用得是那么的贴切和自然。"土"字的基本含义是指泥土。乡下人离不开泥土，因为在乡下住，种地是普遍的谋生方法。"土"是他们的命根子。④

黄宗智通常以小农（peasants）来称呼中国的农民，他是有意识地将其与现代农业中的农民（farmers）区别开来，在对华北平原和长江三角洲的小农经济与乡村社会的研究中，他认为，中国乡村社会的变迁与发展中存在着一

---

① 陆益龙：《权利：认识农民问题的一个视角》，http：//www. studa. net/shehui/060120/11412388. html。

② 毛泽东：《中国社会各阶级的分析》，《毛泽东选集》第1卷，人民出版社1991年版，第6页。

③ 陆益龙：《权利：认识农民问题的一个视角》，http：//www. studa. net/shehui/060120/11412388. html。

④ 费孝通：《乡土中国·生育制度》，北京大学出版社1998年版，第6、7页。

些"悖论现象"。黄宗智提出中国的小农不像恰亚诺夫等实体主义经济学家所认为那样，是生计生产者、也不是像舒尔茨和波普金等形式主义经济学家所认为的那种，是追逐利润最大化的"理性的农民"。中国的小农，其生产的目的是为了自己的日常消费，并且具有资本主义生产的特点。①

2. 关于农民行为动机的研究

对任何农民问题和农村现象的研究，都离不开对农民行为的方式和特点进行解释，邓大才认为在关于农民行为特点的理论范式中主要有以下四种倾向：

（1）生存最大化理论

生存最大化理论的代表人物主要有恰亚诺夫和斯科特等，恰亚诺夫以"生存"为核心，认为农民的偏好、行为是追求生存最大化，一切经济活动以生存为目标。而斯科特理论却以"道德"为核心，认为农民是道义至上者，而不是个人利益至上者。农民经济行为的目的是为了生计和消费，所以追求安全和躲避风险是最主要的原则。为了实现这一原则，农民在小群体范围内，必须尽量遵循维持生存和生计的基本道义和伦理。尽管他们所强调的核心不同，但他们都认为，农民生产的目的是为了满足消费和生存，安全和生存是第一位的，而不是利润第一。

（2）利润最大化理论

利润最大化理论主要有三个代表人物，亚当·斯密、舒尔茨、波普金。他们都认为农民像资本主义企业一样，是理性的，一旦有经济利益的刺激，不仅以追求利润最大化为目标，还有可能够将"黄土变成黄金"。

（3）效用最大化理论

效用最大化理论的代表人物是黄宗智，他综合了上述三大理论，认为"农民既是一个追求利润者，又是维持生计的生产者，当然更是受剥削的耕作者"。要将企业行为理论和消费者行为理论结合起来，前者追求利润最大化，后者追求效用最大化。②

（4）剥削最小化理论

剥削最小化理论的主要代表人物有马克思、恩格斯、列宁、毛泽东

---

① ［美］黄宗智：《华北的小农经济与社会变迁》，中华书局出版社 1986 年版。
② 邓大才：《社会化小农：动机与行为》，《华中师范大学学报》（人文社科版）2006 年第3 期。

等。他们从剥削、阶级、革命的角度研究租佃关系，研究如何改造农村和农民。他们认为农民的目标是减少剥削，争取权利的最大化，最终扭转其弱势地位。他们的研究不仅仅局限在理论层次上，还将理论诉诸实践，并且对世界经济和社会发展都产生了深刻的影响。他们认为革命成功以前的农民行为动机是剥削最小化，革命成功以后的农民作为个体已被消灭，所以他们主要转向研究农民集体化及集体行为。

3. 关于偷懒问题的研究

国内关于"偷懒耍滑"的研究在学术界尚属空白，已有的文献只是很少或者零零星星地涉及农民反行为的某些方面，以农民偷懒耍滑为主题进行全面系统研究的著作更是罕见。即使有些学者谈到偷懒耍滑问题，也只是在论述人民公社问题时顺带提到，并没有将其当成一个专门的问题来研究。

林毅夫为了解释中国 1959—1961 年农业危机爆发和合作组织失败的原因，在《再论制度、技术与中国农业发展》中，运用了现代博弈论的分析对农民偷懒原因进行了分析。他认为，"人民公社"制度最大的缺陷是没有给农民退出权，农民只能进不能出，从而导致农民"一次性博弈"，而在"一次性博弈"中，农民的"自我实施"协约难以维持，农民的劳动积极性降低。在政治压力下，所有农民都被迫加入了人民公社，可是由于产权不清晰，每个人的劳动不能直接与土地上的作物产量挂钩，收入分配只与劳动时间有关，所以偷懒行为就不可避免。[①] 林毅夫研究的独到之处在于，他看到了农民行动权利和行动自由在经济活动中的重要性，并且从"退出权"角度契入的分析方法，为更接近的真相铺平了道路，但其分析只是更多地局限于公社内有效劳动的投入激励。

罗必良教授用"柠檬市场"理论分析了为什么集体劳动中磨洋工的农民往往乐意花更多的时间来出工而不出力。[②] 他们只是从制度经济学的角度分析了偷懒现象的发生何以可能，那些只是他们灵感的闪现，缺乏坚实的材料基础。只看到当时农民没有退出权，而忽视了这背后的国家行为。同时他们对当时农民如何偷懒以及偷懒的后果是什么等问题也没有给

① 参看林毅夫《再论制度、技术与中国农业发展》，北京大学出版社 2000 年版。
② 罗必良：《限制退出、偷懒与劳动力"柠檬市场"——人民公社的制度特征及其低效率的根源》，《中国农业经济评论》2007 年第 1 期。

予回答。

周其仁采用产权经济学的分析框架，认为仅仅考虑农业生产中集体组织对其成员劳动的监督和计量的不完全而导致对社员努力的激励不足是不够的，还应该考虑集体经济对管理者激励不足而导致的效率损失。由于集体经济的监管人不拥有集体经济的剩余权，因此，这一产权残缺削弱了剩余索取权激励机制，导致集体经济对管理者的激励不足。由于在家庭经营下，原来的农业社社员现在自己就是"剩余索取者"，因而也就不再需要监督劳动了。家庭联产承包这种制度安排被认为不仅解决了农业社合作生产中由于信息不对称造成的社员偷懒问题，而且避免了集体经济对其监管者激励不足而导致的无效率。①

高王凌通过实地调查，在《人民公社时期中国农民"反行为"调查》一书中，运用独特的视角对人民公社时期农民的"反行为"（主要是瞒产私分，部分地涉及了偷懒问题）进行研究，开辟了研究农村人民公社的新领域和新路径。但他的目的只是以此来观察人民公社，形成对人民公社的新认识。他在文中只是提到农民如何进行这种反行为，而对这种"反行为"的体制原因分析得不够到位，也没有看到农民的这种反行为对国家政策的调整有何影响。

徐勇教授在《论农产品的国家性建构及其成效——国家整合视角下的"统购统销"与"瞒产私分"》一文中，指出了作为无权者的农民在"饥饿逻辑"的驱使下，抵制国家最典型的方式是"瞒产私分"和"投机倒把"。② 在《论农民劳动的国家性建构及其成效——国家整合视角下农民劳动的变化》中，徐勇教授分析了农民抵制国家的另一种方式即"出工不出力"的"弱者反抗"，并指出正是由于农民的抵抗最终导致了国家与农民关系的重新调整，进而推动了家庭联产承包责任制的广泛实行。③

"偷懒耍滑"是中国集体化时代的产物，其发生有着独特的环境背景，所以国外对这一问题进行研究的学者比较少甚至可以说没有，只有斯

---

① 周其仁：《中国农村改革：国家和所有权关系的变化（上）——一个经济制度变迁史的回顾》，《管理世界》1995 年第 3 期。

② 徐勇：《论农产品的国家性建构及其成效——国家整合视角下的"统购统销"与"瞒产私分"》，《中共党史研究》2008 年第 1 期。

③ 徐勇：《论农民劳动的国家性建构及其成效——国家整合视角下农民劳动的变化》，《山西大学学报》2008 年第 3 期。

科特在《弱者的武器》一书中对农民那些日常的、隐藏的、却又无所不在的反抗即"消极的懒惰、装糊涂、开小差、假装顺从、诽谤、暗中破坏、欺骗、小偷小摸"[①] 等行为进行了研究，认为农民之所以选择这种方式是基于其本身可以避免公开反抗的集体风险。本文笔者所描述的中国农民的"偷懒耍滑"与斯科特所描述的"弱者的武器"有相似之处，如都采用了实地调研的方法，两种行为都是处于弱势地位的农民在暗中进行的、非公开的反抗。但是两者的研究方法不同：笔者从政治学、经济学等角度对其进行分析，而斯科特则主要采用了人类学方法对其进行研究。

笔者以"偷懒耍滑"为切入点，以刘集公社的社员和老生产队长为研究对象，通过实地调研获得大量第一手资料，其目的是对人民公社时期农民偷懒耍滑的原因、方式、后果以及生产队长对农民这一行为的反应进行考察，从而为现在正在进行的新农村建设提供借鉴，尤其是在提高农民积极性方面提供经验和教训。

（四）研究方法与材料来源

本文以实证研究为主，主要通过个别访谈的方式收集资料。所收集的资料主要有：一是文献资料，包括个案所在县的县志、公社时期各种会议记录、县里下达的各项政策法规以及生产队的统计报表；二是通过访谈所取得的材料。访谈对象重点是人民公社时期的生产队长和一些曾经偷过懒的人，其中也涉及一些勤快的人，目的是通过他们对偷懒行为的看法，从侧面了解偷懒耍滑的原因、方式等。

（五）个案简介

关于刘集镇的地理和交通情况没有翔实的文字材料，以五河县为参照，可以从总体上反映刘集镇的概况。

五河县位于东经 117°26′—118°04′，北纬 32°55′—33°20′，居皖东北部、淮河中游下段，境内"淮水绕东南，沱浍注西北，惟漴合于潼，汤汤淮以北"，其名以淮、浍、漴、潼、沱五水汇聚五河口而得名。该县东接江苏省泗洪县，南与嘉山县、凤阳县接壤，西同蚌埠市和固镇县毗邻，北界泗县、灵璧县。县境东西长约 56 公里，南北宽约 45 公里，边界长约230 公里，总面积 1580 平方公里。截止到 2004 年，该县人口 71 万人，辖13 个镇、2 个乡。县内有 104 号国道贯穿南北，淮河、浍河横贯东西，五

---

① [美] 詹姆斯·斯科特：《弱者的武器》，译林出版社 2007 年版，第 2 页。

蚌公路、五固公路西连蚌埠、固镇，成为皖东北水路、陆路交通之枢纽。县域属暖温带半湿润季风气候，四季分明：春季多风少雨干燥，夏季炎热多雨潮湿，秋季天高气爽温差大，冬季寒冷干燥雨雪少。据县气象局统计，县内气候灾害主要有干旱、雨涝、大风、干热风、冰雹等。五河县是典型的农业县，县内粮食作物有小麦、玉米、谷子、山芋、高粱、绿豆、黄豆等，经济作物有棉花、烟草、花生、芝麻、油菜子、西瓜等。

　　刘集镇位于县城西北 31 公里，被该地居民称为五河的"西伯利亚"。五固公路经此，有公路支线通往周庄、夏集、张集，交通方便。尽管五河县县域经济是水旱作物，但由于刘集镇土质较松，容易漏水，所以尽管在"大跃进"时期，为了提高粮食产量，在刘集公社曾进行过"旱改稻"实验，但最后还是以失败告终。也就是说除了水稻以外，上述的其他作物刘集镇均有。本文以人民公社为时代背景，所以刘集镇在文章中统称为刘集公社，该公社辖有 10 个大队①，66 个生产队，耕地面积 3987 亩，易旱易涝，素有"大雨大灾，小雨小灾，无雨旱灾"之称。由于土质黏度高，因此人们形象地称其为"干了犁不动，湿了胶巴黏"，"黏土地，洼似塘，旱涝灾害逞凶狂"，由此也可以看出刘集公社生产条件的恶劣。

二　"无奈"的社员：偷懒耍滑行为的发出者

　　中国的农业经济是一种技术含量极低的半自然经济，劳动者在其中起着主要甚至是决定性的作用，劳动者生产积极性是农业发展的动力源泉，其积极性的高低在农业生产中是无法替代的。然而，新中国建国初期的"社会主义改造"运动，使得分散的小农像一个个马铃薯一样被装进了"集体化"的袋子里，而这个袋子最终变成了套在他们身上的"紧箍咒"，② 从而使得社员无法脱离集体，否则将无法生存。作为集体的一分子，社员有时显得身不由己：大部分农民本身来是勤劳善良的，为了生存，他们不辞劳苦，辛勤耕耘，在历史上更是以勤劳著称。然而，到了人民公社

---

　　① 注：包括小吴、老刘、刘集、西杨、军张、新庄、小李、潘赵、卢圩、东纪，见《五河县县志》。

　　② 温锐：《理想、历史、现实——毛泽东与中国农村经济之变革》，山西高校联合出版社 1995 年版，第 110 页

时期，社员的生产积极性远远落后于土改时期，尤其是在《农业六十条》颁布以后，尽管生产单位由原来的生产大队甚至公社变为生产队，但是社员的生产热情并没有因此高涨，偷懒要滑现象仍然随处可见，甚至有增无减，进而成为公开的"秘密"。出现这种现象的原因到底是什么呢？

（一）社员为什么偷懒

1．"三十亩地一头牛，老婆孩子热炕头"

按农民学的定义，传统小农是指经济活动以家户为生产单位，其主要特点是规模小，高度自给，并且在社会关系上存在宗法性的人身依赖①。刘集的农民像他们的祖先一样，聚村而居，耕种土地，从事"春种夏锄，秋收冬藏"的简单再生产。他们生产、生活的氛围和空间是平静而安稳的。"日出而作，日落而息，凿井以饮，耕田而食"，这样一种带有"古朴美"的田园诗般的"美满生活"，使得小农的思维空间十分狭隘，对生活的要求也相当简单："三十亩地一头牛，老婆孩子热炕头"。他们过惯了"夏天蹲凉荫，冬天围火堆"的生活。农民天生的保守思想使他们"不会富贵险中求"，同时也注定了他们只会"日求三餐，夜求一宿"。而这些传统小农的思想注定了农民在集体化时期"只求吃得饱，不求有贡献"。

自古以来的农民都希望能拥有一片属于自己的土地，因为土地是财富之母，是小农的命根子，是解决他们吃、穿、住、用等基本物质生活资料的需要和保证自身安定的基础，也是小农占有社会资源、社会物质财富的主要方式和实现自我价值的主要场所。马克思指出"土地是一个大实验场，是一个武库，既提供劳动资料，又提供劳动材料，还提供共同体居住的地方，即共同体的基础。"② 因此，土地对于农民及其家庭很重要。一个农户家庭，省吃俭用，经过几十年甚至是几代人的努力所追求的，无非是没有土地的想得到土地，有了土地的想得到更多土地，为了土地，他们牺牲了暂时的消费并且无条件地付出自己的劳动。③ 刘集的农民，跟全国

① 潘峰：《农民的经济行为是否符合理性？——学术争论的回顾与思考》，《农村经济》2006 年第 11 期。
② 《马克思恩格斯全集》第 46 卷（上册），人民出版社 1998 年版，第 472 页。
③ 罗沛霖、杨善华、程为敏主编：《当代中国农村的社会生活》，中国社会科学出版社 2005 年版，第 38 页。

其他地方农民一样，土地改革之后，国家将土地分给他们，实现了世世代代梦寐以求的"耕者有其田"的夙愿，他们因此短暂地体会了拥有土地的快乐，农民的生产热情非常高，农业生产呈现出一派生机。现在有的老人回忆起来还感慨地说"那时不知哪来的劲，干了一天活，竟然一点都感觉不到累。"

　　但是为了支援国家工业化建设，土地改革以后国家继而进行了对农业的社会主义改造，也就是将生产资料的个体农民所有制，改造成合作社社员集体所有制，并使集体所有制成为我国农村社会"唯一经济基础"。归根结底，农业社会主义改造即是集体化运动。而所谓的"集体化"，用毛泽东的话来说，就是要让"小生产绝种"，集体化运动因此成了小生产绝种的运动，也就是搞"时时互助，事事合作"运动。[①] 为此，刚刚分得土地的农民只能在改造中再次将土地交出，成为集体中的一员。农民也因此失去了最宝贵的财产——土地，失去了安身立命的依据，只得听命于政府。不劳动者不得食最终成了不服从者不得食。1958 年，人民公社作为一个政社合一的组织正式形成，全国农民有了一个统一的名字——社员，实现了毛泽东要把"多条小辫子梳成一根大辫子"的理想（毛泽东曾经说过，满头乱发没法抓，编成辫子就好抓）。但是从此以后他们不再拥有包括土地在内的生产资料、没有了昔日的那种"日出而作，日落而息"的自由，农民感到不解的是"亲兄弟还要明算账呢，这么多人在一起，怎么能分清楚呢？"他们不知道，国家的目的就是为了克服农民天生的小私有者属性，让他们从"一小二私"个体农民转变为"一大二公"公社社员。

　　2. "社员是公家人，得听公家话"

　　人民公社是在合作社基础上联合而成的"政社合一"的组织。在集体经济组织内，农民的劳动不再是个人劳动，而是属于集体劳动，劳动活动不再是农民的自由选择，而是农民应该尽的义务。《农业生产合作社示范章程草案》第四十八条规定："农业生产合作社社员，除了有特殊得到社员大会许可的以外，都必须每年在社内做够一定的劳动日。"第四十六条规定："生产队长或者生产组长应该注意正确地分配本单位每个人的劳

---

　　① 温锐：《理想、历史、现实——毛泽东与中国农村经济之变革》，山西高校联合出版社1995 年版，第 110 页。

动任务"；第四十七条规定："生产队长或者生产组长应该在每天工作完毕的时候，检查本单位个人的工作成绩，并且根据工作定额登记各个所应得的劳动日。"① 《农村人民公社工作条例（修正草案）》第四十四条规定："人民公社社员，在公社内必须履行自己一切应尽的义务。""每一个社员都应该自觉地遵守劳动纪律，必须完成应该做的基本劳动日。"第三十三条规定："生产队应该组织一切有劳动能力的人，参加劳动。对于男女全劳动力和半劳动力，都要经过民主评议，根据各人的不同情况，规定每人应该完成的基本劳动日数。"② 在集体化过程中，社员的劳动者主权地位由个人转向集体，集体组织的管理者成为劳动的支配者，劳动资源的支配权向集体组织统一集中。③ 社员的劳动力从此属于国家所有，这也就意味着社员自己不再有劳动自主权。这可以从公社自上而下地实行"统一领导、统一计划、统一管理、统一劳动和统一分配"中体现。④ "五个统一"的实行，将社员生产的自主权夺去，与此同时，社员在生活上的自主权也被剥夺。当笔者问及家乡的老人，公社时期最深刻的印象是什么时，大部分人的回答是"不自由"。公社什么都要管，从头管到脚，从生管到死。这是农民无可奈何受束缚的叹息，也反映了农民对公社管得过多过死的不满。

农民的职业就是种地，对于如何安排农作物，他们心中有数，但是在公社时期他们却没有权决定生产什么、生产多少、怎样生产、何时生产，他们要听从队长的安排，而队长本身也没有决定权，要听公社的。每到春种秋收时，刘集公社总要开会研究每个生产队的农作物安排以及各队需要上缴的任务计划（见表1），这样即使队长有心违背也不能实现，因为到秋天若是无法完成上级下派的任务，最终将会被发现，进而受到批评甚至批判。队长只能在保证完成上级任务的前提下，作少量调整，比如，豆类作物不能一直在一块地种，否则会导致地力下降，最终影响产量，所以需

---

① 当代中国农业合作化编辑室：《建国以来农业合作化史料汇编》，中共党史出版社1992年版，第330页。

② 同上。

③ 徐勇：《论农民劳动的国家性建构及其成效——国家整合视角下农民劳动的变化》，《山西大学学报》（哲学社会科学版）2008年第3期。

④ 刘娅：《目标·手段·自主需要——人民公社制度兴衰的思考》，http://www.comment-cn.net/data/2006/0621/article_10226.html。

要轮番种植。这时生产队长会考虑在哪块地上种什么作物最有可能不影响产量。

表1　　刘集公社第五生产队"文革"后生产总产及完成征购情况统计

（单位：斤）①

年份	1966	1967	1968	1969	1970	1971	1972	1973
总产	61394	101226	55769	36586	69258	85530	96531	
征购	7439	21040	8862	7772	7805	13547	14799	

（注：此表制作于1973年10月17日）

农民天生具有自由散漫的性格，他们会择时而作（在夏天，他们天不亮就起来下地，中午回来休息，傍晚继续干活）。但在公社内，这种自由也被剥夺，他们在固定的时间上工，又在固定的时间回来，据刘集LXW生产队长回忆，"我们一般早上6点开始干活，干到8点回来吃饭，其实说是6点，但由于人多步调不一致，会有很多人迟到，好不容易集合了，也不能马上就下地干活，还要进行派工，安排每个人做什么，直到派工完毕，农民才知道自己将要做什么，去领什么样的农具。真正到地里开始干活时差不多快要7点了。大概8点又要统一回来吃饭。"在这个过程中农民无需思考，无法选择，只要按规定的时间到指定的地点去干指定的农活即可。尽管在这期间会有个别社员对所分派的农活不满，会抱怨生产队长偏心，但这也改变不了他们没有选择权的事实。

3. "力气是自己的，出多大力，自己决定"

劳动是人们生存和获得收益的手段。在农业集体化中，农民的劳动支配权集中于国家，但是，农民通过劳动活动而生存和获得收益的本质需求并没有改变。农民出工，并不是说他们想干活，也不能说明他们勤劳，因为他们没有选择不"出工"的自由。② 如果不出工，即不参加集体劳动，他们就失去了生活来源，他们将无法分到粮食，即使可以拿钱来买，但买

---

① 资料来源于五河县档案馆。

② 徐勇：《论农民劳动的国家性建构及其成效——国家整合视角下农民劳动的变化》，《山西大学学报》（哲学社会科学版）2008年第3期。

到的也是比平时粮价高出很多的"高价粮",更何况在手工业、副业不发达甚至受到限制的刘集,也很少有人有"多余的闲钱"来买粮食。另外,如果不出工,还有可能受到扣工分、集体批判等一系列的惩罚。人民公社时期,刘集有个单身汉 LKY,干了几个月活以后,不愿再出工,他的理由很简单,"我是一个人吃饱,全家不饿,这几个月的工分够我吃的了,干吗还忙呢?就队里这点收成,再忙,最后也落不到多少,再说,我又不想发这点小财。"生产队长劝他没用,没办法后来跟蹲点的干部反映,当天他就被广播点名批评,还让大家不要学他。作为惩罚,后来这位单身汉被调到相邻大队干活,在那里人生地不熟的,分到的都是脏活累活,就这样他也不敢有怨言。从此再也没有人敢公然不出工,除非真的有事出不了工,即使如此也要向生产队长请假。

在传统以家庭为单位的农业生产中,农民有一份劳动就有一分收获。但在集体劳动中,劳动关系变得复杂化,劳动的数量、质量及其收益很难得到准确的评价,核算劳动报酬的评工分制度只能是大体上的平均主义。尽管国家希望以精确的工业化标准来管理复杂的农业生产,但这实行起来很困难。① 另外,在一个"抬头不见低头见"的"熟人社会"里,人与人之间的关系非常具体化,管理者不可能"一碗水端平",不分亲疏、远近,对每个社员都一样,办事不公道的现象不可避免,这一切都使得农民的劳动与收益可能处于相对不对称的状态,农民的一份劳动不一定有一份收获。尽管国家在这一时期倡导"劳动光荣,不劳动可耻",更是赋予了劳动以神圣价值,但是劳动者在日常生活中并没有获得支配自己劳动和产品的权利,甚至成为被支配者。② 正如原中共中央农村政策研究室主任杜润生所说:"在历史上,农民从来拥有从事多种经营、配置自有资源的自由。但是在人民公社时期,农民的这种自由权利却受到剥夺。"③

中国的农民是理性的,他们知道不能不出工,也知道即使自己努力劳动也不一定能获得跟自己劳动相对等的收入,但农民毕竟是劳动者,劳动

---

① 徐勇:《论农民劳动的国家性建构及其成效——国家整合视角下农民劳动的变化》,《山西大学学报》(哲学社会科学版)2008 年第 3 期。

② 同上。

③ 杜润生:《杜润生自述:中国农村体制变革重大决策纪实》,人民出版社 2005 年版,第98 页。

的数量和质量由劳动者自己决定，所以他们可以采用自己的方式来表达对人民公社体制的不满意。一个常见的合法形式是减少他们投入集体生产的劳动数量、降低劳动质量，干活时"盼日落，望休息，磨洋工"。① 正如一位老人所言"在集体里干活，谁都不愿使出全力，有一年下雨，用大车拉粮食，走到一个缺口，怎么也上不来，拉车的人使劲用鞭子抽牲口也不行，后来队长派了几个人来帮忙从后面推，可是人来了和没来一样，只听大家在嘻嘻哈哈地喊号子，就是没有人使劲，弄了半天，大车还是在泥窝里打转上不来，队长在旁边急了，大声说道'什么时候车子推上来了，什么时候回家'这时大家来劲了，队长的一声号子，车子上来了。其实大家心里都明白，这是大家出力气了，不像刚才，只喊号子，不出力气，其实这种现象很普遍，好多人都有这种经历。"农民作为集体经济组织的成员，从与集体的关系看，他们是力量弱小的弱者。但是弱者也有"弱者的武器"，偷懒耍滑，正是作为弱者的农民对于集体劳动体制的一种非对抗性的反应。

4. "八十锄，只有一锄是自己的"

人民公社初期，大部分地方实行的是工资制和供给制相结合的制度，并且大部分是人六劳四，所以当初有人戏称"努力劳动，不如努力生孩子"。即使在1961年，国家为了早日渡过困难，颁布了《农业六十条》，缩小了生产单位，实施了"三级所有，队为基础"，但是许多人集中在一起劳动的现象并没有改变，只是规模由大队，甚至公社变成了现在的生产队，劳动的数量、质量及其收益还是很难得到准确的评价，由于作物本身的生产周期比较长，所以，被称为"1007部队"② 的农民在劳动时是努力一点，还是偷懒一点，仍然无法得到检验。将成群结队的农民赶到一块地上劳动，就难免会出现偷懒耍滑现象。因为没有"铁饭碗"可端的中国农民最讲实际："'枪打出头鸟'，你能耐越大，派给你的活越多；既然到头来每个人分得到的一样多，为什么要比别人辛苦呢？""多干不如少干，少干不如不干，劳动不如懒汉，积极者吃亏，出头椽子先烂。"③ 这

① 徐勇：《论农民劳动的国家性建构及其成效——国家整合视角下农民劳动的变化》，《山西大学学报》（哲学社会科学版）2008年第3期。

② 指农民一条扁担，两只粪桶和一根锄头。

③ 黄树民：《林村的故事》，三联书店2002年版，第67页。

些都是当时社员内心想法的真实写照。

事实上，造成农民"出工不出力"的根本原因是劳动和收益的不对称。一位曾经在人民公社时期任过生产队长的人问"偷懒"的社员：'为什么不好好干活？'一位贫农反问道：'有我多少？'在他的'核心计算'里，刨八十镐，才有一镐是给自己干的。反过来，偷懒少刨八十镐，自己才承担了一镐的损失。① 这种现象在当时比较普遍。农民是理性的，他们既不是天然的社会主义者，也不是天然的平均主义者，他们是什么？列宁说："农民在全世界都是实际主义者和现实主义者"，"都是务实的人"。② 当他们知道劳动所得归自己支配时，他们比谁都卖力，因为他们知道少刨一镐所引起的损失都要自己来承担；而当许多人在一起劳动时，农民最希望的就是在不减少收入的前提下，尽量减少劳动投入，因此，搭便车是他们最好的选择。

5. "别人能偷懒为什么我不行"

守"中庸"是我国传统文化的一个重要特点，所谓"中庸"就是要求人们在为人处事的过程中执其两端，注意分寸，以和为贵。③ 俗话"出头椽子先烂"、"枪打出头鸟"说的就是要以"中庸"的态度处事，无论做什么事情，随大流最好，四平八稳，在什么时候都活得安稳。刘集公社的农民继承了中国传统文化中的中庸原则，他们天生不爱出风头，生活中遵循着"人怕出名猪怕壮"的祖训。他们没有自己的主见，在回答别人为什么要干某事时，最常见的答案是"不为什么，我看别人那样，我也那样"。在集体劳动中，最能体现这一点。据 LXW 生产队长回忆，"那时派工最麻烦，首先要了解每个社员，看看哪些人干活麻利，哪些人喜欢偷懒，一般勤快的人不愿意和懒汉分到一起，我也不愿意把他们分在一起，不然最后都变成了懒汉，其实这是人的本性，因为当大家都在偷懒时，谁会继续卖力干活、让那些懒人占便宜？没人愿意，除非傻瓜。大家心里在想，'别人能不干活，我为什么还要干？'讲得明白点，就是偷懒传染。"

① 高王凌：《人民公社时期中国农民"反行为"调查》，中共党史出版社 2006 年版，第 171 页。
② 《列宁文选》第 3 卷，人民出版社 1972 年版，第 803 页。
③ 陈世清：《所谓中庸》，http：//blog. sina. com. cn/s/blog_ 48d592c50100cati. html

　　在集体的劳动中，大家都为集体干，多干少干一个样，大家就纷纷偷懒、磨洋工，就连那些本来充满热情想努力干活的人也跟着偷懒以求得内心的平衡。这就是"随大流"思想引发的所谓"负攀比"所产生的效应。①"结果，联合劳动变成了一种被动的、不情愿的，但却不能不继续的劳动，社员劳动的积极性便在这一必须进行的活动中被压抑和消磨，而搭便车自然成为一种普遍的理性选择。"②这样在集体劳动中，大家出工不出力，随大流偷懒。结果，经过一个"懒惰驱逐勤劳"③的蔓延过程，从而使得集体劳动的生产效率非常低下。

　　（二）社员如何偷懒

　　人民公社初期，大部分地区实行的"干不干，三餐饭"式的平均主义分配方式，决定了社员可以通过装病而不出工，或者出工迟到、早退等方式来达到偷懒的目的。经过三年自然灾害，国家为了调动社员劳动的积极性，恢复国民经济，在1961年颁布了以"三级所有，队为基础"为标志的《农业六十条》，农村的分配方式主要以按劳分配为主，社员不能再通过假装生病而不出工，否则便没有工分，没有工分也就没有了生活来源，这样农民不得不出工，尽量减少迟到、早退，以免被扣工分。但是《农业六十条》只是将生产、分配的范围缩小到以生产队，社员劳动与收益仍处于相对不对称的状态，社员的一份劳动不一定有一分收获，生产规模的调整只是实现了将公社初期干活时的"大呼隆"变成了现在的"二呼隆"，分配时的"大锅饭"变成了"二锅饭"④，并没有改变社员没有自主权与分配权的实质。这样就使得社员劳动积极性的提高微乎其微，他们还是会千方百计想方设法实现以最小的付出获得最大的回报，在劳动过程中尽可能地偷懒耍滑。

　　1. "出工像背纤，收工像射箭"

　　在曹锦清、张乐天、陈中亚所著的《当代浙北乡村的社会文化变迁》

---

　　①　张乐天：《告别理想——人民公社制度研究》，上海人民出版社2005年版，第237、417页。

　　②　吴毅：《人民公社时期农村政治稳定形态及其效应——对影响中国现代化进程一项因素的分析》，《天津社会科学》1997年第5期。

　　③　周其仁：《中国农村改革：国家和所有权关系的变化（上）——一个经济制度变迁史的回顾》，《管理世界》1995年第3期。

　　④　《刘少奇支持了农村"包产到户"》，http：//bbs.cjdby.net/viewthread.php？tid=608542.

一书中，作者描述了农民出工时的场景："出工号子吹了三四遍，还要到自留地里走一圈"[①]。凌志军也在其《历史不再徘徊》一文中提到社员在出工时是"头遍哨不买账，二遍哨伸头望，三遍哨慢慢晃"。"出工等敲钟，敲钟等集中，集中等分工，下地慢腾腾，干活很稀松"[②]，这是陆学艺在《农村经济典型调查》中描述的社员干活的景象。据一位老生产队长回忆："刘集公社在统一上下工时，没有号子吹，也没有钟敲，因为生产队社员一般住的比较集中，生产队长一般会挨家挨户去喊，有时懒了，不想跑，就站在大路上喊'下湖了'[③]，要是有没来的，再去他家喊，大部分人会放下手中的活，前往指定地点集合、分配任务。有些人会迟到，其中大部分是妇女，因为她们要在家刷锅、喂猪，有的还要喂小孩；也有一些人东张西望，磨磨蹭蹭，故意迟到。"

事实上这种现象并不是只有刘集公社独有，1962 年，河北省张家口地委书记胡开明在给毛泽东的信中也特别提到，当时的公社劳动"社员出勤不主动，每天还得队长挨门上户去叫"。[④]

与出工拖拉形成鲜明对比，收工时社员都很积极，队长这边一说"收工了，可以去家了"，社员那边就立马收拾农具回家，即使有些人手头活还没做完，也不会多待 1 分钟，立刻放下手中的活跟别人一起走了，不到 2 分钟，地里不再见到一个人影，其速度之快，非常惊人。有时，收工的时间到了，但是队长为了做完剩下的一点农活（如还剩下一小片地没锄完，一小片麦子没有割完，一点肥料没有撒完等），推迟下工时间，这时就会有不少社员在底下骂骂咧咧，显得非常不情愿。相反若是提前一点下工，就会看到另外一番情景，社员们欢天喜地、有说有笑地飞奔回家。据笔者了解，他们飞奔回家并不是因为干活很累，想好好休息，而是急着去摆弄自家的自留地。

2. "集体地里干活像老牛拉破车，自留地里干活像武松打虎"

传统农民的发家致富愿望时刻激励着社员时时处处为自己的家庭谋

① 曹锦清、张乐天、陈中亚：《当代浙北乡村的社会文化变迁》，上海远东出版社 2001 年版，第 64 页。

② 王贵宸、陆学艺：《农村经济典型调查》，社会科学文献出版社 1989 年版，第 157 页。

③ 五河方言，指下地。

④ 当代中国农业合作化编辑室：《建国以来农业合作化史料汇编》，中共党史出版社 1992 年版，第 330 页。

利益。他们的这类行为在自留地上得到了淋漓尽致的表现。公社时期，自留地是一块合法的供家庭使用的土地，是一块社员可以自由支配的土地。尽管每户的自留地十分有限（刘集公社人均2分地），但社员因为有了自己能够控制的生活来源，不再完全依赖集体，从而可以将精力由集体转向自家的自留地。根据一些老人回忆，"自留地里的庄稼都是绿油油的，看着就喜庆，心里也高兴，因为到时收获的所有东西都是自己的，所以在自留地里干活也非常卖力，要是地里的活比较急，在中午休息时，还会跑到自留地里去干活；而集体地里的庄稼蔫巴巴的，看着像没人管似的，有时地里的草比庄稼还高。那时社员对公社没有信心，许多人抱着'集体地里收一万，不如小园地里①收一石'的心态，不愿意把心思放在集体生产上。他们在出工前或者收工后，会去自己家的自留地里转一圈，看看庄稼长势如何、缺不缺肥、长没长草。干了一气活以后，才回来参加集体劳动。等到出工时，大家还是你看我，我看你，一个个不肯离开自留地，上工路上拖拖拉拉，等到在集体地里干活时，也是半死不活（在自留地里干活累得差不多了），像老牛拉破车，只想着留点力气去摆弄自留地"。

事实上，正是由于社员的全部收入并不是都来自集体生产，有相当一部分社员自留地里的收入已经成为其主要收入来源。有了自留地这块"救命地"，可以使许多社员家庭不再受饥饿之苦。由于自留地里的收入归社员家庭所有，不用拿出来分配，这其中充分体现了"多劳多得、不劳不得"的原则，社员的每一份劳动都最终体现在其收入上，这样就使得社员在自留地里的劳动热情远远大于集体地，结果出现"自留地上亩产过千斤，集体地里一百来斤"的现象也在情理之中。

3. "做了一天活，身上没出汗"

时过境迁，如今生活在相对宽松的政治环境里的农民敢于、也乐意回忆当时集体劳动的情景，尽管当年在集体劳动中偷懒耍滑的社员有些已经离世，但当笔者在访谈中问及"如何才能在集体劳动中少干活"时，还是会有人想起当年偷懒耍滑的故事：

"那时村里有一个人，念过几年书，有点文化，但是人很懒，不愿意干活，他就想了一个点子，让别人帮他干活，他讲书给别人听，一般讲的

---

① 注：五河县方言，意指自留地。

都是野史，或者一些传奇故事，那时不像现在有电视看，有广播听，在那时能听到讲书就算不错的消遣了，所以别人也乐意帮他干活，大家你帮一点，我帮一点，他的活也就被干完了。"

"锄地，有的社员奉行的'大草大砍，小草不管'原则，也有社员为了减少下锄的数量，一锄头拉多远，许多草被盖在土里，被当地社员戏称为'猫盖屎'，这样队长在检查时只是看锄了没有，而一般很难仔细去检查锄干净了没有，没有那么多时间，也没有那么多精力。"

"挑粪，好多人的扁担一头轻，一头重，因为那时有记工员会称重量，一般为了省事，只会称其中一头然后乘以2，所以把重的那头放在上面称就行了，人少累，还不少拿工分；两头都轻不行，到时称重量太少，会扣工分，那就划不来了"。

"挑水，当时'西头出了个郭懒汉，一桶水挑一半'的顺口溜形象地表述了当年偷懒耍滑现象。"

"在撒化肥时，一盆化肥本来要走一个来回，有的人为了少走路，省力气，一趟就撒完了，结果撒的不匀称，有的地方多，有的地方少，最后，庄稼长的是青的青，黄的黄。"

"其实这跟打农药一回事，一亩地本来要用一包药，打两桶水的，有些社员为了省事，只装一桶水，打完就回家，到时庄稼长不好也没有人追究。其实可以想象得到，两桶水才够的农药，一桶水打完，农药稀释的肯定不够，效果也会达不到，有的庄稼甚至在打完没几天就黄了，因为药力太大，烧的"。

"有人在干活时'拉滑屎'，常言道'懒汉做活屎尿多'，我看这话一点也不假，那时春耕需要粪，为了减少劳动量，反正人多，就主张两个人抬，这样人轻快些，哪知有的社员还是会偷懒，不愿意出力气，有的两个人商量轮流去拉屎，一会你去，一会我去，反正一个人没法干，一个人去了，另一个人就站着干等，不用干活。'管天管地，不能管人拉屎放屁'，所以那时也没有办法，直到后来称重量，数次数，这种现象才好点"。

"有的老人在干活时'一把锄头一袋烟，弓腰咳嗽站半天'，但生产队长一般不会去管，一方面，彼此之间是熟人，有的还有可能是长辈；另一方面，老人年纪大了，干活挣点工分不容易，不管是不是有意的，都不想为难人家，因为谁都有老的时候"。

"个别人挑日子干活，农民习惯'日出而作，日落而息'，劳动时间也随'日子'的长短而发生变化。在夏至前后，每天干活的时间可能会超过十个小时；到冬至前后，每天只做五六个小时。由于每做一天都算十个单位工作时间，所以有农民开玩笑说'最合算的做法是日子短的时候干活，日子长的时候不干活'。"但大部分农民不会这么做的，因为日子长时农活最多，那时不干活就挣不够工分。

"有些人，表面上看很积极，记工员或者生产队长在的时候，锄地比别人锄得又快又干净；挑东西时，也肯花力气，挑的也多。领导不在时，比谁都懒，干活像没吃饭似的"。

"有人事不关己、高高挂起，他们认为生产队里的生产好坏跟自己没多大关系，不用自己操心，有生产队长管呢，再说，自己说了别人也不一定听，还不如把心思花在自己的亩把自留地里，想种什么就种什么，不用听别人安排，还不会有人跟你分。"

作为弱者的社员，在消极抵抗国家时，通过早下工、晚上工、出工不出力以及将精力放在自留地等方式来减少甚至逃避集体劳动，尽量做到在少出力的情况下不少拿工分，从而实现自己利益的最大化。由于这种现象比较普遍，作为国家代理人的生产队长也很难从根源上将其消除，因此，偷懒耍滑现象不可避免。

（三）社员偷懒何以可能

1. 农业生产的复杂性使精细分工和劳动质量检验困难

在农业生产中，农作物生产过程的基础是其生长过程，人类主要依据生物生长规律进行劳动，通过创造各种条件，使这一过程达到预期的结果。由于自然的再生产过程是连续的，有一定的时令间隔和先后顺序，不能先后颠倒，也不能同时进行。无论拥有多么发达的农业劳动手段，其方式总要受到生物生长规律的制约。因而人类必须按照生物生长的过程循序渐进地操作，绝不可能通过任何方式缩短生产周期，因为工业生产中的不同工序可以在一定范围内同时进行，而农业不行，这决定了农业劳动的可分解程度低于工业劳动，因此工业中分工的机会远远多于农业。工业生产工序一般可以按照统一的标准来计量工人的工作量，如计件或计时；而农业的有些生产过程难以甚至是无法加以客观计量的。[1] 由于农业活动的复

---

① 陆益龙：《嵌入性政治与村落经济的变迁——安徽小岗村调查》，上海人民出版社2007年版，第104页。

杂性和综合性，它很难适应生产的标准化、定量化，同时专业化分工也很难功能、职责明确，由此导致难以精确劳动考核和报酬的计量。从现实中可以观察到，播种、施肥、除草、灌溉和收割等多种农活都不是通过专业化分工进行的。

在农业生产过程中，事实上生产条件的差别是很大的，各种情况复杂变化，经常要求生产者和管理人员要有自觉主动精神、高度责任心和丰富的经验，要能随机应变并及时处理各种问题。[1] 拿犁地来说，犁不同的地，人付出的劳动量不同；犁同一块地，下雨和干旱时人付出的劳动量也不同；即使犁完全相同的地，由于耕牛的强壮程度不同，人付出的劳动量还是不同。[2] 这种复杂性使得人们很难准确、公平地评定社员在一天内付出劳动的质与量。熟练程度不同和复杂程度的劳动难以用"劳动日"来衡量，因为"劳动日"只是时间概念，它不能表现实际提供的劳动的质和量。

然而，农村的集体化运动，实际上改变了农民个人与他们所生产的产品之间的关系。生产效益与产品分配的不一致，使得农民的生产积极性难以调动。[3] 要想提高社员的劳动积极性，首先要准确计算劳动者的劳动数量，并且要与报酬联系起来。但由于农业劳动是在大范围的空间内进行，每个季节的劳动支出也不均衡，因此不能采用工厂化劳动，因为它很难计量每个生产环节的各个劳动者的劳动数量、劳动强度和劳动质量。例如锄草和间苗，一锄头下去，没人能紧跟在后面检查是否连根除去草，壮苗是否被留下，这只能依靠劳动者的自觉性。[4] 农业劳动成果无法在生产过程中进行准确的计量，最终只能体现在收获物上，因此很难区分每个劳动者的贡献份额，这些都给有偷懒倾向的人提供了机会。

2. 在农业集体劳动中实施有效监督的成本过高

由于农业生产不可能集中在一个地点，它包括从一种农活向另一种农活的转变，它依赖于单个劳动者在经营中对湿度、气温等气候条件作出相

---

[1] 隆定海：《农业生产组织形式的影响因素分析》，《江西农业学报》2007 年第 2 期。

[2] 同上。

[3] 温锐：《理想、历史、现实——毛泽东与中国农村经济之变革》，山西高校联合出版社 1995 年版，第 146 页。

[4] 林善浪：《家庭经营：实现我国农业现代化的基本模式》，《经济理论与经济管理》2000 年第 5 期。

适应的决策，所以进行密切监督的成本很高，以至于无法实现对其监督。① 奥尔森认为，小集团比大集团更容易组织集体行动。② 在人数较少的群体中，只要有一个人偷懒、不干或少干活，别人就能明显地感觉到自己的负担加重，因为不是必须增加时间，就是要多出力气，从而可以在这个小团体内进行有效地相互监督。但是在人民公社体制下，由于以生产队为生产单位，一般一个生产队有几十户人家，所以个别人偷懒对其他人影响不大，从而使社员之间不能形成有效的互相监督。众所周知，人民公社体制下的一个人所挣得的工分数与其付出的劳动时间有直接关系，与劳动质量之间没有多少关联性，个人的工分与自己和他人的努力程度都无关，由此他不会对别人的偷懒进行监督，因为监督成本必须自己承担，而监督别人又必须花费一定的时间和精力，这样会影响自己挣工分，因此在没有补助的前提下，不会有人愿意花工夫去监督别人是否偷懒，因为要想"逮"更多的偷懒者，监督主体必须花费更大的监督成本，而由监督所带来的收益却具有公共性，③ 即使因为有人监督而使农作物产量有所提高，但分到自己手上时，却是微乎其微。正如一位社员所说"别人偷懒，我又不少拿一分工分，即使少拿，也不是我一个人，我何必去得罪人呢，再说，即使去告诉队长，队长也不会因此多给你加工分，一点好处没有，谁会去管别人偷不偷懒呢？"

所以农业集体劳动中实施有效监督是非常困难的。尽管在刘集公社出现了个别生产队长、老实本分的老农和个别受到革命思想影响的人出来阻止偷懒这一现象，但是这毕竟只是少数，刘集公社的偷懒耍滑行为还是不能得到有效控制。

总之，由于农民没有劳动自主权，劳动与收益不对等等原因，使得作为农业生产中最活跃、最具革命因素的生产者——社员很无奈：不劳动，要挨饿；多劳动，不能多得。从而使得社员在集体劳动中，充分运用了自身的优势（即在劳动力国家所有的情况下，劳动仍然为生产者私有，出多大力只有自己知道），这样社员就可以在不得不出工的前提下，尽可能

---

① 林毅夫：《论制度、技术与中国农业发展》，上海三联书店 2005 年版，第 13 页。

② 曼瑟尔·奥尔森：《集体行动的逻辑》，上海三联书店 1995 年版，第 74 页。

③ 周其仁：《中国农村改革：国家和所有权关系的变化（上）——一个经济制度变迁史的回顾》，《管理世界》1995 年第 3 期。

地减少劳动投入，从而在集体生产劳动中偷懒耍滑。具体表现为：社员在集体生产劳动中推迟出工、提前收工，将精力放在自家自留地里，出工不出力，磨洋工等。另外，由于在农业集体劳动中实施有效监督和惩罚的成本过高，以及农业生产的复杂性使得劳动质量检验困难，从而使得偷懒耍滑现象无法避免。那么，在不可避免的偷懒耍滑现象面前，作为国家代理人的生产队长又是如何应对的呢？

三　为难的生产队长：偷懒耍滑的"约束者"

"三级所有，队为基础"的人民公社体制的三级主要是指公社、生产大队和生产队。① 公社是生产队的上级。公社党委的主要领导都是国家正式的干部，他们自身的经济利益与地方经济发展没有直接关系，他们"不折不扣地"执行上级指示和命令。在行政上，公社管理委员会行使着人民政府权力，管理着文教、卫生、财政、治安等工作。它要负责监督和检查生产大队和生产队执行中央政策和法令的情况。在生产上，它提出关于生产计划的建议，并且调整各生产大队和生产队拟定的计划。它还督促和检查生产大队和生产队的生产工作以及国家任务的完成情况。② 可以说，生产大队和生产队几乎成为公社的附属。

生产大队是当时唯一合法的村级组织，处于中间层次。尽管大队干部拿生产队的工分，生活在农民中间，但是他们更多的是服从上级。在公社管理委员会的领导下，生产大队管理其所辖范围内各生产队的生产和行政工作。生产大队行政管理色彩十分浓厚，具有总体性社会单位的特征：比如实行生产资料和其他社会资源的公有制，无条件地执行上级命令，并且将上级利益置于自身利益之上。生产大队是计划经济的生产与分配组织，为把上级和自己的决策落实到生产队，生产大队有权处罚那些不服从工作安排的生产队。③

---

① 就范围而言，公社相当于现在的乡镇，生产大队相当于现在的行政村，生产队相当于现在的自然村。刘集由于村落比较集中，生产大队相当于一个自然村落，生产队相当于村落中的居民小组。

② 李路路等：《中国的单位现象与体制改革》，《中国社会科学季刊》（香港），1994 年 2 月卷。

③ 同上。

生产队是人民公社在一些地方出现严重问题之后才建立起来的。1961年，党的八届十中全会通过的《农村人民公社工作条例修正草案》（又叫"农业六十条"）指出，"生产队是人民公社中的基本核算单位"，生产队能够组织生产、分配和交换。生产队是人民公社的基础，掌握着所辖范围内的土地所有权，支配着本队所有的劳动力。生产队享有一定的组织生产、经营管理和收益分配的自主权。① 生产队的权力掌握在队长手中，生产队长，作为国家的代理人，代表国家执行和解释国家政策，为此，当他们遇到偷懒耍滑现象时，有责任对其进行严厉制止。然而，事实上，生产队长还是社员利益的代言人，因此，处于"熟人社会"的生产队长，有义务维护其所辖范围内社员的利益，从而使得生产队长在面对偷懒耍滑现象时非常为难：管不是，不管也不是，最后出现了不同的生产队长采取了不同的态度。

（一）严厉制止

在上文中，笔者提到偷懒具有传染性，发现别人偷懒的最好回应就是自己也跟着偷懒，但是根据恰亚诺夫的生存小农理论，农民不会都去偷懒，否则会被饿死，从而导致集体自杀。共同的生存意识迫使社员维持最基本的生产秩序，即使在"文化大革命"的高潮中也是如此，当然在这其中生产队长的严厉制止起着关键作用。那么，生产队长严厉制止的动力何在呢？

1．"生存第一"原则

恰亚诺夫以"生存"为核心，认为农民的偏好、行为是追求生存最大化，一切经济活动以生存为目标。② 斯科特也认为农民的经济行为不是在追求平均利润，而是奉行"生存第一"和"安全第一"的最低生存保障产出，为了避免不确定的自然或人为因素，他们以获取稳定产出为生产抉择的标准。他还认为农民经济行为的目的是为了生计和消费，为了追求安全和躲避风险，农民在小群体范围内，必须尽量遵循维持生存和生计的基本道义和伦理。尽管他们所强调的核心不同，但他们都认为，农民生产的目的是为了满足消费、生存的需要，安全第一，生存第一。简言之，所谓"生存第一"原则，即限制个人对财富的无穷追求有助于群体的集体

---

① 徐国普：《人民公社时期乡村权力结构的特征及其影响》，《江汉论坛》2004 年第 7 期。

② 参看［俄］恰亚诺夫《农民经济组织》，中央编译局出版社 1996 年版。

生存。①

　　作为国家代理人的生产队长之所以严厉对待偷懒的社员，其主要目的是为了解决社员的吃饭问题，"人哄地皮，地哄肚皮"，② 不努力生产，结果收成肯定不会好，那么社员的吃饭问题就不能得到有效解决。在那个吃饱饭都成问题的岁月，能否让社员有饭吃是评价一个干部成绩好坏的重要依据，如果连社员肚子都填不饱，即使其他各个方面表现得都很优秀，在社员眼里也是不称职的，是不能继续上任的。"那时的人干活比现在懒多了，现在哪有要人喊着下湖的，干不干随你，地里的草再深，也没有人管，但现在的人自觉，没人喊也会下湖干活。那时可不行，你要是不管，没有人愿意干活，都跟你玩心眼，只想着少干活，多拿工分，但是要是大家都不干活，又哪来的粮食分？到时没饭吃，都得挨饿，结果不只是我挨上面批评，社员的生存都成问题。'什么都是假的，吃饱饭才是真的。'饭都吃不饱，又哪来的力气干活？所以无论如何都要让社员有饭吃，这样才能维持最基本的生产秩序。"

　　事实上，生产队长不仅要解决社员的温饱问题，还要完成国家的分配任务，否则，生产队长的位置很难坐稳，为此，生产队长必须履行好自己的职责。

　　2. 国家政权在农村的基层代理人

　　人民公社是由很多同构的生产队组成，公社的细胞是生产队，公社也以生产队为生存的基础，所以上级的各项路线、方针、政策，国家的各种计划指标最终落实到生产队。生产队的权力掌握在队长手中，队长虽然未必都是党员，但大部分是贫民，由于国家的解放使贫民一下子翻身变成了主人，社会地位得到了提高，因此他们对国家、对共产党产生了感恩式的忠诚，感恩因翻身而来，忠诚因感恩而生，这也使得生产队长在贯彻和实施上级指示的过程中，能够与上级保持一致。③ 在"三级所有，队为基础"的公社中，公社和大队虽不直接进行管理，但却不断地向生产队发指示、下命令。生产队只能服从上级的命令，不断地接受"上面"布置

　　① 参看［美］詹姆斯·C. 斯科特：《农民的道义经济学：东南亚的反叛与生存》，译林出版社 2001 年版。

　　② http://news.xinhuanet.com/mrdx/2008－10/02/content_10141938.htm。

　　③ 参看张乐天《告别理想——人民公社制度研究》，上海人民出版社 2005 年版。

的任务，甚至连每年的种植计划（如种什么、种多少，何时种，如何种），都得听从上面的安排。尽管《农村人民公社工作条例修正草案》中指出，"生产队应该根据实际情况、当地的生产习惯和轮作制度，根据国家的计划要求和本队生产生活的需要，对于粮食作物和经济作物，对于粮食作物的品种，统筹兼顾，全面安排，制订本队的生产计划。"① 但大部分生产队还是处于吴毅所分析的"无权"状态：一无生产经营决策权，经营什么听命于上级安排，自己无权安排；二无生产计划权，生产计划要听命于上级组织的安排，种植什么作物，以及种植面积的分配，要按照上级政府的指令性计划分解与下达；三无农产品处理权，甚至连完成统派统购任务后剩余的农产品，生产队也无权处理；四无收益分配权，留多少公共积累，社员分配人均不得超过多少元，都要听命于上级组织下达条条杠杠。这些条条杠杠大部分来自县或以上政府下达的文件。②

下面是刘集公社对农作物种植提出的要求：

第一，有收无收在于水，收多收少在于肥。种小麦，每亩要保证施足粗肥五车，细肥100斤以上，重施底肥，普施种肥，达到科学用肥。

第二，种好小麦，深翻土地是基础。要求抄地要犁三交，茬地要达二交，耕深耕细，整平，上无坷垃，下无卧垡，地头开沟，搞好畦田（一小万即二耙宽）以使排灌，确保小麦丰收，丰产田每人要达半亩，单产要达三四百斤。

第三，好种出好苗。麦种下地前，大队要组织力量认真全面细致地检查开好现场会，组织好中麦专业队，不符合上述要求标准质量的，一律不准下种。③

在人民公社时期，尤其是在"文化大革命"阶段，生产队是否按"国家计划"种植不是一个方法问题、认识问题，而是一个政治问题，阶级斗争问题。1970年11月15日，安徽省革命委员会作出《关于全面深入开展农业学大寨群众运动的决定》，提出了"学大寨、赶郭庄④、超纲

---

① http://www.agri.gov.cn/zcfg/t20030624_94256.htm.

② 吴毅：《村治变迁中的政治秩序——20世纪川东双村的表达》，中国社会科学出版社2005年版，第118页。

③ 资料来源于五河县档案馆。

④ 郭庄隶属于安徽省萧县，"文革"期间曾经是闻名全国的"学大寨"典型，被誉为"安徽的大寨"。

要"的口号。实际上,郭庄只是一个改碱治地的典型,但在"文革"中却把它政治化,当成方向路线的代表,把学不学大寨、赶不赶郭庄看做执行不执行革命路线、走不走社会主义道路的大问题。

表2 刘集公社1973年秋种计划表①

(制表单位:刘集公社;单位面积:亩;单产:斤;总产:市斤)

队别	小麦			其中:三田			油菜			苕子
	亩	单产	总产	亩	单产	总产	亩	单产	总产	
小吴	2600	160	416000	488	300	146400	1200	80	96000	373
老刘	2050	180	369000	438	300	131400	1050	80	84000	337
刘集	3300	180	594000	779	300	233700	1843	80	147440	584
西杨	2300	160	368000	464	300	139200	1110	80	88800	353
军张	2200	160	352000	535	300	160500	1284	80	102720	410
新庄	1750	180	315000	391	300	117300	936	80	74880	296
小李	1900	150	285000	354	300	106200	847	80	67760	373
潘赵	2000	160	320000	422	300	126600	1000	80	80000	319
卢圩	1600	180	288000	302	300	90600	710	80	56800	225
东纪	2300	150	345000	435	300	130500	1020	80	81600	330
合计	22000	166	3652000	4608	300	1382400	11000	80	880000	3500

说明:① 秋种面积以总地亩和任务相比的,57%算;② 三田(种子、试验、丰产)以每人0.5亩计算的;③ 油菜以任务每人1.2亩计算分配的;④ 苕子以任务每人0.38亩计算分配的。②

尽管在公社时期,社员宁愿将精力放在自家的自留地上,也不愿意在集体地里多出力,但是生产队还是不可能完全把土地分给农户自由经营,一是政策不允许,二是生产队要完成国家分派的任务,如向国家交售余粮等等。生产队对于最终产品的处置实际上在制订生产计划的时候就已经被规定了,处置的方式有三种:分给社员、留队、出售。从刘集公社1975年午季粮管资料中可以看出,农民出售农产品的行为在公社中被高度制度化了,农民出售什么、出售多少、向谁出售、怎样出售都是规定好了的。

---

① 资料来源于五河县档案馆。
② 数据来源于五河县档案馆《刘集公社1973年档案》。

表3　五河县一九七五年午季粮管资料①

（单位：刘集公社粮食局，单位：市斤）

社队名称	农业人口	集体地亩	粮食				三留						粮食征购		集体储备		换还种子	其它支出
			收获面积	单产	总产	合计	种子		口粮		饲料		任务	完成	小队数	粮数		
							平均	粮数	平均	粮数	平均	粮数						
合计	9505	40012	17089	152	2605350	1805544	25	503155	122	1157468		144821	358660	489092	55	204860	30384	41269
卢圩	627	2815	1244	155	193689	128937	25	36650	134	83439		8848	25000	38358	4	16100	809	9485
刘集	1632	5836	2670	155	415700	309700	25	80300		198900		30500	57800	72200	6	28700	1800	2500
军张	1095	3943	1810	160	289628	195783	25	53500	120	131583	75	10700	33000	33728	6	29717	10400	20000
西杨	967	4319	1660	150	249431	180600	24	48005	125	120583	78	120103	32890	32890	6	16674	2629	2437
新庄	822	2999	1400	198	276000	177900	27	38000	150	123800	167	1600	35000	63900	4	29000	1200	2000
小吴	1015	4655	1720	139	235900	165600	22	45400	107	109000	75	11200	35000	53800	8	13800	2700	
小李	718	3720	1740	102	178734	123761	23	41000	101	72811	86	9950	31270	40200	5	13269	1284	220
东纪	885	4435	1760	159	280900	183500	25	55000	125	110700		17800	38000	64100	7	30500	1100	1500
潘赵	857	3560	1700	147	249500	175400	30	58800	119	101700	100	14900	32800	48000	7	19600	6500	1500
老刘	887	3730	1385	172	236868	164363	25	46500	118	104952	92	12911	37900	41916	3	7500	1962	21127

① 此表来源于五河县档案馆《刘集公社1975年档案》。

3. 树立权威的需要

所谓领导权威，是指领导者影响或改变被领导者心理及行为的能力，是使人信从的力量和威望。[①] 它是一笔无形资产和精神财富。领导者的权威是有效领导不可缺失的保障，因为权威是"无言的召唤，无声的命令"。领导者没有权威，就很难有效地领导大家去完成工作任务，因为没有权威说话不灵，办事不成。列宁曾明确指出："保持领导不是靠权力，而是靠威信、毅力，靠比较丰富的经验、比较渊博的学识以及比较卓越的才能。"[②] 他推崇的领袖是"最有威信、最有影响、最有经验"[③]，而不是"最有权力"。权威是相对而言的，它的对象是群众，脱离了群众，不仅树立不起权威，反而会导致"权危"。人民公社时期，生产队的劳动关系是领导与被领导、服从与被服从的从属关系，社员没有主观能动性，什么都要听生产队长的安排，社员只是一个被指使的对象，从而导致了社员劳动积极性极低，偷懒耍滑屡禁不止。因此，作为领导者的生产队长，为了树立权威，让社员"听话"，服从自己的管理，并且尽可能的积极参加集体生产，着实费了一番苦心。

俗话说："己不正，何以正人"。要想别人听你的，首先要自律，无论做什么事情，要一马当先，积极带头。在处理问题时要尽量做到公平，因为"公生威"，为此，我们队专门制订了上下工时间表，并且严格按照时间表执行。如果社员迟到，而且迟到时间比较长，就扣工分，一般根据迟到时间长短来扣，时间长（一般超过 1 个小时）的扣 2 分，也有扣一分和半分的（一般在半个小时左右）。当然，扣工分不能根据个人好恶，关系的亲疏、远近来判定，否则别的社员会有意见，认为不公平，以后再说什么，别人就不会再听，自己的威信自然也就没了。记得有一年秋天，山芋刚收上来，还没有统一搞好，为了使分配公平，别人不说自己的闲话，就没让分，为这事，差点跟一家兄弟六人打起来，因为他们想提前分，而我不让，兄弟几个气得要打我，没办法我只能拿个扁担，坐在山芋堆前，阻止他们先分山

---

① 宋新萍、田力夫：《论领导权威及其生成》，《中国行政管理》1996 年第 6 期。

② 《列宁全集》第 7 卷，人民出版社 1972 年版，第 9 页。

③ 《列宁选集》第 4 卷，人民出版社 1972 年版，第 198 页。

芋。因为要是让他们分了，以后大家都会要求先分，就没人听你的话，以后的工作就更不好做了。尽管我一个人打不过他们六个，但为了面子，为了维护自己的权威，只能硬着头皮撑下去。

（二）无力监督

1. 开会

人民公社时期，是上面管的事最多、范围最广的时期，所以会议也就异常的多，五河县党的基层组织按照新党章规定的五项任务，积极开展活动，不断加强自身革命化建设，坚持正常的组织生活制度，按期①召开支部会、支委会和小组会，以及定期进行党课教育。除了党委会，还组织生产队工作会议，每次会议生产队长都要参加，以此来保证各个生产队完成上面分派的任务。《农村人民公社工作条例（修正草案）》中指出，"为了不使生产队的干部因公误工减少收入，应该根据各人担负的工作情况，经过社员讨论决定，分别给以定额补贴或者误工补贴。生产队干部的补贴工分，一般的应该控制在生产队工分总数的百分之一以内。"② 而"县和县以上各部门召集生产大队和生产队的干部开会，除了负担伙食费和旅费以外，还应该发给他们适当的津贴"。③ 笔者在调研时曾问及几个生产队长，他们大部分表示愿意甚至喜欢去公社开会，"开会比干活轻快，还有补助，一般开半天会能补助5毛钱，那时钱当钱，5毛钱能吃很好的一顿，而且工分还不少拿。"只有个别人认为去公社开会浪费时间，队长一走，分给社员的活大部分不能保质保量地完成。

除了参加党委会，生产队工作会议，还要召开社员大会，《农村人民公社工作条例（修正草案）》中明确要求"生产队社员大会要定期召开，每月最少开一次。社员大会也可以根据生产和分配工作的需要，根据社员的要求，临时召集"。"生产队管理委员会至少每月向社员大会做一次工作报告。对于全队有多少收入，有多少开支，库存有多少物资，社员做了多少工分、交售了多少肥料，分配多少粮食和现金等等社员所关心的事

---

① 一般的支部会15—30天一次；支委会10—15天一次；小组会7—10天一次。
② http://www.agri.gov.cn/zcfg/t20030624_ 94256. htm.
③ 同上。

情，必须向社员一笔一笔地交代清楚。"① 但是因参加的人数多，开一次会就要花很多的工，所以在刘集公社为了减少不必要的误工，一般很少召开社员大会，只是在年底结算总工分、分配粮食等生活资料时，才会召开。

尽管社员大会不轻易召开，但是生产队队务委员会会议却很频繁，生产队长或者会计从公社开会回来，一般都要召开一次生产队队务委员会，把上面的要求传达给每一位生产队干部。另外，在本队需要拟定工作计划或者处理队内纠纷等生产队内部事务时，也会召开生产队队务委员会，刘集公社的生产队队务委员会一般在晚上召开，通常不计工分，"因为生产队干部白天去开会、不干活，社员也不愿意继续干活，本来干活的积极性就不高，都走了，更没人监督他们，只有发生一些紧急事件需要处理时才会在白天召开生产队会议，而且时间很短，事情解决了会议就结束，不能拖延，不然社员会埋怨，'不干活，还拿工分，有事没事就开会，哪来那么多会要开，分明是想讨巧，不想干活'。去公社开会，一般是在白天，路远不说，会议时间也比较长，至少是半天，有时要开一到两天，这些我们决定不了，只能参加，不过也不会都参加，总要留人在家组织生产，不然家里的生产没办法进行。"张乐天对开会也有类似的看法，认为在生产队主要干部外出开会时，通常也是生产队里干活最不像样子的时候。② 在刘集公社生产队集体劳动中，劳动效率与外出开会干部的人数大致构成一种反比关系。开会的人越多，劳动效率越低。

2. 派工

生产队犹如一个大家庭，其中的农户执著于家庭本位主义，他们相互亲密交往，又相互攀比、竞争和嫉妒。就像传统大家庭中的家长必须不偏不倚地对待各个小家庭一样，生产队长在组织农业生产时也必须"一碗水端平"，以保持生产队内部的平衡和稳定。③ 在农活少的时候，队长派工的方式是"一家一个"。在分班作业的时候，队务委员会不得不为平均分配农活耗费大量精力。有些农活太繁重了，派谁干谁都不乐意（因为即使干很重的活也拿同样的工分，所以他们感觉自己吃亏了），生产队只

① http://www.agri.gov.cn/zcfg/t20030624_94256.htm.

② 张乐天：《告别理想——人民公社制度研究》，上海人民出版社 2005 年版，第 266 页。

③ 同上书。

能搞劳动定额，派男性劳动力轮流干，轮的方式是抽签，"手指上不长眼睛，轮到谁谁也没话说"。① "当然，有些家里有特殊情况的也要给予适当照顾，如有一家男的去淮南支援国家工业化建设了，只剩一个妇女带着 5 个孩子在家，这时要适当地安排一些比女的干的活重一点，比男的干的活轻一点的事情给她做，一般活重工分也高一点，她也乐意做，不然挣不到工分，也就分不到粮食给孩子吃。"

为了解决派工难题，生产队长们想了许多提高劳动生产效益的办法，这些办法的基本点可以归结为一个字："包"。

包工到班（或者组）是临时性的包工办法。生产队按底分划分若干班，核定需要完成农活的总工数，再把这些农活按比例分到各班。一旦完成所包的农活，各班就获得了相应的工分，然后各班再把工分按底分和出工时间计算到个人。包工到人（或者家庭），生产队里很多可以明确计量的农活承包到个人或家庭，承包的方法有两种：少量农活按底分分配，如 10 分底分分一亩麦子，收割完毕后按定额计 12 分工；大量农活在确定定额后让社员自己去做，最后按完成情况计酬。②

事实上，无论是包工到班还是包工到人，其实质都是为了缩小劳动单位，把责任明确到班甚至到个人，这样才能减少偷懒耍滑发生的几率，历史证明，这些办法使得偷懒耍滑部分地或者全部地失去意义，从而达到有效地遏制偷懒耍滑的目的。

3. 同社员一起参加劳动

《农村人民公社工作条例（修正草案）》中指出，"公社一级的干部，应该按照不同的工作情况，分别参加一定天数的劳动，最少的全年不能少于六十天。生产大队和生产队的干部，都要以一个普通社员的身份参加劳动，同社员一样评工记分。每一个生产大队的干部，一般的都要固定在一个生产队参加劳动，全年累计至少不能少于一百二十天"。"生产队长应该由成分好、劳动好、农业生产经验比较丰富、懂得同群众商量、办事公道的农民担任"。③ 因此生产队长作为完全不脱产的基层干部，除了要开会、派工、分配和调解纠纷，剩下的大部分时间是和社员一起参加劳动。

---

① 张乐天：《告别理想——人民公社制度研究》，上海人民出版社 2005 年版，第 270 页。

② 同上书，第 77 页。

③ http://www.agri.gov.cn/zcfg/t20030624_ 94256. htm.

就像老生产队长 LXW 所言"我们只是农民，又不是国家干部，不干活，吃什么？"所以作为劳动者的生产队长即使想把全部的心思用来管理生产队事务，监督社员劳动，也不可能，因为他自己面临着生存问题，要从生产队里拿工分。"事实上，生产队长要比一般社员更加辛苦，因为他们早上起来比别人早，下湖要比别人快，干活要比别人卖力，下工要比别人晚，大家都在休息时，生产队长比别人提前结束休息，然后招呼大家干活，否则，大家会一直休息而不会有人主动起来干活。"

尽管刘集公社的生产队长大部分认真负责，在参加集体劳动时，积极主动。然而生产队长也是人，也想在累的时候休息一下，但却因为自己是生产队长而不能明目张胆的休息，否则会挫伤社员的劳动积极性，"队长都不干，我为什么还要干"。所以出现生产队长在集体劳动中偷懒耍滑的现象是可以理解的，只是生产队长和社员偷懒耍滑的方式有所不同。生产队长是借着工作名义偷懒耍滑，"开始是开会，但会开多了社员有意见，影响社员劳动积极性，所以后来每次想休息时，就在安排好农活后，跟记工员打个招呼，说下湖看庄稼去了，要是实在不想干活，就有意多走路，比如说，人本来在东湖干活的，那就跑去西湖看庄稼，生产队长不看庄稼就没办法安排农活，社员心里有怨言也没话说，这是生产队长的工作。"

(三) 睁一只眼闭一只眼

集体化时期的农村经济政策，需要国家政权的强制力来推行，更需要依靠生产队长来执行。然而由于生产队长在官僚层级中明显地靠近民众系统而远离官僚系统，他们从这份职务中所能获得的好处极其有限，所以生产队长和队干部们会更多地顾及社员的利益。[①] 再加上他们自身生活在农村，与广大社员有着非亲即邻的联系，因此在执行国家政策时，有不同程度的弹性：在不违背国家政策的前提下，尽最大努力来满足社员的实际需求，对广大群众的生产生活自主行为采取了较为宽容的政策。由于生产队长不能时时跟在社员后面监督其劳动，生产队长要开会，派工，自己也要参加劳动，所以在集体劳动中遇到偷懒耍滑这一现象时，通常的做法是睁一只眼闭一只眼。那么生产队长采取这一态度的具体原因何在？

1. 抬头不见低头见

人民公社在某种意义上是强化了而不是削弱了自然村作为熟人社会的

---

① 张乐天：《告别理想——人民公社制度研究》，上海人民出版社 2005 年版，第 182 页。

这一重要特性。在户籍制度的限制下，生产队成为社员的生产与生活单元，较过去而言，生产队为社员提供了更多相互接触的空间及相互接触的理由，因为集体生产、统一分配和集体活动（如社员大会）等增加了社员之间及生产队长与社员之间的接触机会，为社员议论"东家长、西家短"提供了机会。① 从而在一个"没有陌生人的社会"中形成了由社会舆论和社会压力所构成的非正式的控制手段。

对多数的社员来说，熟人之间是不需要监督的。因为熟人之间最忌讳的是不信任。对熟人进行监督，往往就意味着向对方宣告"你不再值得我信任了"，由于对方是亲戚或者关系亲近的邻居，因此监督的结果有可能造成既有关系的破裂。而在熟人社会里边，资源流通和家庭之间的经济互助，基本上看的就是关系的亲疏，一旦这种关系被撕裂或颠覆了，在以后的生产和生活中，监督者很有可能便会面临多种预期损失。② 正如一位老生产队长所言，"管得太严了，容易跟别人吵架，而架吵多了，就不想干了，都是熟人，乡里乡亲的，抬头不见低头见，谁也不想得罪，在这里要生活一辈子的；又不能当一辈子生产队长，总要给自己留条后路。再说，没有吃的，又不是自己一个人挨饿，何苦去当坏人"。结果有些生产队长在生产管理中就采取了睁一只眼闭一只眼的策略。至于对什么事情、什么人睁眼；对什么事情、什么人闭眼，那要视"情况"而定。"对于一些原则上的事情还是要管的，不能违背了上级的政策或者精神，至少不能公开违背，不然你这个生产队长也当不长久。有些小事，能过去的就过去算了，不用那么较真。""对于和自己关系比较好的人，即使发现他们偷了懒，只要不是很严重，没有被别人发现，就会当作没看见，不再追究；相反，若是碰到和自己关系不好的人偷懒，就会提出批评，甚至扣工分。"

2. 要从队里拿工分

《农村人民公社工作条例（修正草案）》中指出，"生产大队和生产队的干部，都要以一个普通社员的身份参加劳动，同社员一样评工记分。为

① 贺雪峰：《论半熟人社会——理解村委会选举的一个视角》，《政治学研究》2000年第3期。

② 冯善书：《熟人社会与民主监督的多维思考》，http：//www.studa.net/zhengzhiqita/070521/11583350.html.

了不使生产大队和生产队的干部因公误工减少收入，应该根据各人担负工作的繁重程度，分别给以定额补贴或者误工补贴。生产大队和生产队干部的补贴工分，合计起来一般的应该控制在大队工分总数的百分之二左右。"① "为了不使生产队的干部因公误工减少收入，应该根据各人担负的工作情况，经过社员讨论决定，分别给以定额补贴或者误工补贴。生产队干部的补贴工分，一般的应该控制在生产队工分总数的百分之一以内"。② 从上述规定中可以看出，生产队干部不是官，而是为官所用的民，他们具有普通农民的特征，是国家和农民之间的中介人。

既然不是正式的国家干部，就没有工资可拿，国家对其工作唯一的补贴是工分，而工分又出自生产队，也就是说，生产队干部要从队里拿工分，其生活来源像社员一样最终取决于该生产队的收获情况，一般是收获的越多，工分越值钱，最终收入就越多。据老生产队长 LXW 回忆，"刘集公社的后刘村第五生产队，在收成好时，最高时每工分值 8 分钱，也就是说一天平均每个男劳力可以得到 9 毛 6 分钱，而女劳力也可以获得 8 毛钱的收入，这在公社时期已经算是不错的收入了；但是在歉收时，工分就不值钱了，最低时每工分只有 3 分钱，也就是说，一天忙下来，还没有 5 毛钱。所以社员干活就更没劲，结果形成恶性循环，收成越差，社员越懒。另外，自己也要从队里分粮食，也想多分点，所以尽量让队里多收点，可是也不能得罪了乡里乡亲的，不然到时分东西时搞不好，人家处处跟你计较，让你这个生产队长更不好当，再说即使多收了一点，分到自己手里还是少得可怜。所以也不想得罪人，结果想管不敢管，不管又不行，为难得很，最后只能是睁一只眼闭一只眼。"

3. 无效的激励机制

笔者在上文中提到，由于农业生产中集体组织对其成员劳动的监督和计量的不完全，导致对社员努力的激励不足，使得社员偷懒耍滑现象随处可见。但是我们还应该注意到，集体经济对其管理者的激励不足也导致了"偷懒耍滑"现象得不到有效控制。

周其仁在分析集体经济低效率时，认为正是由于对基层干部的激励无效，才导致了集体化经济无法实现预期效果。集体生产的监管有效，是因

---

① http://www.agri.gov.cn/zcfg/t20030624_94256.htm.

② 同上。

为监管者享有剩余索取权。而当产权受到侵蚀时，剩余索取权激励机制必定受到削弱。因此他认为集体生产中的监管困难不仅源于技术性的因素，即难以收集和处理信息；还源于制度性因素，即产权制度的残缺导致了对监管者的激励不足。另外，集体经济以行政等级制代替剩余索取权表明，社会主义制度下的干部依然需要被激励，官位升迁预期是这一体制最主要的正激励，而提拔无望、降职和撤职则构成负激励的主要手段。在中国农村的集体经济中用行政升迁机制代替剩余索取权，遇到一个特殊的困难：即中国地域辽阔和人口众多。中央集权的正规行政系统在乡村只延伸到乡（公社）这一级。在乡以下，村（大队）和生产队的管理者由非正式的官员担任，准确地说，他们不是官，而是为官所用的民。他们与正式的国家干部之间，在身份上有一条难以跨越的鸿沟。①生产队长对自己身份一般都有清醒的认识："又不能当一辈子生产队长，总要给自己留条后路，再说，国家又不给我养老。"

事实上，在整个集体化时期，绝大多数大队和生产队干部，并不被列入国家官员的备选名单。换句话说，行政升迁机制对生产队干部不起作用。同时，正是由于升迁无望，原体制的负激励对他们也失去了惩罚的效果。②而生产队干部，正是集体生产活动的直接监管者，因此，在遭遇社员偷懒耍滑时，生产队干部更多地以社员当家人的身份睁一只眼闭一只眼，而很少有生产队干部真正把自己当作国家代理人，从而对其进行严厉制止的。

四 人民公社体制下的社员为什么要"偷懒耍滑"

自古以来，中国农民是最勤奋的，为什么在人民公社体制下偷懒耍滑？这是本文最终要探讨的问题。我们知道，在人民公社时期，每一个农民天然地成为某一公社的社员。农民被编入集体的行列，农民作为劳动者不再是自由支配自己的主权者。但是，农民作为劳动力，其劳动的多少和好坏，在相当程度仍然受自己支配，再加上公社、生产队掌握和控制着农

---

① 周其仁：《中国农村改革：国家和所有权关系的变化（上）——一个经济制度变迁史的回顾》，《管理世界》1995 年第 3 期。

② 同上。

民赖以生存的生产、生活资源和当时城乡隔离的制度化背景，这一切使得每个农民都不可能游离出这个组织系统，他们不得不终年参加生产队的集体劳动和统一分配。面对强大的国家，作为弱者的农民不能也不敢公然的反抗，只能将不满融入其日常行为之中，而"偷懒耍滑"成了他们在劳动中的理性选择。

（一）对"偷懒耍滑"行为的几种理论阐释

1. 搭便车理论

在曼瑟尔·奥尔森看来，"如果一个集团中的所有个人在实现了集团目标后都能获利，由此也不能推出他们会采取行动以实现那一目标。除非一个集团中人数很少，或者存在强制或其他特殊手段以使个人按照他们的共同利益行事，否则，有理性的、寻求自我利益的个人不会采取行动以实现他们共同的利益。"① 也就是说，在没有强制手段或者激励措施的情况下，这个论断只适用于人数很少的小集团，而不适用于大集团。在人数众多的大集团中，个体总是倾向于认为，自己不过是沧海一粟，其任何行动对集团的影响都是微不足道的，因此他不会主动为增进集体利益而努力，甚至还可能会为了谋取个人私利而做出有损集体的事情来，因为他觉得，他对集团的损害是微不足道的，更何况集团中还有很多其他人为集团服务，多他一个人不多，少他一个人不少，而且只要他还属于集团，他就可以分享集体利益而无须贡献任何力量。②

人民公社时期农业的集体经营，是以全体社员共同占有生产资料和共同进行生产劳动的方式进行的。在这种体制下，个人行为和行为后果之间的相关程度很低，即使个别社员比其他人更努力地付出劳动，他最后也只能得到由此产生的收益中按全体社员平均后的一份，其中所有者越多，他得到的就越少；反之，由于他不努力所造成的损失也以同样的方式分配，也就是说，因为他造成的损失需要大家一起来承担，自己只需要承担其中的一小部分。因此社员不可能努力劳动，反而可能会更乐意倾向于偷懒耍滑，事实上这与笔者在上文中分析的"八十刨，只有一刨是自己的"是同样的道理。由于生产队是一个以自然村或者村民小组为单位的熟人社会③，

---

① 曼瑟尔·奥尔森：《集体行动的逻辑》，上海人民出版社 1995 年版，第 2 页。
② 同上。
③ 南方大多数是以自然村为单位，而北方则大部分以村民小组为单位。

再加上生产队里的人数较多、农业生产比较复杂，这些都造成了生产队长对社员的监督以及生产队内社员与社员之间的直接监督比较困难。因此，从降低个人成本的角度看，社员往往倾向于在获取同等收益的条件下使个人努力最小化，也就是说"任何时候，一个人只要不被排斥在分享由他人努力所带来的利益之外，就没有动力为共同利益做贡献，而只会选择作一个搭便车者。"① 由于在人民公社体制下，每个社员都是生产队的终身成员②，社员可以自然地享有其所在生产队的利益，因此社员就没有动力为生产队做贡献，相反会选择偷懒耍滑，从而搭生产队的"便车"。尽管在农业集体经济体制下，党和政府为了提高农业效率而反复地在农村进行社会主义思想政治运动和道德说教，但最终所产生的效果仍然微乎其微，偷懒耍滑现象仍然随处可见，并最终造成了国家政策的改变。

2. 博弈论

博弈论又被称为对策论，也是研究互动决策的理论。所谓互动决策，即各方行动者的决策是相互影响的，每个人在决策时必须将他人的决策纳入自己的考虑之中，也需要把别人对于自己的考虑纳入考虑之中……在如此迭代考虑情形中进行决策，选择最有利于自己的战略（strategy）。③ 这种博弈的过程中有两个问题值得关注，一是什么条件下可能实现暂时的合作，二是长期不能合作的原因是什么。合作的另一个条件是有效的惩罚。如果主张合作的一方力量强大到足以保证可信的威胁，并且能够在必要时实施惩罚，最后也有可能实现合作。④

社员在公社内劳动既是与国家博弈，也是与其他社员博弈。社员在决定是否偷懒时，首先考虑的是国家的政策，当国家对社员的控制比较紧、但惩罚不严厉的时候，社员的劳动积极性降到了低谷，偷懒耍滑成了他们的理性选择；一旦惩罚措施比较严厉，如在"文革"时不劳动将被批判、游街时，社员即会选择与国家合作，偷懒耍滑现象也减少许多。其次，他们也会参照其他社员的劳动状况，当其他社员在偷懒的时候，他们也会跟着偷懒，否则会感到吃亏，毕竟即使再努力，最终也只能得到其中的一小

① 埃莉诺·奥斯特罗姆：《公共事物的治理之道：集体行动制度的演进》，三联书店2000年版，第18页。

② 社员已经处于中国社会的最底层，因此不存在再被开除或贬到更低位置的可能性。

③ http：//baike.baidu.com/view/355795.htm.

④ 同上。

部分。然而，社员再怎么偷懒都会有一个底线，即不被饿死，也就是说，他们偷懒的前提是在保证其生存没有受到威胁的时候才会进行。在少干而不少拿工分进而影响生活质量时，他们才会选择偷懒耍滑。

3. 现代国家构建在农村的不完善

新中国建立以后，面临着紧迫的现代国家构建任务。一方面，为了巩固新生的国家政权，必须加强乡村社会对国家的认同，因此，在国家的赶超型现代化战略下，必须对乡村社会进行整合，以促进国家一体化建设的完成。另一方面，新中国成立之初，在内外交困的情况下，国家领导人具有强烈的振兴中华的责任感。在这种责任感的强烈促使下，国家优先发展重工业战略的选择，需要对社会资源进行整合。为了给国家现代化提供原始积累，推进国家的工业化和社会主义现代化进程，国家迫切需要加强对乡村社会资源的汲取。外在于政治的广大农民被新生的国家政权通过"政党下乡"的方式，整合到国家政权体系之中，并且通过党组织向基层下伸的方式实现国家的乡村重建与整合，从而实现国家对乡村社会有效地控制。[①]

人民公社"政社合一"、"三级所有、队为基础"的体制，进一步加强了国家对乡村社会的整合与控制，自此，有计划的管理取代了"自在"、"自然"的农村生产生活状态。这一时期，由于国家对"村庄组织体系"的嵌入，广大的乡村社会被纳入了国家政权的直接控制之下，而且表现出较强的政治"全能主义"的特点。在政治"全能主义"控制下，乡村社会生活开始"泛政治化"，即社会生活军事化、经济生活行政化、精神生活一统化。[②] 人民公社时期的国家权力无处不在、无所不为，成了无所不能的东西，国家对乡村的整合达到了前所未有的程度。

然而，人民公社过分地强调集中而忽视了民主，使得自下而上的沟通途径被堵死，农民不能通过合法途径在体制内表达不满，只能通过日常行为来进行"抵抗"，具体表现为：当国家政策松动，农民自由权多些的时候，偷懒耍滑现象发生的要少一些，相反，就会严重许多。这一现象表明：由于国家意志过强，农民自主性遭到抑制，农民人格造成了分裂。另外，所劳不能所得以及农民不用自己一人承担偷懒的后果等原因造成了社

---

① 黄辉祥：《民主下乡：国家对乡村社会的再整合——村民自治生成的历史与制度背景考察》，《华中师范大学学报》2007 年第 5 期。

② 同上。

员在人民公社时期偷懒耍滑行为的兴起。

（二）偷懒耍滑的后果：国家与农民劳动关系的重新调整

斯科特在研究农民的日常反抗行为时说："正如成千上万的珊瑚虫杂乱无章地形成珊瑚礁一样，成千上万的以个体形式出现的不服从与逃避行为构建了其自身的政治或经济屏障。这些反抗不是戏剧性的公开对抗，也不具备显著的新闻价值。如果使用比喻的说法，当国家的航船搁浅在这些礁石上时，人们的注意力被典型地吸引到船只失事本身，而不会看到正是这些微不足道的行动的大量聚集才是造成失事的原因。"① 以"出工不出力"为主要表现方式的偷懒耍滑是弱小农民对强大国家的一种反抗，其实质就是希望获得对其劳动的自由支配权。正是由于亿万农民默默无闻、不动声色的偷懒耍滑行为最终改变了国家政策。

三年自然灾害时期，一些地方为了提高农民的产积极性，实行了包工、包产、包成本、超产奖励的"三包一奖"生产责任制度，并得到中央的认可。② 生产责任制之所以在农村得到了广大社员的拥护，关键在于它从根本上解决了劳动与收益的不对等问题。但出于其有可能强化农民的私有观念等问题而最终被中央否定。"文化大革命"时期，国家积极倡导"农业学大寨"，并以这种方式促进农业生产的发展。在那个政治氛围空前浓厚的时代，学不学大寨被看做执不执行革命路线、走不走社会主义道路的大问题。集体劳动中存在着的"偷懒耍滑"问题主要通过营造"阶级斗争"的氛围来解决，"农业学大寨运动"没有也不可能从根本上解决农民积极性问题。"与人们原来的预期相反，几十年的历史事实证明，集体经济是一个低效益的经济。它背离了农业生物学特性，使农民疏远土地，无从建立起持久不衰的劳动兴趣和责任感，从而影响他们的生产积极性。"③ 直到 1980 年代，生产责任制的广泛推行，使得农村生产力能量得到了巨大的释放。由于农民的劳动积极性被调动起来，给中国带来了巨大的经济收益。农业产出连年上升，农民收入增加了，生活也因此得到了极大地改善。"集体偷懒"问题由此得以在体制上根本解决。由实行集体生

---

① ［美］詹姆斯·C. 斯科特：《弱者的武器》，译林出版社 2007 年版，第 43 页。

② 徐勇：《论农民劳动的国家性建构及其成效——国家整合视角下农民劳动的变化》，《山西大学学报》（哲学社会科学版）2008 年第 3 期。

③ 杜润生：《杜润生自述：中国农村体制变革重大决策纪实》，人民出版社 2005 年版，第98 页。

产到家户经营，其突出的成效就是将农民从依从性的公社体制中解放出来，从而实现了农民由没有个人意志的劳动工具向拥有生产资料、有独立人格的自主生产者的转变，农民做什么、何时做、如何做、做多少都由他们自己来决定和支配，从而实现了国家与农民在劳动关系方面的调整。

参考文献：

著作类：

[1] 马克思、恩格斯：《马克思恩格斯全集》［C］，北京：人民出版社 1998年版。

[2]《列宁文选》［C］，北京：人民出版社 1972 年版。

[3]《毛泽东选集》［C］，北京：人民出版社 1991 年版。

[4]《邓小平文选》［C］，北京：人民出版社 1993 年版。

[5] 薄一波：《若干重大决策与事件的回顾》［M］，北京：人民出版社 1997年版。

[6] 当代中国农业合作化编辑室：《建国以来农业合作化史料汇编》［G］，北京：中共党史出版社 1992 年版。

[7] 费孝通：《乡土中国·生育制度》［M］，北京：北京大学出版社 2004 年版。

[8] 杜润生：《杜润生自述：中国农村体制变革重大决策纪实》［M］，北京：人民出版社 2005 年版。

[9] 徐勇：《非均衡的中国政治：城市与乡村比较》［M］，北京：中国广播电视出版社 1999 年版。

[10] 张乐天：《告别理想——人民公社制度研究》［M］，上海：上海人民出版社 2005 年版。

[11] 罗平汉：《天堂实验——人民公社化运动始末》［M］，北京：中共中央党校出版社 2006 年版。

[12] 罗平汉：《农村人民公社史》［M］，福州：福建人民出版社 2006 年版。

[13] 安贞元：《人民公社化运动研究》［M］，北京：中央文献出版社 2003 年版。

[14] 李锐：《大跃进亲历记》［C］，海口：南方出版社 1999 年版。

[15] 辛逸：《农村人民公社分配制度研究》［M］，北京：中共党史出版社 2005年版。

[16] 金雁、卞悟：《农村公社、改革与革命》［M］，北京：中央编译局出版社 1996 年版。

[17] 温锐：《理想、历史、现实——毛泽东与中国农村经济之变革》［M］，太

原：山西高校联合出版社 1995 年版。

[18] 林蕴晖、顾训中：《人民公社狂想曲》［M］，郑州：河南人民出版社 1995 年版。

[19] 林毅夫：《制度、技术与中国农业发展》［M］，上海：上海三联书店 2005 年版。

[20] 林毅夫：《再论制度、技术与中国农业发展》［M］，北京：北京大学出版社 2000 年版。

[21] 温锐：《理想、历史、现实——毛泽东与中国农村经济之变革》［M］，太原：山西高校联合出版社 1995 年版。

[22] 史敬棠：《中国农业合作运动史料》［M］，北京：三联书店 1957 年版。

[23] 高王凌：《人民公社时期中国农民"反行为"调查》［M］，北京：中共党史出版社 2006 年版。

[24] 曹锦清、张乐天、陈中亚：《当代浙北乡村的社会文化变迁》［M］，上海：上海远东出版社 2001 年版。

[25] 黄树民：《林村的故事——一九四九年后的中国农村变革》［M］，北京：三联书店 2002 年版。

[26] 周晓虹：《传统与变迁——江浙农民的社会心理及其近代以来的嬗变》［M］，北京：三联书店 1998 年版。

[27] 周其仁：《中国农村改革：国家与土地所有权关系的变化——一个经济制度变迁史的回顾》［M］，北京：社会科学文献出版社 2002 年版。

[28] 陆益龙：《嵌入性政治与村落经济的变迁——安徽小岗村调查》［M］，上海：上海人民出版社 2007 年版。

[29] 王贵宸、陆学艺：《农村经济典型调查》［M］，北京：社会科学文献出版社 1989 年版。

[30] 于建嵘：《岳村政治——转型期中国乡村政治结构的变迁》［M］，北京：商务印书馆 2001 年版。

[31] 吴毅：《村治变迁中的权威与秩序——20 世纪川东双村的表达》［M］，中国社会科学出版社 2005 年版。

[32] 凌志军：《历史不再徘徊——人民公社在中国的兴起和失败》［M］，北京：人民出版社 1996 年版。

[33] 罗沛霖、杨善华、程为敏主编：《当代中国农村的社会生活》［M］，北京：中国社会科学出版社 2005 年版。

[34] ［美］詹姆斯·C. 斯科特：《弱者的武器》［M］，郑广怀等译，南京：译林出版社 2007 年版。

[35] ［美］詹姆斯·C. 斯科特：《农民的道义经济学：东南亚的反叛与生存》

[M]，程立显译，南京：译林出版社 2001 年版。

    [36]［美］费正清：《剑桥中华人民共和国史——中国革命内容的革命》［M］，北京：中国社会科学出版社 1998 年版。

    [37]［美］莫里斯·梅斯纳：《毛泽东的中国及其发展》［M］，北京：社会科学文献出版社 1992 年版。

    [38]［美］黄宗智：《长江三角洲小农家庭与乡村发展》［M］，北京：中华书局 2000 年版。

    [39]［美］黄宗智：《华北的小农经济与社会变迁》［M］，北京：中华书局 2000 年版。

    [40]［美］约拉姆·巴泽尔：《产权的经济分析》［M］，上海：三联书店 1997 年版。

    [41]［美］曼瑟尔·奥尔森：《集体行动的逻辑》［M］，上海：上海三联书店 1995 年版。

    [42]［美］西达·斯考切波：《国家与社会革命——对法国、俄国和中国的比较分析》［M］，上海：上海人民出版社 2007 年版。

    [43]［俄］恰亚诺夫：《农民经济组织》［M］，北京：中央编译局出版社 1996 年版。

    论文类：

    [1]徐勇：《论农产品的国家性建构及其成效——国家整合视角下的"统购统销"与"瞒产私分"》，《中共党史研究》2008 年第 1 期。

    [2]徐勇：《论农民劳动的国家性建构及其成效——国家整合视角下农民劳动的变化》，《山西大学学报》2008 年第 3 期。

    [3]徐勇：《现代国家的建构与农业财政的终结》，《华南师范大学学报》2006 年第 2 期。

    [4]徐勇：《现代国家建构中的非均衡性和自主性分析》，《华中师范大学学报》（人文社会科学版）2003 年第 5 期。

    [5]徐勇：《"行政下乡"：动员、任务和命令——现代国家向乡土社会渗透的行政机制》，《华中师范大学》（人文社会科学版）2007 年第 5 期。

    [6]徐勇：《"政党下乡"：现代国家对乡土的整合》，《学术月刊》2007 年第 8 期。

    [7]邓大才：《社会化小农：动机与行为》，《华中师范大学学报》（人文社会科学版）2006 年第 3 期。

    [8]贺东航：《面对中国现代国家构建的思考——兼评福山的〈国家构建——21 世纪的治理与世界秩序〉》，《社会主义研究》2007 年第 5 期。

[9] 刘金海：《集体产权变迁中的国家、集体与农民——应用于城市化进程中的团结村》（2003 年博士论文）。

[10] 黄辉祥：《民主下乡：国家对乡村社会的再整合》，《华中师范大学学报》（人文社会科学版）2007 年第 5 期。

[11] 刘义强：《选举背后的村庄生活逻辑》，《中国农村观察》2004 年第 2 期。

[12] 纪程：《"国家政权建设"与中国乡村政治变迁》，《深圳大学学报》（人文社会科学版）2006 年第 1 期。

[13] 武力：《过犹不及的艰难选择：论 1949—1998 年中国农业现代化过程中的制度选择》，《中国经济史研究》2000 年第 2 期。

[14] 辛逸：《关于农村人民公社的分期》，《山东师范大学学报》（社会科学版）2000 年第1 期。

[15] 秦晖：《"农民"与"农业者"——"农民"概念的定义问题》，《中国农民》1996 年第 3 期。

[16] 张军：《合作团队的经济学：一个文献综述》，上海财经大学出版社 1999 年版。

[17] 周杰、周红、陈刚：《作弊与反作弊的博弈分析》，《山东师范大学学报》2002 年第 2 期。

[18] 吴毅：《人民公社时期农村政治稳定形态及其效应——对影响中国现代化进程一项因素的分析》，《天津社会科学》1997 年第 5 期。

[19] 周其仁：《中国农村改革：国家和所有权关系的变化（上）——一个经济制度变迁史的回顾》，《管理世界》1995 年第 3 期。

[20] 林善浪：《家庭经营：实现我国农业现代化的基本模式》，《经济理论与经济管理》2000 年第 5 期。

[21] 李楠：《农居整理：唤起农民积极性》，《中国土地》2007 年第 12 期。

[22] 李路路等：《中国的单位现象与体制改革》，《中国社会科学季刊》（香港）1994 年 2 月卷。

[23] 潘峰：《农民的经济行为是否符合理性？——学术争论的回顾与思考》，《农村经济》2006 年第 11 期。

[24] 吴思红：《乡村秩序的基本逻辑》，《中国农村观察》2005 年第 4 期。

[25] 徐国普：《人民公社时期乡村权力结构的特征及其影响》，《江汉论坛》2004 年第 7 期。

[26] 贺雪峰：《论半熟人社会——理解村委会选举的一个视角》，《政治学研究》2000 年第 3 期。

实证研究

◆ **公共生活的变革：一个西南农村定期集市兴起与衰落**

笔者尝试用一种纯粹描述的笔墨写了一个农村的定期集市。农村定期集市在传统社会是作为农民的一个公共生活的圈子而存在，集市的发达和兴盛程度反映了当时的社会生活的全貌。农村定期集市至少同时具备货物贸易功能与情感沟通功能，它是缺乏公共生活的农村的公共空间之一。但是，随着现代化与城市化的推进，集市正在逐渐变成一个农民销售自己的农业产品以换取生产资料的单纯的交换场所，市场的贸易功能蜕化为国家利用公开的市场对农民的一种掠夺。集市情感沟通功能更是萎缩。农村定期集市很难再凝聚起农村社区的一种认同，这不但反映了集市的萎缩，还反映了农村公共生活的进一步消退。在城市化与现代化的背景之下，内地边远的农村进一步被边缘化，农民更进一步被抛进了被遗忘的角落。

◆ **城市化进程中农民就业空间行为模式研究**

在城市化的进程中，农民就业问题已经不只是如何进行农业的生产和经营等问题，他们更多地面临着行业和空间的选择，从而形成不同的就业空间行为。本文从实践出发，以个案研究为基础，分别从案例的现状、影响因素和特点对当地农民就业空间行为模式进行描述，目的在于说明当地农民就业空间行为模式"是什么""为什么"和"怎么样"的问题，旨在发现农民就业空间行为的共性，并希望借此能对我国城郊地区农村规范农民就业，优化农村空间结构有一定的借鉴意义。

◆ **小农生活社会化：路径与动力**

小农社会化本身是一个动态的概念，其历史进程与现代化、市场化和城市化以及更大范围的全球化进程具有很高程度的关联性。鸦片战争以来，中国被迫卷入现代化进程中，现代化因子开始从沿海到腹地、城市到乡村越来越深地契入中国社会。传统而封闭的乡村和农民也无法逃避这种外在约制，现代化要素日益强烈地改变着农民的传统生活方式，当今小农的生活方式越来越难以固守其自主性和独立性。市场化进程是一个更加晚近的事情，但它对小农生活社会化进程的外在约束作用与现代化相比有过之而无不及。对于社会化进程中的农户来说，市场最直接和明显的影响在于生产领域，即通过实现生产资料、生产过程和生产产品的市场化运作进而达致生产方式的社会化。在此基础上，生产领域向交换和消费领域延展，生产社会化进一步向生活社会化扩散，导致生活资料获取方式的外部化。

◆ 依势抗争：边缘区村民的上访逻辑

正是边缘区或边缘性的概念内涵，导致了边村村民行动逻辑的深层原因。具体行动模式的表现是——依势抗争。"依势抗争"中的"势"是指形势、势力，通俗点讲也就是力量的对比。体现了一种保守、谨慎、被动心态下以保全自身为首要目标，以集体和当前有利环境为保障的集体行动逻辑。这不同于"依法抗争"和"以法抗争"，法律只是其诉诸的目标，他们的力量来源是有利的形势和集体行动带来的安全感。对于他们来讲，维权行动更像是一场博弈，博弈的输赢不仅在于法律、法规和政策的规定，更取决于博弈双方的力量对比。其维权行动的首要着眼点是"势"的大小强弱，"势"的加强和原村支书的相对劣势才是支持他们上访的最大动力和支持。但这样的心态，又进一步促使农民的生产生活方式趋于保守，难以突破自身局限，积极进行维权。

公共生活的变革:一个西南农村
定期集市兴起与衰落

蒋　超[*]（西南政法大学司法研究中心　重庆　400031）

所有的道路都通向城市……

——凡尔哈伦①

世界偏僻角落里发生的事情可以说明有关社会生活组织的中心问题

——埃里克森②

内容提要：农村定期集市在传统社会是作为农民重要公共生活空间之一而存在，集市的发达和兴盛程度可以反映当时社会生活的面貌。随着现代化与城市化的推进，农村定期集市的贸易功能与沟通功能已经逐渐地削弱，集市正在逐渐变成一个农民销售自产农业产品以换取生产资料的单纯交换场所。农村定期集市的萎缩，其公共空间功能衰退的例子表明，在城市化与现代化的挤压之下，内地边远的农村进一步被边缘化，农民可能更加退缩到家庭为主的私人空间，更进一步被抛进了被遗忘的角落。

关键词：农村定期集市　城市　现代化

中国农村问题是学术研究界历久却弥新的主题，不过关注的缘由稍许存在些差异。在中国的农村研究刚刚起步的时候，那一辈学人如费孝通等

---

　*　蒋超，男，1981 年生，贵州大方人，西南政法大学诉讼法学博士研究生，西南政法大学司法研究中心工作人员，主要从事纠纷解决、司法制度研究、诉讼法学研究。

　①　袁可嘉等选编：《外国现代作品选》第一册（上卷），上海文艺出版社 1980 年版，转引于苏力：《道路通向城市：转型中国的法治》，法律出版社 2004 年版，第 3 页。

　②　Ellickson, Robert C. *Order without Law: How Neighbors Settle Disputes*, Cambridge, Mass: Harvard University Press. 1991, p. 1.

人作为有责任感和社会良知的学者，有着用他们自己的笔墨去描绘农民以及他们的生活样态这样的一种社会担当。这样研究深深地影响中国几代人，并且远远超出了社会学的范畴。[①]

近些年中国农村问题研究再次引起普遍关注，更多可能是受到一种"眼光向下"或是"底层视角"研究思潮的影响。历来对农民的研究之中，农民都是要么作为一种"解放"、"起义"、"暴动"、"革命"的叙事对象，在历史记录和各种各样的档案之中农民整个地被镶嵌进国家主义的视角中，历史的书写者认为农民"他们无法表述他们自己，他们必须被别人表述"[1]；除此之外，要么是平凡使得农民只是作为"征召、粮食生产、税收等方面的匿名'贡献者'出现在统计数字中"[2]，这时农民在各种宏大的历史叙事中因为毫不起眼变得无声和无名，连被书写的价值都不具备。这次，不是或不单纯是一种责任和担当，而更多的是一种对宏大叙事的厌倦与反叛，使得越来越多的学者"眼光向下"，农民平凡的生命使学者们感到惊异并愿意关注这样的主题。

上述只是一种学术态度的问题，学界对农村问题研究持续的兴趣并不能掩盖内部存在的方法论上的分歧。[②] 即对于中国农村的研究需不需要理论，对农村的研究是建构（理论）还是描述为中心？不同的研究分野较大。

---

① 比如苏力就非常推崇费老的研究，苏力认为，"他（费孝通）的贡献首先是，几乎在无师自通的情况下构思并完成了田野调查，撰写了《江村经济》，从微观的经验层面理性展示了一个中国农村的内在结构以及与当时中国南方的整体结构，经受住了外国学者、特别是中国学者的学术挑剔眼光。其次，在我看来更重要的是，他撰写了《乡土中国》这本著作，基于对中国传统农业社会的抽象把握，他从宏观层面解说了传统乡土中国社会和国家的诸多特点，因此几乎是在不经意中用社会科学的语言解说了中国儒家传统思想发生、延续以及在 20 世纪的衰落的缘由。他研究的材料或现象是本土的，常常是身旁的、无人经意的和稍纵即逝的；但他的贡献是普遍的，是学术的且持久的。他对这块土地和土地上的人民充满了爱，但他的学术贡献却来自他的学术敏感、洞察力、思维能力和抽象能力以及从容不迫的学术表达，在 20 世纪中国社会科学界——在我看来——无人出其右。他专治社会学、人类学，但他的学术影响遍及中国社会科学界，不仅在思想上，而且在方法和思路上。"苏力：《费孝通先生的学术与中国的法学》，《南方周末》2005 年 4 月 28 日第 9 版。

② 笔者这里的关于农村的研究是一种问题中心而非学科中心的界定，因而对农村的研究不是社会学的专利，一切的学科，如社会学人类学、法学甚至是文学都可以介入。本处以及下文正是在这一意义上使用"关于农村的研究"这一词汇。

一　无需理论的学术？

今天为止的中国农村研究已经离不开经验的材料，纯粹理论的推演已经受到诟病。但是对材料的使用方式和态度上，存在着较大的差异。基于一种解释的需要，笔者采用类型化的处理方式，将对中国农村的研究分为理论中心主义和经验中心主义两种范式。[①]

理论中心主义并不是不描述或是不使用经验的材料，只不过描述以及材料只是获取理论的基本作业，最终的目的在于通过对于材料的分析得出基本的命题，在于建构一个比较普遍适用的理论。前者如法学界对于陕北"炕上开庭"以及对电影《秋菊打官司》的个案分析。对炕上开庭的材料，苏力教授提炼出一个"送法下乡"的命题，并对此进行了论证；对秋菊案件的关注，其实是对吉尔兹的"地方性知识"理论的一种法学演绎。[②] 以及徐昕对农民工自杀讨薪提炼出来的"为权利而自杀"的理论。在其他学科中，类似的研究更多，影响较大的研究如应星、于建嵘以及《清华大学社会学评论》（特辑）中的系列文章；又如李连江、欧博文等人关于农民"依法抗争"理论的提炼。以及海外的中国研究，例如黄宗智和杜赞奇各自利用"满铁"的资料对华北农村作的分析，以此为基础提出的"内卷化"以及"国家政权内卷化"的核心命题等等。[③] 当然还包括现在国内影响较大，以华中科技大学学者为首的对中国农村政治社会学视角的研究。

但是另外的范式恰好相反，对于这些学者来说，提出问题比解决问题更重要，描述比解释更重要，经验比理论重要。如林耀华的《金翼》以及林白的《妇女闲聊录》。[④] 在这些研究中，理论非常少甚至是根本不需

---

① 这样的分类可能存在模糊地带，老一辈的学者如费孝通、杨懋春、许烺光、庄孔韶等人的研究，以及现在阎云翔的《私人生活的变革》，可能是介于经验中心和理论中心两种范式之间。

② 对陕北农村"炕上开庭"的分析见苏力：《为什么"送法上门"？》，《社会学研究》1998年第3期；对秋菊案的分析见苏力：《〈秋菊打官司〉案、邱氏鼠药案和言论自由》，《法学研究》1996年第3期。

③ 参见［美］杜赞奇《文化、权力与国家：1900—1942年的华北农村》，王福明译，江苏人民出版社2004年版以及黄宗智《华北的小农经济与社会变迁》，中华书局2000年第二版。不过黄本人后期似乎更多的是使用"过密化"的提法。

④ 参见林耀华《金翼：中国家族制度的社会学研究》，三联书店2008年第二版；林白：《妇女闲聊录》，新星出版社2005年版。

要理论，仍然能够较好地揭示农村社区的变迁。而且可能正是《金翼》和《妇女闲聊录》是用比较"另类"文学创作方式写就，反而使得这样的揭示更为生动。《金翼》还好，作者结合自己的生活经历，以一种全能主义的视角讲述了两个家族的变迁史。而《妇女闲聊录》迈得更远，在全书中，描写一个农村妇女，这个农民已经不再是被表述和被建构的对象，作者林白甚至放弃了自己的话语权，全书中没有作者的思考与想象，全部是该妇女言谈的一种编排！这种经验中心的研究范式能够使得"原本丰富生动的历史事实不至于桎梏在刻板艰涩的论著形式中"[3]，还可以避免基于个案分析提炼理论带来的过度阐释的问题；基于统计分析带来的统计技术问题、主观解释过强问题等。

由此带来的疑问是：对农村的研究是否可以不需要理论？"不是去想，只是去看"的这种不需要理论的中国农村研究是否还是学术的研究，还是沦落为文学的创作？进一步的问题是：好的作品是应该贡献理论还是纯粹的"记录"？

一个初步的结论是：对于农村研究而言，由于研究对象的多彩性与复杂性，吉尔兹所言的那种社会科学的准则"寻找复杂并使之有序"反而使得复杂的生活本身更复杂，相反，怀特海界定那种对自然科学的准则"寻找简单并怀疑之"可能更为适用。[4]这种寻找简单的方式简而言之就是"作者他观察，他记录，但是他不分析。"

在观察和记录这点上，经验中心的学术研究范式接近于人类学的研究，"人类学家的主要长处就在于他们总是力求从普通人的角度观察和体验老百姓的日常生活，用民族志这一特殊的文体再现社会生活，并以此为基础再深入分析和探讨象征体系、社会制度等等。"[5]但是不同于人类学的——甚至不同于人类学中非常强调观察和记录的民族志研究的地方在于，这样的研究并不追求所谓的解释或是"深入分析"，而是近乎于一种对所发生的事实的单纯性的登记或记录，解释与分析工作留给读者自己进行。这样的学术，就是一种"无需理论的学术"。①

---

① "无需理论的学术"的提法受埃里克森《无需法律的秩序》书名启发。Ellickson, Robert C. *Order without Law*: *How Neighbors Settle Disputes*, Cambridge, Mass: Harvard University Press, 1991。中译本见 [美] 罗伯特·C. 埃里克森《无需法律的秩序——邻人如何解决纠纷》，苏力译，中国政法大学出版社 2003 年版。

不过要注意的是，这种"登记"仍是不同于追求故事情节的变化的文学作品，也要注重"真实性、历史性和理论性的结合"[3]。在描述与记录中要展示真实、历史与理论，这也是本文努力之所向。本文将描述一个作为公共空间的农村定期集市的变迁。

二　一个作为公共生活空间的农村定期集市

施坚雅认为："人类学家在中国社会做实地调查时，把注意力几乎全部集中在村庄上，大多歪曲了农村社会结构的实况。要说中国的小农生活在一个自给自足的世界中，那个世界也不是村庄，而是基层市场共同体。我要指出的是：小农的实际活动范围，并不是一个狭隘的村落，而是一个基层集市所及的整个地区。"① 基层的集市是农民交换产品的场所、出售剩余的场地、情感交流的地点，与除开邻居之外其他人面对面交往的所在，集市即作为一个公共生活的空间。在本部分，笔者将以一种"记录"的方式，记录一个作为公共生活空间的农村定期集市的兴起与衰落。②

（一）周遭的环境

该集市所在的地方叫"后山"，处于黔西北大山之中，距省城贵阳大约 200 公里。20 世纪 90 年代初期还设有"后山公社"，下面管辖好几个自然村。后来"撤区并乡"，"后山公社"成了"后山村"。历史仍是给"后山公社"留下了一些痕迹，公社存在时修的一大块作为集市场所的水泥地仍然保留，集市没有随着公社的撤销而湮灭。这个集市是没有名字的，在此为了行文的方便，将其称为"后山集"

---

① 转引自黄宗智《经验与理论：中国经济、社会与法律的实践历史研究》，中国人民大学出版社 2007 年版，第 17 页。施氏的研究启发笔者认识到集市是农村公共生活空间的集中体现。

② 阎云翔研究农村私人生活专著给笔者诸多启发，笔者亦注意到国内已有研究农村公共生活的论文，见夏国锋《乡村社会公共生活的变迁——基于鲁西南夏村的考察》，华中师范大学 2007 年硕士学位论文。夏氏的文章在于从政治生活、经济生产生活以及社会文化生活全面地考察乡村社会的变迁，而本文仅以农村定期集市作为农村公共空间的切入点，这样仅仅关注一个微小的切入点而试图展示大背景与大时代的努力类似约翰逊的研究，见 [美] 柯克·约翰逊《电视与乡村社会的变迁：对印度两村庄的民族志考察》，展明辉、张金玺译，展江校，中国人民大学出版社 2005 年版。当然，笔者文中在涉及地名、人名的时候均做了技术处理。

后山集离镇政府所在地有 23 公里①，由一条年久失修的土石夯筑路连通。此路路面很宽，设计的时候为四车道，这在农村并不多见。只是时间太久了，路面的状况很糟，23 公里的路一般的车要花两个小时才能驶完，比人走路快不了多少。路面要修整的消息由来已久，都是雷声大雨点小，没有实质性的动作。从集市到镇政府再到县城有中巴车营运，一些时候，路面通过实在困难，中巴车主自己出资进行治标性的小修小补。每天早上出发的中巴车中，杂乱的货物中间塞进各色人等，乡民们一边在左摇右晃的车中极力地保持平衡，一边长久地谈论着"政府哪个时候才修路"，这样的谈论不会很久，因为都是没有结果的，常常伴随着不满的咒骂，以及对本乡没有能人出面来要政府项目的叹息。② 伴随着一天又一天、一次又一次的叹息的是路面越来越破败。集市的其他路都是小道。以集市作为一个中心点，宽窄不一的道路弯弯曲曲、拐来拐去地向四方延伸着。

以该集市为中心，分布着几个村子，分别为门村、还有大村、沙村，加上集市所在的后山村，后山集所覆盖的范围为四个自然村，具体涉及多少人口按一个村 4 个左右的村民小组，每个小组 30 户，每户 4 人计，后山集覆盖大约 2000 人。在覆盖范围之内没有祠堂、庙宇等公共的空间，山区平地的稀少各村之中也无公共的集会场所，当然也没有这方面的传统。集市因而是少数的公共活动物理空间之一，而且是最大最经常使用的。

在这几个村中，沙村由于煤炭资源很丰富，历来经济状况都比较好。其余的几个村的经济状态都一般。在整个集市所覆盖的范围内，除了小煤窑外没有任何的工厂和企业。唯一称得上是"正式"工作的是在集市边上几个村庄共享的公办小学里教书的老师，在小煤窑里提着脑袋采煤的农民以及由此衍生出来的用马车运煤贩卖的农民。"挖煤的、拉煤（卖）的和老师"，就是这个地方历来最显见的三种职业。随着国家对小煤窑的控制日见严厉，以及县上为了保障自己新修的火电站的用煤，私人采煤、贩

---

① 在写作的时候，该集市以及周边的几个村寨，被划分给另一县级行政区域，并有了新的乡级政府的管辖，不过新的乡级政府短期之内仍然很难唤起人们的习惯性的认同感，村民们彼此的感觉还是以前镇的人。

② 乡民们并无与政府对应部门的概念，在他们的脑海里，所有的政府机构包括政府下面的职能部门都叫"政府"。

煤基本已不常见。导致本地区"正式"的职业只有教师了。①

这是典型的黔西北的山区环境，全年阴天多雨潮湿，一小片一小片的地挂在陡峭的山坡上，山顶才会有少许的树木，山与山之间的连接处往往是弯弯曲曲的河沟。

（二）集市的构成

1. 场所

称后山集为定期集市，是因为它是逢星期五而赶集的。赶集的日子被官方修改了好几回，每修改一回，镇政府都会派一个老头敲个大锣，选择一次赶集的日子沿街叫唤，锣的声音很响，后面经常跟着一群好热闹的小孩子。后来几十公里之外镇政府所在地的赶集日子选在周二和周五两天，导致周五的时间被占用，后山集最终圈定在周日赶集。令人意想不到的是周日的开集日子生意与人气都差强人意，大家自行恢复周五的日子，不过由于镇上集市强力竞争，再难恢复往日的热闹了。

除去星期五以外的其余日子里，集上清清寥寥。集上两条街面，前街有比较宽的水泥地，大概五六百平米，这在黔西北的山区中已经属于少见，也就因为地理位置重要才会之前成为公社的驻地。前街是赶集的主要场所。后街不是严格意义的街，是一条经过后山集的马路，由于长期赶集的车来过往，被压出来了很深的车辙，车辙里面到了雨天汪着的是脏水。几十年了基本没有什么大的变化。笔者最近的一次赶集发现赶集的人太少，摆摊做生意的商贩不够多，以至于前街在赶集的时候留下了很多的空地，被当地的住户用来堆放自己的杂物，当然还有后街的车辙更深了。

街面的房子一般都是两层，现在的房子临街面十来年前还是以粉刷白石灰为主，现在都贴有洁白的瓷砖，不过转过背来看见的还是显陈旧的砖墙。其中一栋房子侧面山墙上的字都还依稀可辨："后山龙山生产队，玉华队长六十岁；手拿大锤和钢钎，决心改造大龙山。"那是典型的革命词汇。

除了门面，集上还有一家卫生所，两家个体诊所，后山村委会，一家

---

① "正式"在这里不但指一种社会认可度，还指长久性和稳定性，比如农民种植烤烟等经济作物虽有收益但是变动较大，可能因为今年收益不好而明年停种，所以种植烤烟不能被认为是一种正式的职业。

"赌场"，街尾还有一个小型的牲口市场。集市唯一的公共建筑是村委会楼，没有路灯、公厕、排污排水等公共设施。

2. 人物

临街前前后后搬来住下了三四十户人家，基本上都开着自己的门面，逢集时做些生意，平日里这些门面也开着，只不过生意跟赶集时比要差很多。这些门面中，最大的是宣姓一家的，那门面本来是供销社在后山集上的供应点，而宣家人正是这个原来供应点的负责人。后来供销社改制，宣家人自己出钱买了此门面自己经营。门面大，货物就齐全，乡民们又认为"国家不会卖假货"，尽管现在改成私人的了，但卖货的还是那些人，看熟了，乡民们自己觉得放心而且踏实，所以宣家的生意差不多是最好的。对人的信任推及对其货物的信任，这就是乡民们的逻辑。直到现在，人们还会认为"供销社"的东西最好，也最为齐全。

大部分的后山集的常住人口中①，自己平时也种种地，逢集时卖点东西，其生活水平一直都是令大多数乡民羡慕的，乡民们称他们为"街上的人"，街上的人衣着更为整齐，较少下地皮肤也更为白皙，这些"街上的人"的生活方式为村民们所效尤，简直就是文明的象征了。也正是这些文明人在集上设了赌博的窝点，精明地算计着前来赶集的乡民的钱袋。当然，由于后山集人们本身很少种地，有的是大把的空余时间，所以他们一般不论男女老少都热衷于一种叫做"扎金花"的财富再分配游戏。

后山集的常住人口之中，有特色的要数一"医生"了，说是医生，不知道是不是很确切：他没有医学的学历，基本上是自学成材。他行医的收益应该是不错的：原本在一小地方开业，后来行情看涨，搬到集市上居住不说，还在那里修了两层的楼房，自己开起"医馆"来。他的特色之处不在于他是农村常见的那种百科全书式的医生，什么病都敢治，什么病人都敢接。而在于两点，其一是无论什么病到了他那儿，大多都要经过"输液"这一"必经程序"，笔者每次赶集路过他的"医馆"，看见里面竖得全是输液用的架子。站着、蹲着、坐着的全是接受其输液治疗的农民。"输液"是一个花费时间长、容易留住病人保持人气的好办法，而且对于那些乡民来说，随便开点小药花个十块八毛，农民心疼得很，但看到

---

①　笔者把住在集上的乡民称为"常住人口"，把逢集时来集市的乡民以及在每个集市上都会出现的流动商贩称为"流动人口"。

那么一大瓶盐水（或是其他的什么东西）给输进自己个身体里面去，给点钱也觉得实惠得很！输液的必经程序，这么些年没见治死过人，相反他的"生意"是日渐红火。他的第二个特殊之处在于他既是巫，又是医，双重角色。每一重都是让人敬而且畏的，双重角色互相促进，更加加深这种色彩。笔者亲眼见一老太太请他弄一碗神水给她的孙子喝，因为她的孙子不知怎么搞得神经有点不正常了，他允诺了。亦巫亦医、半巫半医，中学为体、西学为用的精髓让他给发挥到了极致！后来竟然搬离后山，据说是因为碍于街上的赌场，输得厉害。每输光一回，给赢家磕头，一个头顶一些赌资。回家后痛哭流涕，要痛改前非，在一次痛心疾首的悔改中还因此一刀切掉自己一截小指，发誓再不参赌。不过还是好赌依旧。时间一长，头磕多了，钱也输不剩几个，面子里子都挂不住，只有选择离开。

在赶集时，周围几个村子里的村民往这里汇集，一般是 11 点就开始交易，持续到下午两三点。有路途遥远的，一大早就起来准备。在这一天，人们见面最爱问的话是"今天赶场（集）去不？"按后山集的大小，两三百人就会显得熙熙攘攘，笔者读小学时这种热闹的场面很是常见。现在每赶一次集也就是维持一两百人的规模。原因应该不难找到；一是沙坝村的小煤窑，近年来风头日紧，被政府炸封了很多口窑。乡民的收入骤减，没有收入，就无法支出，也费不着跑那么一大截冤枉路来集市光看不买；二是在每个村都有一些精明的人开些小百货来卖，买东西不用非得跑到集市上去，定期集市贸易的功能已经削弱；三是几个村的青壮年大量的外出打工，以及农民们越来越意识到要改变他们以及他们的子女的命运，唯有读书，"满朝朱紫贵，尽是读书人"，因此他们一般都是将他们的子女在农村读完小学后就送进城里面就读中学，如此一来，平时里整个农村的实际居住人口只剩下了老幼，实际居住人口数量的下降必然导致集市上的人口也多不起来。如果年轻人居多的时候，集市意味一种同龄人之间见面与沟通，他们也愿意来；四是在缺乏现代化通讯工具的八九十年代，亲友之间除开过年以及婚丧嫁娶时节的聚齐之外，平时的一种"常规化、日常化"接触就是通过赶集进行，现在谁也不愿走上三五公里就为见一面，一个电话或是短信来得更为快捷。当然还有同期开市的其他人气更旺集市的竞争吸引了原本集市辐射区域内的人员。

在打工潮未用涌动之前，赶集时的流动人口的年龄构成十分的复杂，各种年龄阶段的人都有。老人来赶集，只图一个热闹，手头有点钱的，要二两烧酒，再有多点钱的话，就这几块臭豆腐干，慢慢地品咂着，日子也就在这种品咂中慢慢地溜走。年轻人来赶集未必是为了消费，他们成群结伙，通过赶集认识异性是他们最大的目的。如上面所说的青壮年劳动力大量外出，加上十几岁的少年大量涌进城里面读书后，集市上的人就显现出断层来：老年人依然是乐此不疲，对他们而言，自小如此的集他们已经赶了几十年，这已经是一种文化了，赶集对他们而言是一种精神上的需要，他们会一直赶到他们老得走不动的那一天。所以依旧可以看到在马路上拄着木棍颤颤巍巍地往集市上走的老人。孩子也还多，不过这个结论仍是值得深究：因为在后山集边上，就是几个村子共用的公办小学——后山小学，赶集逢星期五，他们正在学校里，顺便来赶一下也未尝不可。否则定期集市这一古董，对他们来说未必有在家看电视或是看碟片的吸引力更大。当然对于极小的孩子来说，赶集时可以要大人买吃的。对好吃的东西的眷恋使他们小小年纪也愿意走很远的路去赶集。只是那些浓抹艳妆的姑娘和模仿港台电视剧里的人物打扮的年轻小伙子们就很难看到了。他们正在广东福建或是江浙一带的某个"资本家"的工厂里忙碌着，不知他们做梦时可曾还会想到儿时的赶集，还有那牵着父母的衣角吵嚷着要给买好吃的东西的童年岁月？

集市上还有另一类流动人口就是一些流动的商贩，他们常年在各个集市上流动，哪里赶集就往哪里去，因此逢星期五他们就到后山集来。他们来自镇上各处，逢星期五，他们几个人一伙，包一辆拖拉机，拖斗里面用大编织袋装的是他们的货物，他们就坐在高高的货物上。他们出售的货物多是衣服、布匹之类最为必需的生活用品。这几年流动商贩到后山集来赶集的人数日渐减少。一是因为后山集的交通不便，23公里的路拖拉机要花好几个小时才到得了，运费是个问题；二是因为后山集位于贵州的西北部，一年到头阴雨连绵的日子很多，路面不好，坐拖拉机出行就很危险，使得流动于各个集市的商贩们宁愿选择离镇上近一点的其他集市。三是后山集所覆盖的地区在小煤窑被封闭以后，失去了这个地方最大的收入来源，乡民们的购买力因此而大减。"后山（集）生意不好做"是这些流动商贩们共同的看法，使得他们不愿光顾。他们比起那些集市的常住人口来，地理上不占任何的优势，总的市场容量不见扩大反而有缩小的情况下，集市的常住人口大增，加入买卖货物的人也剧增，从而也难免挤占了流动商贩们在后山集所占的市场份额。不过流动商贩中总有一些市场份额是基本不变的，他们一般是出售菜子、自制的铁器、卖老鼠药的小贩。这些是东西的需求相对稳定。

要区分集市上的各种人等是容易的，前面说了，皮肤白净、穿着整齐的一般是住在集市上的人；腰里别着杆秤，行色匆匆的是小商贩；面孔黝黑，嘴里叼着烟嘴的多是农民。

3. 活动

集市的货物因人而不同，作为集市的常住人口，他们经营的货物多是日用百货，从锅碗瓢盆到盐醋油①，从洗衣粉、牙膏到喂猪的饲料一应俱全。有些集市的常住人口还会从镇上或是县上批发些时令水果来卖。最近的年头还会卖蔬菜，就笔者的理解而言，农户家一般都是自给自足的，蔬菜的消费欲望不强。不过可能是基于土壤变质还是气候改变过大的原因，一般人家种出来的蔬菜总感觉有病态，不像蔬菜贩子运来卖的一样绿油油的煞是喜人，这也一定程度上造成了一种新的消费需求。流动商贩多是从事布匹和衣物、鞋袜的交易，这些东西重量轻，比较易于携带，便于他们带着在各个集市上出售。

作为集市流动人员的乡民，也不全作为消费者，他们多半也会出卖他们的货物，如抱一只老母鸡、拎几十个鸡蛋、背一串干辣椒或是扛一袋黄豆之类的去卖，他们大包小包的、大袋小袋的或是一背篓一背篓的装着货物，为的是换回一叠薄薄的票子。一般换回的票子很快又会转换成为他们所必需的一些日常生活用品。这其实与原始的以货易货的交易方式没有质的不同。当然，近些年农民出售的货物还包括了在田间地头捕获的蛇，山上土里生长的中药材，比如何首乌、野生的天麻和菌类。不过从来没有人过问这些东西收购人买了去干吗，销售到何处去。对何首乌的收购价格较高，一时间在农村的山间地头，到处有开挖的狼藉的痕迹，都是收购导致的结果。

集市上的货物中，也常常会看到在电视上看到的那些名牌，如飘柔洗发水、雕牌洗衣粉等等。只是质量不敢恭维，或者就是所谓的"山寨"

---

① 油在这里指煤油，有的村民小组（自然村下的单位）至今未通电，夜晚仍是靠点煤油灯照明。这在一个号称要建设小康社会的国家里简直是骇人听闻。但是，它毕竟是作为事实而存在着。

货："漂柔"、"周佳"牌。乡民们也不知道真正的飘柔洗发水、雕牌洗衣粉用起来会是什么效果，也没人告诉他们。这里没有工商、质检部门，没有消协，没有12315。没有人检测奶粉中的三聚氰胺，也无人过问蔬菜中的农药含量。这里似乎是一个假货和劣质货的销售市场。但凡是有包装的货物，其包装的质量尽管不是很高，在包装上面也难找出厂址、联系电话、生产日期之类，但都无一例外的包装得大红大绿，以强烈鲜艳的艳俗色彩吸引着农民们的眼球，刺激着他们的购买欲。农民们用绝对货真价实的鸡蛋、母鸡、黄豆等等换取这些的货物，遭受的是一种严重的不平等交换——不过即使是他们自己也未必这么觉得。

集市上的乡民出售自己的农产品，能够而且愿意（即是经济学上的"需求"）购买的多是一些生活必需品，他们交易的多是生存资料。在整个集市上没见到出售什么满足精神需要的东西，可以看得出这个集市所覆盖的地区的乡民的生活水平至今还是停留在解决吃饭和穿衣之上。整个集市的交易无法计算出具体的数额。不过按集市的宣姓人家讲，他们一年有1万元左右的纯利润。分到每个星期来，也就是赶一次集他们有200元左右的纯利润，这还不包括不逢集时他们的销售的收入。他们家的门面是后山集上最大的，几乎占了小半条街，其营业状况尚且如此，可见整个后山集的交易额均不成规模。

到下午两点左右，赶集的人陆续走回家，然后流动商贩们也开始打包收拾自己的东西，再后是集市上常住人家门面的打烊。到下午五六点钟，集市就回复到一片寂静中了，空荡荡的街面留下的是赶集的垃圾，被风刮着四处飘荡。

而此时赶集的农民，已经回到那个几公里之外的居所，早上出去赶集，下午才回来，中午一般是没有吃喝的，他们这时一般在用水瓢大口地饮水，并呼唤着自己的老婆准备做晚饭，只有在下星期同样的时间里，他们可能又会出现在集市上。平时的时间里头，那么远的路，除非看病或是急事，谁愿意又去集市上呢？

三　问题、不足及其拓展

笔者尝试用一种纯粹描述的笔墨写了一个农村的定期集市。农村定期集市在传统社会是作为农民的一个公共生活的圈子而存在，集市的发达和兴盛程度反映了当时的社会生活的全貌。农村定期集市至少同时具备货物贸易功能与情感沟通功能，它是缺乏公共生活的农村的公共空间之一。但是，随着现代化与城市化的推进，集市正在逐渐变成一个农民销售自己的农业产品以换取生产资料的单纯的交换场所，市场的贸易功能蜕化为国家利用公开的市场对农民的一种掠夺。集市情感沟通功能更是萎缩。农村定期集市很难再凝聚起农村社区的一种认同，这不但反映了集市的萎缩，还反映了农村公共生活的进一步消退。在城市化与现代化的背景之下，内地边远的农村进一步被边缘化，农民更进一步被抛进了黑暗的被遗忘的角落。

还有几个悬而未决的问题。

其一是在定期集市兴起与衰落中道路的隐喻问题。本来镇上毗邻一条高速公路，交通本不应该是问题的。① 要修路的事沸沸扬扬地说了很多年，总是雷声大雨点小，不见实际的动作。最近的说法是县里争取到了火电站，要用大量的煤做燃料，于是准备修路到后山集这一地区，大量运走沙坝村的煤。乡民们为此欣欣然。他们认为这样的话不但路要修不说，"煤窑一开、票子就来"的好日子似乎又来了。不过，笔者认为单靠开采不可再生资源的发展前景都是悲观的，东北的许多的煤矿，其资源量是后山集的百倍千倍，至今日风光不再，只剩下断垣残壁的破败情形但愿不是后山集修路所要付出的代价。不过那是长期的问题了，对于短期而言，"要致富，先修路"，对后山集来说确实如此。后山集及其覆盖的地区，由于交通的问题，已经制约其发展。从流动商贩越来越不肯到后山集做生意这点可见证。如果从后山集到镇上的这条 23 公里的路不作大修整的话，已显衰败的后山集所覆盖的地区只会越来越衰败。那么"道路"这一符号在农村和城市这两个主体之间代表了什么功能？是否是一种"血管"的造血输血功能？将农村的资源源源不断地运出，以换取国家和城市的承认以及注意力，否则将会被遗忘？众多的农村围绕着高高在上的城市，争相献媚，争夺城市的宠爱，"道路"更多的功能是否是一种农村"寻求向城市妥协的管道"？文章题记中引到的诗人凡尔哈伦的话："所有的道路都通向城市"，对于农村而言，这种"通向"是否反映了一种权力关系？

---

① 这条公路因为将一批贵州的高官拉下马而非常有名。

　　问题二是农村定期集市本身的功能和生命问题。有学者把中国、日本和俄国三个国家从前现代向现代化国家转换作了比较。文中说："在转换过程中，这三个国家的农村都相当落后，但中国农业的落后尤为严重。有两个征兆表明，农村依然处于孤立状况……分散的定期集市转变为现代商业体系的速度太慢。"[6] 按笔者简单的理解，后山集上定居人口的增多，常住人口从事各种日用百货的交易，不逢集时他们的店铺也开门，这表明集市上已经有了一定现代商业的影子，但是他们的营业额的绝大部分又不得不仰仗逢集市这一天，也可以看出定期集市还有着生命力。定期集市作为一种与现代商业似乎不相容的交易方式而存在，它是否还有更多的没有发现的功能？我们看到该定期集市逐渐的衰落，表现为集市对农民的凝聚力和吸引力降低，商户营业收入的减少，集市上人员年龄的断层，每次赶集时间的缩短等，这样的变化受益的是谁？

　　问题之三是城市对农村集市以及农村本身的影响问题。后山集市流动人口的规模因为受到外出打工者和进城读书青少年这两类人向城市流动的影响而减少。这种减少只是最明显最直接的影响。还有一些对集市的影响是长期的，是深远的。这种人口向城市的流动所发生的历史太短①，离现在最长不过六七年的时间，要评估出那些长远的影响为时尚早。不过这些影响将会随着时间的推移而慢慢凸现。比如说外出的人的增多，后山集上已经出现了一个 IP 电话超市，这样家人就可以和外出的人保持着较密切的联系，要知道这种电话超市在笔者就读大学的城市 2000 年前都是没有的。这个落后的地区、这个落后的集市正在逐渐完全暴露在已经现代化或者是半现代化的城市的影响之中，除了被吸干资源之外，还会受到什么样的影响，前景会是一幅什么样的图画？②

　　当然，文中存在的不足也是显而易见的，"与自然科学家不同，社会

---

　　① 伊恩·罗伯逊认为"从一种社会地位向另一种社会地位的移动谓之社会流动"，见[美] 伊恩·罗伯逊著《社会学》上册，黄育馥译，商务印书馆 1990 年版，第 304 页。打工的人中绝大部分不会发生社会地位的变化，他们的流动纯粹是一种地域上的流动，他们中的绝大部分最终还是要返回到自己的家乡，只有极少部分的幸运儿能够在城市里最终扎下根来。只有进城读书的人的流动才有可能发生伊恩·罗伯逊所定义的"社会流动"。在这里，笔者体味到"知识改变命运"、"知识成就未来"的意义以及其中的悲哀！

　　② 严海蓉的文章可能是一种较好的解读，参见严海蓉《虚空的农村和空虚的主体》，《读书》2005 年第 7 期。

学家本人也正是他或她的研究对象的一部分，因此，要保持一种超然的态度，就要困难得多。地质学家也许对于确定某种岩石样本的成分很感兴趣，但他与研究成果不可能有什么感情上的纠缠。社会学家也许会研究种族关系或贫困这样的问题，他们在感情上与研究的结果纠缠在一起。研究者对于研究对象的困难和经历可能会产生强烈的共鸣，结果，调查过程和做出的解释就有可能失之偏颇。"[7] 尽管笔者不是够格的社会学家，但写此文还是用了一点点社会学的东西。因此就会出现一些问题：笔者曾经在后山生活了若干年，笔者就是所描述的对象中的一员，笔者对那个遭受现代化和城市的冲击，正在逐渐破落的地方怀有一种深切的同情和强烈的道义责任，有将它表述出来的冲动。而且，笔者对所叙述的对象的前景抱有一种无法言明的悲观，这些都会使此文不多的色彩或许更加暗淡。这种冲动以及热情，还有先入为主的悲观前景有时候可能模糊笔者的观察，存在先入为主的价值判断。

　　另外还存在这些问题：只有纯粹描述，缺乏长时段的资料；对描述的对象的过分熟悉导致新鲜感的丧失，使得在研究的过程中可能会丧失敏锐，难以发现敏感点；在本文的开头一再强调"无需理论的学术"，而后文的写作中还是沾染了理论的癖好，而且材料与理论可能存在某种程度上的"两张皮"现象。

　　对于农村的研究可以从很多方面切入，可以描述村庄的气候、地形、水利、种植物、土地、饮水、食物、饮食以及生活习惯、通婚圈以及通婚距离、人口的迁徙、家庭结构、姓名以及乳名、村庄公共仪式与公共生活、宗教以及祭祀、氏族、服饰、日常纠纷的解决、日常的交易关系、农村的集市、村庄人员的构成、村民的消费以及收入、赡养情况、饲养家畜的种类、人员的分层、交通工具、受教育程度、使用的语言、娱乐方式、日常的交流、住所的布局、疾病及其防治、平均寿命、健康状况、人员的流动等等。本文只是选择从定期集市切入论述公共生活的问题，这是笔者对后山地区农村研究的一个初步尝试，一个阶段性的成果。未来的拓展是否考虑是民族志的方式进行写作。又或者，这样的一种揭示转型社会中的变迁与创伤，展示大历史背后的小人物和小社区命运的写作在将来某个时候用文学的形式来表达更为可行。

参考文献：

[1]［德］卡尔·马克思：《路易·波拿巴的雾月十八日》［M］，转引于［美］爱德华·W. 萨义德：《东方学》［M］，第二版，王宇根译，北京：三联书店2007年版，题记部分。

[2]［美］詹姆斯·斯科特：《弱者的武器》［M］，郑广怀、张敏、何江穗译，南京：凤凰出版传媒集团·译林出版社2007年版，前言。

[3] 林耀华：《金翼：中国家族制度的社会学研究》［M］，庄孔韶、林宗成译，北京：三联书店2007年版，著者序。

[4]［美］克利福德·吉尔兹：《文化的解释》［M］，韩莉译，南京：译林出版社1999年版，第43—44页。

[5] 阎云翔：《礼物的流动——一个中国村庄中的互惠原则与社会网络》［M］，李放春、刘瑜译，上海：上海人民出版社1999年版，中文版自序。

[6]［美］吉尔伯特·罗兹曼主编：《中国的现代化》［M］，"比较现代化"课题组译，南京：江苏人民出版社2003年版，第437页。

[7]［美］伊恩·罗伯逊：《社会学》上册［M］，黄育馥译，北京：商务印书馆1990年版，第42页。

城市化进程中农民就业空间行为模式研究

——以新洲仓埠为例

罗　静（华中农业大学经济管理学院　武汉 430070）

汤鹏飞（湖北省社科院长江经济研究所　武汉 430077）

曾菊新（华中师范大学城市与环境科学学院　武汉 430079）

内容提要： 在城市化的进程中，农民就业问题已经不单单是如何进行农业的生产和经营等问题，他们更多地面临着行业和空间的选择，从而形成不同的就业空间行为。本文从实践出发，以个案研究为基础，分别从案例的现状、影响因素和特点对当地农民就业空间行为模式进行描述，目的在于说明当地农民就业空间行为模式"是什么""为什么"和"怎么样"的问题，旨在发现农民就业空间行为的共性，并希望借此能对我国城郊地区农村规范农民就业，优化农村空间结构有一定的借鉴意义。

关键词： 城市化　农民就业空间模式　社会迁移

农民就业问题是我国当前农村经济发展面临的一项紧迫问题，也是各级政府和学者关注的焦点问题之一。目前，我国处在快速城市化的进程中，城乡联系更为紧密，农民就业发生了巨大的变化，从传统的农业生产中走出来的农民面临各种不同的就业选择。从行业上来看，除了从事传统的农业活动之外，从事第二产业及服务业等第三产业也成了农民的重要选择；从空间分布来看，农民可以选择村域、省内城市及省外城市就业。

有关农民就业行为的研究的大部分文献是从经济学或社会学角度进行研究，主要考察农民的农业生产问题、流动问题和农民工的就业问题。本文试图将空间属性引入农民就业分析中，对农民不同的就业空间行为进行分析，旨在通过引导和规范农民就业空间行为，促进农村空间结构的优化，推动农村地区落实科学发展观。

一　农民就业空间行为模式的界定

大部分学者在对农民就业行为的研究方面，把农民的就业一般区分为纯农、兼业和非农。本论文试将农民对于空间选择和偏好引入就业分析，将农民就业空间行为模式分为：村域就业模式、城镇就业模式、迁移模式和强流动型模式。

村域就业模式是指农民选择其居住村为就业空间，并在村内有很长的就业时间，一般不少于7个月。该就业模式包括传统就业模式，本地兼业就业模式和本地非农就业模式，其中本地兼业模式还包括以务农为主的兼业和以兼业为主的务农。（1）传统就业模式下，农民单一的进行种植业，实际的就业空间为其耕作的土地。（2）本地兼业模式下，农民除了进行传统的种植业之外，还兼有其他非农产业，其下包括的两种就业模式的区别在于是否以务农为主。本地兼业模式的就业空间相对传统就业模式有所扩张。（3）本地非农就业行为模式下，农民以从事非农产业，以从事非农产业作为就业的主要方式，其就业空间从耕作土地扩张到整个村镇，其就业方式即我们通常所说的"离土不离乡"。

城镇就业模式是指农民以城镇为其灵活就业的首选地点，并在城镇有较长的就业时间，其就业方式是"离土又离乡"。本文将城镇就业模式分为三类：周边城镇就业模式，省内大型城市就业模式和省外城市就业模式。（1）周边城镇就业模式下，农民一般选择在居住村周边范围的城镇来就业，本文的实证分析中对周边城镇的范围界定在居住村外和新洲区内，根据调查问卷的统计结果来看，主要包括仓埠镇、邾城和阳逻。（2）省内城镇就业模式下，农民就业的空间选择在周边外的大中型城市，本文的实证分析中则是以武汉为主。（3）省外城镇就业模式下，农民走出其居住的省份，其就业空间选择省外的大型城市，主要分布在东部、南部等沿海大型城市。

迁移模式则是指农民进城务工，通过自身的长期努力，其个人能力得到城市部门的认可，因而获得城市的居住权。在这一模式下，农民完全实现了其个人的市民化过程。

强流动型模式则是指农民的就业行业不稳定，工作区域不固定，随机在全国范围内流动。一方面，此模式的就业途径主要依靠社会网络，有工作机会的时候外出就业，没有工作机会的情况下则在家工作或休息；另一方面，该类型的就业空间模式受其工作性质的影响较大，通常为建筑类行业。

二　研究地概况

本文选择松林、丛林和周铺这三个村作为研究区域，将三个村的农民作为本文的研究对象。这三个村隶属于新洲区的仓埠镇。下面就这几个地方进行简要的介绍。

新洲区属于武汉市的远城区，位于武汉市东北部，东北与黄冈市的团风县、麻城市、红安县接壤，西与武汉市的黄陂区毗连，南与武汉市的洪山区、青山区和鄂州市隔江相望。1951 年，初设新洲县，隶属于黄冈地区，1983 年 8 月 19 日划归武汉市管辖，1998 年撤县设区。随着撤县设区，区域范围内的行政区划也进行了调整，从原来的 3 乡、18 镇、2 个农场、4 个开发（发展）区改革为 9 街、3 镇、2 个农场、3 个开发（发展）区、1 个风景旅游处。到 2006 年末，全区非农业人口达到 21.92 万人，非农业人口占到全区总人口的 22.5%。

仓埠街作为新洲区的一个农业大街，2001 年由仓埠、周铺、方杨三个乡镇组建，其位于新洲区的最西端，西与黄陂区接壤，南连阳逻经济发展区，东隔倒水河与新洲区的李集、汪集两街相望，北临革命老区红安县。目前，仓埠街辖 5 个社区居委会（即方杨社区、文化路社区、武滨路社区、骑龙街社区、周铺社区）、2 个集镇、61 个行政村、2 个林场、2 个农场和 512 个村民小组，19836 户，常住人口 9.42 万人，其中镇区居住人口 2.4 万人，农业人口 7.97 万人。国土总面积 170 平方公里，人口密度 554.1 人/平方公里。

松林村地处阳福公路两边，交通便利，全村版图面积 2420 亩，辖 8 个村民小组，4 个自然湾。2006 年，全村共有 168 户，653 人，其中劳动力 272 人，村域范围内分布小规模企业 3 家。

丛林村辖 8 个村民小组，4 个自然湾，全村版图面积 3000 亩，2006 年，全村共有 360 户，1222 人，其中劳动力 501 人，村域范围内原有企业 3 家，现均已破产或搬迁。

周铺村地处仓阳岗上，阳福公路贯穿全境，东抵倒水河，西接外环线，南通阳逻，北达仓埠，版图面积 6 平方公里。周铺村现辖 16 个村民小组，12 个自然湾。2006 年，全村共有居民 737 户，2868 人，劳动力 1205 人。周铺村有着较好工业基础，村域范围内分布有集体、私营企业 4 家，其中村办集体企业 1 家。

三　仓埠农民就业空间行为模式概况

（一）仓埠调查样本的基本情况

本次调查所涉及的区域包括仓埠镇下的松林村、周铺村和丛林村共三个行政村。采取随机抽取农户并入户访谈的方式完成农民就业与居住空间行为问卷调查，共涉及农户 173 户，人数 752 人，其中松林村 50 户、周铺村 54 户、丛林村 69 户，涉及三个村农民人数分别为 207 人、227 人、318 人。按调查所涉及的人数来看，松林占样本的 28%，周铺占样本的 30%，丛林占样本的 42%。就性别来看，男性样本 403 个，女性样本 349 个，分别占总样本的 53.6% 和 46.4%。

在问卷分析和整理过程中，在 752 人的样本中包括多种就业状况：纯农业、以农业为主兼业、以非农业为主兼业、在外务工、在本村从事非农业、未就业。未就业的居民主要为丧失劳动能力的老人、学龄前儿童、在读学生等。由于本文研究的是农民已就业的空间行为模式，故将未就业的居民从样本数据中除去，得到松林村、周铺村和丛林村的农民就业空间行为的样本数据分别为 145 人、154 人、220 人，合计 519 人，并将此样本作为本论文的最终的分析样本。该样本中，男性样本 269 人，女性样本 250 人，分别占总样本的 51.8% 和 48.2%。调查对象的年龄分布最低为 15 岁，最高达 75 岁，平均年龄为 39.94 岁。就文化水平来看，初中文化程度拥有者最多，占 58.8%。

（二）仓埠农民就业空间行为的分类

依据就业空间行为模式的概念界定和实际的样本，对农民就业空间行为模式的划分，笔者主要考察三个主要因素：工作情况、工作区域和在家居住的时间。首先针对这三个因素进行划分，具体划分如下：

工作区域划分为 6 类。其中，A1：本村；A2：本镇（仓埠）；A3：本区（新洲区）；A4：本省内（湖北省内）；A5：省外；A6：强流动型（工作区域在全国范围内流动）。

工作情况划分为 4 类。其中，B1：从事农业；B2：以务农为主的兼业；B3：以非农为主的兼业；B4：从事非农产业。

在家居住的时间划分为 3 类：其中，C1：居住时间 > 6 个月；C2：6 个月 ≥ 居住时间 ≥ 1 个月；C3：居住时间为 0。

将工作区域、工作情况和在家居住时间的不同分类进行组合，同时结合仓埠问卷调研的实际情况，共得到 24 种不同的就业空间行为的状态。将 24 种就业空间行为状态分别归类到村域就业模式，城镇就业模式、迁移模式和强流动模式中，得到农民空间就业模式分类的结果。具体情况如表 1：

表1   仓埠（松林村、周铺村和丛林村）就业空间行为模式分类

类 型		组合状态	频 次	比例1（%）	比例2（%）	比例3（%）	次序
村域就业模式	传统就业模式	A1B1C1	203	39.1	39.1		
	兼业就业模式	A1B2C1	38	7.3	13.6	16	1
		A1B3C1	20	3.9			
		A2B2C1	5	1.0			
		A3B2C1	3	0.6			
		A4B2C1	3	0.6			
		A5B2C1	1	0.2			
	非农就业模式	A1B4C1	43	8.3	8.3		
城镇就业模式	周边城镇就业模式	A2B3C1	12	2.3	6.2	20.5	2
		A2B4C1	11	2.1			
		A2B3C2	1	0.2			
		A3B3C1	1	0.2			
		A3B3C2	2	0.4			
		A3B4C1	1	0.2			
		A3B3C2	4	0.8			
	省内城市就业模式	A4B3C2	24	4.6	11.5		
		A4B4C2	36	6.9			
	省外城市就业模式	A5B3C2	7	1.3	2.8		
		A5B4C2	8	1.5			

类　　　型	组合状态	频　次	比例1（%）	比例2（%）	比例3（%）	次序
迁移模式	A3B4C3	2	0.4			
	A4B4C3	36	6.9	16.9	16.9	3
	A5B4C3	50	9.6			
强流动型模式	A6B3C2	6	1.2	1.6	1.6	4
	A6B4C2	2	0.4			
合　　　计	24	519	100	100	100	

（三）仓埠就业空间行为模式的总体分析

在四种就业空间模式中，以村域就业模式为主，占样本的61%；其次是城镇就业模式，占样本的20.5%；再次是迁移模式，占样本的16.9%；最后是强流动型模式，占样本的1.6%。其中村域就业模式比城镇就业模式要高40.5%，相差比例较大，可见，仓埠农民就业空间的选择还是以居住的村域为主，农村空间稀缺性的影响力较大。而城镇就业模式与迁移模式差距较小，仅相差3.6%。

在村域就业模式下，传统就业模式、兼业就业模式和非农就业模式分别占总样本的39.1%、13.6%和8.3%。由此可见，当地还是以单一从事农业的农民为主，农民还是主要依靠土地为生，就业空间为其耕作的土地。对于传统就业模式的农民而言，在没有其他收入来源的情况下，有限的种植空间具有极高的稀缺性，其收成状况决定了农民的收入水平或生活状况。而从事兼业和非农就业的农民，他们的就业空间在村域范围内有所扩张，但是所占的比例较小，对于村镇的空间结构的实际影响力也较小。

在城镇就业模式下，更多的农民选择了省内城市就业（其中以武汉中心城区为主），其比例达11.5%，而周边城镇就业的占样本的6.2%，省外城市就业的占样本的2.8%。主要原因在于三个村的区位优势，三个村隶属于新洲区，地处武汉的东部，属于武汉的远城区，车程仅在1小时左右。在这种情况下，由于就业信息的传递相对畅通，就业成本（包括明显成本、隐性成本）相对降低等一系列因素的影响，更多的农民选择了省内城市就业模式。

松林村的村域就业模式、城镇就业模式、迁移模式和强流动型模式分别占总样本的 60.7%、20%、17.9% 和 1.4%。松林村依然还是以村域就业模式为主，该村农民的就业空间以本村村域为主。在村域就业模式中，农民选择传统就业模式的最多，占样本的 33.8%。在城镇就业模式中，其比例由高到低的次序依次为周边城镇就业模式、省内城市就业模式、省外城市就业模式，更多的农民选择了周边城镇就业模式。

　　周铺村的四种就业空间模式的情况与其他两个村有所不同。虽然是以村域就业模式为主，占样本的 74.1%，但是其迁移模式却要高于城镇就业模式，迁移模式和城镇就业模式的比例分别为 13.6% 和 12.3%。需要说明的是，在周铺没有出现强流动型模式。在村域就业模式下，有 42.9% 的农民选择了传统就业模式，远远高于兼业和非农就业模式。在城镇就业模式下，农民以省内城市就业模式为主，占样本的 7.8%，而省外城市就业模式所占比例为 0，在周铺调查的样本中，没有农民选择省外城市作为就业空间。

　　丛林村的村域就业模式占样本的 51.9%，城镇就业模式占样本的 26.8%，迁移模式占样本的 18.6%，强流动模式占样本的 2.7%。四种就业模式的情况与三个村总的情况一致，依然是以村域就业模式为主。村域就业模式中依然以传统就业模式为主，在城镇就业模式下，以省内城市就业模式为主，但是选择周边城镇就业模式的农民最少。

（四）仓埠就业空间行为模式的个体因素分析性别差异

　　1. 性别差异

表 2　　　　　　　　　　农民就业空间行为模式的性别分布

类　　型		性　别	松林比例（%）	周铺比例（%）	丛林比例（%）	合计（%）
村域就业模式	传统就业模式	男	5.6	7.9	9.2	22.7
		女	9.8	13.0	18.7	41.5
	兼业就业模式	男	4.1	5.1	4.7	13.9
		女	3.5	3.5	1.3	8.3
	非农就业模式	男	3.5	4.4	1.3	9.2
		女	1.3	2.2	0.9	4.4
						100

续表 2

类　　型		性　别	松林比例（%）	周铺比例（%）	丛林比例（%）	合计（%）
城镇就业模式	周边城镇就业模式	男	13.1	4.7	3.7	21.5
		女	4.7	1.9	1.9	8.5
	省内城市就业模式	男	4.7	5.6	28.0	38.3
		女	3.7	5.6	8.4	17.7
	省外城市就业模式	男	0.9	0	11.2	12.1
		女	0	0	1.9	1.9
						100
迁移模式		男	13.6	13.6	18.2	45.4
		女	15.9	10.3	28.4	54.6
						100
强流动型模式		男	25	0	62.5	87.5
		女	0	0	12.5	12.5
						100

　　从性别来看（见表2），各种不同类型的就业空间行为模式有着明显的性别差异。首先是村域就业模式下，男性比例为45.8%，女性比例为54.2%，女性多于男性。尤其是在传统就业模式中，女性比例比男性比例高18.8%，差异明显，但是在村域范围内从事兼业和非农业的农民中，男性比例却均高于女性比例。在城镇就业模式下，男性比例为71.9%，女性为28.1%，差异显著。在迁移模式下，男性比例低于女性比例。在强流动模式下，男性比例远远高于女性比例，差异明显。

　　根据上述的情况笔者可以得出两个基本的结论：（1）作为"一家之主"的男性为了承担起养家糊口或发家致富的责任，更多地选择了在本地兼业或从事非农业或外出务工，而不是在家务农。这就和史清华所提出"在面对市场经济风险中，男性敢于挑战风险的能力和勇气显著高于女性"的结论正好符合。同时，城镇就业模式下，男性的比例相对更大，说明男性选择的就业空间距离要比女性更远。（2）女性在就业空间模式的选择方面有两个主要方向，一种是选择在家务农，进行传统的农业活动，照顾老人和小孩；另一种是脱离农村生活，对城镇生活充满向往，迁入城镇。根据笔者调研过程中的访谈了解到，女性是更富于梦想和渴望幸福生活的群体，喜欢跟城镇的比较，存在一种攀比的心理。当她们在农村生活的时候安分务农，勤劳耕耘，但是一到城镇之后，打开视野的女性就更加对城镇充满了向往。这点也与史清华在《影响我国农民工进城的农村因素的调查分析》一文中的观点一致。

2. 年龄差异

首先，村域就业模式中，15—30 岁的农民占 6.2%，31—40 岁的农民占 24.1%，41—50 岁的农民占 30%，51 岁及以上的农民占 39.7%，可见随着年龄的增加选择村域就业模式的农民呈上升趋势。兼业模式下，年龄分布呈"倒 U 型"，年龄段集中在 31—40 岁阶段。非农就业模式的年龄分布也同样呈"倒 U 型"，但是年龄段集中在 41—50 岁的年龄段。其次，城镇就业模式中，15—30 岁的农民占 57%，31—40 岁的农民占 25.8%，41—50 岁的农民占 12.5%，51 岁及以上的农民占 4.7%，年龄的分布状态正好与村域就业模式相反，其状态是随着年龄的增加选择城镇就业模式的越来越少。该模式的三种亚类的就业模式分布状态与总分布情况相同，以 15—30 岁年龄阶段的农民最多。再次，迁移模式中，15—30 岁的农民占绝大多数，占全部的 82.9%；31—40 岁的，要比 15—30 岁阶段的要少 66.9%，存在明显的差距。而 51 岁及以上的农民的就业均未选择迁移模式。最后，强流动型模式中，年龄的分布也呈现倒"U"型，集中在 31—40 岁这个阶段（见表 3）。

综上所述，年龄在就业模式的选择中表现出明显的特征。主要表现在：（1）年龄越大的农民更偏向村域就业模式；年龄较轻的农民更偏向城镇就业模式或迁移模式。15—30 岁的农民是城镇就业模式和迁移模式的主要人群，这个年龄阶段的人正值年轻力壮，体力和精力能忍受城镇的劳作节奏，不甘心重回农村忍受贫困，也习惯或喜欢城镇的方便和繁华，加上对从事农业活动热情的减退，因此才更多地选择了城镇就业模式或迁移模式。对于 50 岁以上年龄相对较大的农民来说，可能有过在城镇就业的经历，但由于政策或自身等各种复杂的原因，没有能在城镇立足，意识到进城的艰辛，而选择在本地就业。另外，"落叶归根"的传统文化对农民思想的影响极大，成为年龄较大的农民选择本地就业的

表 3   农民就业空间行为模式的年龄分布

类　　型		年　龄	松林比例（%）	周铺比例（%）	丛林比例（%）	合计（%）
村域就业模式	传统就业模式	①	0	1.3	0.9	2.2
		②	3.8	4.1	2.5	10.4
		③	5.4	6.0	7.9	19.3
		④	6.3	9.6	16.6	32.5
	兼业就业模式	①	0.3	0.6	0	0.9
		②	3.5	5.4	1.3	10.2
		③	3.2	0.9	2.2	6.3
		④	0.6	1.6	2.5	4.7
	非农就业模式	①	0.9	1.9	0.3	3.1
		②	1.6	1.9	0	3.5
		③	2.2	1.9	0.3	4.4
		④	0	0.9	1.6	2.5
						100
城镇就业模式	周边城镇就业模式	①	8.4	3.7	4.8	16.9
		②	4.8	1.9	0.9	7.6
		③	4.	0.9	0	4.9
		④	0	0	0	0
	省内城市就业模式	①	3.7	6.5	22.4	32.6
		②	4.8	1.9	7.5	14.2
		③	0	1.9	4.8	6.7
		④	0	0.9	1.9	2.8
	省外城市就业模式	①	0	0	7.5	7.5
		②	0.9	0	3.1	4
		③	0	0	0.9	0.9
		④	0	0	1.9	1.9
						100

续表 3

类　　型	年　龄	松林比例（%）	周铺比例（%）	丛林比例（%）	合计（%）
迁移模式	①	26.1	19.3	37.5	82.9
	②	3.4	4.5	8.1	16
	③	0	0	1.1	1.1
	④	0	0	0	0
					100
强流动型模式	①	12.5	0	12.5	25
	②	12.5	0	25	37.5
	③	0	0	25	25
	④	0	0	12.5	12.5
					100

注：①15—30 岁；②31—40 岁；③41—50 岁；④51 岁及以上

一个重要原因。（2）本地兼业模式、本地非农就业模式及强流动型模式的年龄分布状态均呈现"倒 U 型"。在传统就业模式中，由于年轻人更多地选择了城镇就业模式和迁移模式，年龄大的农民选择了传统的务农，所在 31—50 岁年龄阶段的人更多地选择了兼业和非农就业的模式。而强流动型模式的年龄分布状态呈现"倒 U 型"主要是因为农民的就业情况极不稳定，且流动性很大，有工作的时候外出，没有工作的时候则在家务农或者休息，就业的风险大。对于年龄在 15—30 岁的农民，由于年轻，选择这种强流动型模式的机会成本较大，因而更多地选择了城镇就业模式或迁移模式。而年龄在 51 岁以上的农民所占比例最少，其根本的原因是由于身体的状况很难承受，且年龄较大的农民就业取向偏向稳定，因而不选择强流动型模式。

3. 文化程度差异

村域就业模式下，初中以上文化程度的人数占样本的 2.9%，初中以下文化程度的人数占 23.6%，初中文化程度以下的人占绝大多数。在传统就业模式下，初中文化程度以下的农民明显多于初中文化程度以上的农民，且文盲人数最多，占样本的 4.7%。在兼业就业模式和非农就业模式下，文盲的比例下降，高中文化程度比例有所上升，且出现大专以上学历的农民在村域范围内从事非农产业，从事的行业是医生和公务员。城镇就业模式中，文化程度相对村域就业模式有明显的上升，没有文盲，小学文化程度仅占样本的 1%，整个样本中初中文化水平的人数最多，高中文化程度和大专及以上文化程度的比例比传统就业模式要高。迁移模式中，初中文化程度以上的比例是所有模式中比例最高的，占总样本的 6.9%。强流动模式中，所有样本全部集中在初中文化程度。(见表 4)

表 4　　　　　　　　　农民就业空间行为模式的文化程度分布

类型	文化程度	①（%）	②（%）	③（%）	④（%）	⑤（%）
村域就业模式	传统就业模式	4.7	16.4	14.4	0.7	0
	兼业就业模式	0.2	1.5	10.8	0.9	0
	非农就业模式	0.2	0.6	6.2	0.9	0.4
合　　计		5.1	18.5	31.4	2.5	0.4
城镇就业模式	周边城镇就业模式	0	0.4	5.0	0.8	0
	省内城市就业模式	0	0.6	8.7	2.7	0.6
	省外城市就业模式	0	0	2.5	2.4	0
合　　计		0	1	16.2	5.9	0.6
迁移模式		0	0.4	9.6	5	1.9
强流动型模式		0	0	1.5	0	0
合　　计		5.1	19.9	58.7	13.4	2.9

注：①文盲，②小学，③初中，④高中或中专，⑤大专及以上

综上所述，我们可以得出以下几个结论：(1) 农民的整体素质提高，以初中文化水平为主，但是从事传统农业生产的农民的整体文化素质与其他就业模式比较而言依然偏低。(2) 文化程度以初中为一个界点，具备初中文化程度及以上的农民更倾向选择城镇就业模式和迁移模式，就业更倾向选择非农产业。(3) 随着文化水平的提高，农民选择城镇就业模式

和迁移模式的倾向越来越高。也说明文化程度越高,其就业越趋向于非农产业。

四 仓埠农民就业空间行为模式选择的影响因素分析

(一) 制度因素

计划经济时期,农村与城市泾渭分明,户籍制度、土地制度等一系列制度因素将城市与农村割裂开,农民没有主动选择就业方式的权利,其就业空间选择受限,只能在居住的村域范围选择就业方式,农村和城市之间的劳动力流动严重受阻。改革开放以来,家庭联产承包责任制的实施,使农民拥有土地的支配权,极大地调动了广大农民的生产积极性、主动性和创造性,劳动生产率得到提高,农时缩短,减少人力,创造出大量的农业剩余劳动力和剩余劳动时间,为农村劳动力选择其他的就业方式和就业空间创造了前提条件。同时,随着城市经济体制的改革,城市门户逐渐开放,限制人口流动的户籍制度也有所松动,并逐渐开放粮油等城市居民生活必需品的价格和供应,为农民较自由地流入城镇从事非农产业创造了良好的制度环境。这就加速了过去固化的二元社会结构的松动与转型,束缚农业劳动力流动的制度框架逐渐打破,为农民选择不同的就业模式提供了强大的扩张力量。

在我国现行制度中,户籍制度、社会福利制度和社会保障制度对农民就业空间行为的影响最大。第一,户籍制度。虽然近几年城市户籍制度有所松动,但其实质性内容并没有大的改变,城乡壁垒没有完全打破,部分农民只能就业于传统产业部门或非正规部门,这类职业流动频繁,农民工面临更多的失业和转换职业的压力,社会地位难以得到提升,直接影响了其定居城市的意愿。第二,城市社会福利制度。现行城市福利很少将农民工考虑在内,公共财政对城市居民的各种补贴和福利性支出,农民工大都不能直接享受,例如,住房补贴,城市职工最低生活水平保障等,这无疑会大大增加农民工在迁移、进城后的生活、居住、规避风险的成本。第三,社会保障制度。农民工缺乏应有的养老、失业、劳动、医疗等方面的社会保障待遇。农民工的劳动强度大,工作时间长,他们干的活多为脏、累、苦、难、险,他们受工伤或职业病等损害的比例要较城市职工高得多。加之他们在城市背景、劳动方式、生活习惯等方面与城市居民存在差异，使农民工与城市居民以及城市的执法者之间的交流沟通难以进行。由于在城市得不到必要的保障，他们中的部分人最终会被迫返回农村。

另外，我国目前实施的税费改革政策对农民的就业空间行为模式的选择有较大的影响。税费改革以前，农民负担较大，加上农民从事农业生产的比较收益低，导致许多农民选择城镇就业模式或迁移模式，对土地则弃之不管，因此土地撂荒现象时有发生。税费改革之后，各项惠农政策的出台，尤其是农业税的减免，从很大程度上解决了农民负担问题，有效激发了农民种田的积极性，部分选择城镇就业模式的农民都回乡争田，在一定程度上加剧了农村土地资源的稀缺性。这一现象在新洲区的三个村均有所体现，但都不是十分明显。目前调研的三个村已经基本上没有土地撂荒的情况。

（二）收益比较与成本因素

收益比较是指农民对选择不同的就业模式所带来的收益进行比较分析的过程，这种收益包括以收入为主的经济收益、对城镇收入一个期望的预期收益和心理满足感的心理收益。成本则是指农民选择就业模式所耗费的显明成本、隐性成本和机会成本。农民根据比较在不同就业模式下的收益，同时考虑所耗费的成本从而来选择不同的就业空间行为模式。

在面临村域就业模式和城镇就业模式或迁移模式的选择时，则需比较两种不同就业模式的收益和成本。选择村域就业模式的经济收益包括在村域范围内就业所获得的工资，心理收益是社会网络的获得和习惯农村生活所带来的满足感等；选择城镇就业模式或迁移模式的经济收益包括在城镇就业所预期的经济收入，心理收益则包括获得城市认同和城镇更好的生活水平所带来的满足感。选择城镇就业模式的显明成本包括流动成本、购买城镇住房时的成本支出等，隐性成本包括空间转换过程中想家、生活不适应等心理成本和社会网络的损失等。

笔者分别从收益和成本两方面来对仓埠的实际情况进行分析。首先是收益方面，家人外出打工的首位原因是"在农村收入低，城镇收入水平高"（见表5）。在所有问及的原因当中排列第一，选择此影响因素的占样本的52.9%，超过样本的一半以上。由此可见农户对于城镇收入的预期（预期收益）是影响农户就业空间行为模式选择的一个重要因素。其次是成本方面，可以分析出为什么仓埠居民在城镇就业模式中选择省内城市（以武汉中心城区为主）就业模式的人居多。仓埠属于武汉的远城区，车程仅需1小时。第一，武汉中心城区作为我国的一个大型城市，是城市化过程中农民进入城市的一个重要选择。在面对中心城区和省外城市的选择时，选择武汉中心城区作为就业的空间可以节约流动成本（显明成本降低）；第二，选择武汉中心城区作为就业的空间，那么就业信息的传递就相对畅通，就业信息获取成本（隐性成本）相对降低；第三，仓埠隶属武汉近郊，与中心城区的文化、生活习惯相似或相同，仓埠的农民选择中心城区作为就业空间所获得的城市认同感要比在省外的其他城市强（心理收益），大大降低了城市生活不适应所带来的心理压力和不适应感（心理成本）。

（三）社区机会结构

"机会"是一种重要的社会资源，机会平等是社会平等的首要特征和先决条件。机会结构包括两个方面的内容：一是结构空间，即机会的多寡；二是结构弹性，即获得机会的难易。一个良好的、开放的机会结构，有助于增强社会的活力，调动人们的积极性。

劳动力的流动是一种维持区位环境中人口及生存机会均衡的机制。影响生存机会的因素则包括在社区范围内的资源总量、分配制度、利用资源的技术及经济活动的方式。当人口数量与生存机会不均衡时，将直接导致人口的流出；如果通过改进资源技术，调整分配制度等方法增加社区生存机会时，那么则可减少人口外流。

在农村范围内的生存机会直接表现则是人均耕地的矛盾。农村的耕地面积减少，劳动力数量增加，生产手段不断提高，使得农村中相对"剩余"的人口增多。在这样的条件下，农村的生存机会则不均等，农民生存的压力增加，为谋求生存而外出就业便成为农民不得不考虑的因素。研究表明，人均耕地越紧张，生存压力越大的地区，农村人口外出就业的动机就会越强烈。

在仓埠，人均耕地面积相对充裕。首先，仓埠三个村的人均耕地面积为6.11亩。其次，在问及家人没有外出打工的原因时，"家里田地多，需要在家务农"这一原因并未得到农民的肯定，选择此原因的人数仅占样本的6.1%，其排名是所有原因当中的最后一个（见表5）。再次，在问及是否愿意扩大耕地面积时，回答否定（不愿意）的占74.4%，愿意扩大耕地面积只占25.6%。由此可见，仓埠的人均耕地的矛盾表现并不紧张，社区机会结构矛盾表现并不突出。耕地面积的多寡是农民就业模式分化的一个主要原因，正是因为人均耕地矛盾并不紧张，才表现出仓埠的农民更多地选择村域就业模式，占全部样本的 39.1% 。

　　另外，在调研问卷中还问及村域范围内打散工的机会多少的问题，这也是社区机会结构的一个表现，如果附近打散工的地方多，那么社区机会就多。选择这一因素的农民占样本的 9.9% ，排各个影响因素当中的第四（见表5）。这点也说明了当地对于提供非农就业的机会并不多，所以表现出在村域范围内选择传统就业模式的人多于兼业模式和非农就业模式的人。

（四）社会网络

　　社会网络对农民就业空间意向具有极强的引导作用。一般而言，农民主要的就业信息是通过同乡、亲戚、朋友、邻里之间的非正式方式获取，社会网络的多寡直接影响到农民就业信息获取的多少，而就业信息的多少对于农民选择何种就业方式有着重要的影响。通常情况下，具有较多城市社会关系的农民往往在城市有较多的工作机会，这种社会网络包括城市亲属、老乡关系及"业缘"关系等，它往往会在城市的某一个行业形成以地缘和业缘为基础的打工族"集群"。

　　在仓埠三个村的调查中，笔者针对农民就业信息的获取途径进行调查，调查发现经亲戚朋友介绍出去就业的占 44.3% ，成为农民外出就业的主要途径。由此可见，在仓埠地区，社会网络对农民的就业意向空间也具有很强的引导作用。

（五）城乡产业链

　　城乡一体化进程中，城市的产业逐步向资本密集型发展，而劳动密集型的产业则逐步向城郊地区农村转移。在城郊地区农村接受城市产业转移的过程中，会形成多种城乡产业链，不同的产业链会影响农民选择不同的就业模式。例如，现代加工业—农村家庭工业产业链、城市服务业—农村服务业产业链和城市旅游—乡村休闲体验产业链等。这一类的产业链，可以使农民在不离开其居住地的条件下分享区域工业化和城市化带来的"外溢效应"，增加本村的就业机会，农民更多地选择村域就业模式。但另外一类产业链则会使农民的就业空间转移至城市，如现代建筑业—农村建筑业产业链则会使农民更多地选择城镇就业模式。

　　由于区位因素，目前中心城区向城郊转移的产业主要集中在阳逻，这种产业的转移尚未影响到仓埠的三个村。所以城乡产业链对于仓埠的影响并不大，吸纳农村剩余劳动力的工业还主要依靠当地乡镇企业。

（六）家庭因素

在农业劳动者就业选择决策过程中，家庭处于决策模型的重要位置，是农民就业空间行为的重要影响因素。家庭因素主要包括家庭人口数量、结构和家庭所拥有的资源两个方面。

在家庭人口数量方面，人口数量多的家庭选择城镇就业模式的多，而选择迁移模式的少，原因在于家庭劳动力充足，存在剩余劳动力，这种剩余劳动力则更多地选择了城镇就业模式或村域兼业模式或非农就业模式，而不选择迁移模式的原因在于迁移成本高。

在家庭结构方面，家里有老人和学龄前儿童需要照顾的家庭更偏向村域就业模式，对于这样的家庭来说，打工赚钱的最终目的是为了整个家庭的效益，而在村域范围就业可以早出晚归，相比较外出务工的人有更多的时间留在家里，在子女的教育及家庭关系、情感等各方面所带来的收益是外出务工人员无法比拟的，基于家庭整体利益上的综合因素考虑，是个体行为的出发点，他们所追求的是整个家庭的效益最大化。另外，家庭里有未婚青年则偏向城镇就业模式，而均在外打工的年轻夫妇则偏向迁移模式。

家庭拥有的资源主要是包括土地资源和农业收入。这一因素与社区机会结构密切联系。耕地的多少是农民外出就业的一个基本影响因素，过少的耕地将成为农民向城镇非农产业流动的外在驱动力。农业收入方面则涉及前面所说过的收益比较因素，农民会比较现在的农业收入和预期的非农收入，当他们有较高的非农预期收入时，也会选择非农就业模式或城镇就业模式。

在仓埠，家庭因素中表现最为突出的是家庭结构。在问及为什么没有外出打工的原因时，选择"家里已经有人外出务工"和"家里有老人和小孩需要照顾"这两个因素的分别占样本的 22.7% 和 19.6%，分别排列各个影响因素的第 2 和第 3（见表5）。可见，在仓埠地区，家庭结构成为农民选择村域就业模式的一个重要影响因素。

家庭拥有资源方面，当地的人均耕地矛盾并不紧张，所以土地因素并不是仓埠农民向城镇非农产业流动的主要外在驱动力。

（七）个人因素

个人因素则是对农民就业空间行为的一个重要因素，包括个人实际就业能力因素和个人就业预期因素。个人实际就业能力因素则包括性别、年龄、文化程度、身体状况和所掌握的技能等。个人就业的心理预期通常也会由于个人的实际就业能力的不同而不同。

个人实际就业能力方面，男性更多地选择兼业就业模式、非农就业模式和城镇就业模式，而女性则更多地选择传统就业模式和迁移模式。文化程度越高的农民选择城镇就业模式或迁移模式的概率越高。同时，身体健康情况会对其就业空间范围和就业种类的选择产生较大影响，身体健康情况较差的农民受身体条件的限制其就业空间范围较窄。而拥有一定谋生技能的农民则就业空间选择性更大，因而选择城镇就业模式或迁移模式或强流动型模式的人更多，所掌握的技艺类型和熟练程度不同，在城市部门的就业空间与稳定性会有所不同，长年在外谋生的男性工匠主要有：泥瓦工、木工、油漆工，这些人大多打短工或在一些城市的非正规部门工作。在外就业机会较多、时间较长的女性主要从事缝纫、纺织、保洁和家政服务等。个人就业心理预期方面，年龄是最基本的因素。年龄较大的农民对城镇就业的预期较为悲观，以选择村域就业模式为主；青年农民对于在城市就业概率的预期较为乐观，则以选择城镇就业模式或迁移模式为主。

在仓埠，个人的年龄因素表现显著。年龄成为农民没有外出打工的首位原因，占样本的38.6%（见表5）。可以说明年龄较大的人更倾向于村域就业模式。提升个人的技术和才干成为吸引农民外出就业的一个重要原因，在外出打工原因中排列第二，占样本的15.7%（见表5）。从这点可以看出，农民具有强烈的学习技术和才能的愿望，正是因为这种愿望增加了其外出就业的动机，从而选择了城镇就业模式。当其具备一定的技术和才能，在城市立足之后，其选择迁移模式的倾向增加。

表5　　　　　仓埠就业空间行为模式的影响因素情况统计

没有外出打工的原因		
影响外出的因素	选择的百分比（%）	排列位次
年龄大了，不适宜外出打工	38.6	1
家里田多，需在家务农	6.1	5
家里有人外出务工，家里的田需要人种	22.7	2
村里打散工的机会很多	9.9	4
家里有老人和小孩需要照顾	19.6	3
其　　他	3.1	6

家人外出打工的原因		
影响外出的因素	选择的百分比（%）	排列位次
在家收入低，城镇收入水平高	52.9	1
外出开阔眼界	6.3	5
外出学点专业技术和才干	15.7	2
家庭劳动力多，在家没事干	8.7	4
农村生活艰苦	13	3
其　　他	3.4	6

五　仓埠农民就业空间行为模式的特点

（一）村域就业模式的特点

村域就业模式包括三种亚类：传统就业模式、兼业就业模式和非农就业模式。仓埠地区以传统就业模式为主，且三种就业模式表现出各自不同的特征，本节就仓埠地区这三种亚类的就业模式的特点进行说明。

1. 传统就业模式特点

农业生产方面，人均耕地面积宽裕，生产种类单一，生产项目缺乏市场导向，生产困难的解决依靠农民互助。仓埠地区人均耕地面积为 6.11 亩，但农民对于扩大耕地面积的积极性不高，调查中只有 28.6% 的农民愿意扩大耕地面积，目前农业的比较收益还比较低，多数农民扩大耕地经营规模是一种次优选择。农业生产的种类单一，通过调查样本统计：种粮食的农民占样本的 87.86%；种植蔬菜、水果等经济作物的占样本的 2.89%；种植油菜子、棉花等经济作物的占样本的 48.75%；从事养殖业的占样本的 7.32%；其他的占 1.35%。农业生产项目安排缺乏市场导向，有 55.9% 的农民生产安排"凭习惯"，其次是 13.5% 的农民"随大流"，12.7% 的农民依据自家需要，而只有 6.3% 的农民是参照了去年的市场行情或是分析当年的市场行情，按照合同订单来安排生产项目的更是仅有 0.4%。从这些数据可见，大部分农民在生产项目的选择上属于风险规避型的农民，且缺乏对市场行情的了解，获取市场信息渠道少。农业技术困难的解决以农民互助为主，有 42.8% 的农民遇到困难后都是找有经验的农民请教，其次是找当地农技人员的有 23.9%。虽然当地的农业生产困难有部分是依靠当地的农技人员，但是主要还是依靠农民之间的互助。

农产品经营方面，农业生产的资金投入比例相对较少，产品的出售渠道单一，农业经营的比较收益较低。农业资金的投入以耕地面积和家庭收支为主要依据，且投入比例占总支出的比例较小。首先，通过统计农户农业生产资金投入的安排，其中"不考虑，在不抛荒的情况下需要投入多少就投入多少"的比例最高，占 23.9%；选择"参考前一年的家中收支情况而定"的占 20.3%；而"对农业生产的预期进行投入，觉得赚得多就投入多，反之减少"则只占 10%，可见农民生产的资金投入依据是耕地面积和家庭收支。其次，农户农业生产性投资仅占家庭全部总支出的26.19%；其余部分为消费性支出，占全部总支出的 73.81%，其中消费性支出涵盖农民家庭的日常消费、教育、医疗等相关费用。农产品的出售渠道单一，79% 的农民的农产品是由商贩收购的，3.3% 的农民把农产品零售，仅有 1% 的农产品是按合同交货的。在农产品出售过程中扮演重要角色的农村经济合作组织很少，在调研中只发现有一个养鱼协会。可见当地农村的经济合作组织的发展有待加强。农业经营的比较收益较低，仓埠地区农业收入占全部收入的 25.68%，而非农收入则占 74.32%，成为家庭收入的主要来源。

人力资本结构方面，以"3861"部队为主。从事传统就业模式的农民以女性为主；年龄偏大，以 51 岁以上的农民居多；文化程度较低，以小学文化居多。当地从事传统就业的农民依然还是所谓的"3861"部队。

2. 本地兼业就业模式特点

兼业的行业以低层次、低报酬、暂时性和体力性劳动的行业为主。经调查仓埠地区兼业模式下的农民从事交通运输业 5 人，工业 10 人，建筑业 40 人，批零、餐饮 11 人，其他行业 2 人，其中建筑行业占兼业人数的58.8%。这是由于在新农村建设背景下，政府加大了基础设施建设的投入，拉动了相关行业的发展，为当地农户提供了一些兼业机会，但是从事建筑业的兼业仍是以劳动力的投入为主，且暂时性明显。兼业获得的收入报酬较低，从当地农户的收入结构来看，兼业收入占总收入的比重最低，仅占 12.17%，可见当地兼业的收入并未给家庭收入的增长带来很大贡献。

以务农为主，兼业为辅的农民居多。根据调查问卷中的务农时间来区分两种类型，务农时间≥6个月的为以农为主，务农时间<6个月的为以兼业为主。其中以务农为主的兼业人数占样本的68.6%，兼业为主的占样本的31.4%，且务农的平均时间为209天。在这种条件下，当地的兼业对农业生产和土地耕作效率的影响并不大。

农民兼业范围以雇佣型为主。农业兼业范围分为自营型和雇佣型，通过调查数据表明，仓埠三镇自营型的占32.2%，雇佣型的占67.8%，这也是由于村域就业模式下兼业的农民从事建筑业为主的原因。

人力资本结构方面，以初中文化程度的中年男性为主。统计得出该模式下的农民男性占多数，年龄集中在31—40岁之间，教育程度集中在初中文化水平。

3. 本地非农就业模式特点

家庭创业劳动力转移是农村劳动力向本地非农产业转移的主要途径。根据调查，仓埠三镇非农就业模式下经商的农民有32.3%，工业的有20.5%，建筑有4.9%，养殖业有16.2%，运输业有12.2%，其他占13.9%。可见"经商"的农民最多，而这里所说的"经商"、"运输业"和"养殖业"都是属于"家庭创业劳动力转移"。经商所经营的种类有砖厂、食品加工、小五金和餐饮服务等。由此可见，这种家庭创业劳动力转移模式是当地劳动力向非农产业转移的主要途径。

乡镇企业是农村劳动力向本地非农产业转移的重要途径。在仓埠地区调查的农民有20.5%从事工业，且都是被当地的乡镇企业所吸纳，主要集中在周铺村。我们可以看下面一组数据，周铺村村域范围内有乡镇企业4家，非农就业模式的农民比例为48.8%；松林村域范围内分布小规模企业3家，非农就业模式的农民比例为34.9%；而丛林村域范围内企业0家（原有3家，现均已破产或搬迁），非农就业模式的农民比例为16.3%。由此可见，非农就业模式的比例与当地乡镇企业数量同方向增长。可见当地的乡镇企业对于吸纳当地农民从事非农产业具有重要的作用。但是，从三个村的总体情况而言，乡镇企业对于吸纳农村剩余劳动力的作用还不是很大，有待进一步提高。

人力资本结构方面，以年龄集中在41—50岁的高中（中专）文化程度的男性居多。相对上述的两个就业模式而言，该模式下的农民的文化程度最高，文化程度越高的农民就业越倾向于非农产业。

（二）城镇就业模式的特点

农民就业空间取向以武汉中心城区为主，三种亚类模式以省内城市就业模式居多。统计得出城镇就业模式下的农民选择在武汉中心城区就业的最多，占样本的 53.3%，其次是仓埠镇上，占 24.3%。省外城市中最多的是在浙江省。农民就业城市选择武汉的最多大致有以下几点：一是仓埠地处的区位优势，这点在前面已经说明过；二是武汉中心城区作为一个大型城市，对农村劳动力的转移具有较强的吸纳能力；三是无论从收益还是成本来看，中心城区是当地农民一个很好的选择。城镇就业模式包括周边城镇就业模式，省内城市就业模式和省外城市就业模式，其划分的主要依据是农民的就业空间。据统计，周边城镇就业模式占城镇就业模式的29.91%，省内城市就业模式占 56.07%，省外城市就业模式占 14.02%。

周边城镇就业模式特征表现出在城乡间双向流动就业。城乡间双向流动就业是指农民就业空间穿梭于城乡之间，表现出"亦工亦农"、"亦城亦乡"。主要有两种表现形式：一是"钟摆式"，农民以年为周期的在城乡之间流动；二是"兼业式"，以农业生产季节为周期，农闲时间外出打工或农忙时回家务农。首先，仓埠地区周边城镇就业模式的就业空间主要在仓埠镇上、阳逻和新洲城关，由于这三个城镇距三个乡距离比较近，农民可实现白天去城镇工作，晚上回家休息，工作和居住穿梭于城乡之间，表现出"城工村息"的特点。其次，当地农民以"兼业式"的城乡双向流动就业为主，占样本的 62.5%，该类型的农民平均务农时间为 3.2 个月，在农忙时间回家帮忙务农。

从事行业集中在低技术性的劳动密集型产业，以非正规就业为主。通过仓埠地区的调查，城镇就业模式下从事劳动密集型产业的农民占83.4%，如服装、建筑、运输等。值得一提的是有 14.8% 的农民在城镇经商，摆脱了传统的劳动密集型产业。经济学家托达罗认为："农村人口直接进入城镇现代非农产业的假设是不现实的。实际上，农村劳动力大量地是流入城镇传统或非正规部门。"仓埠地区的农民绝大多数是在非正规部门就业，以非正规就业为主，由于非正规就业具有灵活、自由、进退成本相对较低等特点，它为进城农民提供了巨大的就业和生存空间。

组织方式以个人社会网络为主，劳务市场和政府组织薄弱。在农民外出就业的 20 多年里，由于劳动力市场发育得不完善，农民为了获得更多的预期收入，改善生活状况，不得不依靠自己寻找门路和依靠亲朋好友介绍外出就业，主要依靠自己或社会关系、血缘关系的广泛性和较强的亲和力寻求就业机会。据当地调查，有51.9%的农民的工作是由亲戚朋友介绍的，其次是36.5%的农民是自发寻找的工作，而通过政府或劳务市场的仅占3.9%。说明个人的社会网络仍然是多数农民获得第一份工作的途径，而政府组织和劳务市场仅起了很小的辅助作用。值得一提的是，36.5%的农民是通过自身的努力和自我推销找到的工作，且在读学校对于农民工作的获得也起到了作用。总的来说，有88.4%的农民是依靠亲戚朋友和自己找到的工作。

以初中文化的男性青壮年居多，农民工职业技能培训缺位。城镇就业模式下的男性比例占71.9%，年龄集中在15—30岁的青壮年，文化程度以初中文化程度占多数。由此可以认为，城镇就业模式的人力资本结构以初中文化的男性青壮年为主。目前，在仓埠地区对农民有组织的职业技能培训，主要集中在与农业生产活动有关的领域内，农民从事非农产业就业的专业技能，主要依靠自发的需求和自身的投入，接受过专业技能培训的不到15%。农民职业技能不高，难以适应劳务市场对专业技能和综合素质的要求。一方面简单的体力型劳动就业竞争异常激烈，另一方面出现中高级技工人才十分缺乏的局面。

（三）迁移模式的特点

迁移就业空间偏好省会型经济发达的大型城市，以武汉中心城区居多。第一，迁移城市以武汉中心城区居多，占样本的35.2%，其次是深圳占19.3%，再次是广州占10.2%。第二，与城镇就业模式不同，迁移城市以省外城市居多，占到56.7%，主要集中在深圳、广州和上海等城市。第三，农民就业空间偏好省会型经济发达的大型城市，其中包括了北京、福州、广州、杭州、南京、上海、深圳和武汉等，占了全部样本的82.8%。可见城市化进程中，农民更多地选择了在大型城市作为其实现市民化过程的空间，城市化进程走大城市路线是现实的一个状况。

迁移就业的组织方式以自发为主。迁移就业模式下农民就业的自发性更明显，依靠自己能力或自我推销来找工作的占了51.1%，成为排列第一位的就业途径。在城镇就业较长时间之后农民会面临选择村域就业模式或是迁移模式。选择村域就业模式的农民会重新返回农村或返乡创业，这就是所谓的"回流效应"。而选择迁移模式的农民一般通过长时间在城市的工作，一方面获得了基本的生存技能；另一方面获得了较强的城市认同感，在这样的情况下，大部分市民化的农民在城市开始依靠自身的能力来寻找工作。这也正好区别与城镇就业模式，城镇就业模式下的农民大部分是第一次到城镇找工作，所以更多的是依靠社会网络关系。

从业个体以技工居多，正规部门就业比例增加。通过调查，迁移模式下大部分农民从传统产业或劳动力密集型产业走了出来，更多的是掌握一门或几门技术，当上了技工，成为我国目前城市紧缺人才的一部分，占样本的28.8%，他们所从事的行业有机械、电力和电子等。值得注意的是，在迁移模式下，有23.4%的人在家庭的资助下完成大专或大学以上的学业，他们在毕业后选择大型城市作为其就业空间，从事的行业包括IT、房地产、广告和管理等，还有1例从事科研的人员。将该模式下农民就业部门分为正规部门和非正规部门，笔者发现仓埠地区在正规部门就业的人数比例占到52.2%。这部分在城镇就业的农民获得了基本的生存技能，增加了其在城市定居的可能性，成为迁移模式的主要人群。

以永久性迁移人口居多。城镇就业人口迁移分为永久性人口迁移和暂时性人口迁移两类。随着外出时间加长，那些在经济上、社会交往上、心理上已适应了城市的农民工选择定居城市，也就是选择了永久性迁移；那些一时难以融入城市社会文化环境，认为城市只是挣钱的地方，家乡才是归宿的农民工选择返回农村，这也就是选择了暂时性的迁移；而相当比例的农民工处于矛盾和徘徊之中。在调查中，选择"在城市安家立业"、"在外干什么都行，不打算回去"，合计比例为45.8%，这可视为有较强定居意愿的；选择"学门手艺回家找个好工作"、"赚些钱回家继续务农"、"回家办企业当老板"，合计比例为36.9%，这可视为有明显返乡意愿的；而选择"没想过"或"不知道怎么办"合计比例为17.3%，则属于在城乡之间徘徊的。

迁移模式下的人力资本结构表现为：以女性居多；文化程度集中在初中，虽然以初中文化程度为主，但是高中、中专和大专以上文化程度的人数增加，提高了该就业模式下整体的文化程度；以15—30岁的青壮年为主，占了全部的82.9%。

(四) 强流动型就业模式的特点

强流动型模式是四种模式中比例最少的，其特点主要表现在以下几个方面：第一，工作空间在全国范围内流动是其主要特征。这类型的农民工作没有固定地点，且并非每年都有外出务工的机会，只有在亲戚朋友的介

绍下，哪有工作机会就去哪。人均居家时间为 97.5 天，而人均务农时间
为 48.6 天。第二，就业的行业是电焊、建筑和运输。其行业的特点成为
其在全国范围内流动的一个因素。第三，就业途径基本上依靠社会网络。
在这一模式下依靠亲戚朋友介绍工作的占样本的 75%。第四，人力资本
构成方面，以年龄在 31—40 岁初中文化程度的男性为主。

六　结论与讨论

在城市化的进程中，农民就业问题已经不只是如何进行农业的生产和
经营等问题，他们更多地面临着行业和空间的选择，从而形成不同的就业
空间行为。本文从实践出发，以个案研究为基础，分别从案例的现状、影
响因素和特点对当地农民就业空间行为模式进行描述，目的在于说明当地
农民就业空间行为模式"是什么""为什么"和"怎么样"的问题，旨
在发现农民就业空间行为的共性，并希望借此能对我国城郊地区农村规范
农民就业，优化农村空间结构有一定的借鉴意义。

首先，就业空间行为模式的选择现状方面（"是什么"）。农民仍以村
域就业模式为主，农民就业空间的取向更偏向村域范围，农村空间稀缺性
的影响力较大。而在村域就业模式中以传统就业模式为主，说明目前进行
传统种植业的农民还是占大多数。就现状来看还是面临着两大问题，一是
如何提高农业生产效率、提高农民生产收入问题；二是如何引导农民向非
农产业转移问题。而在城镇就业模式中，更多的农民选择了武汉中心城区
作为其首选地区，这与仓埠的地理区位密切相关。将此延伸到我国城郊地
区的农村，那么中心城区可以作为农民就业转移的重要区域。迁移模式
下，大部分农民仍然是以武汉中心城区作为首选区域，但是如果从省内和
省外来看的话，更多的农民选择了省外城市，主要集中在广州、浙江等经
济发达城市，可见经济发达城市对于农民具有巨大的吸引力。我们将视角
转向微观，男性选择在本地兼业或从事非农业或外出务工的比例更高，而
女性则选择在家务农或是迁移到城镇的比例更高。年龄越大的农民越偏向
村域就业模式，年龄越小的农民越偏向城镇就业模式。农民的文化程度普
遍提高，但是选择传统就业模式的农民的文化程度相对较低；同时，随着
文化水平的提高，农民选择城镇就业模式和迁移模式的倾向越来越高。这
点对于我国农民就业空间行为模式的选择具有普遍的借鉴意义。

其次，就业空间行为模式的影响因素方面（"为什么"）。宏观的影响因素主要包括：制度因素、社区机会结构、社会网络和城乡产业链；微观的影响因素主要包括：收益比较与成本因素、家庭因素和个人因素。就仓埠地区的影响因素分析而言，收益比较与成本因素成为农民选择城镇就业模式的首要因素，而年龄和家庭结构因素则成为农民选择村域就业模式的首要因素。宏观因素对于农民就业空间行为模式选择是种无形的影响，农民更多的是在这种大环境下进行个人的决策，而微观因素对于农民就业决策影响表现得更为具体。各个影响因素并不是独立地影响着农民就业空间行为模式的选择，而是相互影响、相互作用。我们很难界定哪个因素的影响最大，哪个最小，而且不同的区域也会表现出不同的情况。我们从中可以借鉴的是根据微观影响因素来调整不同区域的宏观影响因素，宏观因素反过来再作用于微观因素，从而更好地引导农民的就业空间行为。

再次，就业空间行为模式的特点方面（"怎么样"）。从仓埠不同的就业空间行为模式表现出的不同特点可以看出，就业空间行为朝着良好的一面发展，同时也存在着不可忽视的问题。良好的一面表现在：土地的利用效率较高；部分农民依靠家庭创业转向非农产业；乡镇企业对于吸纳农村剩余劳动力扮演重要角色；不少农民在城市通过自身的努力，掌握了专业技术，融入城市。同时也存在一些不可忽视的问题，如农业生产经营缺乏市场的引导；农民流动的制度性障碍；政府对农民就业培训和就业组织的能力薄弱；农民外出就业的土地流转问题；农民工的居住、福利及子女教育问题等。

总之，城市化进程中，合理引导农民的就业空间行为，优化农村空间结构，依然还是一个漫长而艰难的过程，作为主体的农民和政府都扮演十分重要的角色，其任重而道远。

参考文献：

[1] 弗兰克·艾利思：《农民经济学：农民家庭农业和农业发展》，上海人民出版社 2006 年版。

[2] 陈晓华、张宏宇：《中国农村劳动力转移与就业》，中国农业出版社 2005 年版。

[3] 史清华、卓建伟、郑龙真：《农民外出就业及遭遇的实证分析》，《中国农村

经济》2004 年第 10 期。

[4] 史清华、程名望、赵正龙：《影响我国农民工进城的农村因素的调查分析》，《开发研究》2005 年第 6 期。

[5] 托罗达：《第三世界的经济发展》，中国人民大学出版社 1988 年版。

[6] 申明浩，周林刚：《农民就业选择制约因素的实证研究》，《财经科学》2004 年第 1 期。

[7] 罗静：《区域空间结构与经济发展》，华中科技大学博士论文 2005 年。

[8] 杜玉华、文军：《农民外出就业动因与选择》，《中国人口·资源与环境》2002 年第 1 期。

[9] 胡苏云、王振：《农村劳动力的外出就业及其对农户的影响》，《中国农村经济》2004 年第 1 期。

[10] 刘金海：《农民非农就业的区域与行为特征研究》，《社会主义研究》2005 年第 3 期。

[11] 郑俊敏：《基于统筹城乡发展的农民兼业化发展模式选择》，《农村经济》2007 年第 2 期。

[12] 杜玉华、文军：《农民外出就业动因与选择》，《中国人口·资源与环境》2002 年第 1 期。

小农生活社会化:路径与动力

贺青梅（华中师范大学中国农村问题研究中心 武汉 430079）

内容提要：小农生活社会化是指小农日常生活各方面的需求逐渐由自给转向依赖市场和社会的供给，货币成为人们生活中不可或缺的媒介。在小农生活社会化的历史演进过程中，国家、市场和社会三大行动主体凸现为最为核心的决定性力量，此消彼长或者共时态地指引着小农生活社会化及其变迁的内容、方向和速率。

关键词：生活社会化 货币化 路径

作为一种新的分析框架，社会化小农的指涉对象主要是现代化、市场化和社会化进程中的小农，侧重关注当今小农自身变化和新型特质。因此，这一概念和解释模式很大程度上立基于农户的发展脉络和历史形态，是对已有的经典小农理论的批判性超越和重新建构。同时，在社会化小农的历史演进过程中，国家、市场和社会三大行动主体凸现为最为核心的决定性力量，此消彼长或者共时态地指引着社会化小农及其变迁的内容、方向和速率。本文着重研究社会化小农的生活社会化，其基本的问题意识在于：新中国成立尤其是改革以来，小农的生活方式是如何步步深入地走向社会化的？其演进路径是怎样的，显现出哪些转捩点？有哪些主体性力量在其中发挥着关键性的影响作用，其作用方式和机制是什么？基于此，笔者采用两个研究视角：一是将小农生活社会化置于历史变迁之中，探究其发展脉络、阶段性特质、演进逻辑和转承机制，进而明晰小农生活社会化程度的深入历程；二是分别从国家、市场和社会三者对小农生活社会化的独特作用方式入手，探讨小农生活社会化的三种对应性的演化路径和动力机制。需要指出的是，由于国家、市场和社会三种力量对小农生活社会化的作用方式和大小与其自身的历史变迁有着较大程度上的对应性，第二种研究视角就不仅仅是单一横向的分项研究，同时也必然渗透着纵向上的递进式消长。

　　小农生活社会化是小农社会化的一种形态，主要指农户在日常生活、收入和消费等方面的社会化。其主要内容包括：日常生活用品（衣食住行用）、教育、医疗卫生、抚养小孩和赡养老人、社会支持网络、生活观念。小农生活社会化的各项内容和各个层次与国家、市场和社会几大力量之间的联结方式和程度具有较大的差异性，而且在其历史演进的各个历史时期和具体阶段也显示出非均衡性的存在形式。在论文的展开过程中，笔者的基本分析策略是依据论述主题和研究需要选择一项或者几项内容对理论观点作出解说。

一　由上而下：国家主导的社会化

　　新中国建国前后，国家对农民生活方式的制约作用存在显著差异。在传统中国，"王权止于县政"的政治架构或者费孝通先生所言的"政治双轨制"，从制度架构层面限制了农民日常生活与国家政治生活实现有机联系的可能性。农民与国家政权体系的中心皇权的关系非常松散，尤其是官僚体系的隔离使得社会基层与国家上层很少发生有意义的政治联系，"在皇帝与老百姓中间，隔着很长的一套官僚机构，老百姓伏在地上，皇帝位高比天，如是'天高皇帝远'，在我们传统社会结构里使得皇帝与老百姓在表面上隔成毫无关系的两极，皇帝在老百姓的心里是天生的圣人，可望而不可即，加以历史典籍的渲染，传说的流行，因之皇帝变成了一个神明的天子。"即使处于皇帝与民众之间的官僚体系也由于国家疆域的宽广和财力的有限等因素而不可能下沉到乡村社会，从而产生了国家官治系统与乡村自治系统一定程度的界分与隔离。这就导致国家与乡村社会、农民之间缺乏有机联系，农民与国家等外在政治社会势力关系较为疏远，农民生活较少受到国家的干预。建国后，伴随着中国共产党一直抵达至村庄的组织延伸及其一系列政治行动，国家开始越来越深、越来越全面地介入农民的日常生活，并不断强化对农民生活方式和观念的主导作用。农民们越来越难以按照以前相对自主的方式组织自己的生活，而是更多地受制于国家的整体性规划，日益进入国家一体化过程中。改革后，国家在农村社会的力量开始消退，不再直接、全方位和高强度地介入农民日常生活。但是，这并不意味着国家完全退出农村社会。在一定意义上，国家只是调整了其在农村社会的存在方式，改变了其作用方式，从原来单一的政治手段向更多的经济、法律、社会等手段转化，从直接的政治控制和意识形态框限转换为间接的多种形式的综合性调控。尤其是 21 世纪以来，国家开始根本性地调整原有的城乡发展战略，加大自身在农村发展中的支持作用，强化对农村社会化服务体系构建的责任，提升农民生存发展能力，以应对农户所面临的日渐增强的货币压力和社会风险。

　　1. 社会化服务：需求大于供给

　　小农生活社会化一直处于历史变迁过程中，在不同的历史阶段往往存在许多差异。相应的，农户对生活社会化服务体系的需求与供给也存在一定差距。这种差距较为显著的分界点就是 1970 年代末的市场化改革。

　　改革前，农村基本的所有制形式是集体经济，农民的生产和生活也被高度集体化，农民的日常生活用品基本上都是按照各自的劳动贡献量——"工分"进行统一分配，这就是实行了数十年的定量供应的票证制度。通过这种特殊的分配制度，国家就牢牢地控制了粮食、食油、布料等主要农产品的销售和消费，进而大大限制了农户生活社会化程度。在生产队—生产大队—公社的多层次组织体系约束下，农户进入社会化体系的程度还较为有限，局限在一定的地域范围之内。尤其是国家强制建立的将农民严格阻挡在城市之外的人口管理制度，即城乡隔离的户籍制度，致使农村区域的社会化体系与城市区域的社会化体系存在很大程度的分隔，农户几乎无法享用更为完备的城市社会化服务体系。不过，由于农户生活空间的相对封闭性和需要层次的低级性，农户对生活社会化的需求较为有限，主要是生存需要而没有上升到发展需要，需求与供给之间保持了一定程度的平衡。

　　1970 年代末由国家启动的市场化改革逐渐打破了这种平衡，从有限度的商品经济到社会主义市场经济体制的建立及至如今继续向纵深推进，农民的社会化无疑也极大地受到这种宏观体制背景的总体规制。从总体态势上，小农进入社会化体系的程度逐步增强，并日益超越以前的区域限制，进入到一个更加广阔的社会空间。尤其是在各种因素的交互作用下，一系列城乡隔离体制开始受到日益加深的侵蚀，城乡人口流动规模和速度前所未有地推动着城乡之间的对接与交融，农民日益走出以前相对封闭状态，与整个社会的联结程度越来越紧密。这种从封闭到开放的过程至少受制于两大外在因素：一是乡村与乡村之间、城市与乡村之间交通条件（设施和工具）的改善，极大地缩小了农户与外界的物理距离，在硬件上消减了农户进入社会化体系的困难；二是广播、电台、电视、电话、手机、网络等信息技术的更替，不断改进农户与社会的沟通手段，提升农户与社会的沟通能力。在这些背景之下，外来的生活观念和生活方式对农民产生越来越大的影响，尤其是城市迅速膨胀的消费欲望和强烈的消费刺激借助于现代化的快捷方式传递到农村，引发农民对生活社会化需求的急速扩张，而且在温饱问题基本解决之后需求层次也急剧上升，他们越来越不满足于以前对社会化服务体系的有限需求。农户在生活社会化服务体系的需求与供给之间显现了不断拉大的张力。与此同时，农户生活社会化的诸多内容与外部世界的依赖程度日渐提高，尤其是越来越深地受到国家的行政主导。曾经是农户家庭、家族和村落自我供给的教育、医疗、绝大多数生活用品，如今已经部分甚至完全进入社会化体系之中，更多地被纳入国家的一体化供给体系，从民间化、地方化走向国家化。

2. 社会化成本：国家与农户分摊

进入到社会化阶段的小农与传统小农相比，所要承担的社会化成本急剧增长，而这些成本往往远远超出农户的承受能力，这就需要国家提供相应的支持和保护。在社会现实层面，国家对农户生活社会化体系的支持在改革前后存在较大差异。建国之后很长一段时间，国家一直采取"工业先导、城市偏向"的发展战略和"挖乡补城、以农哺工"的资金积累模式，并实行公共物品的城乡二元供给体制，国家在农户生活所需要的公共性服务体系供给中处于缺位状态，农户个体和村落社区则担负着主体性的供给责任。

改革后，尤其是 21 世纪以来，国家开始逐步调整农村公共物品供给体制和农村发展战略，与农户共同分摊生活社会化体系的成本，在某些领域甚至成为主体力量。在教育领域，曾经由农户家庭和村落维持的民办教育体系发生完全改观。以前村庄学校的师资力量来源于具有一定文化程度的农民，教育经费也主要由村庄集体承担，而现在，村庄教育已进入官办体系，其教师队伍已由文化程度较高并接受相应培训的大中专毕业生替代，教育经费更多地来自国家支持，农村义务教育学费和书本费等享受国家减免政策。在医疗卫生领域，昔日的"赤脚医生"已逐步被纳入国家管理体系，乡村医生和医疗机构需接受国家的行政管理和专业指导，从业医生需要专业培训、资格认证和从业准许，医疗卫生费用不再完全为村民自我支付和维持，国家通过建立合作医疗体系实现一定程度的分摊，并加大卫生防疫的资金支持。在社会支持网络领域，改革以前甚至改革之后一段时间，农户的社会支持范围较为狭小、力量较为弱小，一般都局限在家庭、家族、亲族、村落等范围之内，村落之外的力量基本上不提供有价值的支持。21世纪以来随着农村税费改革、新农村建设和农村社区建设的推进，国家开始加大对农村的政策、财政等方面的支持力度，推行多项惠农政策，农户的社会支持网络不断扩展，抵御社会风险能力大为增强。在日常生活领域，国家开始调整以前的"多取少予"甚至"只取不予"政策，切实实行"多予少取"政策，加强公共性的日常生活支出，譬如在通村公路、公共堰塘或自来水、能源、信息等公共生活设施方面加大财政支持力度。

　　3. 社会化手段：强制与自愿相结合

　　从动力机制来看，小农生活社会化既具有外在的推动力和拉动力，也具有内在的原动力。前者更多地体现在国家和市场两个层面，而后者则主要存在于社会层面。换言之，在小农生活社会化过程中，小农既是各种外在势力合力作用下被强制性地卷入的结果，同样也是在内在需求结构作用下自愿进入的结果。

　　小农社会化本身是一个动态的概念，其历史进程与现代化、市场化和城市化以及更大范围的全球化进程具有很高程度的关联性。鸦片战争以来，中国被迫卷入现代化进程中，现代化因子开始从沿海到腹地、城市到乡村越来越深地契入中国社会。传统而封闭的乡村和农民也无法逃避这种外在约制，现代化要素日益强烈地改变着农民的传统生活方式，当今小农的生活方式越来越难以固守其自主性和独立性。市场化进程是一个更加晚近的事情，但它对小农生活社会化进程的外在约束作用与现代化相比有过之而无不及。对于社会化进程中的农户来说，市场最直接和明显的影响在于生产领域，即通过实现生产资料、生产过程和生产产品的市场化运作进而达致生产方式的社会化。在此基础上，生产领域向交换和消费领域延展，生产社会化进一步向生活社会化扩散，导致生活资料获取方式的外部化。由于中国城乡关系和城乡发展战略的特殊性，城乡发展水平一直处于严重的非平衡状态，城市化进程较为缓慢。新中国建国以来尤其是改革以后，伴随着现代化和市场化进程的加速，城市化也开始迅速推进。在城市化进程的推动下，原有的城乡隔离制度逐渐遭到破坏，城乡人口流动势如破竹，城市的生活方式和生活观念迅速传递到农村，农户的日常生活越来越明显、越来越全面地受到城市的影响。农产品与工业品之间的交换越来越全面而频繁，乡村"小市场"与城市"大市场"之间日益交融在一起，城乡分工体系走向一体化，农户生活方式逐步走向多样化和复杂化。

与上述强制性的社会化手段相应的，农户在社会化进程中也具有一定的主动性，他们并不完全是一个被决定者。社会化实质上是一个双向的过程，它一方面将农户"卷入到一个更高风险的社会之中"，使农户面临巨大的自身难以承受的货币压力和诸多不确定因素；但另一方面也为农户带来了许多好处和发展机会，提供了更为广阔的空间，提升了其生存发展能力。1990年至2005年十五年间，农户生活消费支出增长了数倍甚至数十倍。生活消费总支出从1990年的584.63元/人增加到2005年的2555.40元/人，增加了4倍多；其中，食品支出绝对值增长最迅速，从1990年的343.76元/人增加到2005年的1162.16元/人，增加了818.4元/人；交通和通讯支出增长比例最快，从1990年到2005年增长比例达到29倍多；医疗保健和文教娱乐用品及服务支出两项增长比例达到近10倍；衣着、居住和家庭设备、用品及服务支出三项增长比例也达到3倍多。农户消费水平的迅速提高很大程度上都是在社会化过程中实现的，通过与外界更多的社会力量建立完备而有效的分工与合作体系以提升生活质量，这一点在教育和医疗两个领域体现得尤为明显。在教育领域，毋宁说农户家庭和村落完全无力提供中高级教育，即使是初级教育农户也无法自我提供，几乎主要依靠外部力量承担。同时，医疗卫生保健也基本上实现了社会化，村庄卫生室、乡村医生和卫生员一般只提供初级的医疗卫生服务，而且其数量在近20多年里一直处于缩减中。相比于1985年，2005年村卫生室数大大减少，从77.8万个减少到58.3万个；乡村医生和卫生员数也从129.3万人减少到91.7万人，平均每村乡村医生和卫生员数从1.8个减少到1.48个。

二　由内向外：市场拉动的社会化

在传统的小农经济时期，农民的生产主要是满足家庭需求，"农民家庭差不多生产了自己所需要的一切：食物、用具和衣服"。农民的生产和生活资料"差不多都是自给自足的……他们取得生活资料多半是靠与自然交换，而不是靠与社会交往"。传统小农受消费习惯和交易成本的影响，与市场的联系是松散的，零星的。"在经济上每个农家，除了盐铁之外，必要时很可关门自给"。市场经济向农村的渗透，给小农的生活带来了显著变化，农民的生活资料，生活过程和生活方式几乎全部市场化、商品化和社会化。

1. 消费规模：由小至大

在市场没有全面渗透乡村社会之前，小农基本上生活在孤立、封闭和停滞的社会中，其日常生活所需大部分来自家庭自给，只有少量的剩余农产品用于交换所需的生活资料，黄宗智曾把小农与市场的关系形容为"生存推动的商品化"。在生存无法得到满足时，这种商品化亦不复存在，农民的消费规模会压缩至极限，此时小农生活消费主要还是一种内向型的，面向农村社区和家庭，由于小农个人生产条件和技术的有限性，只能满足最基本的生存需求，大部分农民过着节衣缩食的生活，除了盐铁等家庭不能生产的生活必需品之外，其余生活消费品的外购率很低，主要是自给。农民凭借传统农业和手工业的结合，过着"男耕女织""鸡犬之声相闻，老死不相往来"的田园生活。

集体经济时代，国家的制度性设置使农民的日常生活消费仍然在低水平自给自足的轨道上重复，以生产队为单位，农民的生活消费通过配给制完成。市场在体制上被关闭，农民生活水平的高低和消费规模主要取决于集体经济的实力，尽管在一些行政权力管辖较弱的地方，如交界区和边远地区，市场仍然存在并发挥着一定的效用，但它只是起到了调剂余缺，维持生存的作用，对于消费规模的增长贡献甚微。

市场经济的发展全方位地改变了农民的生活方式，小农与市场的关系由"以业为商"转变为"以农为市"，农民的生产、生活、交往几乎全部市场化、商品化。就消费规模而言，家庭自给率降低，生活消费的种类、质量、样式增加，市场购买率提高。（见表1）

表1　　　　　　　　　　农村居民生活消费支出构成　　　　　　　　　　（%）

年份	生活消费支出构成	食品	衣着	居住	家庭设备、用品及服务	交通和通讯	文教娱乐及服务支出	医疗保健	其他商品服务支出
1990	100.0	58.80	7.77	17.34	5.29	1.44	5.37	3.25	0.74
1995	100.0	58.62	6.85	13.91	5.23	2.58	7.81	3.24	1.76
2000	100.0	49.13	5.75	15.47	4.52	5.58	11.18	5.24	3.14
2004	100.0	47.23	5.50	14.84	4.08	8.82	11.33	5.98	2.21
2005	100.0	45.48	5.81	14.49	4.36	9.59	11.56	6.58	2.13

　　农民与市场的关系日益密切，生活过程中除了粮食（南方的水稻、北方的小麦）、蔬菜（种菜的地区）、油料和燃料（主要是秸秆）基本是家庭自给以外，其余的生活消费品主要由市场供给，如盐酱醋茶肉等食品消费、衣服，家庭设备、用品及服务，建房所需的材料及劳务，交通和通讯工具，医疗、教育及其他服务等，原有的由亲属关系和宗族网络提供的无偿服务逐步被市场的有偿服务所取代，货币支出增加。据笔者在府君寺村的调查显示（表2）：

表2　　　　　　　　　　部分食品消费支出与商品率

	蔬　菜	肉	水　果	油
月均支出（元）	53.15	49.15	24.59	30.33
商品率（%）	87.3	49.0	46.6	12.1

　　2. 消费习惯：延迟与适度并存

　　长期以来，农民的日常生活消费主要是为了满足生存需求，存在一个最低消费水平。传统小农经济时期，由于满足于自给自足的生产方式和生活方式，小农逐步形成了节衣缩食的消费习惯，这种消费习惯的形成受多种因素的制约。一是供给约束，传统小农与市场的交流和交换主要靠基层市场来完成，据施坚雅对市场分析得出的结论，农民不能生产的日常生活必需品通过中心市场，中间市场，基层市场，农户这一渠道向下传输，农民生活的封闭性、孤立性与交通不便带来的高额交易成本使得大量生活消费品无法在基层市场立足，农民的消费对象仍然主要来源于当地。二是货币约束，在小农收入主要来源于农业加手工业的层级上时，农户承受收入波动风险的能力有限，在收入决定选择的消费模式中，货币收入的有限性决定了小农在消费决策上以延迟消费来缓解货币压力。三是观念约束，长期以来受传统小农经济意识的束缚，在消费观念上形成了根深蒂固的崇尚简朴节省的思想传统，孔子主张"君子食无求饱，居无求安。"（《论语·学而》）这种消费观念一旦形成，具有很强的路径依赖，小农在消费习惯上往往是延迟消费。

　　现代商品经济的发展和市场的复兴，农民的日常生活消费开始由家庭自给向市场和社会供给转化，由实物性消费向货币性消费转变。尤其是在社会分工发达，市场化、社会化程度日益提高的条件下，现代城市的流行价值观念和消费行为方式广泛向农村渗透，农民的消费欲望膨胀，劳动力流动和外出就业机会的增加给农民收入带来了较大的增长空间，货币收入的增加使得农民在消费时机的选择上赋予当前消费更大的权重，同时，农民对当前和未来收入的理性预期决定了其在消费习惯上实行适度消费。

3. 消费地点：小市向大市延伸

农村市场形成以后，农民的日常生活消费便离不开与市场的交流与交换。市场供给人们所需的商品与服务，不同的市场具有不同的规模和特征，在农村最初级的市场是集市，集市有大有小，辐射的范围有广有小，随着农村商品化和社会化的发展，农村市场呈现出以下几方面的特征：

一是小市萎缩，大市兴盛，以村庄为消费单位的集市日益萧条，以县市为中心的市场不断扩展，农民在消费地点的选择上具有更大的空间。乡村公路的修建，摩托车、电动车等交通工具的普及大大降低了交易成本，在消费内容和质量等方面大市具有小市无法超越的优势，乡村集市作为"小农的社会生活的圈子"，是中国社会的最基本单位，根据熟人社会的逻辑，在集市交易中，人情、面子等因素会增加交易成本，影响人们对消费地点的选择，在大市中，这些因素的影响较小，农民在综合评估各项成本与收益后，选择最佳消费地点。据调查，笔者发现不少乡村集市或关闭或萎缩，而以县市为核心的中心市场呈现繁荣景象。

二是农村市场呈现多元化的特征。信息的便捷，使得农村市场从有形向无形发展，近年来广告在乡村中随处可见，大大影响着农民的生活，手机、网络等信息传播工具的发展大大拓展了农村市场，使农民的生活消费与服务超越地点的限制。乡村集市无法满足农民消费需求的多样化，必然被大市取代或转换成其他方式。

三　由外向内：社会催生的社会化

前文着重分析了小农生活社会化过程中国家主导和市场拉动两个层面及其由上而下和由内向外两个向度的作用方式与机制。在一般意义上，国家和市场两种力量是小农生活社会化最为基础的动力，在很大程度上决定着小农生活社会化及其变迁的内容、方向和速率。但是，它们对于农户来说都是一种外在力量。事实上，小农生活社会化过程不仅仅是外力推动或者拉动的结果，同样也存在着较强大的内在动力，这就是社会的催生。在初始路径上，国家和市场分别主导和拉动着小农生活社会化过程。但小农生活社会化发展到一定阶段之后就开始获取了自身的动力机制，不再是一个被动的接受者，而逐渐变成为一个主动的决策者。

1. 生活空间：超越村庄边界

由于各种主客观条件的制约，传统小农的生活空间非常狭小。正如马克思在分析法国小农时指出的："小农人数众多，他们的生活条件相同，但是彼此间并没有发生多种多样的关系。他们的生产方式不是使他们互相交往，而是使他们互相隔离。这种隔离状态由于法国的交通不便和农民的贫困而更为加强了。"传统中国农民的生活空间也与此类似。不过，19世纪以来，这种封闭状态开始受到各种外来势力的强烈冲击，农民的生活空间不断向外部扩展。尤其是自20世纪中期中国共产党这一新型政治组织强有力地进入乡村社会之后，村庄之外的政治组织、社会组织和经济组织越来越深地进入并扩展农民生活空间，农民们日益丧失自主性和独立性。

传统中国农民生活空间的狭小性与其社会结构密切相关。费孝通先生对传统乡村社会结构有很精辟的论述，他指出，中国社会和西方社会是两种具有根本性差异的社会形式，西方社会是以界限分明的团体为基本构成单元的团体格局的社会形式，而中国社会则是以自我为中心和基点逐步推及到家庭、家族、宗族、村落的差序格局的社会形式，各个层次的生活单位之间很难作出明确界分，在不同的场景下具有不同的含义。在中国乡村社会结构中，个人和团体（村落以外的地域性、职业性、政治性组织等）都不是基本单位，唯有包容了个人的家庭及其延伸形式——家族和宗族才是社会的基础性单位。当然，村落也是乡村社会的基本单元，不过它是将血缘性家族和宗族组织融合于地缘关系之中而形成的，本质上是血缘关系和邻里关系的延伸。因此，农民的生活空间基本上以村落为限，局限于家庭—家族—宗族—村落这一层层包围的同心圆范围之内，与外界发生关系的人员、频次和强度都是很有限的。

然而，自从中国共产党进入乡村社会并建立起一个新型国家体系后，持久而频繁的政治运动极大地摧毁了家庭、家族、宗族等生活空间，村庄整体范围内的活动空间得到强化，同时跨越村庄的组织形式和生活空间开始兴起。自上而下一直延伸到村落的行政组织、共产党组织和群团组织取代了原有的地方性组织，一体化的阶级行为、话语和意识形态也极大地影响着农民的生活方式。

及至农业合作化和人民公社时期，农户生活空间得到进一步扩展。农户生活空间的扩展是以生产空间的扩展为基础的，从互助组、初级社、高级社一直到人民公社，农户生产单位不断向更大范围伸展。在这一过程中，小农经济的存在基础——分散的土地、生产工具等生产资料被彻底摧毁，而且以农户家庭为单位的劳动、分配、消费方式都被打破，农户家庭不再是一个基本的生产单位，其消费功能也渐次减弱。以至于农户生活空间不再局限于村庄之内，逐步向各级人民公社推移，并显现一定的层次性。

改革之后，由于商品经济的兴起和市场经济的成长，农民的经济交换行为迅速复苏，农户步步深入地进入更高层级的市场体系。同时，城市与乡村之间、地区之间、乡村之间的社会流动和信息沟通等加速，农户生活空间前所未有地向更大范围扩展。尤其需要指出的是，此时的生活空间不仅仅局限于地理意义上的空间，更多地意味着形式化的空间甚至想象的空间。借助于电视、电话、网络等信息技术，如今的农民足不出户即可以知晓全球范围内任何一个角落的事情，并可以与远在天边的人们实现快捷而有效的沟通。

2. 社会化媒介：货币取代其他

小农在社会化进程中所借助的媒介与传统小农相比有着根本差异。

由于生产方式的简单、低级和生活水平的低下，传统小农主要是与自然进行交换，或者与社会进行初级交换。与自然的交换形式往往不需要特别的媒介，与社会交换则需要借助于某些媒介。最开始的物物交换存在于初级交易场所里，一般并没有固定的交易时间、频次和规则，带有一定的随意性。这种交易绝大部分发生在熟人之间，体现的是一种特殊性关系，以血缘关系和地缘关系为基础，不需要货币发挥中介作用。到后来，随着商品经济的发展，商品交换开始走向经常化、多样化和复杂化，简单的物物交换已经无法满足人们的交换需求，必须寻找一种中介物以缩减交换环节。在这一漫长的历史阶段，有许多实物曾经充当过交换媒介，但都没有固定下来。

在商品经济发展到比较成熟的阶段之后，货币逐渐成为稳固的交换媒介。以货币为媒介的经济关系遵循的是陌生人原则，体现为一种普遍性关系。正如费孝通先生所言：从事贸易活动的"街集时常不在村子里，而在一片空场上，各地的人到这特定的地方，各以'无情'的身份出现。在这里大家把原来的关系暂时搁开，一切交易都得当场算清。我常看见隔壁邻舍大家老远的走上十多里在街集上交换清楚之后，又老远地背回来。他们何必到街集上去跑这一趟呢，在门前不是就可以交换的么？这一趟是有作用的，因为在门前是邻舍，到了街集上才是"陌生"人。当场算清是陌生人间的行为，不能牵涉其他社会关系的。"货币与其他的媒介不同，它可以超脱于任何实物性的东西之外，不以交换内容、时间、地点和方式为转移，最终变成了一个具有象征意义的符号。这导致与货币有关的一切事物和活动都进入 个想象的空间，一个不确定的世界，从而带来了巨大的社会风险。对于处于社会化之中的小农而言，其生活消费已经很难与货币分割开来。这最直接地体现在农户生活消费现金支出数额及其在总支出中比例的增长速度上。据统计，1990 年至今，农户生活消费现金支出数额一直处于较快的增长之中，1990 年为 374.74 元/人，1995 年为 859.43 元/人，2000 年为 1284.74 元/人，2004 年为 1754.46 元/人，2005 年为 2134.58 元/人，2005 年是 1990 年的 5.7 倍。而且，农户生活消费现金支出在总支出中的比例增长也非常快，1990 年为 64.1%，1995 年为 65.6%，2000 年为 76.9%，2004 年为 80.3%，2005 年为 83.5%。

3. 社会化目标：享受现代文明成果

社会化是一把双刃剑，"它在为农户注入新的活力的同时，也带来新的压力，使农民进入或者被卷入到一个更不稳定、风险更大、更不具有确定性、更具挑战性的社会之中。"但是，作为一个目标追求，小农社会化应该是正面的、向上的。农户作为现代化进程中的一分子应该与其他民众一样享受现代文明成果，而不是被现代化所抛弃。

这种社会化目标的明确与强调实质上与小农的遭遇有莫大的关系。不管是在马克思主义者还是在许多现代化研究者看来，传统小农不可扭转的命运是走向消亡，处于现代化进程中的小农也就自然而然地需要接受不断的改造。小农经济形态不仅与资本主义社会化大生产相背离，而且也与社会主义公有制格格不入，它注定要进入历史的垃圾堆。在这种认识下，小农必然会被现代化这台残酷的机器所抛弃，自然就不可能分享现代化带给我们的文明成果。因此，我们特意将小农的社会化目标定位于享受现代文明成果是以对小农的传统认识为问题指向的。

其实，小农的遭遇在中国实际上更为悲惨。除了遭到现代化极端主义者的围追堵截、穷追猛打之外，小农及其所在的农村区域也一直处于社会的边缘地带。即使是以工农联盟为基础的中华人民共和国的成立也没有从根本上改变这种局面。事实上，建国以来农民地位显现了一个悖论现象：政治地位与经济地位、社会地位之间的背离，抑或形式化地位与实体性地位的并存。农民作为仅次于工人阶级的国家领导阶级，政治地位无疑较高，但其经济地位相对于城市民众则要低得多，在社会分层体系中也一直处于较低层级。改革之后这一状况有所好转但未发生根本性的变化，而且某些问题已随着城乡人口流动转移到城市。

四　结语

生活社会化是指小农日常生活各方面的需求逐渐由自给转向依赖市场和社会的供给，货币成为人们生活中不可或缺的媒介。生活社会化包括生活资料的社会化、生活过程的社会化和生活方式的社会化。生活社会化是一个过程，在专业化、社会分工、市场化和国家的推动下，小农的生活社会化的水平不断提高，逐步由自给自足的状态转变为市场化、社会化供给，实现了由传统小农向社会化小农的转变。

通过对农民日常生活的历时性和现实性考察，我们发现当下的小农已不同于传统意义上封闭、孤立的小农，农民的日常生活已经被裹挟至高度开放的市场化和社会化体系中，农民的生活消费主要通过市场购买获得，市场诱发了人们的消费欲望，扩张了消费内容，拉动了消费行为。国家在整个生活社会化的过程中发挥着重要作用，提供社会化服务，分担社会化成本，引导着生活社会化的发展方向。在市场和国家之外还有社会这一重要力量，不断推动着小农生活社会化的发展。

参考文献：

[1] 费孝通：《基层政权的僵化》，载《费孝通文集》第 4 卷，群言出版社 1999年版，第 336—347 页。

[2] 吴晗、费孝通等：《皇权与绅权》，天津人民出版社 1988 年版，第 80 页。

[3] 徐勇：《"再识农户"与社会化小农的建构》，《华中师范大学学报》（人文社会科学版）2006 年第 3 期。

[4] 卢昌军、邓大才：《从"以业为商"到"以农为市"——社会化小农的市场纬度考察》，《华中师范大学学报》（人文社会科学版）2007年7月。

[5] 黄宗智：《华北的小农经济与社会变迁》[M]，北京：中华书局2000年版。

[6] 马克思：《路易·波拿巴的雾月十八日》，《马克思恩格斯选集》第1卷，人民出版社1972年版，第693页。

[7] 费孝通：《乡土中国·生育制度》，北京大学出版社1998年版，第24—30页、第74页。

依势抗争：边缘区村民的上访逻辑

——边村的个案研究

闫彩霞（华中师范大学中国农村问题研究中心 武汉 430079）

内容摘要：本文用个案的形式分析了边缘区村民上访的逻辑。在这里边缘区不仅指地理位置，还包括了经济、政治、文化上的边缘化。当代中国学者对农民上访的解释框架是"依法抗争"和"以法抗争"，本文对边村村民上访逻辑进行了深度解读，提出新的观点：边缘区村民上访的逻辑——"依势抗争"。

关键词：边缘区 上访 依势抗争

导 言

边村位于山东省西部某县，地处北京、天津、济南、石家庄等大中城市构成的三角地带中心，交通便利，距京广铁路40公里，京福高速公路25公里，两条省道穿境而过，通关快捷。但便捷的交通并没有使该县融入临近的京津唐和渤海经济开发区。该县在城郊（也就是边村附近）建有工业开发区，历史不超过六年，招商引资而来的多是中小型的加工工业。与河北省接壤，历史上多次在山东和河北之间变更行政隶属，位于行政区边缘，在政治上不受重视。该县位于华北平原，自然生存条件相对优越，农民较少压力突破传统生存模式，生产生活方式相对保守。边村实质上是一个中国传统的村庄，村民安分守己，历史上也没有起义或革命的传统。这样一个村庄只因其城郊区位，偶然地被市场的潮流和国家压力逼到了历史前台，发生了一件对当地村民来讲的大事——上访。

从全国范围而言，随着转型期和农民权利意识增强，农民上访无论在数量和强度上都呈上升趋势（王永前、黄海燕，2003），学界对这一问题也颇多关注。其中，于建嵘对湖南衡阳县农民的上访进行了研究，吴毅分析了一场矿区企业主的上访，应星则对水利移民区的几个上访事件进行了对比研究等。他们多采用"过程—事件法"研究农民上访的内在机制和外显特征，力求揭示农民权利意识与上访行为之间的关系。"过程—事件法"对于上访作为事件的分析无疑是合适的，但事件背后的原因是什么呢？是什么主导了行为主体的权利意识，又是什么影响了上访的诉求对象和行为方式？要回答这些问题就不能仅关注事件本身。

本文从村庄联系和国家观的维度来论证维权主体面对侵权事件的反应和所采取的行动策略。杜赞奇（参见《文化、权力与国家——1900—1942年的华北农村》）认为，"权力的文化网络"是中国传统"乡村共同体"的基本权力模式。笔者认为，"乡村共同体"的解体一方面使得不合法的权力得以在乡村横行；一方面减小了村民的抵抗能力，把农民逼回了家庭。本文对乡村共同体解体的分析正是从"权力的文化网络"的角度来推演。国家观首先代表一种观念，涉及对国家的价值判断，其次是与国家"博弈"能力在思维领域的反应，影响了农民所采取的策略。村庄联系是内在的维度，国家观是外在的维度，二者共同决定了村民所采取上访行动的逻辑。

目前，中国学者对于当代中国农民维权行动的解释框架主要有两种，即李连江与欧博文提出的"依法抗争"和于建嵘提出的"以法抗争"。"依法抗争"是指以政策为依据的抗争，用以说明和分析农民运用法律和政策维护自身的政治和经济权益免受地方政府和官员侵害的政治行为，其基本形式就是上访（李连江、欧博文，1997）。"以法抗争"则是于建嵘对1998年以后农民维权抗争活动的一种新归纳，他认为相对于此前的"依法抗争"，农民已经直接以法律作为抗争武器，通过将矛盾和问题直接诉诸"立法者"的形式进行维权。于还分析了"以法抗争"的诸多阶段性特点，例如已经从资源性权益抗争向政治性权利抗争方向发展，抗争者已经具有一定的组织化特征，形成初步的制度化决策机制，具有了层层推进的梯次性抗争目标等（于建嵘，2004）。

三位学者对农民作为政治主体及其集体维权行动的研究都具有某种开创性的价值，但无论"依法抗争"还是"以法抗争"对于具有区域多样性特点的中国来讲都缺乏普遍性的解释力，国内某些学者对此进行了反思和批判。应星以"合法性困境"为基点，分析了农民"群体利益表达"之"草根动员"的弱组织化特征和非政治化取向。（参见《社会学研究》，2007，2）吴毅则认为，"农民利益表达之难以健康和体制化的成长，从

场域而非结构的角度看，可能更加直接导因于乡村现实生活中各种既存的
'权力—利益的结构之网'的阻隔"。（《社会学研究》，2007，5）他们从
不同的角度分析了农民难以"依法抗争"和"以法抗争"的原因，吴毅
提出的"权力—利益的结构之网"还具有解释框架的意义。但实际上他
们的研究方法在本质上是一致的，都运用过程事件法分析具体案例，这就
陷进了个案研究的一个困境——难以突破个案。

本文从村庄联系和国家观入手，以建构的方法分析了边村的人文地
理、政治经济及其发展变化，导出"边缘区"的概念。笔者认为，正是
边缘区或边缘性的概念内涵，导致了边村村民行动逻辑的深层原因。具体
行动模式的表现是——依势抗争。"依势抗争"中的"势"是指形势、势
力，通俗点讲也就是力量的对比。体现了一种保守、谨慎、被动心态下以
保全自身为首要目标，以集体和当前有利环境为保障的集体行动逻辑。这
不同于"依法抗争"和"以法抗争"，法律只是其诉诸的目标，他们的力
量来源是有利的形势和集体行动带来的安全感。

提到农民维权或农民反抗，就不能不提到美国著名的农民研究专家
詹姆斯·斯科特。詹姆斯·斯科特以自己在马来西亚农村的田野工作材
料为基础，出版了《弱者的武器：农民反抗的日常形式》和《支配与
反抗的艺术：隐藏的文本》这两部著作（Scott，1985，1990）。他指
出，公开的、有组织的政治行动对于多数下层阶级来说是过于奢侈了，
因为那即使不是自取灭亡，也是过于危险的。为了回避这些风险，农民
更多的是采取日常形式的反抗，即农民与从他们那索取超量的劳动、食
物、税收、租金和利益的那些人之间平常的却持续不断的争斗。这些被
称为"弱者的武器"的日常抵抗形式具有共同特点：它们几乎不需要
事先的协调或计划，它们利用心照不宣的理解和非正式的网络，通常表
现为一种个体的自助形式；避免直接地、象征性地对抗权威也是其重要
特点（参见郭于华）。

由于斯科特是以东南亚国家农民为考察对象的，他的许多结论对于具
有当代独特生存环境和文化传统的中国农村和农民来说并不完全适用。中
国当权者与农民的单向权力关系决定了农民很难用这种"弱者的武器"
"日常性的抵抗"权威。但是斯科特的观点对笔者颇多启发，"权力的文
化网络"和"弱者的武器"及其微观叙事和宏大分析相结合的研究方法
共同构成了笔者分析村庄联系和国家观的切入点。

一 边村村庄联系和国家观

（一）传统村庄联系式微

边村在其所属县属于较大的村庄，该县位于华北平原，村与村之间距离很近，往往不到 1 市里，但村庄规模较小。每个村庄都是一个行政村。边村有路姓和刘姓两大姓，两姓户数大致相当，各 70 户左右。另有几个姓氏，均为不过几代的大家庭，为外村人投奔亲戚在此定居。一般在改革开放前就迁入边村，在人民公社期间被编入各生产队，实行家庭联产承包责任制后也分得相应的土地，生产生活各方面与其他村民基本无异。

约十年前，边村因其城郊区位在县城扩张中划入城区，土地相继被征用，修建了东一环和东二环和工业开发区。边村两个生产队的土地全部被征用，另两个生产队临近公路的部分也被征用。按家庭承包土地是否被征用，边村收入分为两类：一类是农业收入和兼职收入；一类是占地补贴和打工或做生意的收入。在农业方面，边村没有土地抛荒现象，一般农民仍把土地当作生活资料的基本来源，但绝大部分只种些粮食作物，尽量减少在田地劳作的时间，并不把农业收入作为主要收入。灌溉的水源是村边的一条小河，已经被严重污染，因此粮食产量相对较低。大部分村民把主要精力用在兼业上，实际上，村民虽然依然是农民身份，但务农更像是一种兼业。边村因距县城和开发区很近，村里基本上没有剩余劳动力。一部分未婚青年外出打工，绝大部分在本地就业。一般女性都在附近工厂里做工。男性一部分进了工厂，大部分自己做些小生意。虽然边村外出务工的现象并不多，村民相对比较保守，但人们的生产活动范围依然大大扩展出了村庄。边村没有集体经济，农业生产基本实现了机械化，村民之间的劳动合作和生产互助的现象已经很少见。分散的小农经济渐渐被替代为更为分散的打工经济和个体经营，村民在生产上的传统联系已经被现代工业和机械化所隔断。

村子里贫富差距很小，种粮和粮食补贴的收益相差不大，一般打工工资每月在 500 到 1000 元之间，做小生意的利润因个人能力也仅稍有差距。除了村干部尤其是村支书比较富裕之外，普通村民中只有一个人，也就是边村现任村主任，他早年就外出做石油生意，回村后继续经营加油站，家底比较殷实。村民中个别比较贫困的家庭，也多是因为家里有病人或有小孩读书花费较多。从经济水平讲，边村村民早已实现了温饱，常有老人忆苦思甜，但仍算不上富裕，村民收入只能维持日常基本生活和可控范围之内的大额支出，任何一次大病或孩子的学费支出都可能再次让村民陷入贫困。这很大程度上决定了村民有着强烈的储蓄倾向和致富愿望，一般村民在自己的小家庭投入了绝大部分精力，甚至无暇他顾。村民一般行为节俭，多无余力发展其他业余活动。这也在一定程度上限制了村民之间的沟通和对村庄事件的共同关注。

边村虽有两大姓，但同姓之间联系并不紧密，呈现出日益减弱的趋势。具体来讲，在日常交往方面，按照亲疏分为四个层次：直系亲属、旁系亲属、邻居、同村人。一般情况下，三代之内同宗之间日常交往亲密些，三代之后与一般邻居和其他村民差别已经很小，宗族关系大多只体现在传统风俗习惯上。按照北方的风俗，大年初一早上全村人都走出家门给村庄中尤其是同姓的长辈拜年，这曾经是宗族认同甚至村庄认同的重要仪式。但近些年来，拜年的仪式趋于简化，基本免除了跪拜礼，甚至拜会的人家也大大减少，开始渐渐转向只去与自家交往比较多的人家。"拜年"的传统风俗开始突破了宗族关系和曾经的生产合作构筑的村庄关系，转向个人或家庭之间关系的巩固，从对祖先崇拜的宗族认同转向个人之间平等的朋友关系的符号表达。

"院"在北方指同姓相邻的一个聚居区，边村有两个"院"，刘家"院"和路家"院"。后来因村庄人口增加，新修房屋宅基地被划在村东，同姓人开始在地理位置上分离。杂居的形式减弱了同姓之间的联系，除过年时依然和"近门"（同宗的村民）一起去拜年，日常的联系大大减少，宗族联系越来越形式化。

婚丧嫁娶在边村还保留着比较完整的传统仪式，很多环节明显保留着宗族关系的痕迹。首先在随礼上，原来每逢有村民结婚、小孩出生、老人过世，同"院"的村民都"理应"随礼，但实际上现在更多依据个人和两个家庭之间的关系。另外，婚丧嫁娶的程序也是以"院"为单位。婚丧嫁娶程序复杂，仪式繁多，路家"院"和刘家"院"都各有一至两名主持，负责人员的调配和仪式的主持。主持一般由比较有威望的村民担任，但其权威也只限于此，平时与一般村民无异。最近两年权限范围更是越来越小，人员分配的决定权转移到当事人自己身上，主持只是负责通知。并且，现代婚姻仪式的加入也部分替代了主持的作用，例如，结婚典礼开始请婚庆公司专业主持。这些在表面上看起来只是主持权威的减弱，实质上代表着家庭的原子化。家庭越来越作为独立的单位行动，村民之间的沟通越来越少。沟通也是村庄联系的一种重要方式和表现。

总体来讲，现在边村的宗族关系只是体现在传统风俗习惯中，包括婚丧嫁娶和春节等。但是仅有的宗族联系也呈现出式微的态势，渐渐被个人的人际关系网所取代。在一般村民的日常交往中，宗族关系的影响淡化。家庭内聚力增强，家庭变成了基本甚至绝对的行动单位。

在边村，村庄精英的作用除了村支书（原来的村主任有名无实）与村庄事务有关，在村民中产生必要的影响之外，村民之间在日常交往中均处于平等的地位。前面提到的两"院"的主持，也只在婚丧嫁娶的特殊时候才会有些许仪式性的作用。边村除了传统礼仪之外很少有涉及群体的联系。村民之间在日常生活中的合作，因其生产的外向性、家庭内聚力的增强、家电的娱乐休闲作用和公共娱乐方式的短缺，其范围一般只限于以自家为中心与周围邻居的交往。关系的协调依靠两人之间交情和人品道德。因合作的减少，边村村民之间缺乏共同利益，纠纷也相应减少，村庄表面上看起来非常平静。费孝通认为，中国传统乡村是"熟人社会"（《乡土中国》），但在边村，居住地相隔较远的村民越来越陌生化。

总之，在边村，生产关系超越村庄，传统风俗习惯宗族符号的功能减弱，家庭单位化，村民独立化，村民对村庄的认同感渐渐丧失了原来的内涵，更多地变成了一种地域联系上的道义关怀。

（二）新村庄联系方式的渐兴

在边村，传统村庄联系渐渐消逝，新的村庄联系方式开始慢慢兴起。首先，村庄作为一个小型社会，最常见的村庄联系是日常的交往和互助。日常的交往开始由宗族之间转向邻里之间，邻居因居住地相距很近，房屋相连，其便利性决定了他们之间的交往最为频繁。除此之外，村庄内部，尤其是男性之间，存在相对频繁的联系。前面曾提到过，由于农业劳动生产率的提高，农业生产上的互助已经很少见，同时边村没有集体经济，也不存在较大范围的村内经济合作，所以边村在生产上的联系主要是个人之间的合作和和互相帮助，这主要是指借贷和个人的生产联合。最广泛的联系是由娱乐而生成的公共空间，边村主要的娱乐方式是搓麻将和打扑克。

借贷主要是指村民之间的融资行为，多发生于村民临时急用或对困难村民的救济，借贷资金一般多用大项支出，如建房、就医、学费或生产资料如农用三轮车的购买等。农村小额贷款现在依然存在颇多限制，村民的借贷多发生在熟人之间，没有利息，借款期限靠双方口头约定。传统的借贷对象除本村熟人之外还包括村外的亲朋。借贷的条件除熟人关系之外最重要的是互相信任。边村一位村民平时为人非常热情，经常为其他村民帮忙，每年用在社会交往上的支出占到了收入的将近三分之一。利用几十年"打关系"的基础，在2000年建楼房时他才得以筹足五万元钱。即使在熟悉的村民之间也存在着颇多限制，因此借贷一般只发生在固定的几户人家中。目前随着人们生活水平的提高，借贷由一种互惠行为开始转变为单向的救济。同时，村民独立性的增强，减弱了熟人之间的信任度。随着家庭越来越原子化，这种熟人借贷也越来越少。个人的独立和市场的开放，催生出一种新的民间借贷形式。这种借贷是一种有偿贷款的形式，依然延续原来的熟人或中间人网络进行，利息在银行贷款和存钱之间。这几年，边村家有余钱的村民开始以这种方式作为投资，向外借钱。新的借贷形式已经完全不同于传统上的救济和互助的关系，而是一种市场行为，借贷双方存在利益关系。这种关系的形成必然带有很强的个人性和私密性，难以产生一种群体共同利益下的凝聚力。

经济上的互助在边村主要体现在粮食贩卖时的合作，做小生意的边村村民多从事收购、贩卖粮食及各类经济作物的个体经营，在这里简称粮食贩卖。这是小单位行动，人数一般在一至三人，有的村民独自行动，有的夫妻合作，也有的在亲朋邻里之间找一位合作伙伴，合作伙伴之间便构成了村庄联系。另外一种村庄联系，与其称为互助不如称为帮扶，与其称为联系不如称为关系。具体是指，边村有的村民在建筑业中做包工头，有些就业困难的村民会借助这层关系谋得一份工作。当然，这种村庄关系和帮扶完全不同于传统的地主与佃农的关系，包工头不带有垄断性，双方在经济上是雇佣与被雇佣的关系，在村庄地位上依然是平等的。对于本村村民来讲，做建筑工并不困难，在本村人手下做事只为了方便和安全；对包工头来讲，也只是顺便送个人情，对于建筑行业来说，人数多少并不起主要作用。这实际上是打工经济在村内的一种表现，但因为边村企业管理者和私营企业主都很少，村庄也没有集体经济，因雇佣产生的村庄经济关系在边村只是个别现象。

在边村新兴村庄联系最为广泛的是娱乐活动，每逢春节，村民一般会三五成群聚在几户村民家里搓麻将或玩扑克。夏天的午后，村庄三个超市和一两户活跃而门庭宽敞的村民家门前，也会围拢成几伙人。娱乐有一种开放性，这时周围的青少年也会加入，甚至居住地较远平时交往不多的村民也会被吸引过来。在这样一个公共场合，村民在娱乐的同时，偶尔会交流一下共同关心的个人或村庄的事件或生活感受、经验之类。这加深了村民之间的沟通和了解，但不足之处是这种交往具有临时性，经常一起娱乐的依然是平时就交往较多的邻居，其他村民的加入带有较多的偶然性。除几位性格比较开朗的男性村民，纯粹因娱乐而建立比较稳固联系的村民很少。

概而言之，边村内部有两种村庄联系的方式，一种是保持传统风俗习惯的仪式化的宗族关系，一种是基于个人交往的新的村庄联系方式，包括借贷、生产合作和公共娱乐空间。其中，宗族力量已近消失，只在特殊场合构成一种互助。新生产方式中的生产合作已经完全不同于传统社会中的生产互助，也不同于集体经济中的生产分工，带有一种个性化，其调节主要依靠人品道德。借贷已经由熟人之间的互助变为商业行为。由公共娱乐空间构建的村庄联系广泛而脆弱，村民之间交往渗入了偶然性因素。邻里之间的日常交往成为边村最稳固的联系，但这种联系带有封闭性，其功能也多限于生活上和感情上的互助和安抚。在传统的村庄联系已经难以承担起生存保障功能的情况下，新兴的村庄联系迎合了传统生存压力下释放出来的农民的新的需求，但边村村民的生存状态和生产生活方式尚在转型中，这就决定了这种新兴的村庄联系尚不成熟。从当前看，这种类似于个人关系网的村庄联系尚缺乏共同的价值观和道德约束以及必要的共同利益。总体来讲，传统村庄联系的消逝、新兴村庄联系尚待发展，失去村庄保障的村民退回到家庭，家庭内聚力扩张，家庭原子化趋向明显，有限的村庄联系必然难以承担起维护村庄共同体利益的重担。从文化上看，边村离传统文化渐行渐远，但现代文明才刚刚露出触角。

（三）边村国家观

从上面的分析中我们可以看出，边村作为一个共同体已经渐渐丧失了传统乡村作为"熟人社会"的村落凝聚力，这种传统文化网络带有一种自治的功能，这种自治功能的丧失，新的村庄凝聚力来源的缺失和脆弱，无疑将村民抛向了社会和国家。作为农民，寻求社会帮助必然很难，这一般不会成为农民的选择。下面笔者对农民的国家观进行阐释。

从历史上来看，边村位于黄泛区，因自然环境因素，历史上多发水旱灾害。义和团运动的起源地距该村就只有不到 20 公里的距离，但当时边村只有一人参加。抗日战争时期，因距县城很近，受日军威胁较大，边村共产党员、日伪军、土匪都较少。解放战争时期，边村也只有不超过 10 名共产党员和国民党员。与鲁西其他地方相比，虽面对同样的自然环境和相差不大的政治环境，但边村一直没有起义的传统，对革命的热情也不高。土改时期，每人 5 亩耕地即被划为中农，30 亩就是地主，执行标准严重低于政策要求，但村干部依然严格执行群众运动的要求，进行大范围的批斗活动。边村农民不了解也不能理解上级政策，更不理解村干部的所作所为，但边村村民向来是逆来顺受，明哲保身，很少反抗。改革开放后，边村和全国大多数村庄一样，在市场经济的洪流夹带下，发生了显著变化，但这里仍然是山东最贫穷的区域，只是在被动接受现代文明。边村一直缺乏与国家互动的传统，与国家的纽带往往只限于国家强制力的政策落实。进入现代，边村村民依然保留着传统思维，下面举两例说明。

其一，农村合作医疗是农村的医疗保障，但在边村，农村合作医疗对村民就医选择的影响微乎其微。边村村民除非生重病需要住院，很少去医院抓药，实行农村合作医疗后依然如此，他们说，医院收费高，报销一部分依然比在外面买贵，另外报销的手续很复杂。有几位村民曾有过不给报销的经历，这更印证了村民的观点。村民们并不清楚政策规定，但却一致认为合作医疗只不过是一个形式而已。

其二，免农业税、粮食补贴是本届中央政府重视民生的体现，在很多地方得到农民的热情拥护，政府尤其是中央政府提高了其合法性地位。但在边村，村民并不领情。他们认为这只是欺骗农民，明着发给农民，暗里又收回去了，甚至更多。政府在免征农业税、发放粮食补贴的同时，也通过市场提高了农民的生产成本，生产生活资料价格越来越高但粮食价格一直很低，实际上增加的成本投入比政府给的要多。很多村民总结说，农民自古以来就是受压迫的，当官的从来不会向着农民。

在这里笔者对政策的制定和落实不发表观点，只在本文主题范围内借此讨论边村的国家观。边村村民关注自身利益，但因知识水平和信息渠道所限，只能感受到政府政策对自己的影响，但并不理解政策规定及其操作。当自己不能适应新的政府政策或自己受到不利影响时，他们的选择是私底下抱怨，而不是积极去了解并真正利用中央的惠民政策为自己谋利。

关于合作医疗的问题，绝大多数村民不知道怎么去报销。我问他们为什么不去咨询，有的村民的反应是，叹一口气然后说没用的；有的说问过，但是医生也没给说清楚，最终不了了之。实际上，边村村民与政府及相关利益部门之间形成了一种恶性循环。在中国的压力型体制之下，边村村民在历史上逐渐形成了胆小怕事的性格，但是当政府权力收缩，乡村社会不断被市场和法制因素所渗透时，边村村民依然缺乏政治参与的精神。政治参与有利于对政府及相关利益部门监督和政策的民主化。边村村民政治参与的缺失使得政府和村民之间形成了一种单向权力，结果村民发现政府的所作和所说不一致感到被欺骗，但依然对政府保持沉默，并依然屡屡丧失自身应得的权益。

　　在这里"国家"不只是指政府和官方组织，也包括村干部。这种观念源于边村村民对村干部行为的理解。从访谈中可知的历史看，边村村干部一直是站在政府一边或说一直借用政府权力。从划成分到批斗，从征收粮食税到土地利用等，边村村干部无不代表着一种"官权力"，利用暴力的方式"统治"村民。当然边村村民并不把村干部等同于政府，但是他们认为，村干部是乡镇内定，官官相护，村干部即使有违法的行为也不会受到惩罚，作为最普通最底层的村民来讲，面对村干部的强权和违法剥夺唯一的办法只有逃避和忍耐。

（四）边村的边缘化

　　边缘与核心相对，但当前学界对"核心—边缘"理论的讨论都集中在经济领域。世界上对"核心—边缘"理论的研究均侧重于国民经济的宏观角度；国内研究主要是将国外基本理论与改革开放的实践结合，进行区域经济发展过程中的对策性研究。本文试图对该理论进行扩展，将这一分析框架应用于社会学和政治学的研究。

　　本文研究的是农民上访问题，将"核心—边缘"理论应用于此有将农村进行再分层之嫌。笔者不否认农村目前在中国经济成长中位于边缘区，但笔者认为，农民作为一个阶层，实际上在权利意识上有了明显的不同。于建嵘对湖南衡阳县农民上访的研究结果是中国农民的维权行动已经具有明确政治取向，由"依法抗争"转入"有组织抗争"或"以法抗争"的观点。应星和吴毅认为中国农民的维权行动依然是弱组织性和弱政治性。对于建嵘的批判是其加入了过多个人感情色彩和价值关怀。于建嵘曾经来我校做过演讲，笔者认为他的研究不失其客观性，只是带有过多个案的色彩，忽视了中国区域的复杂性。相比于建嵘的研究，笔者所研究的个案完全是个平民社会，虽上访过程中也有村庄活跃分子动员组织，但他们和其他村民在知识、经验和个人能力上都相差无几。他们进行上访也并没有任何政治目的，只不过是长期压迫下的反抗，所求的只是"报仇"。这些差别的根源正在于村庄联系和国家观的不同。

在边村，虽然市场经济也有所渗透，但相比于南方而言，有一种内向性。村民多在县域内打工，部分进入大城市的青年，绝大部分进入了半封闭式管理的工厂，边村村民对服务业普遍存在偏见。这种内向性和封闭性使得村民在接受了新的生产方式的同时，把市场经济的理念排斥在外。与此同时，边村虽自身依然保持着传统的观念和生活方式，但无法阻止社会的发展，现代社会理念依然通过大众传媒慢慢改变着边村人的思想。他们产生了新的精英观（这在下文中选举村上首富任村支书可以体现出来），只是新精英观的内容虽和传统社会不同，但本质没有改变，依然是小人物对精英的仰视和依赖。没有精英的边村只是一个个小人物的聚合，一群乌合之众。边村村民的高度同质化，并没有产生均贫富的其乐融融或者现代民主理念，而实质上了只是构成了一个主要靠地域联系的松散的聚落。在这样的村落中，宗族开始消逝，家庭原子化，村民开始变成孤立而不是独立的个体。政治上，边村村民更是表现出一种胆怯和自保，对国家的畏惧使得他们始终徘徊在体制之外，缺乏与国家的互动，也缺乏现代权利意识。

不能说于建嵘所研究的农民位于核心，他们总体上来讲依然处于弱势群体的地位，但他们有更强的参与意识和更为成熟的国家观，更积极地进行体制内抗争或是采取"踩线而不越线"的策略。从权利意识上来看，若将"核心—边缘"与边缘理论应用于上访的研究，那么核心就应该是现代权利意识和民主观念，边缘就是传统清官思想和江湖恩怨的思想，那么于所研究的村庄位于核心，笔者所研究的村庄位于边缘。"核心—边缘"与边缘的理论可能无益于问题的解决，但会给思考这一问题的人提供一个思路。

当然，这一分析工具和权利意识有关，但不是指一种抽象的观念，边缘应该代表边缘区的权益意识的层次，边缘区指的是村庄作为一个特定的区域在政治、经济、文化上的边缘化，正是这些深层次原因决定了村民的权力意识。边村首先位于行政区、政治关注和经济发展上的边缘区；其次，从文化上讲，作为"权力的文化网络"的传统村庄联系渐渐化解为个人社会交往，使得边村丧失了进行"日常的抵抗"的资源，丧失了意识形态的影响力。甚至，在下文中可以提到，边村村民根本没有意识到自身所享有的权利，上访的目的是"报仇"，不能不说，边村的文化越来越边缘化。边缘化的边村村民发起了一场上访行动，同样的形式隐藏着不同的行动逻辑。

二　边村村民的上访

在边村这样一个村庄，无疑对强权有最弱的抵抗力和最强的忍耐，但边村支书最终还是因村民的集体上访而倒台。这一事件的发展过程如下：

（一）矛盾——以权谋私

原支书在任已有二十几年，在任职的最初几年里，村民对他的评价是为人比较热情，也愿意为村民办事。靠着人格魅力和办事能力，原支书慢慢在村民中威信提高，后来又借助其他手段最终在村组织班子中一人独大，独掌大权。但随着地位的巩固，慢慢腐化，借助手中的权力谋取私利。

1. 入党　边村几十年来都没有村民入党，村中党员人数一直没有变化。村支书是党内选举，根据这一制度，边村党员数量没有增加也就不难理解。在边村，党员只是村支书手中的棋子。边村村民对党员身份既羡慕又嫉妒，一直鼓励子女在学校或单位入党。

2. 选举　对于村主任的选举本应是村民直接选举，但在边村基本上变成了支书任命。据村里人讲，原主任当年上台时，只经过支书在村里喇叭上对村民喊了一声，以后某某是我们村的主任，便算是正式上任了。村委会和党支部各有三人，全部是和支书关系甚密的路姓。

3. 窑场　村支书上任后没几年，便在村北建了一座砖窑。窑厂占用的是一块大约六亩的耕地，窑厂制砖所采的土取自周围土地和河床，这些全部是免费取得。窑厂是支书私人所有，按同样的价格将成砖卖给外村和本村村民，所得利润归自己。本村村民除非急用很少在本村购砖，以避免不必要的利益纠葛。

4. 调地　边村 1980 年代分田到户时，土地全部发到农户，没有留集体土地和机动地，因此调地时由村长居间主持划出人口减少户的土地给人口增加的户，同时宅基地的取得村庄掌握着绝对权力。一般村委会，实际是村支书主持，由各队各划出一定的土地用做宅基地，村民想取得宅基地时向村委申请，然后缴纳一定的宅基费。在操作过程中，村支书一方面树立了个人的绝对权威，一方面在中间坐收渔利。调地和宅基地的申请往往和个人恩怨有所牵连，是否批准和宅基费的高低往往因村民与村干部的个人关系的不同而有所不同，甚至有的村民无法取得土地。在边村，村干部的土地大于一般村民的土地，村支书有三处宽敞的住宅，原村主任的宅基地是一般村民的一倍。现在由于土地征用已经不再发放宅基地，但村支书又开始在原有宅基建房上大做文章。

5. 计划生育　计划生育的罚款也是每年都有提高，从最初的几百元一直涨到现在的三万元到五万元。这也成了村干部的重要财源。

（二）潜伏危机——村民的反应

上述权力经济虽属暗中操作，但村民心知肚明。边村位于在华北平原，全村只有500多人，属于人口聚居区，占地面积不过两万多平方米。人口流动很少，祖祖辈辈生于斯长于斯，对各村民的情况都了如指掌，费孝通曾提出一个观点，乡土中国是熟人社会。现在村庄联系虽然减弱，但村民关系往往有交叉，也不乏消息灵通人士。另外，边村资源有限，除土地之外，再没有其他资源，世世代代的农民对土地非常熟悉，对于村干部在土地上所做的文章，村民虽然并不了解"上面"（政府）的政策，但是凭借祖祖辈辈积累下来的生活经验，往往一眼就能洞穿。况且在这样一个人口聚居区，村庄与村庄之间相距平均不到1里，村与村之间多有联姻，各村之间相互了解信息非常方便，边村与其他村庄的不同，村民也看在眼里，记在心上。

在边村，村民一般都比较畏惧村干部，虽深知村干部借用手中的权力在村民身上榨取利益，但只能忍气吞声。一个明显的表现是，村干部家里如果有诸如结婚生子之类的事情，按照边村传统习俗可以不用随礼的村民也会积极送礼，边村流行一种说法，这些"当官"的记不住谁送了礼，但会记住谁没有送。为了不让村干部记住，边村村民一般都比较温顺。村民往往得过且过，不愿对外争取自身的权益，在村民看来，与村支书对抗无疑是"鸡蛋碰石头"，得不偿失，但正是这种个人理性的计算造成了集体的非理性。

（三）矛盾激化——城市化的诱惑

在边村，村支书面对的只是一个个分散而懦弱的村民，边村政治权力的渗透力很强，借助城市规划中边村被划归城区带来的城市管理方式的进入和土地征用的契机，边村村干部借助手中权力，借助政府强制力对村民的威慑力，在边村的权力经济越演越烈。

1. 土地征用中的权力经济

或许是因为土地对农民的意义已大大减弱，尤其是年轻人，甚至有点渴望摆脱务农。当时政府征用村里土地时过渡比较平稳。由村委统一和县财政局签订合同，按每亩一年 700 斤玉米和 700 斤小麦的标准给予补贴，经村委统一发放给村民。所有手续和程序均由村委出面，村民对其内幕不了解，渴望但没有机会看到这些文件。村务的不透明引起很多村民猜疑，怀疑村委借机私吞了田间道路与属于村民所有的农田范围之外的土地的补偿款，甚至欺上瞒下多报瞒报土地面积。而事实也极有可能，村民得到能够耕种的土地的补偿款，而村子里没有集体经济和公共事业，其余土地面积的补偿款，便顺理成章的在发放给村民之前，被截留在村干部手中。村干部明显高出一般村民的生活水平更印证了村民这种假设。

2. "准建费"征收中的权力经济

自边村被划为城区之后，公路路北第一排的房屋统一规划，强制拆迁，按规定建楼房。拆迁费标准是 1 平方米补贴 6 元钱，这部分钱相对于建楼房来讲只是九牛一毛。临公路的居民很不满，但迫于压力不得已借债修建。当时村支书就像是政府的暴力机器，对村民百般打压，甚至曾与村民发生口角叫来 110 将某村民关进派出所。这里面的内幕不得而知，但村民不能不怀疑村干部在其中扮演的角色。

自此之后，村里房子新建或加建都要征收"准建费"。这是城市管理方式在边村的延伸，但这种城市正式制度在边村落实中也遭遇了权力经济。边村村民无论建房还是拆房，无论是否在自己的宅基地，无论是新建还是加层，都必须先交给村支书一笔金钱，作为"准建费"。在这整个过程中村民看不到任何文件。笔者对其中的运作很好奇，特别想了解国家正式制度在运作中潜规则是如何发挥作用，但在对村主任的调研中，村主任守口如瓶，一般村民对其中内幕也不得而知，几乎处于被村干部摆布的境地。

村民虽然不了解相应的法规政策，但他们有着朴素的公平正义观，面对已形同掠夺的村庄政治，心中的激愤已经越积越多。

（四）危机升级——开始上访

改革开放以来，随着大众媒体的宣传，虽然村民依然对政府和官场潜规则有所畏惧和疑虑，但法治的理念已深入人心。2000 年后，边村开始有几位村民暗中活动试图告倒村支书。

活动者大多是与村支书有私怨的人。在这里以代号表示进行简单介绍。A 和原支书是同宗，他曾经向村支书申请宅基地，当时村支书没给。同时本村另一村民，是一位好打架生事的"混混"，他也要宅基地，支书同样没给，该混混遂拿刀向支书威胁，支书无奈，给了一笔钱"摆平"。A 和该"混混"是好友，A 得知该事，遂对支书怀恨在心。B 的父亲曾在改革开放前任支书，本人性格比较冲动，他曾经与支书有过两次冲突。第一次是因为征收提留（农业税），B 称自己收成不好拒不交提留，当时 B 和支书发生了肢体冲突；第二次是因为计划生育罚款，B 第一任妻子意外死亡，留下一个女儿。现任妻子是再婚，但婚后一直不孕，一直到四十多岁终于怀孕，但没有按规定办理准生证，村支书通知计生办来人强制 B 的妻子流产并罚款，此后她一直未孕。

不再详述，但由此已经可以看出最初上访的村民都是性格比较冲动，喜欢"惹是生非"的人，村民在心理上支持他们的上访行动，但都不会加入他们，在村民看来，他们的行为是很冒险的。在边村村民的心目中，国家是"恶"的，并且官官相护，一般村民即使受到剥削压迫也会选择忍气吞声，不愿白白浪费自己的金钱和精力，甚至可能给自己带来新的风险。当时笔者在调研时，问他们为什么不上访，另一个回答是：当干部的都会腐败，他当了这么多年或许已经快"吃"饱了，让另一个人上台说不定会更腐败。他还举例讲到村里曾有另一人当村支书做了一段时间，但他为人很冷淡，也不愿意为村民做事，使村民们感到很愤慨。现任支书虽说腐败，但相对来讲还是好的。

村民只是在观望几位村庄活跃分子的上访检举行动，这些行动一直没有结果，支书和村民都相安无事，支书继续在村中聚敛钱财。

（五）插曲和契机——村民选举

与村民选举直接相关的有两件事情。

2007 年因开发区建设征用土地，要迁走迁刘姓祖坟，路姓和刘姓是边村两大姓之一。通过村委会的干部与开发区的负责人协商，迁一处祖坟相应付村民补偿金 700 元。某日，在迁坟的现场因对迁坟数量和祖坟安置费的问题意见不合，村民和开发区负责人打起来（这部分村民中也有路姓村民在内，抛开道义支援也可见边村宗族关系的淡漠）。后来开发区负责人打电话叫来警察，将一位村民现场扣留。后来刘姓村民合力将被带走的村民保释出来。

之后参与"迁坟事件"的刘姓村民在村里的一个饭店聚会，吃饭中，有人讲，我们刘姓的都是一家人。在此之前，无论是刘姓人还是路姓人都从没有像这样大规模的单姓的聚会。祖坟，这样一个传统文化的载体，偶然的唤起了人们的宗族认同感。这次聚会就像是一个仪式，从此非正式地将刘姓村民联合起来。

另一个重要的事件是边村首富回村。该人姓刘，改革开放之初便外出做石油生意，经过几年的打拼积累了一些资本，成为边村首富，早在 20世纪 90 年代便买了小轿车，这当时在村民看来还是稀罕物。此人虽长年在外做生意，但在边村也积累了一定的声望。

他社会关系比较广，为人也比较热情，每当村民遇到一些难以解决的事情，比如机动车被扣等之类需要和政府打交道的事情，往往喜欢找他帮忙，他也乐意帮助村民并能借助自身多年积累的社会关系很快摆平。作为边村曾经唯一，现在也为数不多的拥有私家车的村民，村子里有婚丧嫁娶之类的事情需要用车时，他也经常无偿提供。借助于在外做生意的光环（与村民的保守形成对比）和在村内积累起的声望，他的"适时"回村立即引起了刘姓村民的关注。

村民选举之前，刘姓中开始有活跃村民活动起来，其中多是受村支书压迫的人。他们动员刘姓村民投票时都选该首富。迁坟事件让刘姓村民获得宗族认同感的同时，也意识到村干部中没有刘姓村民，认为刘姓作为一个大姓，应该有人在村委会中当村干部。投票时，刘姓村民果然很团结，有的路姓村民也投了该首富的票。计票结果，该首富获得了大多数的票数。此时，村民其实并没有想到要借选举之机在村委中培植自己的代理人，选举首富的共同行动仅基于偶然唤起的宗族认同，村民实际上不懂得政治斗争的手段。

以上是村民选举的两个重要背景，另外一件事则直接改变了此次选举的形式。2007 年省政府直接下文件规范村民选举。村民选举当天，村里找了几个代表抱着选票箱挨家挨户收集选票，接着这些选票箱被直接送到城管办事处，由城镇干部主持唱票计票。当时很多村民不约而同聚集到计票现场。就此，政府的支持和保障直接促成了一次比较公正公开的村民选举。该首富如村民所愿当选为边村村主任。新村主任上台后改组村委会，换掉了原来的两个路姓委员，村委会成员全部由刘姓村民组成，形成了路姓与刘姓在人数上半分天下的格局，彻底改变了原来村干部全部为路姓村民的政治局面。村支书的选举中，原村支书在五位党员中再次当选并继续担任边村村支书，继续执掌大权。

（六）胜利——村民的集体上访和村支书倒台

新村主任上任，村支书并没有丝毫收敛，接下来发生的事情终于使村民联合起来。

新主任上任之后也想能在新职位上有所作为，这不可避免与村支书产生了冲突。在征收准建费的问题上，自新主任上台之后，刘姓村民开始找他办理，新主任只要求村民交了2500元，但村支书不同意又硬要村民一定交够5000元，村民在私下议论纷纷，村支书和村主任也产生了矛盾。

2008年夏，几位边村活跃分子又开始活动起来，这次他们改变策略，放弃单枪匹马的举报和上访方式，开始广泛联系村里曾和村支书有矛盾的人，领导人中也加入了新上任的主任和副支书。副支书姓路，据村民讲他个人并没有多少能力和威望，但他的大家庭中有人在政府任职，村支书遂拉拢他，让他入党并进入村委会的班子，任副支书，后直接宣布他为村长。本来他从村支书那里得益甚多，平时也一直追随村支书。但在这次选举中他与村支书结下了仇。事情是这样的。选举前村支书和他说，他干了二十多年要退下来了，这次不当了，下届就由他来当。这位副支书信以为真，心里很高兴，做好了准备当村支书，但后来选举后依然是原村支书连任。他很生气也加入了上访的队伍。

就在上访的准备工作暗地里如火如荼时，村支书又与一村民发生冲突。该村民是村支书的堂弟。他曾经向村支书申请宅基地，但村支书出于种种原因没给，两人就此有了隔阂。此时，村支书家的宠物狗不明不白被人毒死，遂怀疑是住在他家旁边的堂弟所为，村支书的儿子气不过来到堂叔门前大骂。没过几天，便有计生办的人到该村民家里索要超生罚款。此前该村民儿子的超生行为因村支书的庇护一直没有受到惩罚。此次罚款在该村民看来也明显是村支书所为，两家人由此结下了更深的仇恨。

这三个人的加入大大增强了上访队伍的力量。他们先是组织上访村民在开发区管委会上访，后来一直上访到地级市。集体行动增强了上级政府对此次上访事件的重视，边村精英的加入也使得上访材料更加翔实，上访策略更加严密。上访行动终于获得了成效，2008 年 8 月份，边村支书被逮捕接受调查。

与此同时，县里相继有几位贪官被逮捕，包括卫生局局长，土地局副局长等。有消息灵通的村民反映，村支书事实上知道村民的上访行动，他曾经在一个酒厂说，这次如果被告倒就没有希望了。联系以上的反贪行动，村民上访行动成功或许还有另外一个原因，那就是村民的上访巧遇反贪行动。县乡级干部正是边村支书二十多年横行村里的庇护人，而他们的相继落马无疑减轻了上访队伍的阻力。

三 对边村村民上访的解读

（一）对边村村民上访的解读

边村支书在位二十多年，这本身就潜藏着问题。第一，村支书的选举是党内选举，在边村党员只有五六人，二十多年来只发展一人，也就是"宣布"为村主任的那位路姓村民。实际上，边村党员的发展变成了村支书个人势力范围的发展，可以推测，党内选举实际上也由他控制。第二，之前还存在"提留"（农业税）等税费，村支书和乡镇干部多有工作上和私人的联系，这从村支书以"官"自居，动辄"武力相向"可以看出。第三，边村是个平民社会，一般村民保守，不愿出头，村支书在控制了党支部后又控制了村委会，将所有成员换成了路姓，使得边村党支部和村委会两个组织变成了他个人的"家天下"。第四，村民对村干部的合法性和其行为往往讳莫如深，甚至私底下的抱怨也只限于自己所受的委屈。如果和国家政权相比的话，边村就像是一个"寡头政体"，村支书个人独大，村干部只是他可信赖或可利用的帮手，村民则是沉默的羔羊。在这样一个政治环境下，个人私欲的膨胀就很难避免。

最初村支书在入党、选举、窑厂、调地、计划生育上的所作所为，村民虽心知肚明，但依然属于暗箱操作。村民对此虽不满，但还是采取了压抑和包容的态度。他们认为当"官"的都一样，"另一个人上来说不定比他'吃'得还厉害"。土地征用和城市化使得矛盾显化，征用土地和"准建费"直接触动了村民的经济利益。国务院参事任玉岭研究员通过大量调研后也认为，中国百分之九十九以上的群体事件是由百姓利益受侵害引起。在边村，利益受侵害是上访的根本原因，但并没有必然导致上访。在村民选举之前，村民的反应依然是抱怨和无奈，采取的应对办法是更加努力的劳作，以便自己在必要时有足够的资金建房。

事情在村民选举后有了根本的转变。新主任上台后，将不明确的准建费标准公开了一个明确的数额，从5000元"降低"到2500元。这件事从两个方面影响了村民的心态，一是原来经村支书办理的村民感受到一种深刻的相对剥削感，后来经新主任办理的村民则有一种明显的满足感。在中间过渡阶段有几户村民先经村主任办理，后来又在村支书的压力下补交了另外2500元，这更加深了村民对村支书的"仇恨"。从这件事中可以看出边村村民的权利意识。边村村民没有去想征收"准建费"是否合法，或许有人想过但没人去了解自身的权利。部分村民已经通过大众传媒懂得了"权利"和"法律"的概念，但他们依然没有走出传统的话语场。在边村，出于农民弱势地位的家庭内聚力和自我保护意识，往往强调权利诉求的风险，忍耐对于他们来说也是一种理性的选择，这又限制了权力意识的发展。边村的观念没有与生存方式的改变同步发展。

村民作为理性人，无疑非常懂得趋利避害，但这必定要建立在风险最小化的前提下。新主任在边村村民心中本来就有一种光环，他上台后在边村的敏感问题"准建费"上所做的文章，立即得到了村民的拥护。他与村民"站在一边"，让村民有了安全感。自从新主任上台后，边村村民有事时便不再去找村支书。

在"迁坟事件"的风波中，刘姓村民因共同利益第一次走到了一起。但这并不是村民的自发组织。在边村，宗族的力量已经几乎缩小到家庭，"迁坟事件"只是在传统的话语场中找到了突破口。宗族认同感，这种感情的纽带暂时充当了刘姓村民进行沟通的媒介。相对比较规范的选举、公开的唱票、计票，比较有利的形势给了刘姓村民一个发挥宗族能量的机会，最终边村刘姓首富如村民所愿当选为村主任。事情过后，我问过几位边村村民，"迁坟事件"后刘姓人是不是真的有了宗族认同？这时村民之间的交往是否有所不同？有没有姓氏的区别？他们都表示实际上没有，甚至对在饭店时，有村民称我们刘姓是一家人感到好笑。宗族观念在边村一向很弱，但不可否认动员村民选举村主任，这种表面的勾连给了一个能"上得了台面"的、可以半公开的、并能得到村民的认同的理由。同时，这种理由也给了村民一种团结带来的力量感，匿名投票和乡镇干部主持的公开计票，更使得村民敢于在匿名中表达自己的意愿。

（二）村庄活跃分子和精英上访的解读

在这整个事件发展过程中，一直都有人暗中活动，动员村民，新主任是后来加入，其他人虽称不上精英，但至少可以称为村庄活跃分子。这些人是有可能"依法抗争"或"以法抗争"的，但是早先有活跃分子上访八年都没有结果。村支书曾经在一个酒厂说，这次如果被告倒就没有希望了。从这句话我们可以领会到，村支书实际上知道2008年村民的上访，并且也知道之前的上访，更重要的是他知道自己的命运如何，这就不能不让人猜测背后的原因。村支书既然清楚所有的上访行动，那为什么之前可以无所顾忌，现在却开始担忧了呢？这又不能不让人联系到同时发生在2008年的反贪行动，村支书的自身难保正是因为他所依靠的县乡干部的自身难保。政治形势，变成了边村村民上访最重要的砝码，这是其一。

其二，村庄活跃分子在2008年的上访中改变了行动策略，放弃孤军奋战，开始广泛联系村民和村庄精英。迁坟事件和宗族认同的勾连是村庄活跃分子的策略，村主任的顺利被选也得益于他们的对村民的动员。村民选举之后，村庄精英之间的分裂进一步孤立了村支书，村庄活跃分子成功地将村庄精英争取进上访队伍。在本文中，对村庄成员的作用和上访者的组织性不进行分析，只对其背后的逻辑，"隐藏的文本"（斯科特）进行解读，从而找出边缘区村民上访的逻辑。

普通村民的加入赋予了村庄活跃分子和村庄精英以力量，而村庄精英的加入则带给了普通村民安全感。二者的联合，在有利的形势推动之下，最终使上访走向了成功。

四　边缘区村民上访的逻辑——依势抗争

（一）何为依势抗争

村民最终选择了上访，但上访的成功表面看起来更多地取决于偶然因素，这些偶然因素最终投射出来的正是"势"。首先从村民联合来讲，"迁坟事件"带来村民团结，但中介是边村已近消逝的宗族认同感。其次是村民选举，村民选举的进行在"迁坟事件"后不久，宗族认同作为一种话语被作为了动员的手段。自上而下的规范最终适时地成就了新村主任的上台。再次是村庄精英的加入，村民选举之后的一系列事件导致了村庄精英内部的分裂，经村庄活跃分子的动员，村庄精英也加入了上访的队伍。最后，村庄精英的加入起到了动员的效果，边村大部分利益受损村民也加入上访队伍。正是村庄精英和村民的联合，村民的广泛参与才最终促成了边村村民的维权行动。在这里问题不在于整个事件是如何发展，毕竟具体的问题在不同的情境中会有不同的表现方式。关键在于这些看似偶然的发展其背后的主导因素是什么。在边村，村民利益的受损并没有必然促使村民的主动维权，上访只是村民在事件发展中审时度势作出的理性选择。

而村民上访的成功与反贪的时机也不无关系，这是上访过程中的另一种"势"。在边村，村庄活跃分子的上访已经有八年的历史，但结果均告失败，这一方面无形中成了普通村民的反面教材，一方面也说明了"势"对上访的意义。2008 年上访中村庄活跃分子的作用不容忽视，他们的策略正是造"势"，如煽动村民的宗族认同感和联系刘姓村民选举村中首富，以及上访前对利益受损村民的动员等。在这里精英和普通村民的逻辑是一致的，那就是"依势抗争"。

势有两种含义，一是形势，一是势力。对于精英和村庄活跃分子来说，他们的组织和动员工作是造"势"和借"势"，对于一般村民来讲，则是成"势"和仗"势"，这个"势"是势力。形势在边村则带有机遇的含义，这主要与国家政策及政治发展有关，政治形势在村民控制范围之外，他们没有能力像于建嵘所研究村庄的村民"直接以法律作为抗争武器，通过将矛盾和问题直接诉诸'立法者'的形式进行维权"。政治形势对村民产生影响是以一种自上而下的方式，是作为客观环境的一部分。正因其对村民而讲的固有性，更加强了政治形势对边村村民上访的意义。

综上，笔者认为对于边缘区相对比较保守的村民来讲，其上访行动的逻辑是"依势抗争"。对于他们来讲，维权行动更像是一场博弈，博弈的输赢不仅在于法律、法规和政策的规定，更取决于博弈双方的力量对比。其维权行动的首要着眼点是"势"的大小强弱，"势"的加强和原村支书的相对劣势才是支持他们上访的最大动力和支持。但这样的心态，又进一步促使农民的生产生活方式趋于保守，难以突破自身局限，积极进行维权。

（二）依势抗争的根源

作为边村自身来讲，分散的小农经济和打工经济，零散的小生意客观上减弱了村庄联系的纽带。而农村经济的发展，自我保障能力的加强也渐渐使得宗族和村庄之间的内部帮扶丧失了必要性。传统文化习俗的延续成了传承宗族关系的最后堡垒，个人关系的加强和城市文明的引入也在慢慢侵蚀这最后一块堡垒。边村村庄关系正在缓慢进行一种重构。这种重构基于各种形式发展起来的个人关系，其中包括娱乐活动，在边村也就是搓麻将和玩扑克，以及村民之间的生产互助和借贷行为。这些已经成为边村村民之间新的联系纽带，但与传统"熟人社会"相比无疑带有更多个性色彩，从而决定了他的分散性、平等性和小团体性。

在政治上，边村向来缺乏与国家互动的传统，即使发展到当代，政治体制部分放开，边村村民依然缺乏政治参与的知识和勇气，面对国家力量的侵入只能被动接受，在自身权益受到侵害时，私底下抱怨自己的委屈，丝毫不敢即使在言语上触动到不合法的力量。在过于传统和保守的国家观下，村民的能量只能聚集在努力壮大小家庭的经济实力中。分散的村庄关系、保守的观念直接影响了村庄经济的发展，边村的就业取向在改变了生产方式的同时却丝毫没有触及的市场经济的核心理念。边缘的地理区位又割断了边村直接面对市场经济的机会。市场经济虽是一种经济形态，但对农民观念、知识和能力却有着确定的影响，观念的现代化和博弈能力的提升无疑有助于建构新的国家观。这从于建嵘和吴毅的研究中可以看出。但边村积极但相对保守的经济行为没有带给村民现代组织和现代观念。

在文中笔者提到"仇恨""私怨"等字眼，这似乎和村民上访这样的当代维权之路不相宜，但这正是村民上访的真实原因和心态。笔者在采访村民过程中常听到了的词就是"深仇大恨"。边村上访最终虽采取的是集体行动，但对于村民来讲只是一个个人恩怨的集合。最明显的体现在于后来加入的对上访起到重要作用的三位村庄精英（在这里精英只是指他们掌握了更多线索和材料），对于这三个人来讲，权力并没有受到任何侵害，只是对村支书不公平对待的不满，参与村民上访只是出于"私仇"。其他村民虽然确实受到村支书权力经济的侵犯，但想到的并不是维权，也是"报仇"。其中村支书的"不公平剥削"比剥削本身更容易激起村民的愤慨和反抗。现代的边村农民依然秉持的是传统实用主义。对于他们来讲，关心的只是借助政府的作用惩罚村支书，甚至没有想到索回自己被非法剥夺的财产,维护自己的财产权。当然上访行动客观上起到了这样的作用。并且政府不仅是诉求对象,也是"势"的一部分。思想对行动起到指导作用,传统的意识与传统的手段相对,"仇恨"这种与现代权利意识不相符的传统江湖观念,无疑对村民的维权行动起到很大的阻碍作用。

在边村,传统的生存方式已经发生变化,但村民的思想并没有相应的改变。或者说正如在传统的废墟上渐渐成长的新的生存方式一样,正在进行缓慢的重构。同时这种大潮流下的被动成长,也严重滞后于其存在区域的发展。正是这种双重错位奠定了对边村来讲"依势抗争"的合理性。

(三)"势"的形成

边村,位于经济文化和行政的边缘区,因为历史和现实的原因,村民心态保守、谨慎。但现代交通和通信的发展,依然明显受到了来自国家和市场力量的影响。村民被动接受了来自现代社会有利的生存发展机会,也被动承受了国家和市场力量的入侵,但这种承受不同于斯科特所讲的"弱者的武器"和"日常的反抗",只是忍耐和小家庭内聚力的扩张,把个人的家庭作为最后和最牢靠的屏障,尽可能地减少外界的侵害对自身生存限度的挤压。一般村民对上访这样的外在抗争方式的直接反应是观望和避免涉入。

土地的集体所有性质,使得村民只有"仰仗"村干部,具体来讲也就是村支书。而村干部本身却又不受限制。边村的城郊区位又在城市化进程中,给了村支书的权力经济更大的发挥空间。在政府和村民之间巧立名目征收违规罚款,也叫"准建费"。再加之各种由来已久的收费项目,例如实行计划生育是我国的基本国策,但村干部借此做文章将其变成了个人的财源。高额罚款和暗箱操作并行,执法过程粗暴。这些不能不激起村民的被剥夺感。但面对村支书的压榨和"不公平"剥夺,村民虽普遍感到愤慨,但一般明哲保身,很少公开表达这种不满。在《弱者的武器》中,斯科特讲到作为弱者的农民的"日常形式的抵抗",边村村民同样处在弱者的位置,但却没有武器可以凭借。在经济上,村民与支书没有任何联系。斯科特所讲的意识形态在边村也只体现在私底下的抱怨,村支书却无需回应。对于村支书来讲,他面对的只是分散的个人和一个个小家庭,依仗的则是上级政府组织,所以往往有恃无恐,面对村民几次三番上访而无动于衷。

边村村民最终选择了集体上访,其过程在于"势"的形成。具体过程在前文已有阐述，在此主要对其性质进行分析。在边村，村庄联系的瓦解，使得村民丧失了依靠宗族关系和村庄精英进行组织抗争的前提，地域联系只能形成道义上的互助。因此"依势抗争"，"势"的形成也就只能借助于其他的途径。新的村庄联系或新的村民保障还没有建立，这也就决定了边村活跃分子上访八年没有结果，而2008年的上访行动看起来包含有许多偶然因素。

这个过程中隐藏着两难悖论，边缘化的边村村民维权行动的选择必然是依势抗争，但同时"势"的形成又存在着必然的困难。从村庄本身来讲，"势"的形成必定基于村民利益严重受损，村民的忍耐已经近于极限。只有此时，类似"迁坟事件"才有可能以一种话语场中的泛宗族意识构成村民联合。从政治形势来讲，则更依赖于国家民主政治的发展。边村的国家观决定了其"依法抗争"或"以法抗争"是对政治民主化、法制化的更高要求。边村，相对于其他区域的村庄来讲，其维权能力更弱。村庄精英从政治结构中分裂出来，而不是来自普通村民，权力斗争而不是维权，不作分析（与前面无精英的结论并不冲突）。

结　语

现代民主国家都通过法律赋予其公民平等的基本权利，但是对权利的法律性规定并非权利的实现。尽管三农问题早已引起了中央的重视，并制定了一些有利于农民的相关政策，但是由于政策施行的不利，农民政治地位的低下及其相对较少的话语权，使得农民处于社会的弱势群体的地位。统计表明，随着转型期和农民权利意识增强，农民上访无论在数量和强度上都呈上升趋势（王永前、黄海燕，2003）。对于农民权利意识和上访行为之间关系的研究，当前学界的主流观点是"依法抗争"和"以法抗争"，二者都强调了农民维权的主动性和政治性，同时暗示了农民善于抗争。这两种观点可能能够解释比较开放的区域，但对于广大而区域环境复杂的中国来说，这两种观点都有其有限性。

大多关于上访的研究多关注有轰动效应的新闻事件。但笔者认为作为研究人员不能忽视另外一群默默抗争的更需要关怀的人群。他们正处于转型期，其生存生态更需要一个良好的环境。这样一群人顺利融入现代社会对我们国家的经济建设和政治稳定都有不容忽视的意义。

本文写作期间，笔者在凤凰网上看到一则新闻：山东新泰多名欲进京上访者被强送精神病院。时间：2008 年 12 月 08 日 05：09；来源：新京报；网址为：http：//news. ifeng. com/mainland/200812/1208＿ 17＿ 911243. shtml 这则新闻正是不同区域特点的生动写照，在南方某些地方甚至有"上访职业"，但在一些边缘区各种政治、经济、文化的因素则使得农民更难以维权。从中我们也可以部分的解读出边缘区村民依势抗争的合理性。

参考文献：

[1] 斯科特：《弱者的武器》郑广怀等译，译林出版社 2007 年版。

[2] 李连江、欧博文：《当代中国农民的依法抗争》，载吴国光主编《九七效应》，（香港）太平洋世纪研究所 1997 年版。

[3] 应星：《大河移民上访的故事》，三联书店 2001 年版。

[4] 于建嵘：《当前农民维权活动的一个解释框架》，《社会学研究》2004 年第 2 期。

[5] 邹谠：《二十世纪中国政治：从宏观历史与微观行动的角度看》，牛津大学出版社 1994 年版。

[6] 奥尔森：《集体行动的逻辑》，陈郁等译，上海人民出版社 1995 年版。

[7] 郭于华：《"弱者的武器"与"隐藏的文本"——研究农民反抗的底层视角》，载中国社会学网站 http：PPwww. chinasociology. comPrzgdPrzgd046. htm

[8] 杜赞奇：《文化、权力与国家——1900—1942 年的华北农村》，江苏人民出版社 2006 年版。

[9] 应星：《大河移民上访的故事》，三联书店 2001 年版。

[10] 应星：《草根动员与农民群体利益的表达机制》，《社会学研究》2007 年第 2 期。

[11] 吴毅：《"权力—利益的结构之网"与农民群体性利益的表达困境》2007 年第 5 期。

[12] 费孝通：《乡土中国》，三联书店 1985 年版。

研究综述

◆ **当代中国农村文化变迁研究述评**

　　已有的成果显示出，在 20 世纪中国宗教变迁的学术领域，学者们已经完成了许多开创性的研究成果。学术界对 20 世纪宗教信仰的历史状况做出了局部的初步梳理，对宗教信仰与近代社会变革的关系也作了较为深入的探讨，对宗教信仰演进的各种因素，当前"宗教热"问题的社会背景，社会影响及其治理对策给予了充分的探讨。但随着研究的日渐深入和学术视野的不断开阔，也有更多新的问题凸现出来。在宗教研究方面，与综合性的、全局性的研究相比，农村宗教的研究尚嫌不足，特别是农村宗教信仰在 20 世纪的演进轨迹，还没有经过系统地梳理。迄今，还没有一本系统描述现阶段农村宗教演进的专著问世。

当代中国农村文化变迁研究述评[*]

吴理财[**]（华中师范大学中国农村问题研究中心 武汉 430079）

迄今为止，人们仍然无法给"农村文化"下一个统一的定义。在广义上可以把农村文化视为农村社会生活的整体；在一般意义上可以把农村文化定义为农民独特的生活方式；在较为狭窄的意义上，仅仅指农民特有的价值观和行为规范。企图给农村文化下一个大家都认可的定义是一项吃力不讨好的工作。在本文中，农村文化的内容基本上限定在精神的、观念的和非物质的领域，包括(1)精神领域的文化（如宗教信仰、道德伦理和价值观念等）；(2)传统民间领域的文化（如风俗、习惯等）；(3)文化生活领域的文化（如公共文化等）。

一 对农村文化不同方面变迁的研究

下面仅从农村宗教及民间信仰、农村婚育文化、农民精神文化及农民道德伦理三个方面，对当代中国农村文化变迁的研究状况做个简要述评：

1. 关于当代中国农村宗教、民间信仰变迁的研究

改革开放以来，我国农村地区出现了"宗教热"现象，特别是农村的基督教发展于今尤烈。这一现象给以往的社会控制机制带来新的挑战，

　　* 本文是作者主持的教育部人文社会科学重点研究基地 2008 年度重大项目"现阶段农村文化变迁与和谐文化建设"（课题编号：08JJD810159）、国家社会科学基金 2008 年度重点项目"社会主义新农村建设中的文化建设研究"（项目批准号：08ASH010）的一项成果，得到教育部人文社会科学重点研究基地项目基金资助；同时也是教育部哲学社会科学重大攻关项目"新农村建设中的社区建设研究"（批准号：07JZD0024）及国家社科基金项目"乡村文化建设与社区认同研究"（08BSH018）的一项成果。

　　** 吴理财，1970 年生，安徽潜山县人，现系华中师范大学中国农村问题研究中心教授、中央编译局博士后。

引发了决策者的关注，学术界也将目光转向现实的宗教现象及其引发的社会问题。于是，关于中国农村宗教信仰问题的研究也因此日渐成为"显学"。

　　关于中国宗教的一般性论述是研究中国农村宗教不可忽视的文献。其中，马克斯·韦伯的《儒教与道教》是较早系统研究中国宗教的经典之作。杨庆堃（Yang, C. K.）所著的《中国社会中的宗教：宗教的现代社会功能与其历史因素之研究》也是研究中国宗教、社会和文化的经典作品，被誉为研究中国宗教的"圣经"。全书对中国宗教进行了非常全面的分析与阐述，详细考察了中国社会中各种类型的信仰，以及国家政治、经济和儒家学说的关系，描述了中国社会与宗教的整合状况。这些文献为研究当代中国农村宗教信仰提供了理论背景[1]。

　　关于当代中国农村宗教信仰的研究，目前还是一些分散的地区性调查分析。例如，余孝恒对长江上游个别地区的宗教状况进行调查研究，分析了它的特点[2]。闭伟宁对基督教在我国沿海地区农村的变迁进行了调查，并从个体、宗教本身和社会环境三个方面对基督教的传播与发展进行了分析[3]。林盛根、张诺夫对福建沿海地区农村宗教和民间信仰调查发现，部分农村的宗教和民间信仰发展较快，对该地区经济、社会、文化特别是对农村基层组织建设产生影响[4]。张厚军对苏北农村信教现象的分析及思考[5]。中共江苏省委统战部、江苏省宗教事务局、江苏省社会科学院课题组对江苏省农村宗教状况进行了对策研究[6]。李红菊、崔金霞等通过对豫北蒋村教堂的调查，分析了乡民社会基督教信仰的原因[7]。曾强

　　[1]　杨庆堃：《中国社会中的宗教：宗教的现代社会功能与其历史因素之研究》，上海人民出版社 2007 年 6 月第 1 版。

　　[2]　余孝恒：《长江上游地区宗教现状与社会稳定》，《宗教学研究》2001 年第 1 期。

　　[3]　闭伟宁：《改革开放与基督教在我国沿海农村的变迁——基督教在斜桥镇发展状况调查与思考》，《武汉大学学报》2001 年第 5 期。

　　[4]　林盛根、张诺夫：《宗教和民间信仰对福建沿海地区部分农村基层组织建设的影响及对策》，《中共福建省委党校学报》2001 年第 2 期。

　　[5]　张厚军：《苏北农村信教现象的分析与思考》，《江苏省社会主义学院学报》2005 年第 4 期。

　　[6]　中共江苏省委统战部、江苏省宗教事务局、江苏省社会科学院课题组：《江苏省农村宗教状况及对策研究》，《江苏省社会主义学院学报》2003 年第 2 期。

　　[7]　李红菊、崔金霞、张蓉、王妍蕾：《乡民社会基督教信仰的原因探析——对豫北蒋村教堂的调查》，《中国农业大学学报》2004 年第 4 期。

2003 年对鲁豫边境黄河滩区的鲁西南张庄村先后进行了两次、为期两个月的宗教信仰状况调查,对张庄村的宗教现状和生成机制作了描述和分析,并进行了深入的理论思考①。江新兴、石小娟对冀中地区的农村宗教信仰调查发现,宗族中占主导核心地位的家庭在宗教信仰中的领导地位越来越突出②。邱新有等以江西铁村黄庄教徒信仰为分析对象,从信仰个体视角对中国农村宗教信仰特点进行分析概括,认为信仰动机的功利性、信仰意志的脆弱性、信仰对象的多元性和对教义理解的模糊性等四个方面是中国农村宗教信仰个体的基本特点③。蒋香凤等通过对湖北大悟县、湖南邵阳县农村的调查,发现当前我国农村信教人口的特点是人数较多、文化程度低、女性化突出、老龄化明显、组织程度低等;发展趋势是信教人口数量曲线上升、素质显著提高、性别对比缓和、年龄层次增多、信教动机多样化、信仰外来教派的人口数量增长快、宗教活动向城镇转移等④。文永辉通过对贵州省一个乡村社区的天主教信仰的田野调查,展示了天主教徒在日常生活和葬礼、祭祖等问题上的处境化问题。正是农村大量的天主教徒具有极深的民间宗教信仰背景,使得该地的天主教能够高度处境化自然地进行⑤。王申红以皖西北农村为个案,对农民基督教信仰问题进行了调查研究⑥。陈占江通过皖北某村庄的田野调查发现,基督教的传播策略已深深嵌入到农民的日常生活世界中并与乡土社会的文化结构、社会结构和农民的心理结构进行着深层互动,而在社会转型加速期得到迅猛的发展。农村基督教的存在和发展对于社会道德的重建、市民社会的发展和乡村社会秩序的稳定有一定的积极功能,但也潜伏着巨大的社会风险。从"基督下乡"的实践逻辑可以对和谐社会建构和新农村建设等重大问题进

---

① 曾强:《冲突与适应:对农村宗教信仰的理论思考》,《甘肃理论学刊》2005 年第 5 期。

② 江新兴、石小娟:《社会转型振荡期农村宗教信仰变迁——以冀中地区为例》,《北京第二外国语学院学报》2005 年第 6 期。

③ 邱新有、熊芳芳、单文桂:《中国农村宗教信仰特点的微观分析——以铁村黄庄教徒信仰为分析对象》,《江西师范大学学报》2007 年第 2 期。

④ 蒋香凤、李长泰、蒋卫武:《社会主义新农村建设中的信教人口问题研究——以中部地区的行政村为例》,《邵阳学院学报》2007 年第 3 期。

⑤ 文永辉:《从宗教市场论视角看天主教的"处境化"——以贵州瓮安县草塘镇为中心的人类学调查》,《西南民族大学学报》2007 年第 5 期。

⑥ 王申红:《基督教信仰与农民问题的调查与研究——以皖西北农村为个案研究》,《中国石油大学胜利学院学报》2006 年第 3 期。

行反思①。陈潭、陆云球对皖南 H 县的非正式宗教团体的生存状况、成长路径进行了个案分析，并提出在宗教信仰自由的法律框架下，村庄宗教治理需要开辟新的途径②。

至于 20 世纪 80 年代以来农村"宗教热"的原因，学者们也是见仁见智。宋清华经过对信教者的问卷调查，认为目前农村信教者多的原因，除了宗教自身的特点以外，主要是由于人们的精神生活贫乏，地方文化建设落后，基层干部缺乏为人民服务的意识，缺少必要的社会保障等③。鲁帆、魏昌斌认为农业生产的落后、科技的落后和农村地区医疗、教育制度的不健全，不仅影响农民从事农业生产的技术、手段、工具的先进性，而且严重制约了农民对异己力量的认识水平，相信神秘力量的存在。这就为农村地区"宗教热"现象的兴起提供了可能④。吴少华对江西省萍乡、宜春两个农村地区的调查得出了类似的结论，认为文化生活的匮乏造成了农民精神生活的空虚，宗教作为多元文化的一支，顺势渗透进来，填补这个空间，这是农村宗教活动再次兴起的文化背景⑤。吕朝阳对苏北农村基督教的发展现状进行了社会调查，认为 20 世纪 80 年代中期到 90 年代末期，基督教新教在江苏北部地区农村取得了迅速的发展，已经成为苏北地区五大宗教之一。他从地区的历史基础、政策的开放和民众观念的开放、基督教自身的本土化和基督教在农村发展具有的心理土壤等方面分析其原因⑥。王申红（2006）认为，十一届三中全会以后，党的宗教信仰自由政策的恢复和落实，为基督教的传播提供了相对宽松的社会环境，而随着社会转型时期政治经济体制、社会组织结构的消解与重建，传统的人际关系、价值观念也处于失落与重建的过程中，此时农民群体由于生存的压力和精神的迷惘而导致的精神状态的失衡，直接导致了皖西北农村的"基督教热"。此外，基督教本身独特的传教方式也适应了农民群体的生产、

---

① 陈占江：《"基督下乡"的实践逻辑——基于皖北 C 村的田野调查》，《重庆社会科学》2007 年第 9 期。

② 陈潭、陆云球：《非正式嵌入、蓄水式成长与村庄宗教传输镜像——以皖南 H 县非正式宗教团体的生存状况为研究个案》，《南京社会科学》2008 年第 1 期。

③ 宋清华：《一些农村宗教活动产生原因的探析》，《洛阳师范学院学报》2002 年第 3 期。

④ 鲁帆、魏昌斌：《透视农村地区宗教热问题》，《前沿》2003 年第 4 期。

⑤ 吴少华：《关于农村宗教活动的一些思考》，《求是》1997 年第 6 期。

⑥ 吕朝阳：《苏北农村基督教发展现状及其原因分析》，《南京师大学报》1999 年第 6 期。

生活习惯并且能够弥补其文化生活空白①。

此外，蔡勤禹、周良沱等人还研究了重新活跃的会道门、当代邪教活动，分别从国内国外、历史文化背景和现阶段农民的信仰需求等方面，分析了其蔓延的原因②。

还有一些学者对民间信仰进行了研究。谢金森等通过对新时期农民信仰的调查认为，农村居民把民间信仰与信仰、宗教、迷信混同起来，有其深刻的社会历史、经济、认识和心理等方面的原因。只有加强意识形态领域的领导权，加强民间信仰的科学化建设，实行民间信仰问题的委托管理，才能逐步把它引导到积极向上的思想环境上来，并转化为自觉投身于全面建设小康社会的精神动力③。王燕琴认为民间信仰以鬼神信仰和崇拜为核心，不完全具备宗教的基本要素，但是它在中国的影响不亚于宗教，不仅渗入到中国民众的日常生活，同时也影响了中国宗教的产生和发展④。高师宁专门就当代中国民间信仰对基督教的影响进行了分析，认为作为一种文化，民间信仰具有渗透性与融合性特点，这种特点同时反映在与作为外来文化的基督教发生的各种碰撞方面⑤。而朱利娜则将中国民间信仰视为一种非制度化宗教，认为中国民间宗教有其独特的特点，中国乡土农村目前所存在的烧香拜佛、风水、占卜、"择良辰吉日"的信仰和仪式行为，也是一种宗教体系，属于民间宗教的范畴。这些观念和行为不全是所谓的"迷信"。从一定意义上说，也不全是所谓的"理性的敌人"。从民间宗教的功能的角度来看，民间宗教有其存在的意义⑥。苗月霞着重探讨了中国乡村民间宗教对村民自治的影响作用，认为改革开放后，中国乡村的民间宗教迅速恢复和重建，对在广大农村开展的村民自治产生了多重的复杂影响，然而现在对这一问题的研究

① 王申红：《基督教信仰与农民问题的调查与研究——以皖西北农村为个案研究》，《中国石油大学胜利学院学报》2006 年第 3 期。
② 蔡勤禹：《会道门势力的沉渣泛起》，《探索与争鸣》1998 年第 12 期；周良沱、池进、田军、章剑、陈鹏辉：《现阶段农村邪教活动研究报告》，《江苏公安专科学校学报》1999 年第 2 期。
③ 谢金森、张国栋、张鼎如、王福梅：《民间信仰误区的解读与矫正——新时期农民信仰问题的调查》，《福建农林大学学报》2004 年第 2 期。
④ 王燕琴：《民间信仰对中国宗教发展的影响》，《宗教学研究》2006 年第 3 期。
⑤ 高师宁：《当代中国民间信仰对基督教的影响》，《浙江学刊》2005 年第 2 期。
⑥ 朱利娜：《中国民间宗教初探》，《社会科学家》2007 年第 S2 期。

还没有得到足够的重视。她运用社会资本的理论和方法，分析了中国乡村民间宗教在乡村社会的现状及其对村民自治运作绩效的影响，认为乡村民间宗教作为传统社会资本的一种主要形式，对乡村治理具有一定的积极作用，同时也产生了一些消极影响[1]。程俊飞、刘宪俊试图挖掘村民信仰宗教的社会意义，引导居民正确信仰宗教，避免宗教的负功能，努力建设和谐的农村社区[2]。陈国清（2008）对当代中国民间宗教转型进行了研究，他将新时期民间宗教转型归因为：（1）思想观念的多元化；（2）经济利益调整导致人们心态变化；（3）生活方式的松散导致内心的无助；（4）社会生活秩序的失衡，渴望道德的复兴；（5）文化生活单调匮乏，教育不发达。并认为中国农村民间宗教正朝着功利化方向转型，主要表现为：（1）满足个人需要的现实意义增强；（2）神灵数目的无限扩大；（3）神灵功能的转换[3]。符平以湘中农村的"三仙"崇拜为例，还对乡村信仰场域进行了经验研究[4]。

中国农村宗教问题也引起国外（或境外）学者的注意。例如，王斯福（Stephan Feuchtwang，1992）所著的《帝国的隐喻——中国民间宗教》对中国的地方节庆和区域性崇拜进行了研究。在本书中，王斯福关怀的一个核心问题是，民间宗教组织如何将分散开来的个人组织在一起。他避开了汉学人类学在对社会组织加以研究时所经常提到的宗族研究的范式，径直从民间宗教中来理解中国社会的组织形式[5]。戴德中（Dell'Orto，Alessandro，2002）所著的《台湾的地方及精神：故事、策略和日常生活记忆中的土地公》对台湾地区的土地崇拜进行了研究。他强调，土地公崇拜不仅是一种宗教社会现象，而且是一个探索和分析当代台湾社会变迁的"合适介质"（appropriate medium）。也就是说，土地公的大众表征是记录

①　苗月霞：《乡村民间宗教与村民自治：一项社会资本研究——兼论韦伯关于宗教社会功能的观点》，《浙江社会科学》2006年第6期。
②　程俊飞、刘宪俊：《基督教在晋南农村盛行的实证研究——以晋南A村为例》，《山西农业大学学报》2007年第1期。
③　陈国清：《当代中国农村民间宗教转型的原因及趋势》，《时代人物》2008年第5期。
④　符平：《乡村信仰场域——理论基础与经验研究》，华中师范大学社会学系硕士论文，2007年5月。
⑤　Feuchtwang, Stephan 1992, The Imperial Metaphor: Popular Religion in China. New York: Routledge.

台湾人对地方、社区认同的"晴雨表"①。杜赞奇在研究中国华北农村时提出了"权力的文化网络"概念，认为民间信仰是"国家政权深入乡村社会的多种途径和方式"之一②。此外，Christian，Joachim（1986）所著的《中国宗教：一个文化的视角》主要从文化角度对中国宗教进行了研究③。Dean，K. Chan，Kim-Kwong Goossaert，Vincent 和 Kipnis，Andrew B. 也对改革开放以后中国的宗教问题进行了研究④。

　　总之，已有的成果显示出，在 20 世纪中国宗教变迁的学术领域，学者们已经完成了许多开创性的研究成果。学术界对 20 世纪宗教信仰的历史状况作出了局部的初步梳理，对宗教信仰与近代社会变革的关系也作了较为深入的探讨，对宗教信仰演进的各种因素和当前"宗教热"问题的社会背景、社会影响及其治理对策给予了充分的探讨。但随着研究的日渐深入和学术视野的不断开阔，也有更多新的问题凸现出来。在宗教研究方面，与综合性的、全局性的研究相比，农村宗教的研究尚嫌不足，特别是农村宗教信仰在 20 世纪的演进轨迹，还没有经过系统的梳理。迄今，还没有一本系统描述现阶段农村宗教演进的专著问世。由于中国区域社会差异较大，尚缺乏分区域的比较研究。同时，农村宗教问题研究在客观上也存在文献资料不足的实际问题，需要整合众多研究力量进行长时间的、大量的田野调查和实证研究以弥补其不足。

　　2. 关于当代中国农村婚育文化变迁的研究

　　农村婚育文化的变迁也在不同程度上反映了精神领域、传统民间领域和文化生活领域农村文化变迁的状况。

---

　　① Dell'Orto, Alessandro 2002, Place and Spirit in Taiwan: Tudi Gong in the Stories, Strategies and Memories of Everyday Life. New York: Routledge Curzon。

　　② 杜赞奇：《文化、权力与国家——1900—1942 年的华北农村》，王福明译，江苏人民出版社 1996 年版。

　　③ Christian, Joachim 1986, Chinese Religions: A Cultural Perspective. New Jersey: Prentice-Hall.

　　④ Dean, K. 2003, Local Communal Religion in Contemporary Southeast China, The China Quarterly, Vol. 174, No. 2; Chan, Kim-Kwong 2005, Religion in China in the Twenty-first Century: Some Scenarios, Religion, State & Society Vol. 33, No. 2; Goossaert, Vincent 2003, The Destiny of Chinese Religion in the 20th Century, Social Compass, Vol. 50, No. 4; Kipnis, Andrew. B. 2001, The Flourishing of Religion in Post-Mao China and the Anthropological Category of Religion, The Australian Journal of Anthropology, Vol. 12, No. 1。

　　首先，看农民婚恋观的研究。尚会鹏通过中原地区"西村"农村青年择偶观的研究，认为同注重个人感情因素的现代婚姻形式相比，传统村落社会中的婚姻具有实际、理性和慎重的特点。这种婚姻更接近商品交换，即在正式缔结婚姻关系前，总是像买东西一样仔细掂量双方条件的各个细节①。吴鲁平赞同尚会鹏的看法，并认为一个时期的择偶标准理念受制于该时期的社会经济发展水平，及其在此基础上产生的占主导地位的婚姻观。有什么样的婚姻观，就有什么样的择偶理念。在中国传统社会，占据主导地位的婚姻观是将婚姻的目的视为"传宗接代"，"不孝有三，无后为大"，婚姻被看成是两个家族或家庭之间的事，因此在这种婚姻文化模式中，择偶理念不可能是现代社会意义上的以情感为重。解放后，尤其是改革开放后，由于农村经济结构的变化，即越来越多的农村地区的经济结构由小生产的单一的农业经济，向农、工、商、贸等多元经济结构转变，农村家庭的生产功能出现了萎缩的趋势，传统的以家族或家庭利益为重的婚姻文化模式的根基受到了动摇，逐渐转向以当事人自身的利益为重的现代婚姻文化模式。在此社会背景下，农村青年的择偶观发生了根本性的变化。农村青年择偶观或择偶理念的变化主要表现在以下方面：第一，从重视"家庭背景"转向重视"个人条件"；第二，从"无情人多成眷属"转向"有情人才成眷属"；第三，从看重"老实可靠"转向"聪明能干"②。张承芬、陈英敏对山东省12个地区农村青年的问卷调查也揭示了农村婚恋观类似的正面转变的特点：（1）当代农村青年的择偶方式主要是通过"自由恋爱"，表现出较强的自主性与独立性；（2）当代农村青年的择偶标准主要强调个人因素，尤其是个人的品性、身体健康状况、个性、能力及学识等，而相对忽视家庭、社会地位等外在因素；（3）对离婚、婚外恋等当前一些婚恋中的社会问题，当代农村青年不同程度地持一种否定态度，但也有部分人认为无所谓或可以理解，表示赞赏的人则较少；（4）在某些婚恋观上既存在个别差异，也存在着不同性别、不同经济发展水平地区和不同文化程度的农村青年群体间的差异③。侯西安对农

---

　　①　尚会鹏：《中原地区村落社会中青年择偶观及其变化》，《青年研究》1997年第9期。

　　②　吴鲁平：《农村青年择偶观从传统向现代的位移》，《中国青年研究》2000年第3期。

　　③　张承芬、陈英敏：《当代农村青年婚恋观的调查》，《山东师范大学学报》（社会科学版）2000年第5期。

村青年女性婚姻观转变的时代性剖析认为，改革开放以前，农村青年女性婚姻观是以追求经济资源为基础的对于经济、政治、精神文化资源的整体认同；改革开放以来，转变为爱情、人品和能力并重而且越来越青睐能力①。

也有一些学者认为不可忽视农村婚恋观转变的消极方面。例如，刘建荣在肯定当代中国农村女性婚恋观主流的同时，也观察到"父母之命，媒妁之言"型、"嫁鸡随鸡，嫁狗随狗"型、"嫁汉嫁汉，穿衣吃饭"型、"跳板"型、"今朝有酒今朝醉"型等非主流婚姻的存在。他认为原因是多方面的：一是中国传统的、封建伦理道德观念的束缚；二是农村女性知识文化程度不高，道德意识能力偏低；三是农村女性权益保护不足；四是西方资产阶级腐朽生活方式影响②。余新梅、沈明泓对城市化转型背景下的农村未婚女性婚姻观的调查研究指出，消费主义思潮和社会转型带来的严重社会心理失衡正在解构农村未婚女性传统的婚姻观。③ 此外，杨秀莲、林建鸿、吴家顺、陈良伟、仰和芝等还就农民进城务工对农村婚姻观的影响乃至冲击进行了研究④，中国农业大学人文发展学院社会学研究方法调查组对农村务工妇女与务农妇女的观念进行了比较分析⑤。

总之，从改革开放30年中青年择偶观念的变迁可以看出，青年择偶观念总体上是通过"三去"，即去政治化、去道德化、去组织化（工作单位的影响），实现了自主择偶，走出了"父母之命、媒妁之言"的家庭包办，不再以政治化因素为择偶的考量原则，这充分体现了人性的解放与个性的张扬。伴随着上述三个阶段的总体特征是开放——尤其是性观念的开

---

① 侯西安：《农村青年女性婚姻观转变的时代性剖析》，《福建师范大学福清分校学报》2007年第4期。

② 刘建荣：《当代中国农村女性婚恋观类型、成因与对策》，《怀化学院学报》2005年第3期。

③ 余新梅、沈明泓：《城市化转型期农村未婚女性婚姻观的调查与研究——以昌吉市六工乡为例》，《昌吉学院学报》2007年第4期。

④ 杨秀莲：《现代文化冲击下农村婚姻观念的变迁及特征》，《吉林省教育学院学报》2005年第3期；林建鸿：《农村外出打工者婚育观念的调查与思考》，《闽西职业技术学院学报》2007年第3期；吴家顺、陈良伟、仰和芝：《中西部地区新生代农民工生育观现状》，《南京人口管理干部学院学报》2008年第2期。

⑤ 中国农业大学人文发展学院社会学研究方法调查组：《农村务工妇女与务农妇女的观念对比》，《西安财经学院学报》2007年第6期。

放，经验研究得出的结论是贞操观念普遍淡化，婚前性行为有增无减，甚至是婚前怀孕已经被当代青年人广泛接受，试婚等新现象更证明了观念开放性的增强。农村青年的择偶标准愈来愈向城镇青年的标准靠拢和趋向一致。这是否是现代性理论的一个再生产?①　有待人们深入思考。

　　而在生育文化的研究方面，国外的有关研究只是在其作品中偶有涉及，专门的研究尚不多见②，有关中国生育文化的讨论主要在中国学者间进行。例如，朱楚珠、李树茁以陕西略阳县和三原县的调查分析结果为基础，分析了农村社区两种生育文化交织传播的现实。他们认为，中国当前社会的过渡性，决定了社会中各种文化在传播中相互的渗透性③。就生育文化而言，既有1950年代尤其是1970年代实行计划生育以来发展起来的新型生育文化，这种新型生育文化的核心是男女平等，表现在生育文化上的特点即生男生女顺其自然；也存在着中国传统生育文化，它的核心是重男轻女，表现在生育文化上则是男性偏好。在两种生育文化的较量中，男性偏好会以各种不同的形式表现自己。1980年代以来，我国出生性别比持续上升和相对偏高的0—4岁女孩死亡率，就是男孩偏好的一种具体表现。在传统生育文化影响下对男孩的需求是一种非经济性需求，是精神的满足，精神收益构成了比物质收益更为深刻的生育意愿与期望。有了男孩，家族荣耀，父亲趾高气扬，母亲因此而有了在家庭和社区的地位，才能受人尊敬，夫妻都得到精神和心理的满足，家庭在社区中的地位才能得到承认和巩固，儿子对母亲的精神收益相对更大。可见，传统生育文化中的男性偏好构成了中国农村家庭生育需求的非经济根源，具有不可替代的作用④。男性偏好生育文化的存在，除了制度、观念方面的原因外，还有生产环境、劳动条件、社会保障方面的需要。为此，他们提出"社区的综合性发展"模式，促进农村生育文化的转型及替代。即通过要社区建

　　①　王水珍：《改革开放30年与青年择偶观念的变迁》，《中国青年研究》2008年第1期。

　　②　例如Thomas Scharping 2003, *Birth Control in China*：1949 – 2000, First published by Routledge Cuzon；Kay Johnson etc. 1998, *Infant abandonment and adoption in China*. Population and Development Review. Sep 1998. Vol. 24, p. 469；Susan Greenhalgh. 1986, *Chinese Abortions*：*Point's Been Made So Now Ease Off*, Wall Street Journal (Eastern edition), Jul. 3, p. 1.

　　③　朱楚珠、李树茁：《生育文化的传播、转型、替代》，《人口与计划生育》1999年第4期。

　　④　江亦曼、朱楚珠等：《走出沼泽地》，气象出版社1993年版。

设，在社区进行综合性发展，包括妇女参与生产、妇幼保健、法律知识的普及、社区文化环境建设、计划生育管理、持续地传播新生育文化及在此基础上形成社区生育规范等等。李忆春、高新才则利用对甘肃中部地区10个贫困县的调查资料，采用 SPSS 统计方法，就贫困妇女文化程度与生育水平和生育观念的关系进行了实证分析。分析结果表明，妇女文化素质对初婚年龄、初育年龄和活产子女数都有不同程度的影响，且呈现出负相关关系；较高文化素质的妇女在生育目的方面，传宗接代和养儿防老观念已经淡薄，生育子女性别仍具有较强的男孩偏好特征，理想子女数少生观念明显，尤其对于子女教育期望有较强的性别平等意识[1]。在诸多研究中，李银河的《生育与村落文化》[2] 是一本不可忽视的专著。

但是，从总体上来说，20 世纪 90 年代以来的生育文化研究，对传统生育文化内容的概括大多是笼统的，它不能作为严谨学术研究的逻辑起点。对于新型生育文化，郑卫东认为已经有很多非常精彩的研究成果，但横切面式的研究因为缺乏历史的纵深而显得不够厚重，解释力度也受到影响。学者对于生育文化变迁机制的关注不够，有待进一步弥补[3]。

3. 关于当代中国农民精神文化、农民道德伦理方面的研究：

有部分学者积极肯定了当代中国农民精神文化的变迁。例如陈宇海认为，改革开放以来我国农村社区精神文化出现了以下变迁："法治"文化正逐步取代原有的"礼治"文化，成为约束农村社区社会关系的主导秩序准则；积极流动、开放进取的市场意识正逐步取代原有安土重迁、封闭保守的小农意识，成为广大农民新的主流思想意识；"义利并重"甚至"偏利淡义"的价值观，正在逐步取代原有"重义轻利"的价值观，成为广大农民的主导价值观念；科学、进步、理性的生活方式正逐步取代原有愚昧、落后、感性的生活方式，成为广大农民的主流生活方式[4]。于德运也注意到，随着改革开放的不断深入发展，我国特别是传统农区农民的文化心态正在悄然变化，不断给我们带来新的思考和启示，它在某种程度上

---

① 李忆春、高新才：《西北农村妇女文化素质对生育水平及生育观念的影响分析——对甘肃中部地区 520 名农村妇女的调查》，《西北人口》2008 年第 1 期。

② 李银河：《生育与村落文化》，中国社会科学出版社 1994 年版。

③ 郑卫东：《生育文化研究述评》，《南方人口》2005 年第 4 期。

④ 陈宇海：《改革开放以来中国农村社区的精神文化变迁》，《云南社会科学》2007 年第 1 期。

决定了我国现阶段农村文化建设的价值取向①。

　　不过，大部分学者还是对当前农民伦理道德问题表现了高度的疑虑，建议在新农村建设中要注重农村伦理道德的重建。例如，张大勇、张克云、张蓉通过对中青年农民道德观变化的调查，指出处在社会转型时期的农民，特别是中青年农民的道德观念在市场经济的冲击下处于"渐变"状态。传统伦理道德正在逐渐失去对人们行为的规范作用，同时，对社会倡导的新道德观念并没有表现出很高的认同度，农村社会道德"自律"机制正在失效，价值评判标准也出现多元化倾向②。袁翠松、赵萍认为现今农村道德异化主要表现为：文化领域封建意识抬头，思想领域拜金主义、利己主义盛行，多元主体利益纠纷不断，爱情婚姻异化，违法犯罪增多等等③。陈为亦认为，农村道德建设始终是一块软肋，主要是旧的道德观念制约着农村先进生产力的发展，阻碍着农村先进文化的传播，损害了农民脱贫致富的根本利益④。任映红对当前温州农村伦理道德的调查，也发现了类似的问题：伦理道德水准提升缓慢，利己心重，社会责任意识不强，公德意识和环保意识缺乏，失信现象时有发生，社会治安存在隐患。这些问题在一定程度上阻滞了社会主义新农村建设⑤。赵增彦认为农村伦理道德出现的这些问题，既有农民自身道德素质偏低的原因，也有基层干部思想认识、道德教育宣传工作、农村法制建设工作以及农村基层组织建设不到位等多种原因⑥。为此，吕世辰、杨丽珍、刘红云、张晓亮、单孝虹等均强调，农村伦理道德的重建对于推进城乡和谐发展、建设社会主义新农村具有重要的意义⑦。

　　① 于德运：《我国农民文化心态的变化与现阶段农村文化建设的价值取向》，《社会科学战线》2003 年第 8 期。

　　② 张大勇、张克云、张蓉：《社会转型时期中青年农民道德观变化的调查》，《青年研究》2000 年第 1 期。

　　③ 袁翠松、赵萍：《现今农村伦理道德异化及其对策》，《江西广播电视大学学报》2004 年第 1 期。

　　④ 陈为：《新时期农村社会主义道德建设管窥》，《湖南行政学院学报》2004 年第 4 期。

　　⑤ 任映红：《当前温州农村的伦理道德问题与思考》，《温州大学学报》2007 年第 2 期。

　　⑥ 赵增彦：《社会主义新农村道德建设面临的挑战及其成因探析》，《内蒙古师范大学学报》2007 年第 6 期。

　　⑦ 吕世辰、杨丽珍：《农村社会道德变迁初探》，《山西师范大学学报》（社会科学版）2005 年第 2 期；刘红云、张晓亮：《关于建设新农村背景下农村伦理道德体系的重建问题》，《理论学刊》2007 年第 9 期；单孝虹：《关于城乡统筹发展中农村社区伦理建设的思考》，《理论与改革》2008 年第 2 期。

李卫朝、王文昌也认为从伦理的规范、道德的重建、传统的继承等方面转变农民的思想观念，是新农村建设不可忽略的重要内容，关乎新农村建设成败①。

从总体上来看，关于农民精神文化、农民伦理道德的研究大多局限于泛泛而论，缺乏规范的实证研究。

二　人口流动、城乡互动对农村文化变迁的影响研究

20世纪90年代以来，随着农民大量进城务工，人口流动、城乡互动对农村文化变迁的影响越来越显著。

在前面的文献梳理中，其实有不少学者论及了农村人口流动、城乡互动对不同层面农村文化的影响作用。此外，也有一些学者把农村文化视为一个整体，专门论述了农村人口流动、城乡互动对它的影响。例如，陈小娟认为，流动人口是社会变迁和文化变迁的一个现实载体和鲜活样本，是正在变迁着的一个片段。流动不是无意义的，流动着的不仅是人口，也是一种社会结构和文化观念。无论是在流动的启动还是流动中的经历，都渗透着文化观念的变迁，文化甚至在一定程度上决定行为模式取向。通过文化社会学视角对流动人口进行社会变迁和文化变迁的深层剖析，有助于我们理解一个社会中的结构、制度、行动者与文化之间相互建构、相互制约的过程②。张兆远则认为，农民工对农村文化变迁起着积极的作用，推进了农村文化的更新③。陈赵阳肯定了青年农民工的"文化反哺"功能，必将对新农村建设起着积极的作用。不过，他也指出，处于乡村社会和城市文明之间的青年农民工，文化素质整体偏低，思想尚未成熟，在经过城市体验提升现代素质的同时，也存在着一些消极的思想观念和价值取向，需要正确引导④。尚妍、彭光芒注意到，城乡之间的频繁互动和现代传媒技

---

①　李卫朝、王文昌：《转变农民的思想观念：新农村建设成败的关键》，《中国农学通报》2007年第8期。

②　陈小娟：《农村流动人口的文化社会学研究》，《安徽大学学报》（哲学社会科学版）2004年第1期。

③　张兆远：《农民工对农村文化变迁的作用》，《湖北经济学院学报》（人文社会科学版）2007年第11期。

④　陈赵阳：《青年农民工初显"文化反哺"功能》，《中国国情国力》2006年第9期。

术在农村社会的发展，城市现代文化通过各种途径不断涌入农村社会。在这个过程中，大众传媒不仅本身作为一种新的文化形式被农民群体所接受，成为农村文化变迁的内容之一，而且充当了推动农村文化由传统向现代转变的"加速器"①。

显然，农村人口流动、城乡互动对农村文化不同层面的影响是不同的，时间上有先有后，程度上有强有弱。因而，有必要对人口流动、城乡互动对农村文化的影响进行结构性分析，探讨农村人口流动、城乡互动对农村文化不同层面的影响，以及不同层面文化之间的交互作用关系。

三　新农村建设背景下的农村文化建设的研究

研究当代中国农村文化变迁的一个重要目的，是为当下的农村文化建设服务。从现有的研究来看，关于新农村建设中文化建设的一般性论述较多，而关于农村文化建设的具体道路、方式的实证研究却比较少见。例如，刘宝庭认为，建设有中国特色的社会主义农村新文化，不仅是市场经济条件下农村文化自身发展的必然，而且是加速中国农村现代化历史进程的客观需要，具有重要的理论和实践意义②。高长江则认为，当代中国新农村建设的文化思维应从三个维度展开：公民文化重构的文化政治学思维，即国家的公共政策与公民文化凸显出一种人道主义的价值，其中，"幸福"与"公平"尤为重要；农民文化提升的文化人类学思维，即通过农村文化事业的发展和农民生活方式的变迁，为农民创造幸福生活，提供文化资本；生活环境艺术化的文化生态学思维，即通过引导农民从审美的角度来观察生活、创造生活，使村容村貌艺术化，农民诗意地栖居③。

文化学者大多从农村民间文化的传承和保护角度论述农村文化建设的意义。例如，何兰萍认为，当前农村民间文化正在大面积淡化、遗忘或变异，甚至沦为商业化的工具，其留存受到多方面的冲击。农村民间文化大量流失的背后有着诸如民间组织的解体、农村精英的外流、民间文化政策的失误等多方面的政治社会原因，其结果则是进一步地推动了农民社区生

① 尚妍、彭光芒：《大众传媒与农村社会文化变迁》，《理论观察》2006年第3期。
② 刘宝庭：《论中国农村文化建设问题》，《光明日报》1997年第0822期。
③ 高长江：《新农村建设的文化思维》，《长白学刊》2007年第4期。

活的离散性和农民文化认同感的弱化。因而，她主张，新农村建设中的民间文化保护工作的着力点既在农村之内，也在农村之外，需要一个切实有力的社会支持的大系统①。高丙中强调，让民间信仰在公共知识中名副其实，不再简单地被污名化；在人们当下的现实生活中归其本位，不再被恶意利用②。郭星华则从社会学的角度强调优秀的传统文化对于构建和谐农村社会的价值。认为当代中国农村的变迁过程就是"类单位制"的建立与解体过程，当代中国农村的社会秩序正面临着重建的问题。在重建的过程中，由于缺乏民主理念和民主意识，村民自治制度的实施举步维艰。开展村落社区建设的案例，为我们提供了解决问题的一个新的途径，优秀的传统文化在构建和谐农村社会的进程中，有其积极的现实意义③。

　　近年一些学者开始注意到农村文化变迁与乡村治理之间的相互影响作用。例如，韩兆柱认为，农村的经济改革使传统性的农村文化、价值规范发生急剧裂变，从文化层面反映了农村社会走向现代化的变迁进程，为现阶段农村政治稳定与发展提供了良好的文化心理条件，同时又产生出一系列新矛盾和新问题④。刘博观察到，乡村精英身份地位的变迁也在一定程度上导致了乡村文化的断裂与缺失，对于我国农村建设产生了深刻的消极影响⑤。师坚毅对农村"精神文化症候"的分析认为，这种"精神文化症候"是由农村社会精神文化变迁引起的，与农村物质、人才的匮乏和农村制度配置的失当紧密相关，是社会变迁过程中不同层面的文化内容的失衡引起的。要想从根本上解决农村精神文化症候，必须对农村社会的物质文化、制度文化和精神文化三方面进行协调统筹，实现精神文化症候的标本兼治⑥。在这些研究中，一些学者虽然注意到了农村文化变迁对乡村治理的影响，但是，真正自觉地从乡村治理的视角研究农村文化变迁的却非常少见，而有关的实证研究更是凤毛麟角。

---

① 何兰萍：《新农村文化建设中民间文化的传承与保护》，《开发研究》2008 年第 2 期。
② 高丙中：《作为非物质文化遗产研究课题的民间信仰》，《江西社会科学》2007 年第 3 期。
③ 郭星华：《构建和谐的中国农村社会》，《探索与争鸣》2005 年第 2 期。
④ 韩兆柱：《影响我国农村稳定的文化因素分析》，《中州学刊》2004 年第 1 期。
⑤ 刘博：《精英历史变迁与乡村文化断裂》，《青年研究》2008 年第 4 期。
⑥ 师坚毅：《对农村精神文化症候的系统审视》，《山西农业大学学报》（社会科学版）2008 年第 1 期。

总之，国内外关于当代中国农村文化及其变迁的研究文献较为丰富，其研究贡献毋庸赘言。但是，现有研究在以下方面有待改进或深化：（1）对当代中国农村文化及变迁的研究大多是从某个层面切入的，整合性研究或系统性分析较为不足；（2）对现阶段农村文化变迁机制缺乏深入细致的学理分析；（3）对当代中国农村文化变迁的研究缺乏宏观视野，以致难以在宏观上把握其变迁逻辑和变迁趋向；（4）对当代中国农村公共文化研究不够。

《中国农村研究》匿名审稿制度

为了推进中国农村研究领域学术规范和评价机制的发展，倡导规范、严谨的研究方法和理论与经验相结合的实证研究取向，本刊采用匿名审稿制度。基本规则如下：

1. 所有来稿请一律寄送编辑部收。来稿请将作者的姓名、所在单位、通讯地址、邮政编码、联系电话、传真、E-MAIL 等个人信息另用附页提供，正文中隐去所有相关信息。

2. 执行编辑负责将稿件登记建档，保存个人信息附页之后，按照稿件内容所属领域分别送达相关编委会专家进行初审。

3. 执行编辑负责及时将经过初审专家审核之后的稿件按照内容所属领域分别送达匿名评审专家。

3. 匿名评审专家将以论文的学术质量作为评判的唯一标准给出书面评审报告，并对稿件提出以下四种分类意见：（1）可直接刊用；（2）修改后可刊用；（3）修改后待进一步评审；（4）不适宜本刊采用，并简要阐述理由。

4. 执行编辑根据评审专家的意见，和作者进行及时沟通，确定论文刊用信息或者交流修改意见，提请作者提供修改稿和修改报告，以供评审专家再审察。

《中国农村研究》编委会

稿　约

　　《中国农村研究》系由教育部人文社会科学重点研究基地、华中师范大学中国农村问题研究中心主办的大型学术集刊，由中国社会科学出版社出版。2007年经教育部、中国社会科学评价中心遴选，本刊以综合类学术集刊类别入选CSSCI（2008—2009年）索引目录。《中国农村研究》一年两卷，分别上下半年出版。

　　本刊是关于中国农村研究的社科类综合刊物，以学理研究为宗旨，以实证研究为特色，以不断推进农村研究为目标。内容涉及农村政治、经济、社会、文化诸领域，设置"当代中国农村关键词"、"百村跟踪调查"等特色栏目，近期特别关注新农村建设、农村综合改革实验、农村基层民主、农村社区建设、县乡村一体治理、变动中的农村社会与文化、域外农村发展等专题。本刊十分重视实证调查稿件，这方面的优秀稿件不受字数限制。欢迎惠赐稿件！

　　本刊实行匿名审稿制度，聘请国内外知名专家担任匿名审稿人。

　　作者来稿请标明以下方面：

　　1. 作者简介：姓名、出生年、性别、籍贯、工作单位、职称、学位、研究方向。

　　2. 基金项目名称及编号。

　　3. 中文摘要300—500字，关键词3—5个。

　　4. 英文摘要和关键词。

　　5. 注释格式：

　　引自期刊：①作者：《题名》，《刊名》，××××年第×期，第×页。

　　引自专著：②作者：《书名》，出版者及××××年版，第×页。

　　引自报纸：③作者：《题名》，《报纸名》年—月—日（版次）。

　　参考文献格式：

　　引自期刊：[1] 作者. 题名 [J]. 刊名，出刊年（卷/期）.

　　引自专著：[2] 作者. 书名 [M]. 版次（初版不写）. 译者. 出版

地：出版者，出版年．起止页码．译著在作者前加［国籍］．

引自报纸：［3］作者．题名［N］．报纸名，年＿＿月＿＿日（版次）．

引自论文集：　［4］作者．题名［A］．见：论文集编者．文集名［C］．出版地：出版者，出版年．起止页码．

引自会议论文：［5］作者．题名［Z］．会议名称，会址，会议年份．

引自学位论文：［6］作者．题名［D］：［学位论文］．保存地：保存者，年份．

引自研究报告：［7］作者．题名［R］：保存地：保存者，年份．

引自电子文献：［8］作者．题名［DB/OL（联机网上数据库），或DB/MT（磁带数据库），或 M/CD（光盘图书），或 CP/DK（磁盘软件），或 J/OL（网上期刊），或 EB/OL（网上电子公告）］．出处或可获得地址，发表或更新日期/引用日期（任选）．

其他未说明的文献类型用"Z"标识。

来稿以 9000—15000 字为宜，具有重大学术意义的文章不受篇幅限制。所有来稿请一律寄送编辑部收。请将作者的姓名、所在单位、通讯地址、邮政编码、联系电话、传真、E-MAIL 等个人信息另用附页提供，正文中隐去所有相关信息。欢迎邮寄打印稿（并附软盘）或者以电邮传至本刊电子信箱。来稿 3 个月未收到本刊录用或者修改通知，作者可以自行处理。一经刊用，即付稿酬和两本刊物。本刊对所刊用文稿拥有网上发布权，如不接收此条款，请注明。

本刊地址：中国·武汉华中师范大学中国农村问题研究中心《中国农村研究》编辑部

邮政编码：430079

联系人：刘义强

联系电话：027 – 67865189

传真：027 – 67865189

E-MAIL：crs＿editor@ yahoo. com. cn

网址：WWW. CCRS. ORG. CN

华中师范大学中国农村问题研究中心

《中国农村研究》编辑部